Logística e gerenciamento da cadeia de suprimentos

Tradução da 5ª edição norte-americana

Dados Internacionais de Catalogação na Publicação (CIP)

C5561 Christopher, Martin.
Logística e gerenciamento da cadeia de suprimentos / Martin Christopher ; tradução Priscila Rodrigues da Silva e Lopes ; revisão técnica Elisete Santos da Silva Zagheni. — São Paulo, SP : Cengage, 2018.
392 p. : il. ; 23 cm.

Inclui índice remissivo.
Tradução de: Logistics and supply chain management (5. ed).
ISBN 978-85-221-2731-3

1. Logística empresarial - Custo-eficácia. 2. Cadeia de suprimentos. 3. Entrega de mercadorias - Administração. I. Lopes, Priscila Rodrigues da Silva e. II. Zagheni, Elisete Santos da Silva. III. Título.

CDU 658.7
CDD 658.5

Índice para catálogo sistemático:
1. Logística 658.7

(Bibliotecária responsável: Sabrina Leal Araujo — CRB 10/1507)

Logística e gerenciamento da cadeia de suprimentos

Tradução da 5ª edição norte-americana

Martin Christopher

Tradução

Priscilla Rodrigues da Silva e Lopes

Revisão técnica

Elisete Santos da Silva Zagheni

É graduada em Administração pela Universidade do Itajaí (Univali-SC), doutora em Engenharia de Produção na área de concentração em Logística e Transporte pela Universidade Federal de Santa Catarina (UFSC) e mestre em Administração pela UFSC com especialização em Logística Empresarial pela Univali. Docente e pesquisadora da UFSC, do Departamento de Engenharia da Mobilidade (Joinville-SC), leciona nos cursos de Engenharia de Transporte e Logística e Engenharia Ferroviária e Metroviária.

CENGAGE

Austrália • Brasil • México • Cingapura • Reino Unido • Estados Unidos

CENGAGE

Logística e gerenciamento da cadeia de suprimentos
2ª edição brasileira
Martin Christopher

Gerente editorial: Noelma Brocanelli

Editora de desenvolvimento: Salete Del Guerra

Supervisora de produção gráfica: Fabiana Alencar Albuquerque

Título original: Logistics and supply chain management, 5th edition

ISBN 13: 978-1-292-08379-7

Tradução técnica da 1ª edição: José Nicolás Albuja Salazar

Tradução de novos textos da 2ª edição: Priscilla Rodrigues da Silva e Lopes

Revisão técnica da 2ª edição: Elisete Santos da Silva Zaghini

Revisões: Joana Figueiredo e Nelson Barbosa

Diagramação: Crayon Editorial

Design de capa: Alberto Mateus

ISBN 13: 978-85-221-2731-3
ISBN 10: 85-221-2731-X

Cengage Learning
Condomínio E-Business Park
Rua Werner Siemens, 111 – Prédio 11 – Torre A – Conjunto 12
Lapa de Baixo – CEP 05069-900 – São Paulo – SP
Tel.: (11) 3665-9900 Fax: 3665-9901
SAC: 0800 11 19 39
Para suas soluções de curso e aprendizado, visite
www.cengage.com.br

Impresso no Brasil
Printed in Brazil
1ª impressão 2018

A Denis Towill (1933-2015).
Um sábio e uma inspiração.

Sumário

Sobre o autor

Martin Christopher é professor emérito de Marketing e Logística na Cranfield School of Management, no Reino Unido. Seu trabalho na área de logística e de gestão da cadeia de suprimentos ganhou reconhecimento internacional. Publicou muitos trabalhos e seus livros foram traduzidos para vários idiomas. Martin Christopher foi cofundador do periódico *International Journal of Logistics Management* e foi seu editor-adjunto por 18 anos. É um participante regular de conferências e *workshops* ao redor do mundo.

Além de trabalhar como consultor em muitas companhias, ele também é professor visitante em universidades do Reino Unido e do exterior.

Martin Christopher é pesquisador emérito do Chartered Institute of Logistics and Transport e também é pesquisador do Chartered Institute of Procurement and Supply. Recebeu o prêmio Distinguished Service Award do USA Council of Supply Chain Management Professionals.

Prefácio

Atualmente, a logística e o gerenciamento da cadeia de suprimentos estão bem estabelecidos como fundamentais nas empresas. Muitas companhias nomeiam altos executivos como responsáveis por garantir a operação custo-benefício da "cadeia de ponta a ponta" que liga o lado do fornecimento da empresa com o mercado final. Quando a primeira edição deste livro foi publicada, em 1992, a prática da logística e da gestão da cadeia de suprimentos ainda estava em sua infância, embora suas ideias fundamentais já estivessem em voga há um tempo.

Ao preparar esta quinta edição de *Logística e gerenciamento da cadeia de suprimentos*, continuei mantendo o foco do livro em torno do papel que a logística e a gestão da cadeia de suprimentos desempenham na obtenção da vantagem competitiva. A premissa que sustentou este livro desde sua primeira edição é a de que as empresas competem como cadeias de suprimentos, e não como companhias isoladas. Converter essa ideia de um conceito abstrato em práticas do mundo real ainda é um desafio para muitas organizações. Por sorte, este livro fornece orientações sobre como essa transformação pode ser alcançada.

As cadeias de suprimentos de hoje operam em um mundo em que a taxa de mudanças continua aumentando. À medida que entramos em uma era que alguns chamam de "Nova Revolução Industrial", grande parte da sabedoria convencional que foi a base para as considerações e o design das cadeias de suprimentos terá de ser questionada. Assim, a ênfase deste livro é a necessidade de se desenvolver soluções logísticas e de cadeias de suprimentos que sejam flexíveis e capazes de se adaptar rapidamente às mudanças no ambiente empresarial.

Ao escrever qualquer livro, existem muitas fontes de inspiração, e esse é certamente o caso deste volume. Ao longo dos anos, tive a sorte de trabalhar com "gurus" da área da logística e do gerenciamento de cadeias de suprimentos – tanto profissionais quanto acadêmicos – de todo o mundo e aprendi muito com eles. Em vez de tentar listá-los, gostaria de agradecê-los pelo papel coletivo que desempenharam para moldar as ideias que apresento neste livro. Obrigado a todos.

MARTIN CHRISTOPHER
Professor emérito de Marketing e Logística do Centre for Logistics and Supply Chain Management da Cranfield University, Reino Unido

Agradecimentos do editor

Somos gratos pela permissão para reproduzir materiais com direitos autorais às seguintes pessoas e entidades:

Figuras

Figura 1.7 reproduzida com permissão de The Free Press, uma divisão da Simon & Schuster, Inc. de *Competitive Advantage,* de Porter, M. E. Copyright © 1985 Porter, M. E. Todos os direitos reservados; Figura 1.9 reproduzida com permissão de Emerald Group Publishing Limited, publicada originalmente em Stevens, G. C., Integrating the supply chain, *International Journal of Physical Distribution and Materials Management*, v. 19, n. 8 © 1989 Emerald Group Publishing Limited; Figura 2.2 reproduzida com permissão de *Harvard Business Review*, de Stock-outs cause walkouts, de Corsten, D. e Gruen, T. Copyright © 2004 *Harvard Business Review*; Figura 4.10 de Hill, G. V., *Logistics - The Battleground of the 1990s*, A. T. Kearney, Inc.; Figura 7.13 reproduzida com permissão de Emerald Group Publishing Limited, originalmente publicada em Scott, C. e Westbrook, R., New strategic tools for supply chain management, *International Journal of Physical Distribution of Logistics Management*, v. 21, n. 1 © 1991 Emerald Group Publishing; Figura 10.3 de *Creating Resilient Supply Chains, Report on Behalf of the Department for Transport*, Cranfield School of Management, Cranfield University, 2003; Figura 10.4 cortesia da Price-WaterhouseCoopers (PWC); Figura 11.1 reproduzida com permissão de Emerald Group Publishing Limited, originalmente publicada em Aronsson, H., Abrahamsson, M. e Spens, K., Developing lean and agile health care supply chains, *Supply Chain Management: An International Journal*, v. 16, n. 3, p. 176–183 © 2011 Emerald Group Publishing Limited; Figura 11.2 de Ellram, L. M., Tate W. L. e Billington, C., Understanding and managing the supply chain model, *Journal of Supply Chain Management*, v. 40, n. 4, p. 17–32 (Wiley-Blackwell, 2004).

Tabela

Tabela 4.1, página 105, de Hill, G. C. e Harland, D. V., The customer profit centre, *Focus*, Institute of Logistics and Distribution Management, v. 2, n. 2, 1983.

Texto

Texto da página 184 de *The Scotsman*, 14 fev. 2007; texto da página 274 de *Supply Chains in a Vulnerable World* (A. T. Kearney, 2003); texto da página 335 de Butner, K. Geuder, D. e Hittner, J., *Mastering Carbon Management: Balancing Trade-Offs to Optimise Supply Chain Efficiencies* (IBM Global Services, 2008).

Logística, cadeia de suprimentos e estratégia competitiva

1

Logística e gestão da cadeia de suprimentos não são ideias novas. A partir da construção das pirâmides para o combate à fome na África, os princípios que sustentam o fluxo eficiente de materiais e informações para atender os requisitos dos clientes foram pouco alterados.

Ao longo da história da humanidade, guerras são vencidas e perdidas por forças e capacidades logísticas ou pela falta delas. Argumenta-se que a derrota dos britânicos na Guerra da Independência norte-americana pode ser largamente atribuída à falha de logística. O exército britânico na América dependia quase por completo da Inglaterra para obter suprimentos. No auge da guerra, havia 12 mil tropas no exterior e a maior parte não só tinha de estar equipada, mas alimentada. Nos primeiros seis anos da guerra, a administração desses suprimentos vitais foi totalmente inadequada, afetando o curso de operações e a disposição das tropas. Uma organização que conseguisse suprir o exército não foi desenvolvida até 1781, e já era tarde demais.[1]

Somente nos últimos anos organizações empresariais vieram a reconhecer o impacto vital que a gestão da logística pode ter na conquista da vantagem competitiva.

Na Segunda Guerra Mundial, a logística também desempenhou papel importante. A invasão da Europa por tropas aliadas foi um exercício bastante qualificado na área de logística, assim como foi também a derrota de Rommel no deserto. O próprio Rommel disse certa vez que "[...] antes do combate propriamente dito, a batalha é vencida ou perdida pelos quartéis-mestres".

No entanto, embora os generais e marechais de campo desde épocas remotas tenham compreendido o papel crucial da logística, estranhamente só no passado recente as organizações empresariais reconheceram o impacto vital que a gestão de logística pode ter na conquista da vantagem competitiva. Em parte, essa falta de reconhecimento brota do nível relativamente baixo de compreensão dos benefícios da logística integrada. Já em 1915, Arch Shaw apontou:

> As relações entre as atividades de criação de demanda e oferta física [...] ilustram a existência dos dois princípios de interdependência e equilíbrio. A falha em coordenar qualquer uma destas atividades com os seus companheiros de grupo e também com os do outro grupo, ou a ênfase ou o dispêndio indevido colocados em qualquer uma destas atividades, com certeza perturbarão o equilíbrio de forças, que significa uma distribuição eficiente.
>
> [...] A distribuição física das mercadorias é um problema distinto da criação de demanda [...] Não são poucas as falhas dignas de campanhas de distribuição que ocorreram devido a esta falta de coordenação entre a criação de demanda e a oferta física [...]
>
> Em vez de ser um problema posterior, a questão da oferta deve ser atendida e respondida antes que o trabalho de distribuição comece.[2]

É paradoxal que tenha levado quase cem anos para que os princípios básicos da gestão da logística fossem amplamente aceitos.

O que é gestão de logística e como ela é compreendida hoje? Há muitas maneiras de se definir logística, mas o conceito subjacente pode ser:

> Logística é o processo de gestão estratégica da aquisição, movimentação e armazenagem de materiais, peças e estoques finais (e os fluxos de informação relaciona-

dos) por meio da organização e seus canais de comercialização, de tal forma que as rentabilidades atual e futura sejam maximizadas através da execução de pedidos, visando ao custo-benefício.

Em última análise, a missão da gestão logística é atender os clientes com a melhor relação mais custo-benefício. Um tema recorrente ao longo deste livro é como a forma com que alcançamos e atendemos os clientes se tornou uma dimensão competitiva crucial. Por isso a necessidade de olhar a logística em um contexto de negócios mais amplo e percebê-la como algo muito maior do que um conjunto de ferramentas e técnicas.

Gestão de cadeia de suprimentos é um conceito mais amplo do que logística

A logística é em essência uma orientação e uma estrutura de planejamento que visam criar um único plano para o fluxo de produtos e informações por meio de um negócio. A gestão da cadeia de suprimentos baseia-se nessa estrutura e busca conquistar articulação e coordenação entre os *processos* de outras entidades em consideração, ou seja, fornecedores, clientes e a organização em si. Assim, por exemplo, uma meta da gestão da cadeia de suprimentos pode ser a de reduzir ou eliminar os *buffers* de estoque, que existem entre organizações em uma cadeia, mediante partilha de informações sobre os níveis atuais de estoque e de demanda.

O conceito de gestão de cadeia de suprimentos é relativamente novo. Ele foi exposto pela primeira vez em um artigo técnico[3] produzido por uma consultoria – então chamada de Booz, Allen and Hamilton – em 1982. Os autores, Keith Oliver e Michael Webber, escreveram:

> Por meio de um estudo em empresas de diversos setores [...] descobrimos que a abordagem tradicional da busca por *trade-offs** entre os vários e conflitantes objetivos das funções-chave – compra, produção, distribuição e vendas – ao longo da cadeia de suprimentos já não funcionava muito bem. Precisávamos de uma nova perspectiva e, a partir dela, uma nova abordagem: o gerenciamento da cadeia de suprimentos.

Torna-se evidente que a gestão da cadeia de suprimentos envolve uma mudança significativa das tradicionais relações distantes, e até antagônicas, que

* Certas tarefas devem ser comprometidas para que outras ocorram. (N.R.T.)

tantas vezes caracterizaram as relações comprador/fornecedor no passado e ainda hoje. O foco da gestão da cadeia de suprimentos está na cooperação, na confiança e no reconhecimento de que, bem gerido, o "todo pode ser maior que a soma de suas partes".

A definição de gestão da cadeia de suprimentos adotada neste livro é:

> A gestão de relações a montante e a jusante com fornecedores e clientes, a fim de entregar ao cliente valor superior ao menor custo para toda a cadeia de suprimentos.

Assim, o foco da gestão da cadeia de suprimentos está na gestão de *relações*, a fim de alcançar um resultado mais lucrativo para todas as partes da cadeia. Isso traz consigo alguns desafios importantes, pois pode haver ocasiões em que o interesse próprio de uma das partes tenha de ser incluído em benefício de toda a cadeia.

Enquanto a expressão "gestão da cadeia de suprimentos" é agora bastante utilizada, pode-se argumentar que ela deva, na verdade, ser chamada *"gestão da cadeia de demanda"* para refletir a necessidade de ser impulsionada pelo mercado, não por fornecedores. Do mesmo modo, a palavra "cadeia" deveria ser substituída por *"rede"*, já que normalmente existirão vários fornecedores e, de fato, fornecedores dos fornecedores, bem como vários clientes e clientes dos clientes a serem incluídos no sistema total.

A Figura 1.1 ilustra a ideia de a empresa estar no centro de uma rede de fornecedores e clientes.

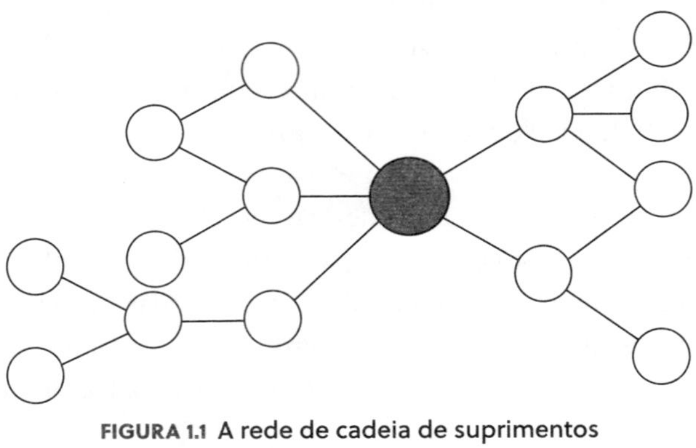

FIGURA 1.1 A rede de cadeia de suprimentos

Estendendo essa ideia, sugere-se que uma cadeia de suprimentos possa ser mais precisamente definida como:

Uma rede de organizações conectadas e interdependentes entre si e trabalhando cooperativamente e em conjunto para controlar, gerenciar e melhorar o fluxo de materiais e informações de fornecedores para usuários finais.[4]

Vantagem competitiva

Uma questão central neste livro é a possibilidade de a logística e a gestão eficazes da cadeia de suprimentos proporcionarem importante fonte de vantagem competitiva – em outras palavras, a posição de superioridade duradoura sobre concorrentes em termos de preferência do cliente pode ser alcançada por meio de uma melhor gestão da logística e da cadeia de suprimentos.

As bases para sucesso no mercado são numerosas, mas um modelo simples é fundamentado em torno do enlace triangular da companhia, seus clientes e seus concorrentes – os três Cs. A Figura 1.2 ilustra a relação de três vias.

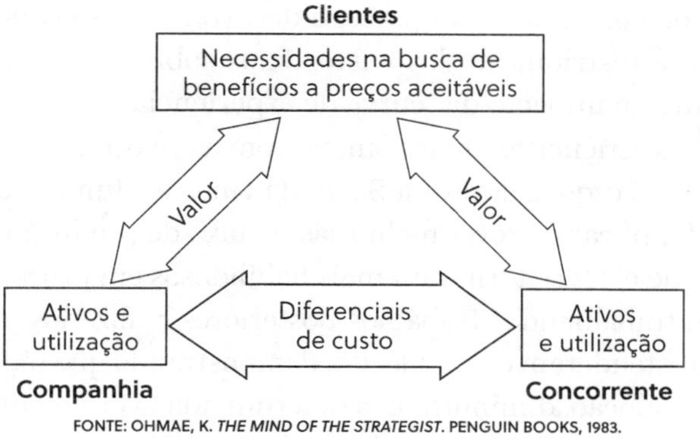

FONTE: OHMAE, K. *THE MIND OF THE STRATEGIST*. PENGUIN BOOKS, 1983.

FIGURA 1.2 Vantagem competitiva e os "três Cs"

A fonte de vantagem competitiva é encontrada, em primeiro lugar, na capacidade que a organização tem de se destacar aos olhos do cliente e de seus concorrentes; em segundo lugar, operando a um custo mais baixo e, consequentemente, obtendo mais lucro.

A busca por uma vantagem competitiva sustentável e defensável tornou-se a preocupação de todos os gerentes que estão atentos às realidades do mercado. Já não é aceitável supor que bons produtos se venderão, nem é aconselhável imaginar que o sucesso de hoje seguirá adiante até amanhã.

Vamos considerar as bases do sucesso em qualquer contexto competitivo. Em sua forma mais elementar, o sucesso comercial deriva de uma vantagem de custo ou de um benefício de valor ou, idealmente, de ambas as coisas. É simples assim: o concorrente mais rentável em qualquer setor da indústria tende a ser o produtor ou o fornecedor de mais baixo custo, oferecendo um produto com a maior percepção de valores diferenciados.

Simplificando, empresas bem-sucedidas possuem uma vantagem de custo, uma vantagem de valor, ou, melhor ainda, uma combinação das duas. A vantagem de custo dá um perfil de custo mais baixo e a vantagem de valor oferece ao produto um diferencial "a mais" sobre ofertas mais competitivas.

Examinemos de forma breve esses dois vetores de orientação estratégica.

Vantagem de custo

Em muitas indústrias, haverá um concorrente que será o produtor de baixo custo, e muitas vezes esse concorrente terá o maior volume de vendas no setor. Há evidências substanciais para sugerir que "grande é lindo" quando se trata de vantagem de custo. Isso, em parte, é decorrente das economias de escala, que permitem a distribuição dos custos fixos sobre um volume maior, mais especificamente do impacto da "curva de experiência".

A curva de experiência é um fenômeno com as suas raízes na ideia da "curva de aprendizado". Pesquisadores na Segunda Guerra Mundial descobriram que era possível identificar e prever melhorias na taxa de produção dos trabalhadores à medida que estes se tornavam mais habilidosos em processos e tarefas nas quais estavam trabalhando. Trabalhos posteriores realizados pela Boston Consulting Group estenderam esse conceito, demonstrando que todos os custos, não apenas os de produção, diminuiriam a determinada taxa à medida que o volume crescia (veja a Figura 1.3). Na verdade, a relação que a curva de experiência descreve está entre os custos unitários reais e o volume cumulativo.

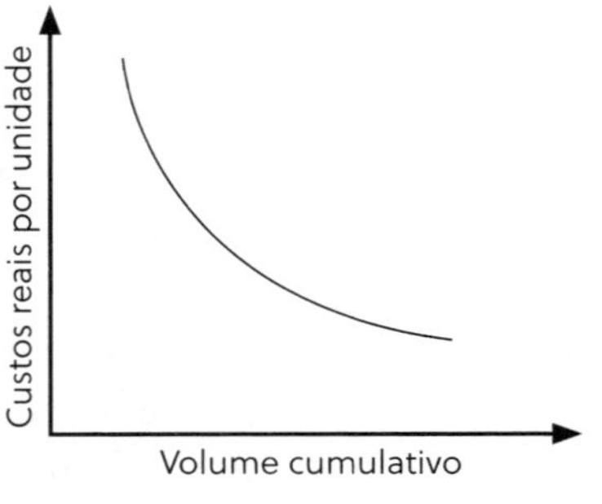

FIGURA 1.3 A curva de experiência

Sugere-se que a principal via de redução de custos ocorreu pela obtenção de maior volume de vendas e, em particular, pela melhoria das cotas de mercado. No entanto, a busca cega de economias de escala por meio de aumentos de volume nem sempre pode levar a uma melhor rentabilidade. A razão para isso é que no mundo de hoje grande parte do custo de um produto está fora das quatro paredes da empresa na cadeia de suprimentos mais ampla. Daí se pode argumentar que a eficiência e a produtividade, cada vez mais, podem ser alcançadas mediante melhor logística e gestão da cadeia de suprimentos, levando a custos unitários bem reduzidos. As formas de se alcançar isso será um dos temas principais deste livro.

A logística e a gestão da cadeia de suprimentos podem fornecer uma variedade de maneiras para aumentar a eficiência e a produtividade e, consequentemente, contribuir de modo significativo para a redução de custos unitários.

Vantagem de valor

Há muito tempo que "clientes não compram produtos, eles compram benefícios" é doutrina em marketing. Escrito de outra forma, o produto é comprado não por ele em si, mas pela promessa do que vai "transmitir". Esses benefícios podem ser intangíveis, ou seja, não se relacionam às características específicas de produtos, mas a coisas como imagem ou serviço. Além disso, a oferta apresentada pode superar seus rivais em algum aspecto funcional.

A menos que o produto ou o serviço que oferecemos possa ser diferenciado de seus concorrentes de alguma forma, há forte probabilidade de o mercado considerá-lo uma "mercadoria" e, por isso, a venda tenderá a ir para o fornecedor mais barato. Daí a importância de se buscar valores adicionais agregados à nossa oferta para eliminar o concorrente.

Quais são os meios pelos quais tal diferenciação de valor pode ser realizada? Essencialmente, o desenvolvimento de uma estratégia fundamentada em valores agregados em geral requer abordagem mais segmentada para o mercado. Quando uma empresa examina mercados de perto, com frequência descobre que há diferentes "segmentos de valor". Em outras palavras, diferentes grupos de clientes em todo o mercado atribuem valores diversos a benefícios diversos. A importância da segmentação de tal benefício está no fato de que muitas vezes há oportunidades substanciais para a criação de recursos diferenciados para segmentos específicos.

Considere a indústria automobilística como exemplo. A maioria das grandes montadoras, como Toyota ou Ford, oferece uma gama de modelos posicionados em diferentes pontos de preço no mercado. No entanto, aumentam as situações em que cada modelo é oferecido em uma variedade de versões. Assim, em uma extremidade pode estar a versão básica com um motor pequeno de duas portas e, na outra extremidade, uma versão de quatro portas e alto desempenho. Entre a variedade de opções, cada uma visa satisfazer às necessidades de "segmentos de benefícios" bem diferentes. Agregar valor pela diferenciação é um poderoso meio de se conquistar uma vantagem defensável no mercado.

Outro meio poderoso de agregar valor é o serviço. Cada vez mais os mercados estão se tornando sensíveis ao serviço e isso, por certo, coloca desafios específicos para a gestão de logística. Há uma tendência, em muitos mercados, de declínio na força da "marca" e, consequentemente, um movimento em direção a um *status* de mercado de *commodity*. Isso significa, apenas, que fica mais difícil competir exclusivamente com base na marca ou na imagem corporativa. Além disso, há muita convergência de tecnologia nas categorias de produtos, e isso significa que muitas vezes não é mais possível competir com eficiência baseado em diferenças de produto. Por isso a necessidade de se buscar diferenciação por outros meios que não sejam a tecnologia. Muitas empresas respondem a isso focando o serviço como um meio de ganhar vantagem competitiva. Serviço, nesse contexto, refere-se ao processo de desenvolvimento de relações com clientes mediante o fornecimento de uma oferta aumentada. Esse aumento pode assumir muitas formas, incluindo serviço de entrega, serviços pós-venda, pacotes financeiros, suporte técnico, e assim por diante.

Buscando a superioridade

Na prática, o que descobrimos são empresas bem-sucedidas que, muitas vezes, procuram alcançar uma posição fundamentada tanto em vantagem de custo quanto em vantagem de valor. Uma maneira útil de se analisar as opções disponíveis é apresentando-as como uma matriz simples. Vamos considerar essas opções.

Para empresas que se encontram no canto inferior esquerdo de nossa matriz (Figura 1.4), o mundo é um lugar desconfortável. Seus produtos são indiferenciáveis das ofertas de seus concorrentes e não têm nenhuma vantagem de custo. Essas são situações típicas do mercado de *commodities* e, em última instância, a única estratégia é tanto se mover para a direita da matriz, ou seja, para a liderança de custo, como para cima, em direção à liderança de serviços. Muitas vezes o caminho para a liderança de custos não está disponível. Esse será particularmente o caso em um mercado maduro no qual ganhos substanciais de cotas de mercado são difíceis de obter. Novas tecnologias podem, às vezes, fornecer uma janela de oportunidade para redução de custos, mas em tais situações as mesmas tecnologias estão muitas vezes à disposição dos concorrentes.

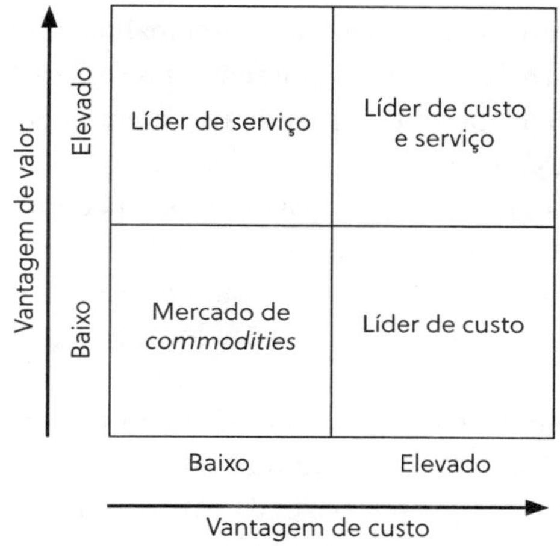

FIGURA 1.4 Logística e vantagem competitiva

Estratégias de liderança de custos são fundamentadas nas economias de escala obtidas por meio do volume de vendas. É por isso que a cota de mercado é considerada tão importante para muitas indústrias. No entanto, se o volume deve ser a base para a liderança de custos, então é preferível que o volume seja adquirido no início do ciclo de vida do mercado. O conceito "curva de experiência", já descrito brevemente, demonstra o valor de ganhos de cotas de mercado precoce: quanto mais elevada sua cota em relação a seus concorrentes, mais baixos devem ser seus custos. Essa vantagem de custo pode ser usada como estratégia para assumir uma posição de líder de preços e, se for adequado, para tornar impossível a sobrevivência aos concorrentes de custo mais elevado. Como alternativa, o preço pode ser mantido, permitindo a obtenção de ganhos acima da média, o que potencialmente está disponível para continuar a desenvolver a posição do produto no mercado.

No entanto, um caminho cada vez mais poderoso para se conquistar uma vantagem de custo não vem necessariamente com o volume e as economias de escala, mas com a logística e a gestão da cadeia de suprimentos. Em muitas indústrias, os custos logísticos representam proporção tão significativa dos custos totais, que é possível fazer grandes reduções de custos fundamentalmente por meio de processos logísticos de reengenharia. Voltaremos depois, neste livro, aos meios pelos quais isso pode ser conquistado.

Outra maneira para sair do quadrante de "mercadoria" da matriz é buscar estratégia de diferenciação mediante a excelência de serviços. Já comentamos o fato de os mercados estarem se tornando mais "sensíveis aos serviços". Os clientes em todas as indústrias buscam maior agilidade e confiabilidade dos fornecedores; eles procuram reduzir o *lead time**, realizar as entregas *just-in-time*** e os serviços de valor agregado que lhes permitem melhorar o atendimento a seus clientes. No Capítulo 2, examinaremos as formas específicas em que as estratégias de serviço superior, com base na gestão de logística avançada, podem ser desenvolvidas.

Uma coisa é certa: não há meio-termo entre liderança de custos e excelência no atendimento. Na verdade, o desafio da gestão é identificar estratégias logísticas e de cadeia de suprimentos adequadas para levar a organização ao canto superior direito da matriz. As empresas que ocupam essa posição têm ofertas distintas no valor que entregam e são também competitivas em relação a seus custos. É claro que essa é uma posição vantajosa, ocupando um "alto nível", que dificulta ao máximo o ataque por parte da concorrência. A Figura 1.5 apresenta de forma clara o desafio: buscar estratégias que levarão a empresa para longe do extremo "mercadoria", em direção a uma posição mais segura de força fundamentada em diferenciação e vantagem de custo.

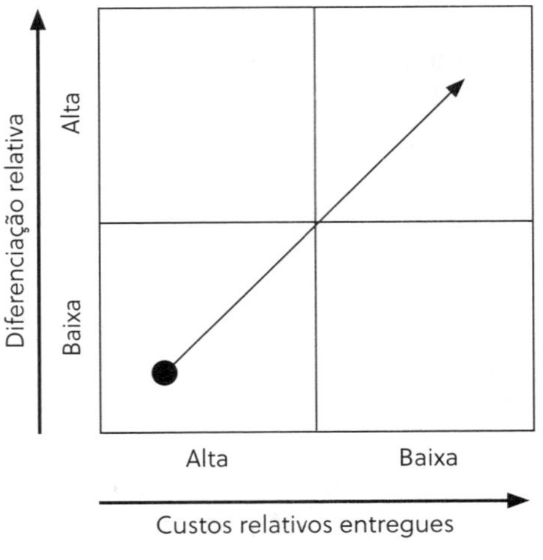

FIGURA 1.5 O desafio à logística e à gestão da cadeia de suprimentos

* Tempo decorrido entre a chegada de um pedido efetuado por um cliente até ser entregue. (N.R.T.)
** Significa literalmente "na hora certa" ou "no momento certo". É um sistema de gestão da produção que determina que nada deve ser produzido, transportado ou comprado antes da hora certa. (N.R.T.)

A gestão de logística, pode-se afirmar, tem o potencial de ajudar a organização na conquista de uma vantagem de custo e uma vantagem de valor. Como a Figura 1.6 sugere, em primeira instância, há uma série de aspectos importantes em que a produtividade pode ser melhorada por meio da logística e da gestão da cadeia de suprimentos. Embora essas possibilidades de alavancagem sejam discutidas em detalhes posteriormente neste livro, basta dizer que as oportunidades para melhor utilização da capacidade, redução de estoques e maior integração com os fornecedores em planejamento são consideráveis. Da mesma forma, as perspectivas para a obtenção de uma vantagem de valor no mercado por meio de atendimento superior ao cliente não devem ser subestimadas. Mais adiante será discutido que a maneira como atendemos o cliente se tornou meio vital de diferenciação.

FIGURA 1.6 Obtendo vantagem competitiva

Para resumir, no futuro as organizações líderes nos mercados serão aquelas que buscarem e conquistarem os picos gêmeos da excelência: elas ganharão tanto a liderança de custos quanto a liderança de serviços.

A filosofia subjacente ao conceito de logística e cadeia de suprimentos é a de planejamento e coordenação do fluxo de materiais da fonte ao usuário como sistema integrado, em vez de gerenciar o fluxo de bens como uma série de atividades independentes, como tantas vezes ocorreu no passado. Assim, com essa abordagem, o objetivo é ligar o mercado, a rede de distribuição, o processo de fabricação e a atividade de aquisição de tal forma que os clientes sejam atendidos em níveis mais elevados e ainda assim a um custo mais baixo. Em outras palavras, o objetivo é alcançar uma vantagem competitiva por meio da redução de custos e da melhoria de serviços.

A cadeia de suprimentos torna-se a cadeia de valor

Dentre as muitas mudanças que ocorreram no pensamento gerencial nos últimos 30 anos ou mais, talvez a mais significativa tenha sido a ênfase colocada na busca por estratégias que forneçam valor superior aos olhos do cliente. Em grande parte, o crédito por isso se deve a Michael Porter, professor da Harvard Business School que, por meio de suas pesquisas e de suas obras, alertou gerentes e estrategistas para a importância central de relatividades competitivas para se alcançar o sucesso no mercado.

Um conceito em particular que Michael Porter trouxe para um público maior é a cadeia de valor:

> A vantagem competitiva não pode ser compreendida olhando-se para uma empresa como um todo. Ela decorre das muitas atividades discretas que uma empresa realiza no projeto, na produção, na publicidade, na entrega e no apoio a seu produto. Cada uma dessas atividades pode contribuir para a posição de custo relativo de uma empresa e criar uma base para a diferenciação. [...] A cadeia de valor desagrega uma empresa em suas atividades estrategicamente relevantes para compreender o comportamento dos custos e as potenciais fontes existentes de diferenciação. Uma empresa ganha vantagem competitiva executando estas atividades importantes de forma mais barata ou melhor do que sua concorrência.[5]

As atividades da cadeia de valor (mostradas na Figura 1.7) podem ser classificadas em dois tipos: atividades primárias (logística de entrada, operações, logística de saída, marketing e vendas, e serviços) e atividades de apoio (infraestrutura, gestão de recursos humanos, desenvolvimento de tecnologia e aquisição). Essas atividades integram as funções que abrangem as funções tradicionais da empresa. A vantagem competitiva deriva da maneira pela qual as empresas organizam e executam as atividades dentro da cadeia de valor. Para ganhar vantagem competitiva sobre seus rivais, uma empresa deve agregar valor aos seus clientes pela

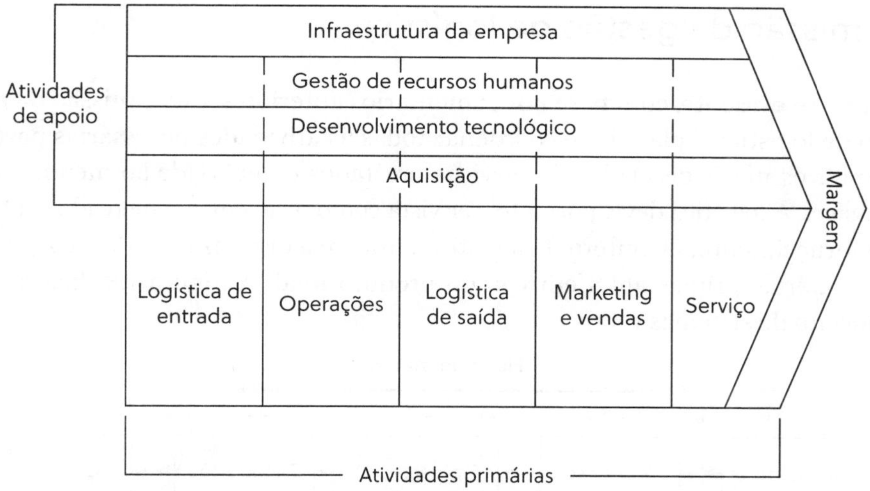

FONTE: REPRODUZIDA COM PERMISSÃO DE THE FREE PRESS, UMA DIVISÃO DA SIMON & SCHUSTER, INC, DO LIVRO *COMPETITIVE ADVANTAGE*, DE PORTER, M. E. COPYRIGHT © 1985 BY PORTER, M. E. TODOS OS DIREITOS RESERVADOS.

FIGURA 1.7 A cadeia de valor

realização dessas atividades de forma mais eficiente do que seus concorrentes ou realizando as atividades de forma única, que crie maior diferenciação.

A implicação da tese de Michael Porter é que as organizações devem olhar para cada atividade em sua cadeia de valor e avaliar se elas têm uma vantagem competitiva real na atividade. Caso não a tenham, a discussão continua, e então talvez elas devessem considerar a terceirização da atividade para um parceiro que possa fornecer essa vantagem de custo ou valor. Tal lógica é agora amplamente aceita e tem levado ao aumento drástico da terceirização de atividades que podem ser testemunhadas em quase todos os setores.

Embora muitas vezes haja forte lógica econômica subjacente à decisão de terceirizar as atividades que podem já ter sido realizadas internamente, essas decisões podem aumentar a complexidade da cadeia de suprimentos. Como há, por definição, mais interfaces a serem geridas como um resultado da terceirização, aumenta a necessidade de um nível muito maior de gestão de relacionamento.

O efeito da terceirização é estender a cadeia de valor para além das fronteiras da empresa. Em outras palavras, a cadeia de suprimentos torna-se a cadeia de valor. O valor (e custos) não é apenas criado pela empresa local em uma rede, mas por todas as entidades que se conectem umas às outras. Essa "empresa estendida", como alguns a chamam, torna-se o veículo pelo qual a vantagem competitiva é conquistada, ou perdida.

A missão da gestão de logística

Torna-se evidente, com base nos comentários anteriores, que a missão da gestão de logística é planejar e coordenar todas as atividades necessárias para se atingir os níveis desejados de serviços prestados e qualidade ao menor custo possível. A logística deve, portanto, ser vista como o elo entre o mercado e a base de fornecimento. O âmbito da logística abrange a organização, desde a gestão de matérias-primas até a entrega do produto final. A Figura 1.8 ilustra esse conceito de sistemas totais.

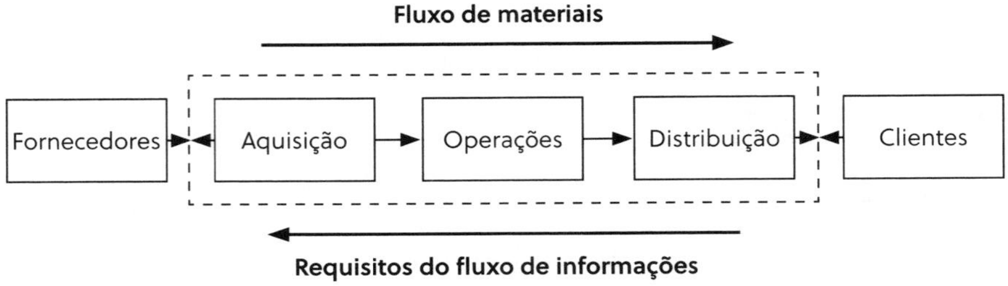

FIGURA 1.8 Processo de gestão logística

A gestão de logística, pelo ponto de vista de sistemas totais, é o meio pelo qual as necessidades dos clientes são satisfeitas mediante coordenação dos fluxos dos materiais e da informação. Estes se estendem a partir do mercado, por meio da empresa e de suas operações, para os fornecedores. Para conseguir essa integração de toda a empresa é claramente necessária uma orientação bem diferente daquela geralmente encontrada na organização convencional.

Por exemplo, por muitos anos, a comercialização e a fabricação são vistas como atividades bastante separadas dentro da organização. Na melhor das hipóteses elas coexistem; na pior das hipóteses, tem havido uma guerra aberta. As prioridades e os objetivos de fabricação focam comumente a eficiência operacional, conseguida por longos ciclos de produção, instalações reduzidas e trocas e padronizações de produto. No entanto, o marketing procura alcançar uma vantagem competitiva com variedade, altos níveis de serviço e mudanças frequentes de produto.

O âmbito da logística abrange a organização, desde a gestão de matérias-primas até a entrega do produto final.

No ambiente mais turbulento de hoje, não há mais qualquer possibilidade de a fabricação e a comercialização agirem de forma independente uma da outra. As disputas mutuamente destrutivas entre os "barões" da produção e da comercialização são, sem dúvida, contraproducentes para a realização dos objetivos gerais da empresa.

Não é por acaso que, nos últimos anos, tanto a comercialização quanto a fabricação se tornaram foco de atenção renovada. O marketing, como um conceito e uma filosofia de orientação para o cliente, agora tem uma aceitação maior do que nunca. Já se aceita que a necessidade de se compreender e atender às exigências do cliente seja um pré-requisito para a sobrevivência. Ao mesmo tempo, na busca por competitividade de custos melhorados, a gestão de produção é objeto de uma intensa revolução. As últimas décadas têm visto a introdução de sistemas flexíveis de fabricação (*flexible manufacturing systems* – FMS), de novas abordagens de estoque com base em planejamento de necessidades de materiais (*material requirements planning* – MRP) e métodos *just-in-time* (JIT) e, talvez, o mais importante de tudo, uma ênfase sustentada na gestão da qualidade total (*total quality management* – TQM).

Ao mesmo tempo, há um crescente reconhecimento do papel fundamental que a aquisição desempenha na criação e na sustentação da vantagem competitiva como parte de um processo de logística integrada. Organizações de ponta agora rotineiramente incluem questões do lado da oferta no desenvolvimento de seus planos estratégicos. Não apenas o custo dos materiais e suprimentos adquiridos é parte significativa dos custos totais na maioria das organizações, mas há uma grande oportunidade para alavancar as capacidades e competências dos fornecedores por meio de maior integração dos processos logísticos de compradores e fornecedores.

Nesse esquema, a logística é, portanto, essencialmente um conceito integrador cujo objetivo é desenvolver uma visão de todo o sistema da empresa. É sobretudo um conceito de *planejamento*, que visa criar uma estrutura em que as necessidades do mercado possam ser traduzidas em uma estratégia de fabricação e planos, o que por sua vez se transforma em uma estratégia e um plano de aquisição. O ideal seria haver uma mentalidade de "plano único" dentro da empresa que se proponha substituir os planos convencionais isolados e separados de marketing, distribuição, produção e aquisição. Isso, simplesmente, é a missão da gestão de logística.

A cadeia de suprimentos e o desempenho competitivo

A maioria das organizações se vê como entidades independentes das outras, e de fato precisam competir com elas a fim de sobreviver. No entanto, essa filosofia pode ser autodestrutiva se levar a uma falta de disposição em cooperar para competir. Por trás desse conceito aparentemente paradoxal está a ideia de integração da cadeia de suprimentos.

A cadeia de suprimentos é a rede de organizações que está envolvida, por meio de ligações "a montante e a jusante", nos diferentes processos e atividades que produzem valor na forma de produtos e serviços nas mãos do consumidor final. Assim, por exemplo, um fabricante de camisas é parte de uma cadeia de suprimentos que se estende a montante, pelos tecelões até os fabricantes de fibras, e a jusante, pelos distribuidores e varejistas até o consumidor final. Cada uma dessas organizações na cadeia é dependente uma da outra por definição e, ainda assim, paradoxalmente e por tradição, não cooperam umas com as outras.

Gestão da cadeia de suprimentos não é o mesmo que integração vertical. A integração vertical implica, normalmente, propriedade de fornecedores a montante e clientes a jusante. Já se pensou que essa fosse uma estratégia desejável, mas agora cada vez mais as organizações estão se concentrando em seus *core business*; em outras palavras as coisas que eles fazem realmente bem e onde eles têm uma vantagem diferencial. Todo o resto é "terceirizado" ou adquirido fora da empresa. Assim, as empresas que fizeram os seus próprios componentes, agora apenas montam o produto acabado, como montadoras. Outras empresas também podem subcontratar a fabricação, a exemplo da Nike em relação a calçados e roupas esportivas. Tais empresas são às vezes chamadas organizações "virtuais" ou "de rede".

GANT: criação de valor por uma rede virtual

Um bom exemplo de organização virtual é a Gant, marca sueca de roupas. No centro da rede está a Pyramid Sportswear AB, que emprega diretamente menos de dez pessoas. A Pyramid tem contratos com designers, identifica tendências, usa fabricantes terceirizados, desenvolve a rede varejista e cria a imagem da marca mediante os meios de comunicação de marketing. Com seus bancos de dados, a Pyramid acompanha de perto as vendas, os estoques e as tendências. Sua rede de parceiros estreitamente coordenada significa que ela pode reagir de forma rápida às mudanças do mercado. A rede em si altera-se à medida que as exigências mudam, e vai utilizar diferentes designers, fotógrafos autônomos, produtores de catálogo, fabricantes terceirizados e assim por diante, conforme o apropriado.

FONTE: CHRISTOPHER, M.; PAYNE, A; BALLANTYNE, D. *RELATIONSHIP MARKETING*: CREATING STAKEHOLDER VALUE. BUTTERWORTH HEINNEMANN, OXFORD, 2002.

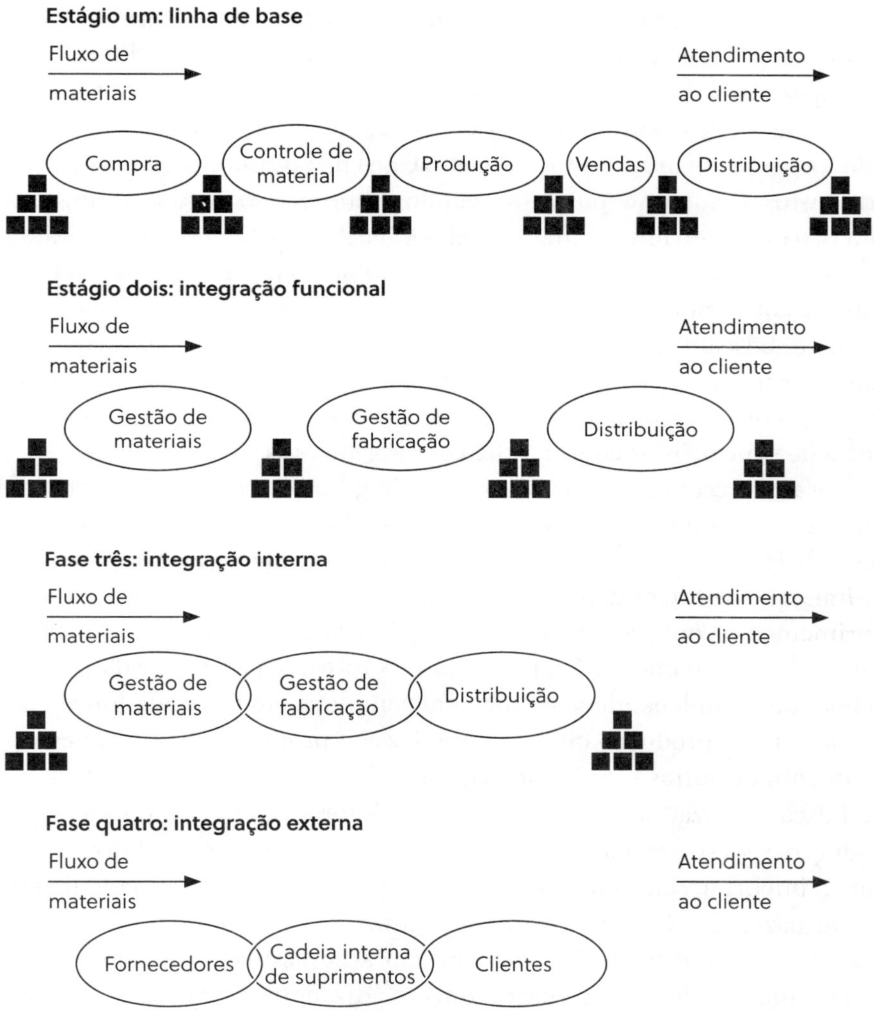

FONTE: REPRODUZIDA COM PERMISSÃO DE EMERALD GROUP PUBLISHING LIMITED, PUBLICADA ORIGINALMENTE EM STEVENS, G. C., INTEGRATING THE SUPPLY CHAIN, *INTERNATIONAL JOURNAL OF PHYSICAL DISTRIBUTION AND MATERIALS MANAGEMENT*, V. 19, N. 8. © 1989 EMERALD GROUP PUBLISHING LIMITED

FIGURA 1.9 Conquistando uma cadeia de suprimentos integrada

É evidente que essa tendência tem muitas implicações para a gestão da cadeia de suprimentos e, não menos importante, o desafio de integrar e coordenar o fluxo de materiais mediante uma multiplicidade de fornecedores, muitas vezes no mar, e, de modo semelhante, gerenciar a distribuição do produto acabado por meio de vários intermediários.

No passado, era frequente o caso em que relações com fornecedores e clientes a jusante (como distribuidores ou varejistas) fossem contraditórias em vez de cooperativas. É ainda hoje o caso de algumas empresas que tentam conseguir reduções de custos ou melhorias nos lucros à custa de seus parceiros da cadeia de suprimentos. Empresas como essas não percebem que apenas transferir custos a montante ou a jusante não as torna mais competitivas. A razão para isso é que, em última análise, todos os custos vão trilhar seu caminho para o mercado final a fim de serem refletidos no preço pago pelo usuário final. As empresas de ponta reconhecem a falácia dessa abordagem convencional e, em vez disso, buscam tornar a cadeia de suprimentos um todo mais competitivo pelo valor que ela agrega e os custos que ela reduz no geral. Elas perceberam que a concorrência verdadeira não é de empresa contra empresa, mas sim de cadeia de suprimentos contra cadeia de suprimentos.

É preciso reconhecer que o conceito de gestão de cadeia de suprimentos, embora relativamente novo, é na verdade nada mais do que uma extensão da lógica da logística. A gestão de logística está preocupada principalmente com a otimização de fluxos dentro da organização, enquanto a gestão da cadeia de suprimentos reconhece que a integração interna por si só não é suficiente. A Figura 1.9 sugere que há uma evolução da integração a partir da posição do estágio um da independência funcional completa, em que cada função de negócios, como a produção ou a compra, faz seu próprio trabalho em completo isolamento de outras funções de negócios. Um exemplo seria quando a produção busca otimizar seus custos unitários de produção com longos fluxos de produção, sem se preocupar com o acúmulo de estoque de produtos acabados, sem se importar com o impacto que isso terá sobre a necessidade de espaço para armazenagem e sobre o capital de giro.

Empresas no estágio dois reconhecem a necessidade de pelo menos um grau limitado de integração entre funções adjacentes, por exemplo, distribuição e gerenciamento de estoques ou de compra e controle de materiais. O próximo passo natural para o estágio três requer o estabelecimento e a implementação de uma estrutura de planejamento do tipo "ponta a ponta", que será descrita na íntegra no Capítulo 5.

O estágio quatro representa a verdadeira integração da cadeia de suprimentos em que o conceito de articulação e coordenação alcançado no estágio três é agora estendido aos fornecedores a montante e aos clientes a jusante.

As alterações no ambiente competitivo

Uma vez que o contexto concorrencial das empresas continua mudando, trazendo com ele novas complexidades e preocupações de gestão em geral, também é preciso reconhecer que o impacto dessas mudanças sobre a logística e sobre a gestão da cadeia de suprimentos pode ser considerável. De fato, das muitas questões estratégicas que confrontam a organização empresarial de hoje, talvez a mais desafiadora esteja na área de logística e de gestão da cadeia de suprimentos.

Grande parte deste livro será dedicada a abordar esses desafios em detalhes, mas é útil, nesta fase, destacar os que são talvez os mais urgentes:

- » As novas regras da concorrência
- » Turbulência e volatilidade
- » A globalização da indústria
- » A pressão descendente sobre os preços

As novas regras da concorrência

Estamos entrando agora na era da "concorrência da cadeia de suprimentos". A diferença fundamental em relação ao modelo anterior de concorrência é que uma organização já não pode agir como uma entidade isolada e independente em concorrência com outras organizações igualmente "isoladas". Em vez disso, a necessidade de se criar sistemas de entrega de valores, mais sensíveis a mercados em rápida mutação e muito mais consistentes e confiáveis na entrega de tal valor, exige que toda a cadeia de suprimentos esteja focada na obtenção desses objetivos.

No passado, as regras básicas para o sucesso do marketing eram óbvias: marcas fortes apoiadas em grandes orçamentos de publicidade e vendas agressivas. Essa fórmula já parece ter perdido seu poder. Em vez disso, agora o argumento é ouvido, e as empresas devem reconhecer que, cada vez mais, elas concorrem com suas *capacidades* e *competências*.

Essencialmente, isso significa que as organizações criam valor superior para clientes e consumidores gerenciando seus *processos centrais* melhor do que as concorrentes gerenciam os delas. Esses processos centrais englobam atividades como desenvolvimento de novos produtos, desenvolvimento de fornecedores, atendimento de pedidos e gestão de clientes. Ao executar essas atividades fundamentais de uma forma mais rentável que as concorrentes, afirma-se que as empresas obterão vantagem no mercado.

Por exemplo, uma capacidade que hoje é considerada por muitas empresas como fundamental para o sucesso no mercado é a agilidade da cadeia de suprimentos. À medida que os ciclos de vida do produto se reduzem, que os clientes adotam práticas *just-in-time*, e mercados de vendedores se tornam mercados de compradores, a capacidade da organização em responder de forma rápida e flexível à demanda pode fornecer uma poderosa vantagem competitiva. Esse é um tema ao qual voltaremos no Capítulo 6.

Um dos principais fatores que influenciaram o ambiente competitivo alterado foi a tendência para a "mercantilização". Um mercado de produtos é caracterizado pela igualdade de produtos percebida pelos olhos dos clientes, resultando em alta prontidão para substituir uma marca de produto por outra. Pesquisas sugerem que os consumidores estão menos fiéis a marcas específicas, que terão uma carteira de marcas de uma categoria com base na qual eles fazem a sua escolha. Em situações como essa, a disponibilidade efetiva de produto torna-se importante e determinante fator de demanda. Há evidências de que mais e mais decisões são tomadas no ponto de compra, e se há uma lacuna na prateleira onde a marca x deveria estar, mas em vez disso a marca y está lá, então há uma forte probabilidade de que a marca y conquistará a venda.

Não é somente em mercados de consumo que a importância da excelência do processo logístico é evidente. Em mercados *business-to-business* e industriais, parece que características de produto ou técnicas são de menor importância na conquista de pedidos do que questões tais como tempo de entrega e flexibilidade. Isso não sugere que características de produto ou técnicas não sejam importantes; ao contrário, sugere que elas são consideradas pelos clientes como "dadas". Simplesmente, no mercado de hoje, os critérios de conquista de pedidos têm mais probabilidade de serem fundamentados em serviços do que em produtos.

Um desenvolvimento paralelo em muitos mercados é a tendência à consolidação da demanda. Em outras palavras, os clientes – em oposição a consumidores – tendem a crescer em tamanho, ao mesmo tempo que diminuem em número. A indústria varejista de supermercados é um bom exemplo de que, na maioria dos países do norte europeu, uma grande quantidade de grandes varejistas responde por mais de 50% do total de vendas em qualquer país. Essa tendência para a concentração de poder de compra está acelerada, como resultado de fusões e aquisições globais. O impacto dessas tendências é que esses clientes poderosos estão se tornando mais exigentes em termos de seus requisitos quanto ao serviço dos fornecedores.

No mercado de hoje, os critérios de conquista de pedidos têm mais probabilidades de serem fundamentados em serviços do que em produtos.

Ao mesmo tempo, à medida que o poder no canal de distribuição continua a se deslocar do fornecedor para o comprador, há também uma tendência para que os clientes reduzam sua base de fornecedores. Em outras palavras, eles querem fazer negócios com fornecedores e, geralmente, a longo prazo. As empresas bem-sucedidas nos próximos anos serão aquelas que reconhecem estas tendências e buscam estabelecer estratégias com base no estabelecimento de relações mais estreitas com clientes-chave. Tais estratégias se focarão na busca, de maneiras inovadoras, de se criar mais valor para esses clientes.

A construção de plataformas competitivas que sejam fundamentadas nessa ideia de crescimento com base no valor exigirá um foco muito maior na gestão dos processos centrais aos quais nos referimos. Considerando-se que o modelo competitivo do passado se baseou fortemente na *inovação* de produtos, este terá que ser cada vez mais complementado pela *inovação* de processos. A base para competir nesta nova era será:

Vantagem competitiva = Excelência de produto × Excelência de processo

A Figura 1.10 sugere que, tradicionalmente, para muitas empresas, o investimento tem sido na excelência do produto e menos na excelência dos processos. Isto não sugere que a inovação do produto deva receber menos ênfase – longe disso – mas que mais ênfase deve ser colocada no desenvolvimento e gerenciamento de processos que oferecem maior valor para clientes-chave.

Já comentamos que os ciclos de vida dos produtos estão ficando mais curtos. O que presenciamos em muitos mercados é o efeito das mudanças na tecnologia e na demanda do consumidor que se combinam para produzir mercados mais voláteis, em que um produto pode ser obsoleto quase ao mesmo tempo que chega ao mercado. Há muitos exemplos atuais de ciclos de vida reduzidos, mas talvez o computador pessoal represente todos eles. Neste caso específico, temos visto rápidas evoluções na tecnologia que primeiro criaram mercados onde antes não existia nenhum e, em seguida, quase tão rápido tornaram-se obsoletos à medida que a próxima geração do produto é anunciada.

Tal redução dos ciclos de vida cria sérios problemas de logística e de gestão da cadeia de suprimentos. Em particular, ciclos de vida mais curtos exigem *lead times* menores – na verdade, nossa definição de *lead time* pode precisar de mudanças.

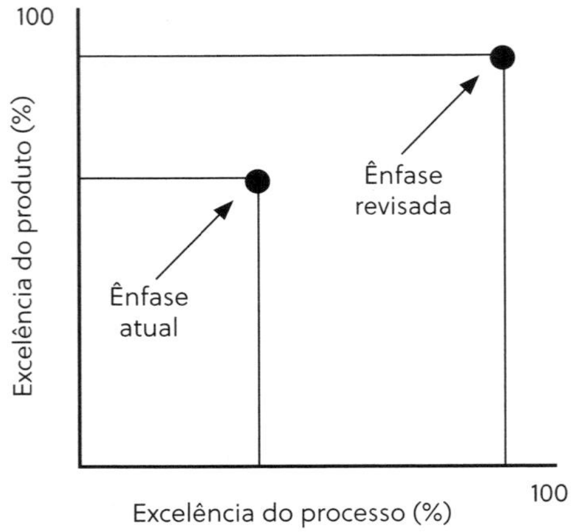

FIGURA 1.10 Investir na excelência dos processos traz benefícios maiores

Lead times são definidos como o período decorrido entre o recebimento do pedido do cliente até a entrega. No entanto, hoje em dia há uma perspectiva mais ampla que precisa ser considerada. O *lead time* efetivo é o tempo decorrido entre a prancheta de desenho, passando pela aquisição, fabricação e montagem até o mercado final. Este é o conceito de *lead time* estratégico, e a gestão deste espaço de tempo é a chave para o sucesso no gerenciamento de operações logísticas.

Já existem situações em que o ciclo de vida do produto é mais curto do que o *lead time* estratégico. Em outras palavras, a vida de um produto no mercado é inferior ao tempo necessário para se projetar, adquirir, fabricar e distribuir o mesmo produto! As implicações disso são importantes tanto para o planejamento quanto para as operações. Em um contexto global, o problema é agravado pelo tempo de transporte longo envolvido no processo.

Em última análise, portanto, os meios de se conquistar o sucesso em tais mercados é acelerando o movimento por meio da cadeia de suprimentos e tornando todo o sistema de logística muito mais flexível e, consequentemente, sensível a esses mercados em rápida mutação.

Turbulência e volatilidade

Existem evidências[6] de que desde os primeiros anos do século XXI nos movemos para um mundo caracterizado por altos níveis de turbulência e volatilidade. As causas desse cenário alterado no ambiente de negócios são muitas e variadas – uma combinação de fatores econômicos, revoluções geopolíticas, cadeias de suprimentos globais estendidas e uma maior exposição ao risco de rupturas, para citar algumas delas. Quaisquer sejam as razões para essas elevadas turbulência e volatilidade, seu impacto é claro: grandes incertezas.

O impacto dessa incerteza é que ela apresenta um desafio ao modelo de negócios clássico, que confia altamente em previsões. Tradicionalmente, grande parte da gestão logística é orientada por previsões. Ou seja, procuramos prever o futuro com base no passado. Os resultados dessa previsão geralmente vão determinar as decisões sobre quanto estoque construir e manter. Esse modelo convencional funciona bem sob condições de estabilidade; no entanto, ele se torna menos sustentável em condições de incerteza.

O problema não é só a incerteza em relação à *demanda*, mas também a incerteza sobre a *oferta*. A incerteza em relação à oferta pode se originar de déficits de produtos, variação de preços de *commodities*, interrupções das cadeias de suprimentos, falha dos negócios de um fornecedor, e assim por diante. O risco da cadeia de suprimentos será abordado de forma mais detalhada no Capítulo 12, mas esse é claramente o caso em que volatilidade e turbulência a montante levam a uma maior incerteza no lado da oferta da empresa.

A Figura 1.11 ilustra como, em muitos casos, as empresas enfrentam hoje níveis mais altos de incerteza tanto a montante quanto a jusante em suas cadeias de suprimentos.

As implicações dessas condições alteradas são significativas. Para os gestores de logística e de cadeias de suprimentos, elas criam uma necessidade de transformação urgente da empresa, de um modelo *orientado por previsões* para um que seja *orientado pela demanda*. Nos capítulos posteriores, identificaremos algumas das formas com que essa transição pode ser facilitada

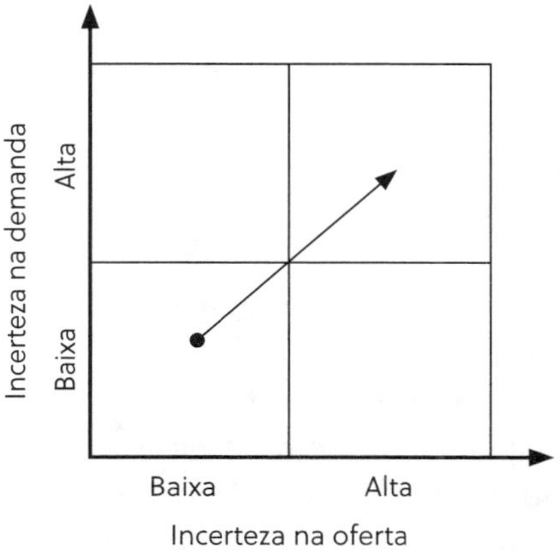

FIGURA 1.11 Incerteza na demanda e na oferta

A globalização da indústria

Outra questão estratégica que oferece um desafio para a gestão logística é a tendência contínua para a globalização.

Uma empresa global é mais do que uma empresa multinacional. Na empresa global, materiais e componentes são provenientes do mundo inteiro e produtos podem ser fabricados *offshore* e vendidos em muitos países, talvez com personalização local.

Essa é a tendência para a globalização. É seguro prever que em pouco tempo a maioria dos mercados será dominada por empresas globais. O único papel que resta para as empresas nacionais será o de atender a demandas específicas locais, por exemplo, na indústria de alimentos.

Para empresas globais como Hewlett Packard, Philips e Caterpillar, a gestão do processo logístico se torna uma questão de preocupação central. A diferença entre ganhos e perdas para determinado produto pode depender da medida em que a canalização global pode ser otimizada, porque os custos envolvidos são muito grandes. A empresa global busca obter vantagem competitiva por meio da identificação de mercados mundiais para seus produtos e, em seguida, do desenvolvimento de uma estratégia de fabricação e de logística para apoiar a sua estratégia de marketing. Uma empresa como a Caterpillar, por exemplo, dispersou operações de montagem para os principais mercados no exterior e utiliza canais de logística global para fornecer peças a montadoras *offshore* e mercados pós-venda. Se for o caso, a Caterpillar utilizará empresas de terceiros para gerenciar a distribuição e até mesmo o acabamento final. Nos Estados Unidos, por exemplo, uma empresa de terceiros, além de fornecer inspeção de peças e armazenagem, agrega opções para empilhadeiras. Rodas, contrapesos, garfos e postes estão instalados conforme especificações da Caterpillar. Assim, as necessidades do mercado local podem ser atendidas a partir de um processo padronizado de produção.

A globalização tende também a alongar cadeias de suprimentos à medida que as empresas transferem a produção cada vez mais *offshore* ou que vêm de fontes mais distantes. O ímpeto para essa tendência, que nos últimos anos tem acelerado drasticamente, é a busca por custos de mão de obra reduzidos. No entanto, uma implicação dessas decisões é que os tempos de canalização *end-to-end* podem aumentar significativamente. Em mercados sensíveis ao tempo, *lead times* mais longos podem ser fatais.

Concorrência fundamentada em tempo é uma ideia que será retomada muitas vezes em capítulos posteriores. A compressão de tempo tornou-se uma questão crítica de gestão. Os ciclos de vida do produto estão mais curtos do que nunca, clientes e distribuidores exigem entregas *just-in-time* e usuários finais estão cada vez mais dispostos a aceitar um produto substituto se sua primeira escolha não estiver imediatamente disponível.

A globalização da indústria e, portanto, das cadeias de suprimentos são inevitáveis. No entanto, para permitir que os potenciais benefícios das redes mundiais sejam plenamente realizados, uma perspectiva mais ampla da cadeia de suprimentos deve ser adotada. Pode-se afirmar que, para a corporação global, cada vez mais a vantagem competitiva derivará da excelência na gestão da complexa rede de relações e fluxos que caracterizam suas cadeias de suprimentos.

Pressão descendente sobre os preços

Embora a tendência possa não ser universal, não pode haver dúvidas de que a maioria dos mercados é mais competitiva em termos de preços hoje do que foi uma década atrás. Preços nas ruas e nos centros comerciais continuam a cair em muitos países.

Embora parte dessa deflação de preços possa ser explicada como resultado da redução normal de custos por meio de efeitos de aprendizagem e experiência, a rápida queda no preço dos bens de consumo tem muitas outras causas.

Em primeiro lugar, há novos concorrentes mundiais que entraram no mercado apoiados por bases de fabricação de baixo custo. O drástico crescimento da China como grande fabricante de produtos de qualidade* para o consumidor é prova disso. Em segundo lugar, a eliminação das barreiras comerciais e a desregulamentação de muitos mercados aceleraram essa tendência, permitindo que novos *players* ganhassem terreno rapidamente. Um resultado disso é o excesso de capacidade em muitas indústrias. A sobrecapacidade implica um excesso de oferta *versus* demanda e, consequentemente, leva a uma maior pressão descendente sobre os preços.

Outra causa da deflação de preços, sugeriu-se, é a internet, que torna a comparação de preços muito mais fácil. A internet também permitiu que leilões e trocas fossem estabelecidos no nível de toda a indústria, que também mostrou tendências para baixar os preços.

Além disso, há evidências de que clientes e consumidores estão mais conscientes em termos de valor do que tem sido até agora. Marcas e fornecedores que já conseguiram comandar um suplemento de preço por causa de sua su-

* Embora haja evidências de que as indústrias na China fizeram grandes avanços em qualidade na última década, o texto original talvez exagere quando diz que a China é uma grande produtora de produtos de qualidade. A opinião pública nos países que consomem os produtos importados da China põe em xeque se os produtos atingem as expectativas dos consumidores em termos de qualidade. (N.R.T.)

posta superioridade não podem mais fazê-lo, uma vez que o mercado reconhece que ofertas igualmente atraentes estão disponíveis a preços mais baixos. O sucesso de muitos produtos de marca própria de varejistas ou as incursões feitas por companhias aéreas de baixo custo provam esse fato.

Perante o cenário de uma contínua pressão decrescente no preço, é evidente que, para manter a lucratividade, as empresas devem encontrar uma maneira de reduzirem custos para coincidir com a queda nos preços.

O desafio para a empresa é encontrar novas oportunidades para a redução de custos quando, com toda a probabilidade, a empresa passou por muitos programas anteriores de redução de custos. Pode-se afirmar que a última oportunidade restante de qualquer significado para uma importante redução de custos está na cadeia mais ampla de suprimentos, em vez de estar nas próprias operações internas da empresa.

Esta ideia não é nova. Em 1929, Ralph Borsodi expressou isto nos seguintes termos:

> Em cinquenta anos, entre 1870 e 1920, o custo da distribuição de necessidades e luxos quase triplicou, enquanto os custos de produção caíram em um quinto [...] O que estamos economizando em produção, estamos perdendo em distribuição.[7]

A situação que Borsodi descreve ainda pode ser presenciada em muitas indústrias hoje. Por exemplo, empresas que pensaram que poderiam conseguir uma operação mais enxuta movendo-se para práticas JIT muitas vezes apenas deslocaram os custos para outro lugar na cadeia de suprimentos, obrigando fornecedores ou clientes a carregarem esse estoque. A indústria automobilística, que para muitos é a origem do pensamento enxuto e das práticas JIT, certamente apresentou algumas dessas características. Uma análise da indústria automobilística da Europa Ocidental mostrou que, enquanto as operações de montagem de automóveis foram de fato muito fracas e com estoque mínimo, o mesmo não aconteceu a montante e a jusante de tais operações. A Figura 1.12 mostra o perfil de estoques na cadeia de suprimentos a partir dos fornecedores da primeira fileira até as concessionárias de veículos.

Nesse caso particular, o paradoxo é que a maioria dos estoques está sendo mantida quando está em seu custo mais elevado, ou seja, como um produto acabado. O verdadeiro custo do estoque para a indústria é considerável. Embora os custos de estoque possam variar de indústria e de empresa, sugere-se no Capítulo 4 que o verdadeiro custo de manutenção de estoques raramente é inferior a

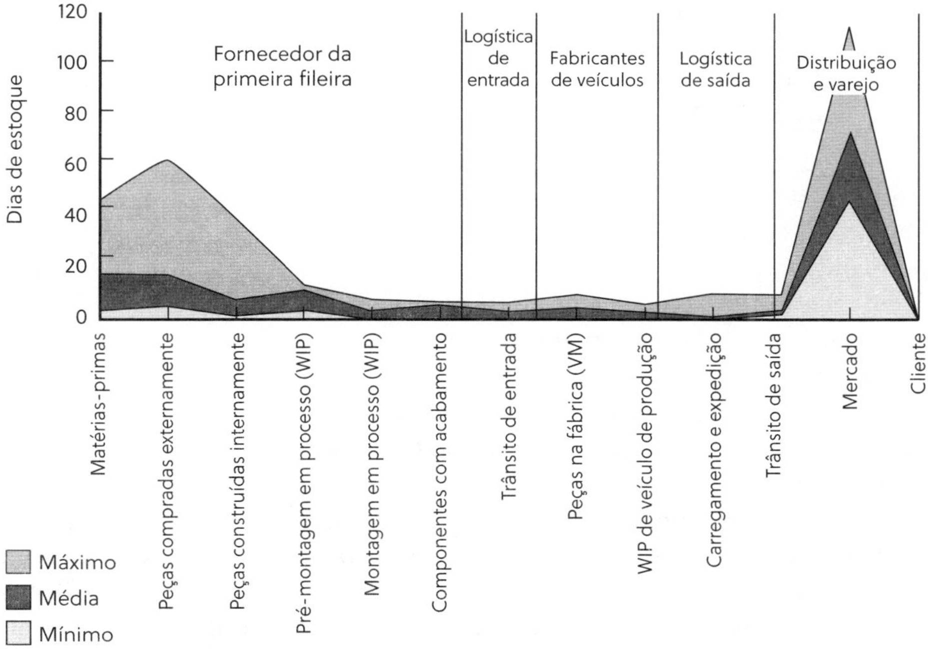

WIP (Work in Process): Trabalho em processo
VM (Vehicle Manufacturers): Fabricante de veículos

FONTE: HOLWEG, M.; PIL, F. K. *THE SECOND CENTURY*. MIT PRESS, 2004.

FIGURA 1.12 Perfil de estoques da cadeia de suprimentos do setor automotivo

25% por ano de seu valor. Nas condições em que a indústria automobilística se encontra, isto por si só é o suficiente para fazer a diferença entre lucro e prejuízo.

Esse exemplo ilustra no que pode acarretar a falta de uma visão mais ampla de custos. Para muitas empresas, sua definição de custo é limitada apenas aos custos que estão contidos dentro das quatro paredes da sua entidade de negócios. No entanto, como já foi sugerido, uma vez que a concorrência hoje ocorre não entre empresas, mas entre cadeias de suprimentos, a visão adequada de custos deve ser *end-to-end*, uma vez que todos os custos acabarão por se refletir no preço do produto acabado no mercado final.

A necessidade de ter uma visão da cadeia de suprimentos em termos de custo é ainda confirmada pela tendência principal, observável em todos os setores do mundo, da terceirização. Para muitas empresas hoje, a maioria dos seus custos está fora de suas fronteiras jurídicas; as atividades que costumavam ser realizadas internamente são agora terceirizadas para fornecedores de serviços especializados. O crescimento surpreendente de contratos de fabricação de produtos eletrônicos prova essa tendência. Se a maioria dos custos de uma organização está fora da empresa, então conclui-se que as maiores oportunidades de melhoria em sua posição de custo também serão encontradas nessa cadeia mais ampla de suprimentos.

Os clientes assumem o controle

Muito se escreve e fala sobre serviço, qualidade e excelência, e não há como escapar do fato de que o cliente no mercado atual é mais exigente, não somente em relação à qualidade do produto, mas também ao serviço.

Como os mercados se tornam cada vez mais mercados de "mercadoria", em que o cliente percebe pouca diferença técnica entre as ofertas dos concorrentes, necessita-se, então, da criação de vantagem diferencial por meio de valor agregado. Cada vez mais uma fonte principal desse valor agregado é o atendimento ao cliente.

O serviço de atendimento ao cliente pode ser definido como a provisão consistente de utilidade de tempo e lugar. Em outras palavras, os produtos não têm valor até que eles estejam nas mãos do cliente no momento e no local necessários. É evidente que há muitas facetas de atendimento ao cliente, que vão desde a entrega no prazo até o suporte pós-venda. Essencialmente, o papel do atendimento ao cliente deve ser o de aumentar o valor de uso, significando que o produto passa a valer mais aos olhos do cliente, porque o serviço tem um valor agregado ao produto principal. Desta forma, uma significativa diferenciação da oferta total (que é o produto central, mais o pacote de serviços) pode ser alcançada.

O cliente no mercado atual é mais exigente, não somente em relação à qualidade do produto, mas também ao serviço.

As empresas que conseguiram reconhecimento por excelência de serviços e, portanto, foram capazes de estabelecer uma vantagem diferencial sobre a concorrência, são, em geral, as empresas nas quais a gestão logística é alta prioridade. Empresas como a Xerox, a Zara e a Dell são exemplos de tais organizações. A obtenção de vantagem competitiva por meio de um serviço não vem de *slogans* ou de programas caros de atendimento ao cliente, mas sim de uma combinação de uma estratégia cuidadosamente pensada para serviços, o desenvolvimento de sistemas adequados de entrega e compromisso das pessoas, do principal executivo ao baixo escalão.

A obtenção da excelência do serviço nesse sentido amplo só pode ser alcançada por meio de uma estratégia de logística integrada. Na realidade, a capacidade de se tornar um líder de mercado depende tanto da eficácia dos sistemas operacionais quanto da apresentação do produto, da criação de imagens e da influência das percepções do consumidor. Em outras palavras, o sucesso de McDonald's, Walmart ou qualquer dos outros paradigmas de excelência em serviço frequentemente citados não é devido à sua escolha de agência de publicidade, mas sim ao seu reconhecimento de que a gestão da logística de entrega de serviços em uma base consistente é a fonte crucial de vantagem diferencial.

Gerenciando os "4Rs"

À medida que caminhamos rapidamente para a era da concorrência da cadeia de suprimentos, uma série de princípios surgem para orientar o gestor desta. Esses princípios podem ser convenientemente resumidos como os "4Rs" de responsividade, confiabilidade (*reliability*), resiliência e relacionamentos.

1. Responsividade

No mundo *just-in-time* de hoje a capacidade de responder às exigências dos clientes em prazos cada vez mais curtos tornou-se crucial. Não só os clientes querem prazos de entrega mais curtos; eles também estão procurando por flexibilidade e por soluções cada vez mais personalizadas. Em outras palavras, o fornecedor deve ser capaz de atender às necessidades específicas dos clientes em menos tempo do que nunca. A palavra-chave nesse ambiente alterado é *agilidade*. Agilidade implica a capacidade de mover-se rapidamente e de atender à demanda dos clientes de maneira mais breve. Em um mercado em constantes mudanças, a agilidade é realmente mais importante do que o planejamento a longo prazo em sua forma tradicional. Como os padrões futuros de demanda são incertos, por definição, isto torna o planejamento mais difícil e, em certo sentido, perigoso.

No futuro, as organizações devem ser muito mais *orientadas para a demanda* do que *para a previsão*. O modo de se realizar esta transição será por meio da conquista de agilidade, não apenas dentro da empresa, mas em toda a cadeia de suprimentos. Responsividade também implica que a organização está mais perto do cliente, ouvindo a voz do mercado e sendo veloz em interpretar os sinais de demanda que recebe.

2. Confiabilidade

Uma das principais razões pelas quais uma empresa carrega estoques de segurança é por causa da incerteza. Pode ser a incerteza sobre a demanda futura ou a incerteza sobre a capacidade do fornecedor em cumprir uma promessa de entrega, ou sobre a qualidade de materiais ou componentes. Melhorias significativas em termos de confiança só podem ser conquistadas por meio de reengenharia dos processos que influenciam o desempenho. Os gerentes de fabricação há muito tempo descobriram que a melhor maneira de se melhorar a qualidade do produto não era realizada pelo controle de qualidade por meio da inspeção, mas sim pelo controle de processos. O mesmo se aplica à confiança da logística.

Uma das chaves para melhorar a confiança da cadeia de suprimentos é a redução da *variabilidade de processos*. Nos últimos anos, tem havido um aumento considerável na utilização de metodologias chamadas *six sigma*. O conceito será discutido em mais detalhes no Capítulo 12, mas em essência essas ferramentas são projetadas para permitirem a variabilidade em um processo a ser reduzido e controlado. Assim, por exemplo, se existe variabilidade nos *lead times* de processamento de pedidos, então as causas dessa variabilidade podem ser identificadas e, quando necessário, o processo pode ser alterado e trazido sob controle por meio do uso de ferramentas e procedimentos *six sigma*.

3. Resiliência

O mercado de hoje é caracterizado por níveis mais elevados de turbulência e volatilidade. As empresas, os ambientes econômicos e políticos mais amplos estão cada vez mais sujeitos a choques e descontinuidades inesperados. Como resultado, as cadeias de suprimentos são vulneráveis a perturbações e, consequentemente, o risco para a continuidade da empresa é maior.

Considerando-se que, no passado, o objetivo primordial no projeto da cadeia de suprimentos era, provavelmente, a minimização de custos ou a otimização de serviços, o destaque hoje deve ser dado à resiliência. Resiliência refere-se à capacidade que a cadeia de suprimentos tem de lidar com perturbações inesperadas. Há evidências de que a tendência de muitas empresas a buscarem soluções de baixo custo devido à pressão sobre as margens pode ter tornado as cadeias de suprimentos mais enxutas, porém mais vulneráveis.

Cadeias de suprimentos resilientes podem não ser as cadeias de suprimentos de menor custo, mas são as mais capazes de lidar com os ambientes empresariais incertos. Elas têm uma série de características, das quais a mais importante é o reconhecimento por parte das empresas de onde a cadeia de suprimentos está em seu momento mais vulnerável. Gerenciar os nós e elos críticos de uma cadeia de suprimentos, assunto a ser discutido no Capítulo 12, torna-se prioridade fundamental. Por vezes, estes “caminhos críticos” podem estar onde há dependência de único fornecedor, um fornecedor com longos *lead times* de reposição, ou um gargalo em um processo.

Outras características das cadeias de suprimentos resilientes são o reconhecimento da importância do estoque estratégico e o uso seletivo de capacidade disponível para lidar com os efeitos de “aumento”.

4. Relacionamentos

A tendência para clientes que procuram reduzir sua base de fornecedores já foi comentada. Em muitas indústrias, a prática da “concorrência de parceria” é generalizada. É sugerido que os benefícios de tais práticas incluam a melhoria da qualidade, o compartilhamento de inovação, a redução de custos e o planejamento integrado de produção e entregas. Subjacente a tudo isto está a ideia de que as relações comprador/fornecedor devem ser fundamentadas em parceria. Cada vez mais, empresas estão descobrindo as vantagens que podem ser adquiridas pela busca de benefício mútuo, relações de longo prazo com os fornecedores. Do ponto de vista dos fornecedores, essas parcerias podem provar serem grandes barreiras à entrada de concorrentes. Quanto mais os processos estão ligados entre o fornecedor e o cliente, mais as dependências mútuas aumentam e, portanto, mais difícil é para os concorrentes entrarem.

A gestão da cadeia de suprimentos, por definição, está associada com a gestão de relações por meio de complexas redes de empresas que, embora juridicamente independentes, são na verdade interdependentes. Cadeias de suprimentos bem-sucedidas serão aquelas que são governadas por uma busca constante por soluções ganha-ganha com base em reciprocidade e confiança. Este não é um modelo de relações que tipicamente prevaleceu no passado. É um modelo que terá de prevalecer no futuro à medida que a concorrência da cadeia de suprimentos torna-se a norma.

Estes quatro temas – responsividade, confiabilidade, resiliência e relacionamento – fornecem a base para a logística bem-sucedida e o gerenciamento da cadeia de suprimentos. São temas que serão explorados em mais detalhes posteriormente neste livro.

Referências

[1] BOWLER, R. A. *Logistics and the failure of the British Army in America 1775-1783*. Princeton University Press, 1975.

[2] SHAW, A. W. *Some problems in market distribution*. Harvard University Press, 1915.

[3] OLIVER, R. K; WEBER, M. D. *Supply-Chain management:* logistics catches up with strategy. Outlook, 1982. Reimpresso em CHRISTOPHER, M. *Logistics*: The Strategic Issues. Chapman and Hall, 1992.

[4] AITKEN, J. *Supply Chain Integration within the Context of a Supplier Association.* (Tese de doutorado), Cranfield University, 1998.

[5] PORTER, M. T. *Competitive advantage.* The Free Press, 1985, p. 33.

[6] CHRISTOPHER, M.; HOLWEG, M. Supply Chain 2.0: Managing Supply Chains in the Era of Turbulence. *International Journal of Physical Distribution and Logistics Management*, v. 41, n.1, 2011.

[7] BORSODI, R. *The distribution age.* D. Appleton & Co, 1929.

[8] HOLWEG, M.; PIL, F. K. *The second century.* MIT Press, 2004.

Logística e valor para o cliente

2

- A interface de marketing e de logística
- Entregando valor ao cliente
- O que é atendimento ao cliente?
- O impacto do produto esgotado
- Atendimento ao cliente e retenção do cliente
- Cadeias de suprimento orientadas para o mercado
- Definindo de objetivos de atendimento ao cliente
- Definindo de prioridades de atendimento ao cliente
- Definindo de padrões de atendimento

No início do Capítulo 1, a missão da gestão de logística foi definida simplesmente como "proporcionar os meios pelos quais as exigências de atendimento ao cliente fossem cumpridas no menor custo". Em outras palavras, o objetivo final de qualquer sistema logístico é satisfazer os clientes. É uma ideia simples que nem sempre é fácil de reconhecer se você é um gerente envolvido em atividades como programação da produção ou controle de estoque, que podem parecer estar a alguma distância do mercado. O fato é, claro, que todos na organização investem no atendimento ao cliente. Portanto, muitas empresas bem-sucedidas começaram a examinar seus padrões de serviço interno, a fim de que todos os que trabalham na empresa entendam que devem atender alguém – se não atendem, por que estão na folha de pagamento?

O objetivo deveria ser o estabelecimento de uma cadeia de clientes que ligasse pessoas, em todos os níveis da organização, direta ou indiretamente ao mercado.[1] A Xerox é uma empresa que trabalha arduamente para implantar a ideia do cliente interno. Eles estenderam a ideia a ponto de ligar bônus a um índice de satisfação do cliente. Em organizações como a Xerox, a gestão da cadeia de atendimento ao cliente pela empresa e, além de seus limites físicos, é a preocupação central da gestão de logística.

A interface de marketing e de logística

Embora os livros didáticos descrevam marketing como a gestão dos "quatro Ps" - produto, preço, promoção e praça -, provavelmente é verdade dizer que, na prática, a maioria da ênfase é sempre colocada nos três primeiros. Praça, o "P" que pode ser mais bem descrito pelo velho clichê, "o produto certo, no lugar certo, na hora certa", raras vezes foi considerado como parte do marketing principal.

No entanto, há sinais de que essa visão está mudando rapidamente, uma vez que o poder do atendimento ao cliente como meio potencial de diferenciação é cada vez mais reconhecido. Em mais e mais mercados, o poder da marca diminuiu e os clientes estão mais dispostos a aceitar substitutos; mesmo diferenças tecnológicas entre os produtos são reduzidas, sendo assim mais difícil manter uma vantagem competitiva por meio do próprio produto. Em situações como essa é o atendimento ao cliente que pode representar a diferença entre a oferta de uma empresa e a de seus concorrentes.

Dois fatores contribuem, talvez mais do que qualquer outro, para a importância crescente do atendimento ao cliente como uma arma competitiva. Um deles é o aumento contínuo das expectativas do cliente: em quase todos os mercados o cliente está mais exigente, mais "sofisticado" do que era, digamos, 50 anos atrás. Da mesma forma, em situações de compras industriais, descobrimos que os compradores esperam níveis de atendimento mais elevados por parte dos vendedores, especialmente quando mais empresas adotam sistemas de logística *just-in-time*.

O segundo fator é a transição lenta, mas inexorável, para mercados do tipo *commodities*. Por isso, entende-se que o poder da "marca" está diminuindo, à medida que as tecnologias de produtos concorrentes convergem, tornando diferenças de produtos difíceis de se perceber - ao menos pelo comprador médio. Vamos considerar, por exemplo, o estado atual do mercado de computadores pessoais. Há muitos modelos concorrentes que na realidade são substituíveis no que se refere à maioria dos pretensos compradores.

Confrontado com uma situação como essa, o cliente pode ser influenciado pelo preço ou pelas percepções de "imagem", mas tais aspectos podem muito bem ser substituídos por "disponibilidade" - em outras palavras, "o produto está em estoque, posso adquiri-lo agora?" Uma vez que a disponibilidade é claramente um aspecto do atendimento ao cliente, estamos na verdade dizendo que o poder do atendimento é fundamental em uma situação como essa. Tal tendência para o cliente "sensível ao atendimento" é tão evidente em mercados industriais como em mercados de consumo. Portanto, empresas fornecedoras da indústria automobilística, por exemplo, devem conseguir fazer entregas *just-in-time* diretamente à linha de montagem; do mesmo modo, um fabricante de alimentos fornecendo para uma grande cadeia de supermercados deve ter capacidade logística equivalente, permitindo-lhe manter as prateleiras da loja cheias enquanto reduz a quantidade de estoque no sistema.

As evidências de toda uma gama de mercados sugerem que o determinante fundamental para saber se os pedidos são ganhos ou perdidos e, portanto, a base para se tornar um fornecedor preferencial, é o atendimento ao cliente. O tempo tornou-se um elemento mais importante no processo competitivo. Os clientes em todos os mercados querem *lead times* cada vez mais curtos; a disponibilidade do produto vai superar a fidelidade à marca ou ao fornecedor, o que significa: se a marca preferida do cliente não estiver disponível, mas a substituta sim, então a probabilidade é de uma venda perdida.

Entregando valor ao cliente

Fundamentalmente, o sucesso ou o fracasso de qualquer empresa será determinado pelo nível de valor que ela oferece para o cliente em seus mercados escolhidos. O valor do cliente pode ser definido simplesmente como a diferença entre a percepção dos benefícios que fluem de uma compra ou de uma relação e os custos totais incorridos. Outra forma de expressar a ideia é a seguinte:

$$\text{Valor do cliente} = \frac{\text{Percepção de benefícios}}{\text{Custo total de propriedade}}$$

O "custo total de propriedade" em vez de "preços" é usado aqui porque na maioria das transações haverá outros custos envolvidos além do preço de compra. Por exemplo, custos de manutenção de estoques, de manutenção, custos operacionais, de descarte e assim por diante. Em mercados *business-to-business* particularmente, uma vez que compradores se tornam mais sofisticados, o custo total de propriedade pode ser um elemento crucial na decisão de compra. "Custos de ciclo de vida", como eles são chamados nas indústrias militar e de defesa, são um problema relevante nas decisões de aquisição nesses mercados. A Figura 2.1 mostra o efeito *iceberg* do custo total da propriedade, no qual o preço imediato de compra é o único aspecto visível do custo, enquanto abaixo da superfície da água estão todos os custos que vão surgir como resultado das decisões de compra.

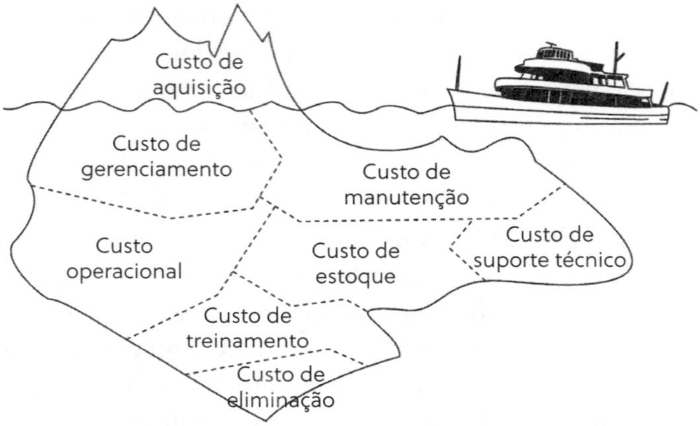

FIGURA 2.1 O custo total de propriedade

Assim como o custo total de propriedade é maior que o preço de compra inicial, também os benefícios percebidos fluindo a partir da compra ou da relação serão muitas vezes maiores do que a funcionalidade ou as características tangíveis do produto. Por exemplo, pode haver pouca diferença de desempenho técnico entre dois produtos competitivos, mas um pode ser superior ao outro no fornecimento de suporte ao cliente.

Uma maneira de definir "vantagem competitiva" é simplesmente que as empresas de sucesso serão em geral aquelas que agregam mais valor ao cliente que seus concorrentes. Em outras palavras, a proporção de benefícios para custos é superior aos demais *players* (participantes) nesse mercado ou segmento.

A gestão logística é quase única em sua capacidade de impacto, tanto sobre o numerador quanto sobre o denominador da proporção de valor do cliente. Essa questão se torna mais clara se ampliarmos a proporção da seguinte forma:

$$\text{Valor do cliente} = \frac{\text{Qualidade} \times \text{Serviço}}{\text{Custo} \times \text{Tempo}}$$

FONTE: JOHANSSON, H. J.; MCHUGH, P.; PENDLEBURY, A. J.; WHEELER, W. A. *BUSINESS PROCESS REENGINEERING*. JOHN WILEY & SONS, 1993.

Cada um dos quatro elementos constitutivos pode ser brevemente definido como:

Qualidade: A funcionalidade, o desempenho e as especificações técnicas da oferta.
Serviço: A disponibilidade, o apoio e o empenho fornecidos ao cliente.
Custo: Os custos de transação do cliente, incluindo preços e custos de ciclo de vida.
Tempo: O tempo necessário para se atender às necessidades dos clientes, por exemplo, *lead times*.

Todos esses quatro elementos requerem um programa contínuo de melhoria, inovação e investimentos para garantir a continuidade da vantagem competitiva.

Uma empresa que construiu uma posição de liderança global em seus mercados é a Caterpillar, comercializando máquinas e motores a diesel para as indústrias de construção e mineração. A Caterpillar tem por muitos anos se concentrado no desenvolvimento não só de suas capacidades de fabricação e de criação de produtos inovadores, mas também de sua responsividade e seu apoio ao cliente. Subjacente a essas iniciativas, a criação de logística superior e de capacidades para gestão da cadeia de suprimentos é uma prioridade permanente. A empresa desenvolveu uma reputação de nível mundial para o suporte ao cliente, particularmente a garantia de fornecer disponibilidade de 48 horas de peças, não importa quão remoto seja o local. Nas indústrias onde os equipamentos da Caterpillar são utilizados, o custo do *down-time* (custo de parada ou tempo ocioso) pode ser significativo, daí a importância do serviço receptivo. Mediante parceria com sua rede mundial de revendedores e distribuidores e com avançados sistemas de gestão de estoques e de informações, a Caterpillar oferece níveis de apoio ao cliente – portanto, valor do cliente – que poucas empresas de qualquer setor podem oferecer.

O que é atendimento ao cliente?

Mostrou-se que o papel do atendimento ao cliente é fornecer "utilidade de tempo e lugar" na transferência de bens e serviços entre o comprador e o vendedor. Dito de outra forma, não há valor no produto ou serviço até que ele esteja nas mãos do cliente ou do consumidor. Disso resulta que tornar o produto ou serviço "disponível" é, em essência, toda a função de distribuição da empresa. "Disponibilidade" é em si um conceito complexo, influenciado por uma galáxia de fatores que juntos constituem-se no atendimento ao cliente. Esses fatores podem incluir a frequência e a confiabilidade da entrega, os níveis de estoque e o tempo de ciclo do pedido, por exemplo. Na verdade, pode-se dizer que, em última análise, o atendimento ao cliente é determinado pela interação de todos esses fatores que afetam o processo de fabricação de produtos e serviços disponíveis para o comprador.

Na prática, vemos que muitas empresas têm diferentes pontos de vista sobre o atendimento ao cliente. Lalonde e Zinszer,[2] em um grande estudo das práticas de atendimento ao cliente, sugeriram que ele poderia ser analisado sob três aspectos:

1. Elementos de pré-transação
2. Elementos de transação
3. Elementos de pós-transação

Os elementos de pré-transação do atendimento ao cliente estão relacionados a políticas ou programas corporativos – por exemplo, declarações escritas da política de serviços, adequação da estrutura organizacional e flexibilidade do sistema. Os elementos de transação são aquelas variáveis de atendimento ao cliente diretamente envolvidas na execução da função de distribuição física, como confiabilidade de produto e de entrega. Os elementos de pós-transação do atendimento ao cliente são geralmente de suporte do produto durante o uso, por exemplo, garantia de produtos, peças e serviços de manutenção, procedimentos relativos a reclamações de clientes e reposição do produto.

A Tabela 2.1 indica alguns dos muitos elementos do atendimento ao cliente sob esses três aspectos.

Em qualquer situação de produto/mercado em particular, alguns desses elementos serão mais importantes que outros e pode haver outros fatores, que não os listados anteriormente, que tenham significado em um mercado específico. Na verdade, o tópico que será desenvolvido depois é o de compreender o atendimento ao cliente nas diferentes exigências de variados segmentos de mercado, e de não existir uma lista universalmente apropriada de elementos; cada mercado que a empresa atende agregará uma importância diferente para diversos elementos de atendimento.

Por causa da natureza multivariada do atendimento ao cliente e das exigências muito diferentes de mercados específicos, é essencial para qualquer empresa ter uma política claramente definida para o atendimento ao cliente. Talvez seja surpreendente que tão poucas empresas tenham definido políticas de atendimento ao cliente e, mais ainda, que sejam uma organização suficientemente flexível para gerenciar e controlar esse atendimento, quando se considera que ele

TABELA 2.1 Os componentes de atendimento ao cliente

Elementos de pré-transação
Por exemplo: • Política escrita de atendimento ao cliente (Ela é comunicada interna e externamente? Ela é compreendida? É específica e quantificada sempre que possível?) • Acessibilidade (É fácil entrar em contato/fazer negócios com a empresa? Existe um ponto único de contato?) • Estrutura da organização (Há uma estrutura de gestão de atendimento ao cliente em funcionamento? Qual nível de controle a empresa tem sobre o processo de atendimento?) • Flexibilidade do sistema (Podemos adaptar nossos sistemas de prestação de serviços para atender às necessidades de determinado cliente?)
Elementos de transação
Por exemplo: • Tempo de ciclo de pedido (Qual o tempo decorrido desde o pedido até a entrega? Qual é a confiabilidade/variação?) • Disponibilidade de estoque (Que percentual de demanda de cada item pode ser satisfeito pelo estoque?) • Taxa de cumprimento de pedidos (Que proporção de pedidos é completamente cumprida dentro do *lead time* indicado?) • Informações de *status* de pedido (Quanto tempo levamos para responder a uma pergunta com as informações necessárias? Será que informamos ao cliente os problemas ou eles entram em contato com a empresa?)
Elementos de pós-transação
Por exemplo: • Disponibilidade de peças sobressalentes (Quais são os níveis de estoque de peças?) • Tempo de chamada (Quanto tempo leva para que o engenheiro chegue e qual é a "taxa de correção na primeira chamada"?) • Rastreamento/garantia de produto (Pode-se identificar a localização de cada produto, uma vez adquirido? Podemos manter/estender a garantia nos níveis esperados pelos clientes?) • Reclamações de clientes, reclamações etc. (Até que ponto lidamos prontamente com reclamações e devoluções? Será que mensuramos a satisfação do cliente com a nossa resposta?)

pode ser o elemento mais importante no *mix* de marketing da empresa. Uma considerável quantidade de evidências fundamenta a visão de que, se o produto ou o serviço não estiver disponível no momento em que o cliente necessita dele e, no entanto, um substituto próximo estiver, a venda será perdida para a concorrência. Mesmo em mercados em que a lealdade à marca é forte, um desfalque no estoque pode ser o suficiente para provocar uma mudança de marca.

Por causa da natureza multivariada do atendimento ao cliente e das exigências muito diferentes de mercados específicos, é essencial para qualquer empresa ter uma política claramente identificada para o atendimento ao cliente.

O impacto do produto esgotado

Um estudo[3] identificou significativo custo de não atendimento a clientes por fabricantes e varejistas quando ocorre um desfalque de estoque na prateleira. A pesquisa constatou que em um dia típico um comprador num supermercado médio terá de enfrentar faltas de estoque em 8% de itens nas categorias estudadas. A reação dos clientes, quando diante de um desfalque de estoque, foi destacada pelo mesmo estudo. Como a Figura 2.2 ilustra, mais de um quarto dos consumidores comprou uma marca diferente e 31% disseram que iriam comprar o produto em outro lugar. Isso representa uma má notícia tanto para o fabricante quanto para o varejista. Pior ainda, outra pesquisa[4] sugeriu que mais de dois terços das decisões de compra são tomadas no ponto de venda, ou seja, a compra é desencadeada ao se ver o produto na prateleira. Se o produto não estiver na prateleira, então a compra não será desencadeada. Desfalques constante de estoque também podem distanciar os clientes da marca e/ou da loja permanentemente. A perda potencial de negócios para fabricantes e varejistas causada por situações de desfalque de estoque é bastante significativa.

Na Procter and Gamble (P&G), a companhia global de bens de consumo embalados, há tempos eles focam no que chamam de "as duas horas da verdade". A primeira ocorre quando o comprador entra na loja: o produto adequado da P&G está na prateleira? A segunda ocorre quando o produto é utilizado pelo consumidor: a experiência foi boa? O argumento é que a companhia nunca terá a segunda hora da verdade se não conseguir a primeira. Portanto, há muitos anos a P&G vem focando não só na inovação dos produtos – para garantir

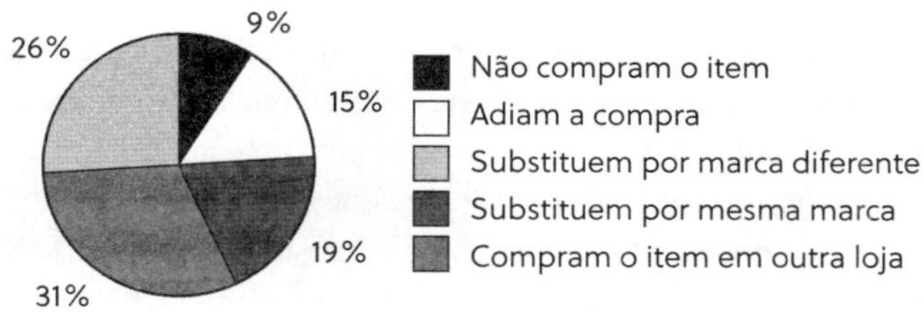

FONTE: REPRODUZIDA COM PERMISSÃO DE *HARVARD BUSINESS REVIEW*, DE STOCK-OUTS CAUSE WALKOUTS, DE CORSTEN, D. E.; GRUEN, T. COPYRIGHT © 2004 BY *HARVARD BUSINESS REVIEW*.

FIGURA 2.2 Comportamento do comprador quando diante de um desfalque de estoque

que a segunda hora da verdade aconteça –, mas também no desenvolvimento de cadeias de suprimentos de nível internacional, para que a disponibilidade na prateleira seja maximizada. O impacto de uma baixa disponibilidade na prateleira é destacado no caso da Sainsbury's no quadro a seguir.

O impacto do produto esgotado: Sainsbury's

A Sainsbury's é uma das líderes do varejo do Reino Unido, com grandes negócios alimentícios e não alimentícios. Fundada em 1869, a empresa já foi a líder do mercado até ser ultrapassada pela Tesco em meados dos anos 1990. No ano 2000, a distância entre Tesco e Sainsbury's aumentou e a companhia decidiu que era preciso ter uma nova gestão e uma nova abordagem em suas cadeias de suprimentos. Sob a direção do então CEO Peter Davis, os planos para um grande projeto de transformação da cadeia de suprimentos foram aprovados. As ações a serem realizadas incluíam a construção de quatro modernos armazéns totalmente automatizados (conhecidos como "fábricas de abastecimento"), com mais deles posteriormente, e uma revisão total dos sistemas de TI que sustentavam a cadeia de suprimentos. O design e a gestão do sistema de TI foram terceirizados para a Accenture, em um dos maiores acordos do tipo na época.

Internamente, o programa de transformação ficou conhecido como o projeto "7 em 3". O motivo, pelo que dizem, é que se tratava de um projeto que todos sentiam que precisava de pelo menos sete anos para ser implementado, mesmo assim, era necessário realizá-lo em três anos devido à pressão competitiva.

Talvez inevitavelmente, quando o sistema entrou no ar, em 2003, houve grandes problemas. As máquinas de alta tecnologia das fábricas de abastecimento automatizadas quebravam regularmente e o sistema de informação não trazia os benefícios esperados.

O impacto dos problemas nas lojas de varejo da Sainsbury's foi significativo – em especial o efeito sobre os níveis de estoque nas prateleiras. No auge dos problemas, cerca de 2.000 dos 25 mil itens armazenados em um estoque típico da Sainsbury's estavam esgotados. No nível de itens individuais, a disponibilidade média de estoque era de 90%, significando que a companhia estava perdendo 10% das possíveis vendas daquele item. O impacto sobre os lucros foi considerável e o preço das ações da companhia continuava caindo. No final de março de 2004, um novo CEO, Justin King, foi nomeado com a missão de conter a queda no valor para os acionistas.

King reconheceu que a diminuição contínua da disponibilidade dos produtos nas prateleiras afastava os consumidores das lojas. Pesquisas com clientes mostraram que os níveis de disponibilidade dos produtos eram uma grande preocupação. Uma das características do ambiente de varejo do Reino Unido é a presença de um grande número de compradores "promíscuos", isto é, aqueles que compram regularmente em lojas diferentes. Por exemplo, na época, estimava-se que Tesco e Sainsbury's dividiam cerca de 30% de seus compradores. Assim, qualquer deterioração na experiência do consumidor no nível da loja poderia facilmente levar a um deslocamento da clientela em larga escala.

Uma das primeiras ações de King foi interromper o programa de transformação da cadeia de suprimentos e nomear um novo Diretor da Cadeia de Suprimentos, Lawrence Christensen, um experiente profissional da prática da distribuição de varejo. Christensen começou imediatamente a entender as causas dos problemas. As questões técnicas com *hardware* eram óbvias. No entanto, Christensen acreditava que a principal causa dos problemas de falta de estoque eram os processos inadequados nas lojas para monitorar a disponibilidade em prateleira. Parecia que a precisão dos dados que estavam sendo obtidos era extremamente baixa e, como resultado, os novos sistemas de TI tomavam decisões de reabastecimento erradas.

Com a reengenharia dos processos fundamentais para conferir os níveis de estoque em uma loja piloto, o número de itens fora de estoque caiu de 2.000 para 700. Esses processos aprimorados foram rapidamente estendidos para todas as lojas da Sainsbury's. Ao mesmo tempo, tomou-se a decisão de introduzir dispositivos eletrônicos portáteis em todas as lojas, assim conseguiriam um monitoramento mais frequente e mais preciso dos níveis de estoque.

Rapidamente, o volume de vendas na rede da Sainsbury's começou a aumentar e a melhor disponibilidade foi amplamente reconhecida como um fator crítico dessa melhoria.

O CEO Justin King afirmou que "a melhor disponibilidade foi um fator-chave para levar a um aumento de 2,8% nas vendas fundamentais, excluindo petróleo, nas 16 semanas até outubro, o terceiro trimestre consecutivo de crescimento da Sainsbury's".

FONTE: *THE TIMES*, 8 DE OUTUBRO DE 2005.

Também em mercados industriais, as mesmas pressões sobre a lealdade de fonte de compra parecem estar em jogo. Talvez não seja surpreendente que, se mais empresas adotarem estratégias *just-in-time*, com estoques mínimos, elas exigirão níveis mais elevados de resposta por parte dos fornecedores. A demanda é por prazos de entrega cada vez mais curtos e entrega confiável. A pressão sobre os fornecedores é ainda maior, uma vez que esses mesmos clientes buscam racionalizar sua base de fornecedores e fazer negócios com um número menor de fornecedores. Tornar-se um fornecedor preferencial em qualquer indústria, hoje, inevitavelmente significa que uma grande prioridade deve ser dada à prestação de atendimento superior ao cliente.

Muitas empresas sofrem nesse novo ambiente competitivo, porque, no passado, elas se focaram nos aspectos tradicionais do marketing – desenvolvimento de produtos, atividades promocionais e concorrência de preços. No entanto, embora esses aspectos ainda sejam dimensões necessárias a uma estratégia bem-sucedida de marketing, eles não são suficientes. Prejudicial também é o foco na redução de custos que guia as estratégias operacionais e logísticas de muitas empresas, sobretudo como resultado da recessão. Redução de custos é um objetivo digno, desde que não seja obtido à custa da criação de valor. Estratégias de baixo custo podem levar a uma logística *eficiente*, mas não a uma logística *eficaz*. Mais frequentemente, os critérios de conquista de pedidos são os elementos da oferta com impacto positivo claramente identificável sobre os próprios processos de criação de valor dos clientes.

Uma maneira eficiente de se destacar a influência que o atendimento ao cliente e o gerenciamento de logística podem ter sobre a eficácia do marketing é descrito na Figura 2.3. A sugestão aqui é que o atendimento ao cliente cause impacto não apenas sobre o usuário final, mas também sobre clientes intermediários, como os distribuidores. Tradicionalmente, o marketing tem o foco no cliente final – ou consumidor –, buscando promover valores da marca e gerar uma "puxada pela demanda" no mercado para os produtos da empresa. Há pouco tempo reconhecemos que isso por si só não é suficiente. Em razão do

Franquia do consumidor	×	Franquia do cliente	×	Eficiência da cadeia de suprimentos	=	Eficácia de marketing
• Valores da marca • Imagem corporativa • Disponibilidade		• Atendimento ao cliente • Parceria • Resposta rápida		• Flexibilidade • Base reduzida de ativos • Fornecedor de baixo custo		• Cota de mercado • Retenção do cliente • ROI superior

FIGURA 2.3 A influência da logística e do atendimento ao cliente sobre o marketing

deslocamento de poder em muitos canais de marketing dos fabricantes para o distribuidor (por exemplo, a concentração de grandes varejistas), agora é vital desenvolver relações mais fortes com tais intermediários – em outras palavras, criar uma franquia do cliente, bem como uma franquia do consumidor.

A influência de ambas, franquia de consumidor forte e do cliente, pode ser aumentada ou diminuída pela eficiência do sistema de logística do fornecedor. Somente quando todos esses três componentes estão funcionando da forma ideal, a eficácia do marketing é maximizada. Para salientar a interdependência desses três componentes do desempenho competitivo, sugere-se que a relação seja multiplicativa. Em outras palavras, a influência combinada depende do produto de todos os três.

Atendimento ao cliente e retenção do cliente

Torna-se evidente, com base no que foi dito, que as organizações que competem apenas em características de produto estão em grande desvantagem em relação às empresas que ampliam o produto básico com serviços de valor agregado. Foi um dos principais pensadores de marketing, Theodore Levitt, o primeiro a dizer que "as pessoas não compram produtos, elas compram benefícios".[5] A ideia por trás dessa afirmação é que a totalidade da "oferta" é o que fornece valor ao cliente. Um exemplo simples seria que, quanto às suas características tangíveis, um produto acabado em um armazém é o mesmo que um produto acabado nas mãos do cliente. É evidente, porém, que o produto nas mãos do cliente tem muito mais valor do que o produto no armazém. O serviço de distribuição nesse caso foi a fonte de valor agregado. A Figura 2.4 desenvolve essa ideia com o conceito do serviço expandido (*service surround*).

No centro está o produto principal, que é o produto de base, uma vez que sai da fábrica. O "halo" exterior (anel exterior ou camada exterior) representa todo o valor agregado que o atendimento ao cliente e a logística fornecem. Claro que não é apenas o atendimento ao cliente e a atividade logística que agregam valor; em muitos casos a propaganda, a marca e a embalagem podem melhorar o valor do produto percebido pelo cliente. No entanto, é cada vez mais evidente, como já vimos, que é preciso mais do que a marca para se diferenciar o produto.

Uma das definições clássicas de marketing é que ele está preocupado em "obter e manter clientes". Na prática, se olharmos em que estão concentrados os esforços de marketing das organizações, vemos que é no "obter" clientes, em vez de "manter" clientes. Assim, uma análise do típico plano de marketing

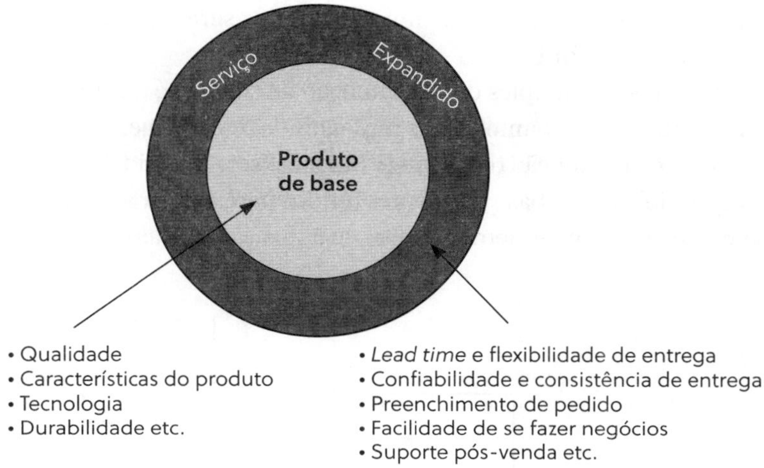

FIGURA 2.4 Usando o atendimento para ampliar o produto principal

revela uma tendência em direção a aumentos de cota de mercado, em vez de uma tendência em direção à retenção de clientes. Embora clientes novos sejam sempre bem-vindos em qualquer negócio, deve-se perceber que um cliente existente pode oferecer um aumento de lucros e tem potencial para crescer em valor e na frequência de compras.

A importância da retenção do cliente é sublinhada pelo conceito de "valor da vida" de um cliente, calculado da seguinte forma:

Valor da vida = Valor médio da transação × Frequência anual de compra × × "Expectativa de vida" do cliente.

Claro que se os clientes forem convencidos a permanecer leais a um fornecedor, o valor da vida pode ser aumentado significativamente. Um benefício adicional vem do fato de que, quanto mais tempo o cliente permanece fiel a uma organização, mais rentáveis os dois se tornam. Um estudo realizado pela empresa de consultoria Bain e Co.[6] encontrou taxas mais elevadas de retenção de clientes fortemente correlacionadas com a rentabilidade. A razão para isso é o menor dispêndio em vender e atender a um cliente retido. Além disso, à medida que a relação se desenvolve, cresce a probabilidade de eles darem maior parte de seus negócios a um fornecedor, dispostos a tratá-lo como parceiro. Essa é a ideia de "divisão de carteira", em que o objetivo é aumentar o gasto total captado pela empresa. Assim, clientes satisfeitos influenciam outros, o que eleva a chance de novos negócios serem gerados por novos clientes por meio dessa fonte.

Uma medida simples de manutenção de clientes é fazer a pergunta: "Quantos dos clientes que tínhamos há 12 meses ainda temos hoje?" Essa medida é o verdadeiro teste de retenção de clientes. Ele pode ser estendido para incluir o valor das compras feitas pela base de clientes retidos para avaliar até que ponto a empresa é bem-sucedida em aumentar o nível de aquisição dessas contas (ver Figura 2.5).

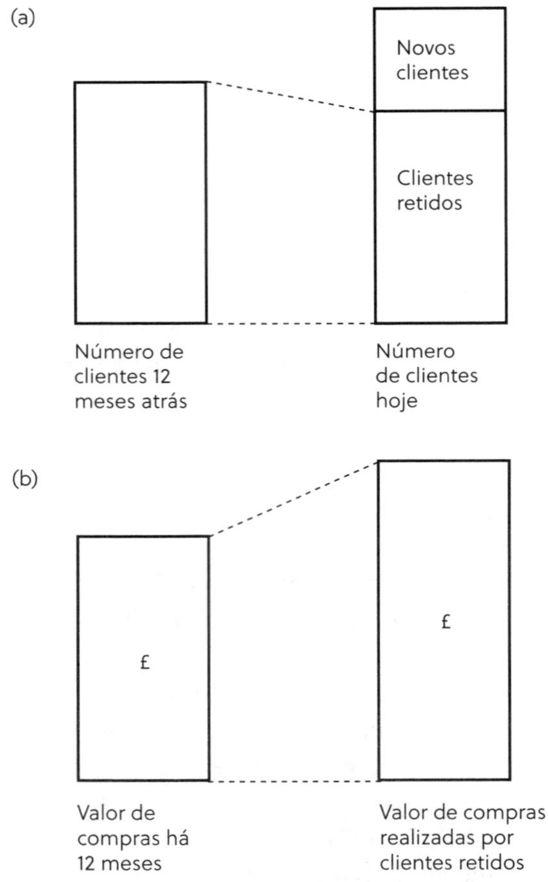

FIGURA 2.5 Indicadores de retenção do cliente

Um objetivo primordial de qualquer estratégia de atendimento ao cliente deve ser o de melhorar a manutenção de clientes. Embora o atendimento ao cliente, obviamente, também desempenhe um papel na conquista de novos clientes, sendo esta, talvez, a mais potente arma no arsenal de marketing para a manutenção de clientes.

Está aparecendo com muita rapidez um novo foco em marketing e logística na criação de "relações" com os clientes. A ideia é que devemos buscar a criação de um tal nível de satisfação dos clientes, que eles não sintam que é necessário até mesmo considerar ofertas ou fornecedores alternativos. Muitos mercados são caracterizados por um alto nível de "agitação" ou "promiscuidade" entre a base de clientes. Nesses mercados os clientes compram uma marca em uma ocasião e depois provavelmente compram outra na próxima.

O princípio por trás do "marketing de relacionamento" é o de a organização conscientemente se esforçar para desenvolver estratégias de marketing a fim de manter e fortalecer a lealdade do cliente.[7] Assim, por exemplo, uma companhia aérea pode desenvolver um programa de passageiro frequente, ou uma empresa de cartões de crédito pode atribuir pontos, com base no valor de compras efetuadas com o cartão, que podem ser trocados por dinheiro ou prêmios. No outro extremo, uma empresa como a IBM procurará com responsabilidade desenvolver relações de longo prazo com seus clientes por meio de programas de treinamento, seminários para clientes, comunicação com o cliente frequente, e assim por diante.

Cadeias de suprimento orientadas para o mercado

A maioria das cadeias de suprimentos tradicionais foi projetada para otimizar as operações internas da empresa fornecedora. Assim, um fabricante pode ser motivado a estabelecer acordos de fornecimento e distribuição que possibilitariam maximizar a eficiência da produção. Normalmente, isso implicaria a fabricação em grandes lotes, o transporte em grandes quantidades e "buferizar" a fábrica, tanto a montante quanto a jusante, com estoque. Dessa forma, o objetivo de se tornar um produtor de baixo custo poderia ser alcançado.

Embora essa abordagem fosse satisfatória do ponto de vista da organização da fabricação, é evidente que não chegou nem perto de ser "centrada no cliente", no sentido de projetar a cadeia de suprimentos em torno das necessidades do cliente. Com a contínua transferência de poder no canal de distribuição do produtor para o consumidor, essa filosofia convencional se torna cada vez menos apropriada. Agora, em vez de projetar cadeias de suprimentos da "fábrica para fora", o desafio é projetá-las do "cliente para trás".

Essa nova perspectiva vê o consumidor não no final da cadeia de suprimentos, mas no início dela. Com efeito, essa é a diferença filosófica entre a gestão da cadeia de suprimentos e o que mais propriamente pode ser chamado "gestão da cadeia de demanda".

Como S. Baker sugeriu:

> O gerenciamento de cadeias de demanda é [...] fundamentalmente diferente do gerenciamento de cadeias de suprimentos. Exige virar a cadeia de suprimentos de cabeça para baixo, e considerar o usuário final como o ponto de partida da organização, e não seu destino final.[8]

A Figura 2.6 sugere uma sequência adequada de ações para criar uma cadeia de suprimentos orientada ao mercado.

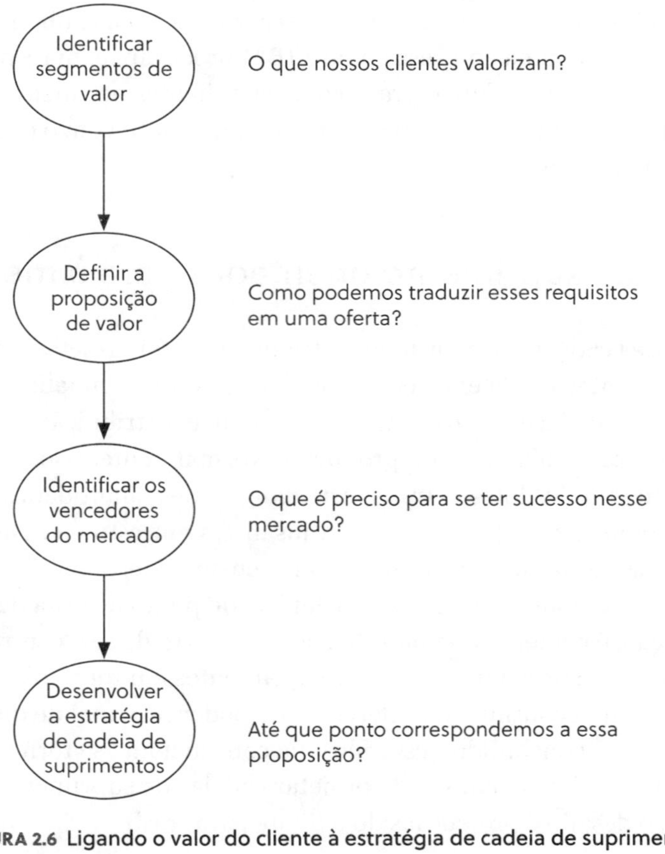

FIGURA 2.6 Ligando o valor do cliente à estratégia de cadeia de suprimentos

ZARA: ligando processos de cadeia de suprimentos à proposição de valor

A Zara é uma das mais bem-sucedidas fabricantes e varejistas mundiais de roupas. Ela conseguiu essa posição de liderança com a criação de uma proposição de valor em torno da ideia de *fast fashion*. Quase exclusivamente, desenvolveu processos de cadeia de suprimentos que lhe permitem captar ideias e tendências no mercado de roupas e traduzi-las em produtos em *lead times* surpreendentemente curtos. O tempo-alvo para a Zara levar uma ideia do projeto para a loja é entre três e quatro semanas.

Para alcançar essa rápida capacidade de resposta, a Zara desenvolveu uma rede ágil de instalações fabris próprias, independentes e estreitamente integradas, que têm a flexibilidade para produzir em lotes pequenos, em curto prazo. Embora não seja a forma mais barata de se fazer uma peça de vestuário, ela garante que a Zara alcance a sua proposição de valor.

Essa sequência começa com uma compreensão do valor que os clientes buscam no mercado no qual a empresa compete. Tal visão do cliente permitirá a identificação da verdadeira segmentação de mercado, ou seja, dos grupos de clientes que compartilham das mesmas preferências de valor. A cadeia espanhola de moda, Zara, é um excelente exemplo de como o conhecimento de mercado e a excelência da cadeia de suprimentos podem criar valor real para seus clientes-alvo.

Identificando necessidades de atendimento ao cliente

É importante lembrar que não há dois clientes exatamente iguais em suas necessidades de serviço. No entanto, muitas vezes será o caso de os clientes estarem em grupos ou "segmentos" que se caracterizam por uma grande semelhança de necessidades de atendimento. Esses grupos podem ser considerados como "segmentos de atendimento". O planejador de logística, portanto, precisa saber claramente quais são os problemas de atendimento que diferenciam clientes. A pesquisa de mercado pode ser de grande ajuda na compreensão dessa segmentação de atendimento e, muitas vezes, é surpreendente ver como pouca pesquisa formal é realizada nessa importante área.

Como um programa de pesquisa desse tipo poderia ser implantado?

O primeiro ponto a ser destacado é que o atendimento ao cliente é uma percepção. Não importa o que nossas próprias medidas internas de serviços possam dizer sobre nosso atendimento, as percepções são a realidade. Podemos recorrer a medidas que, embora forneçam números úteis de produtividade, na verdade não refletem as coisas que têm valor para o cliente. Por exemplo, enquanto a "disponibilidade de estoque" é uma medida interna generalizada de desempenho, uma medida externa mais apropriada, do ponto de vista do cliente, poderia ser a "entrega no prazo". Por isso, é crucial que desenvolvamos um conjunto de critérios de atendimento que seja significativo para os clientes.

A abordagem de segmentação de atendimento sugerida aqui segue um processo de três etapas:

1. Identificar os principais componentes de atendimento ao cliente, na visão dos próprios clientes.
2. Estabelecer a importância relativa de componentes de atendimento aos clientes.
3. Identificar grupos de clientes de acordo com a similaridade de preferências de atendimento.

1. Identificar os principais componentes de atendimento ao cliente na visão dos próprios clientes

Uma falha comum em empresas é presumir que "nós sabemos o que nossos clientes querem". No entanto, a verdade é que é fácil tornar-se divorciado da realidade do mercado quando a administração é consumida com as pressões diárias de se gerenciar um negócio. Como podemos saber quais aspectos do atendimento são mais bem classificados pelos clientes? Dada a complexidade do mercado que a empresa típica atende, como ela poderá compreender melhor a segmentação de tais mercados por exigências de atendimento? O que é preciso para uma empresa se tornar o fornecedor escolhido? É importante desenvolver uma compreensão sobre as necessidades de atendimento de clientes por meio de pesquisas detalhadas.

O primeiro passo em pesquisas desse tipo é identificar as principais fontes de influência sobre a decisão de compra. Se, por exemplo, estamos vendendo componentes a um fabricante, quem tomará a decisão sobre a escolha do fornecedor? Isso nem sempre é uma pergunta fácil de responder, uma vez que, em muitos casos, haverá várias pessoas envolvidas. O gerente de compras da empresa para a qual estamos vendendo pode apenas estar agindo como um agente para outros dentro da empresa. Em outros casos, sua influência será muito maior. Alternativamente, se estamos fabricando produtos para venda por canais de varejo, a decisão sobre estoques é tomada em nível central ou por gerentes de lojas individuais? As respostas muitas vezes podem ser fornecidas pela força de vendas. O representante de vendas deve saber por experiência quem toma as decisões.

Considerando-se que uma clara indicação da fonte de poder de decisão pode ser obtida, o pesquisador de atendimento ao cliente, pelo menos, sabe quem pesquisar. A questão continua sendo que tipo de efeito os elementos da oferta total de marketing do vendedor têm sobre a decisão de compra.

Idealmente, uma vez que a unidade de tomada de decisões em um mercado específico tenha sido identificada, um programa inicial de pesquisa em pequena escala deve ser empreendido com base em entrevistas pessoais com uma amostra representativa de compradores. O objetivo dessas entrevistas é esclarecer, na língua dos clientes, em primeiro lugar, a importância que eles atribuem ao atendimento ao cliente perante outros elementos do *mix* de marketing, como preço, qualidade do produto e promoção, entre outros; em segundo lugar, a importância específica que atribuem aos componentes individuais de atendimento ao cliente.

A importância desse passo inicial para mensurar o atendimento ao cliente é que medidas relevantes e significativas de atendimento ao cliente são geradas pelos próprios clientes. Uma vez que essas dimensões são definidas, podemos identificar a importância relativa de cada uma e até que ponto os diferentes tipos de clientes estão dispostos a trocar um aspecto do atendimento por outro.

2. Estabelecer a importância relativa de componentes de atendimento aos clientes

Uma das maneiras mais simples de se descobrir a importância que um cliente atribui a cada elemento do atendimento é considerar os componentes gerados por meio do processo descrito na etapa 1, e solicitar que uma amostra representativa de clientes classifique-os do "mais importante" para o "menos importante". Na prática, isso é difícil, sobretudo com um grande número de componentes, e não daria qualquer *insight* sobre a importância relativa de cada elemento. Alternativamente, uma forma de escala de avaliação poderia ser usada. Por exemplo, poderia-se solicitar aos entrevistados que atribuíssem um peso de 1 a 10 para cada componente de acordo com a importância julgada. O problema, neste caso, é que os entrevistados tendem a classificar a maioria dos componentes como altamente importante, porque tais componentes foram gerados de acordo com a importância que têm para os clientes em primeiro lugar. Uma solução parcial é pedir que o entrevistado atribua um total de 100 pontos entre todos os elementos enumerados, segundo a importância percebida. No entanto, essa é uma tarefa bastante difícil para o entrevistado e muitas vezes pode resultar em uma atribuição arbitrária.

Felizmente, uma inovação mais ou menos recente em tecnologia de pesquisa do consumidor agora nos permite avaliar de forma muito simples a importância implícita que um cliente atribui aos elementos individuais do atendimento ao cliente. A técnica é fundamentada no conceito de *trade-off* e pode ser mais bem ilustrada por um exemplo da vida cotidiana. Ao se considerar a compra de um carro novo, poderíamos desejar características específicas, como o desempenho de velocidade e aceleração, a economia de consumo de combustível, a capacidade de passageiros e de bagagem e, é claro, preço baixo. No entanto, é improvável que qualquer carro reúna todas essas características; assim, somos obrigados a trocar um ou mais desses atributos por outros.

O mesmo se aplica ao cliente diante de opções de serviços de distribuição. O comprador pode estar preparado para sacrificar um ou dois dias de *lead time* para ganhar confiabilidade na entrega, ou para a troca do preenchimento de pedido por melhorias na entrada de pedidos, entre outras. Essencialmente, a técnica de *trade-off* funciona mediante a apresentação do entrevistado com as combinações possíveis de elementos do atendimento ao cliente, e solicitando uma ordem de classificação de preferência para aquelas combinações. A análise computadorizada determina a importância implícita atribuída pelo entrevistado a cada elemento de atendimento.[9]

Seja qual for a técnica utilizada, é importante entender quais são os "qualificadores" e quais são os "vencedores de pedidos" entre os diferentes grupos de clientes. Esse entendimento deve, então, orientar o projeto dos processos da cadeia de suprimentos que permitirá o sucesso no mercado.

3. Identificar grupos de clientes de acordo com a similaridade de preferências de atendimento

Agora que determinamos a importância atribuída por entrevistados diferentes a cada um dos atributos de atendimento previamente identificados, o último passo é ver se surgem semelhanças. Se um grupo de entrevistados, por exemplo, tem um conjunto de prioridades claramente distinto de um outro, então seria razoável considerar ambos como segmentos de atendimento diferentes.

Como esses segmentos de atendimento ao cliente podem ser identificados? Uma técnica que é usada com sucesso nesse contexto é a análise de *cluster*. A análise de agrupamento é um método fundamentado em computadores que verificam um conjunto de dados, buscando "associar" entrevistados ao maior número de dimensões possível. Assim, se dois entrevistados completarem a análise de *trade-off* da etapa 2 de forma similar, suas pontuações de importância nas várias dimensões de atendimento serão semelhantes e, portanto, a análise de agrupamento os atribuirá ao mesmo grupo.

Um estudo em um mercado industrial sugeriu que a forma tradicional de se segmentar clientes de acordo com o Standard Industrial Classification (SIC) teve pouca relevância para o comportamento de compra. A classificação clássica de clientes de acordo com o setor industrial não se correlacionou com os atributos que eles buscavam dos fornecedores. Em vez disso, pareceu que algumas empresas estavam muito sensíveis ao tempo de confiabilidade de entrega – um segmento *just-in-time* – independentemente do setor em que estavam. Da mesma forma, houve um segmento muito claro de "preço", que também atravessou classificações industriais convencionais. E outro segmento que era mais receptivo a uma abordagem de "relacionamento", valorizando muito mais o apoio técnico e um contato mais estrito com o fornecedor. Como resultado dessa pesquisa, o fornecedor foi mais capaz de concentrar seus esforços de marketing e de remodelar a sua estratégia de cadeia de suprimentos para conseguir uma melhor adequação às necessidades do cliente.

O desafio para a gestão logística é criar soluções de cadeia de suprimentos adequadas para atender às necessidades desses variados segmentos de valor. Provavelmente, haverá a necessidade de múltiplas soluções de cadeia de suprimentos, uma vez que "um único tamanho não servirá a todos". Essa questão será tratada em detalhes no Capítulo 6, em que o conceito de agilidade da cadeia de suprimentos é discutido.

Definição de objetivos de atendimento ao cliente

O propósito total da gestão da cadeia de suprimentos e logística é fornecer aos clientes o nível e a qualidade de atendimento que eles exigem, e fazê-lo ao menor custo para a cadeia de suprimentos total. Ao se desenvolver uma estratégia de logística voltada para o mercado, o objetivo é alcançar a "excelência de atendimento" de uma forma coerente e rentável.

A definição dos objetivos adequados de serviço é facilitada se adotarmos o conceito do *pedido perfeito,* alcançado quando as necessidades de atendimento ao cliente são atendidas na íntegra. É evidente que tal definição é específica para clientes individuais, mas geralmente é possível agrupar clientes em segmentos e, em seguida, identificar, mediante as três etapas descritas anteriormente, suas principais necessidades de atendimento. O pedido perfeito só é alcançado quando cada uma dessas necessidades de atendimento é cumprida com a satisfação do cliente.

A medida de atendimento é definida como a porcentagem de ocasiões em que as exigências do cliente são atendidas na íntegra. Normalmente, esse percentual seria mensurado analisando todos os clientes ao longo de um período de tempo. No entanto, ele também pode ser usado para mensurar o desempenho do atendimento no nível do cliente individualmente ou em qualquer nível, como segmento, país ou centro de distribuição.

> **O propósito total da gestão da cadeia de suprimentos e logística é fornecer aos clientes o nível e a qualidade de atendimento que eles exigem, e fazê-lo ao menor custo para a cadeia de suprimentos total.**

Um padrão do pedido perfeito frequentemente encontrado é "na hora, na íntegra" (*on-time, in-full* – OTIF). Uma extensão disso é "na hora, na íntegra, sem erro". Este último elemento diz respeito à documentação, rotulagem e danos ao produto ou à sua embalagem. Calcular o nível atual de atendimento utilizando o conceito do pedido perfeito exige que o desempenho de cada elemento seja monitorado e, em seguida, que os percentuais de conquista sobre cada um sejam multiplicados juntos.

Por exemplo, se o desempenho efetivo em todos os pedidos dos últimos doze meses fosse:

Na hora: 90%
Na íntegra: 80%
Sem erro : 70%

a conquista efetiva do pedido perfeito seria:

$$90\% \times 80\% \times 70\% = 50{,}4\%$$

Em outras palavras, a probabilidade de que um pedido perfeito tenha sido completamente conquistado durante o período em análise foi de apenas 50,4%!

O custo-benefício do atendimento ao cliente

Todas as empresas têm de enfrentar um fato básico: haverá diferenças significativas na rentabilidade entre clientes. Não só clientes diferentes compram diferentes quantidades de produtos diferentes, mas o custo para se atender a esses clientes normalmente varia bastante. Essa questão será explorada em detalhes no Capítulo 4.

A regra 80/20, muitas vezes, sustenta a tese de que 80% dos lucros da empresa vêm de 20% dos clientes. Além disso, 80% dos custos totais de atender serão gerados de 20% dos clientes (mas provavelmente não os mesmos 20%). Embora a proporção possa não ser exatamente 80/20, em geral será por volta disso. Essa é a chamada Lei de Pareto, em homenagem a um economista italiano do século XIX.

O desafio para a gestão de atendimento ao cliente, portanto, é, em primeiro lugar, identificar a rentabilidade real dos clientes e, em seguida, desenvolver estratégias para o atendimento que melhorem a rentabilidade de todos os clientes. O que tem de ser reconhecido é que existem custos e benefícios na prestação de atender ao cliente e, portanto, o nível adequado e o *mix* de serviço terão de variar por tipo de cliente.

A relação básica entre o nível de atendimento e o custo é muitas vezes descrita como uma curva íngreme ascendente (Figura 2.7).

A curva pressupõe que a demanda para o item é "normalmente" distribuída, isto é, assume a clássica forma de sino. Uma característica da distribuição normal é que uma vez que seus dois principais parâmetros, a média ($\bar{x}$) e o desvio padrão (σ), são conhecidos, a probabilidade de ocorrência de um determinado valor pode ser facilmente calculada. Assim, como mostra a Figura 2.8, se a distribuição apresentada descreve vendas diárias de determinado produto, pode-se calcular que em aproximadamente 68% das ocasiões a demanda total estaria dentro de mais ou menos um desvio padrão de ambos os lados da média; em cerca de 95% das ocasiões, a demanda total estaria em mais ou menos dois desvios padrão de cada lado da média; e, em 99% das ocasiões, em três desvios padrão de cada lado da média.

FIGURA 2.7 Os custos do atender

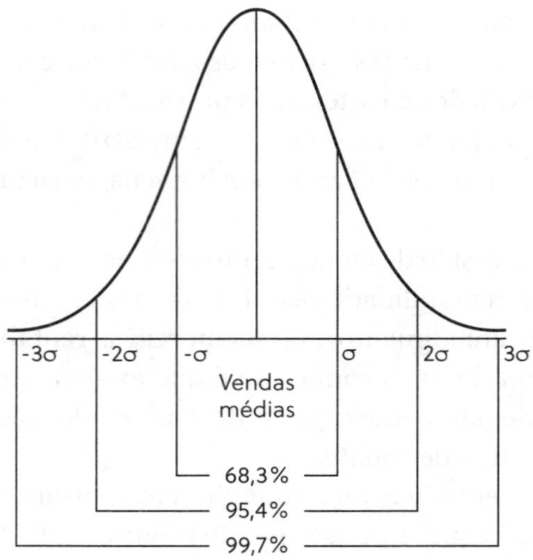

FIGURA 2.8 Probabilidade de o nível de vendas estar dentro dos limites estabelecidos

Ao se calcular quanto estoque de segurança é necessário, o gerente de estoque só se preocupa com aquelas ocasiões em que a demanda é maior que a média. Se as vendas forem normalmente distribuídas, a demanda será inferior à média em cerca de 50% do tempo e, assim, 50% de nível de atendimento seriam mantidos sem estoque de segurança. É nessas ocasiões, quando a demanda

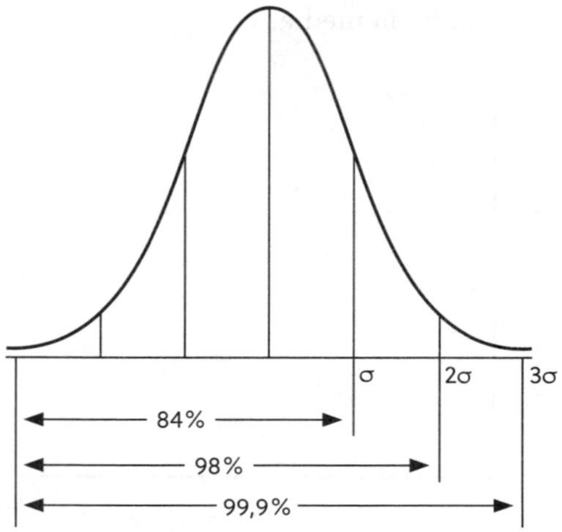

FIGURA 2.9 Níveis de atendimento e distribuição normal

excede a média, que o estoque de segurança é necessário. Em outras palavras, devemos concentrar a atenção na área da curva para a direita da média. Assim, definindo um nível de estoque de um desvio padrão maior que a média, o gestor pode atingir um nível de atendimento de aproximadamente 84%. Ao definir o nível de dois desvios padrão maior do que a média, o nível de atendimento seria por volta de 98%, e com três desvios padrão seria de 99,9% (Figura 2.9).

Isso evidencia que, à medida que o nível de atendimento desejado aumenta, é preciso um investimento desproporcional em estoque para se atingir pequenas melhorias incrementais em disponibilidade.

A Tabela 2.2 ilustra esse efeito:

TABELA 2.2 A relação entre nível de atendimento e estoque

Nível de estoque	Nível de atendimento
$\bar{x}$	50%
$\bar{x} + \sigma$	84%
$\bar{x} + 2\sigma$	98%
$\bar{x} + 3\sigma$	99,9%

» Se um estoque equivalente à demanda diária média esperada ($\bar{x}$) fosse mantido, então o nível de atendimento seria de 50%.
» Se um estoque de segurança equivalente a um desvio padrão da demanda (σ) fosse mantido, então o nível de atendimento seria de 84%, e assim por diante.

No entanto, se é possível encontrar estratégias alternativas de atendimento para se servir a clientes, acelerando, por exemplo, o fluxo de informações sobre as exigências do cliente e usando meios de transporte mais rápidos, então o mesmo nível de atendimento pode ser alcançado com menos estoque – empurrando a curva para a direita (Figura 2.10). Essa é a ideia de substituir informações e capacidade de resposta por estoque. Em outras palavras, se pudermos obter um aviso antecipado das exigências do cliente e nossos *lead times* forem curtos, então poderemos reduzir a nossa dependência em relação ao estoque.

Definindo prioridades de atendimento ao cliente

Embora deva ser o objetivo de qualquer sistema de logística fornecer a todos os clientes o nível de atendimento que tenha sido acordado ou negociado, deve-se

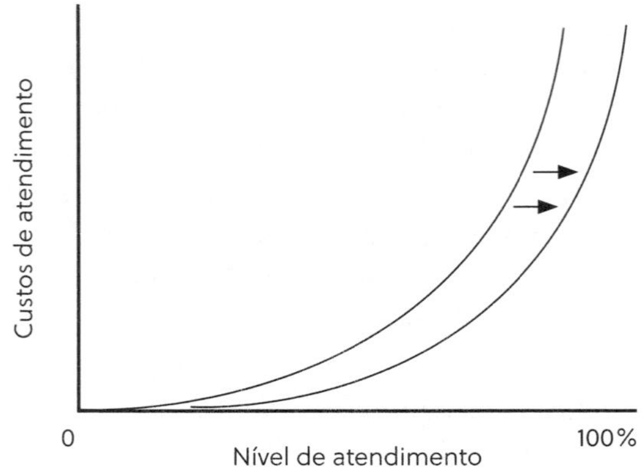

FIGURA 2.10 Deslocando os custos de atendimento

reconhecer que serão inevitavelmente necessárias as prioridades de atendimento. Nesse contexto, a Lei de Pareto, ou regra 80/20, pode nos fornecer a base para o desenvolvimento de uma estratégia de atendimento mais rentável.

Fundamentalmente, como nem todos os nossos clientes nem os nossos produtos são igualmente rentáveis, a questão do atendimento é: será que nosso nível mais elevado de atendimento não deveria ser prestado a clientes-chave e aos principais produtos? Como podemos pressupor que o dinheiro gasto em atendimento é um recurso escasso, então devemos encarar a decisão de atendimento como uma questão de alocação de recursos.

A Figura 2.11 mostra como uma empresa típica pode encontrar seus lucros variando de acordo com o cliente e com o produto.

A curva é tradicionalmente dividida em três categorias: os primeiros 20% de produtos e clientes, por lucratividade, são a categoria "A"; os próximos 50% ou mais são rotulados "B"; e os 30% finais são a categoria "C". A divisão precisa entre as categorias é arbitrária, uma vez que a forma da distribuição vai variar de empresa para empresa e de mercado para mercado.

A medida adequada deve ser o lucro em detrimento das receitas ou volume. A razão para isso é que as medidas de receita e volume podem disfarçar uma variação considerável nos custos. No caso dos clientes, esse custo é o "custo de atender", e posteriormente vamos sugerir uma abordagem para mensurar a lucratividade do cliente. No caso da rentabilidade do produto, devemos também ter cuidado ao identificar os custos adequados relacionados com o atendimento, pois eles diferem por produto. Um dos problemas, neste caso, é que métodos convencionais de contabilidade não ajudam na identificação desses custos.

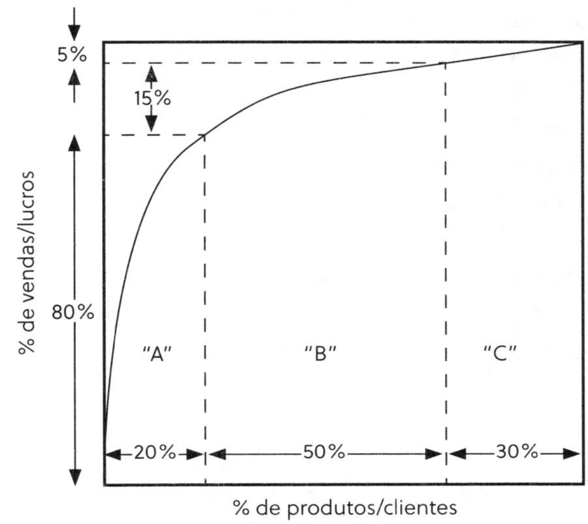

FIGURA 2.11 A Lei de Pareto ou regra 80/20

Deveríamos estar preocupados, nessa fase da análise, em identificar a contribuição para o lucro que cada produto (no nível de unidade individual de manutenção de estoque – *stock keeping unit* – SKU) faz. Por contribuição entende-se a diferença entre as receitas totais resultantes e os custos diretamente imputáveis que estão relacionados ao deslocamento do produto por meio do sistema logístico.

Observando-se primeiro as diferenças de rentabilidade de produto, como podemos utilizar a classificação A, B, C? Em primeiro lugar, ela pode ser utilizada como base para o controle clássico de estoque em que o nível mais elevado de atendimento (representado por estoque de segurança) é fornecido para os produtos "A", um nível ligeiramente mais baixo para os produtos "B" e ainda mais baixo para os produtos "C". Assim, podemos procurar seguir a política de armazenagem mostrada na Tabela 2.3:

TABELA 2.3 Política de manutenção de estoque

Categoria de produto	Disponibilidade de estoque
A	99%
B	97%
C	90%

Alternativamente, podemos diferenciar a armazenagem mantendo os itens "A" o mais próximo possível dos itens "B", e os itens "C" mais acima na cadeia de suprimentos. As economias em custos de armazenagem alcançadas pela consolidação dos itens "B" e "C", como resultado de mantê-los em menos locais, quase sempre cobrem os custos adicionais de despachá-los para o cliente por um meio de transporte mais veloz (por exemplo, entregas dentro de um dia).

Talvez a melhor maneira de se gerenciar os níveis de serviço do produto é levar em consideração a contribuição do lucro e a demanda de cada produto.

Podemos reunir essas medidas sob a forma de uma matriz simples na Figura 2.12. A matriz pode ser explicada como se segue.

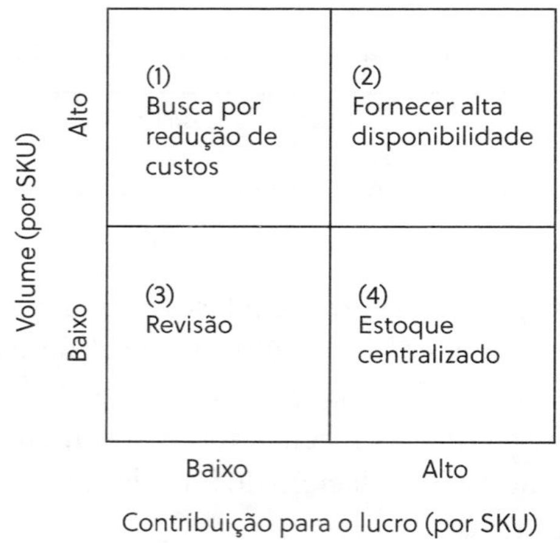

FIGURA 2.12 Gerenciamento de níveis de serviço do produto

Quadrante 1: Busca por reduções de custos

Como esses produtos têm alto volume, isso sugeriria que eles estão em demanda frequente. No entanto, eles também têm níveis baixos de contribuições para o lucro e a prioridade deve ser reexaminar os custos de produto e logística, para ver se há alguma possibilidade de aumentar os lucros.

Quadrante 2: Proporcionar alta disponibilidade

Esses produtos são frequentemente solicitados e mais rentáveis. Devemos oferecer o mais elevado nível de serviço sobre esses itens, mantendo-os o mais próximo possível do cliente e com alta disponibilidade. Porque haverá relativamente poucos desses itens, podemos nos dar ao luxo de seguir essa estratégia.

Quadrante 3: Revisão

Produtos nessa categoria devem ser regularmente avaliados a fim de suprimir a variação. Eles não contribuem para o lucro (ou pelo menos apenas marginalmente) e se deslocam devagar do ponto de vista das vendas. A menos que eles desempenhem um papel estratégico no portfólio de produtos da empresa, por certo haverá um argumento forte para abandoná-los.

Quadrante 4: Estoque centralizado

Como esses produtos são bastante lucrativos, mas apenas vendem a um ritmo um tanto lento, são candidatos à gestão centralizada. Em outras palavras, eles devem ser mantidos em algum lugar central, o mais acima da cadeia de suprimentos quanto possível, a fim de reduzir o investimento total em estoque, e, em seguida, enviados por transporte expresso diretamente aos clientes.

Esse conceito de priorização de serviços por produto pode ser estendido para incluir as prioridades do cliente. Como a mesma regra 80/20 se aplica a clientes e a produtos, faz sentido concentrar recursos sobre contas-chave, bem como sobre produtos-chave.

A Figura 2.13 mostra que, se a regra 80/20 se aplica tanto a produtos quanto a clientes, então todas as empresas são efetivamente muito dependentes de pouquíssimos clientes que compram algumas linhas de lucro elevado. Na verdade, a aritmética é simples:

20% dos clientes que compram 20% dos produtos
= 4% de todas as operações de cliente/produto.

Que fornece:

80% de 80% de lucros totais = 64%.

Em outras palavras, apenas 4% das transações (linha de pedido mensurada por linha de pedido) nos dão 64% de todos os nossos lucros.

Como podemos fazer uso desse importante fato? A primeira coisa é, obviamente, oferecer os elevados níveis de atendimento e disponibilidade a clientes-chave, encomendando produtos-chave. No outro extremo do espectro, devemos rever sempre os clientes menos rentáveis e os produtos menos rentáveis. No meio, há espaço para um grau de pragmatismo, talvez fundamentado no "valor crítico" de um item para o cliente. Isso é particularmente relevante no desenvolvimento de uma estratégia de serviço para peças de reposição. A ideia é que se determinados itens são essenciais para, digamos, a operação de uma máquina em que os custos de inatividade são elevados, então a essas peças

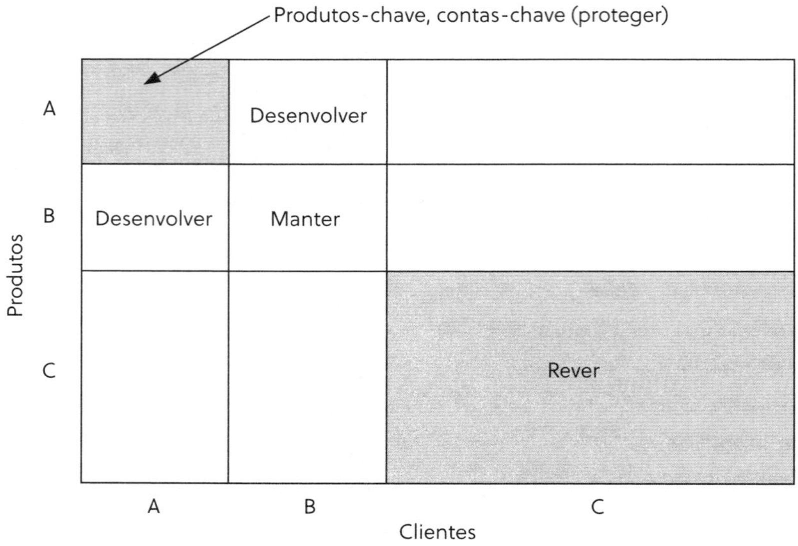

FIGURA 2.13 Atendimento ao cliente e a regra 80/20

seria concedido um elevado valor crítico. Se for adequado, um "peso" poderia ser atribuído com base na criticidade e a classificação 80/20 com base no lucro poderia ser ajustada de acordo. A Tabela 2.4 fornece um exemplo.

Definindo padrões de atendimento

É certo que, se o desempenho do atendimento deve ser controlado, então precisa ser em relação a padrões predeterminados.

Em última análise, o único padrão a ser alcançado é de 100% de conformidade com as expectativas do cliente. Isso requer uma compreensão clara e objetiva das exigências do cliente e, ao mesmo tempo, obriga o fornecedor a dar forma a essas expectativas. Em outras palavras, deve haver uma correspondência completa entre o que o cliente espera e o que estamos dispostos e conseguimos oferecer. Isso pode exigir a negociação de padrões de atendimento, uma vez que, claramente, não é de interesse de qualquer das partes fornecer níveis de atendimento que levem a uma deterioração a longo prazo na lucratividade – nem para o fornecedor, nem para o cliente.

Idealmente, deveria existir um *acordo de nível de serviço* (*service level agreement* – SLA) determinado em conjunto pelo fornecedor e pelo consumidor.

TABELA 2.4 Análise de valor crítico

Produtos	Ordem de classificação de rentabilidade	Valor crítico para os clientes			Classificação Valor crítico	Ordem de prioridade para atendimento
		1	2	3		
C	1			×	3	1
P	2		×		4	2 =
R	3		×		6	5
B	4	×			4	2 =
X	5	×			5	4
Y	6			×	18	8
Z	7		×		14	7
H	8	×			8	6
J	9			×	27	10
K	10		×		20	9

Valores críticos: 1 = Venda perdida
2 = Ligeiro atraso aceitável
3 = Atraso mais longo aceitável

Isso proporcionaria a referência contra a qual o desempenho real poderia ser medido. Quais são os elementos de atendimento ao cliente para os quais as normas deveriam ser estabelecidas?

Para ser eficaz, esses padrões devem ser definidos pelos próprios clientes. Isso exige que pesquisas de clientes e estudos de *benchmarking* competitivo sejam conduzidos, de modo que uma definição objetiva de atendimento ao cliente para cada segmento de mercado possa ser identificada.

No entanto, para o momento, podemos indicar algumas das principais áreas em que os padrões são essenciais:

» Tempo de ciclo de pedido
» Disponibilidade de estoque
» Restrições de tamanho de pedido
» Conveniência de pedido
» Frequência de entrega
» Confiabilidade de entrega
» Qualidade da documentação
» Procedimento de reivindicações

» Preenchimento de pedido
» Assistência técnica
» Informações de *status* de pedido

Examinemos cada um desses aspectos.

Tempo de ciclo de pedido

Esse é o tempo decorrido desde o pedido do cliente até a entrega. Devem-se definir padrões em relação às exigências estabelecidas pelo cliente.

Disponibilidade de estoque

Está relacionada ao percentual de demanda para determinado item de linha (unidade de manutenção de estoque, ou SKU) que pode ser alcançado por meio de estoque disponível.

Restrições de tamanho de pedido

Mais e mais clientes procuram entregas *just-in-time* de pequenas quantidades. Será que temos a flexibilidade para lidar com a gama de necessidades dos clientes que tendem a ser colocadas em cima de nós?

Conveniência de pedido

Será que somos acessíveis? É fácil fazer negócios com a empresa? Como somos vistos pelos clientes? Será que os nossos sistemas dialogam com os sistemas deles?

Frequência de entrega

Outra manifestação da mudança para *just-in-time* é que os clientes exigem entregas mais frequentes dentro de janelas de tempo estreitamente especificadas. Novamente, a flexibilidade de resposta deve ser a base para o padrão de desempenho.

Confiabilidade de entrega

Que proporção do total de pedidos é entregue na hora certa? É um reflexo não apenas do desempenho de entrega, mas também da disponibilidade de estoque e do desempenho de processamento de pedidos.

Qualidade da documentação

Qual é a taxa de erros em faturas, notas de entrega e outras formas de comunicações ao cliente? Os documentos são de fácil utilização? Um número surpreendentemente grande de falhas de atendimento é originado por essa fonte.

Procedimento de reivindicações

Qual é a tendência em reivindicações? Quais são suas causas? Qual a velocidade com que lidamos com queixas e reivindicações? Temos procedimentos de "recuperação de serviços"?

Preenchimento de pedido

Qual a proporção de pedidos que entregamos completos, ou seja, sem pedidos em espera ou embarques parciais?

Assistência técnica

Que tipo de suporte fornecemos aos clientes após a venda? Se for o caso, temos padrões para tempo de permanência e taxa de reparo na primeira chamada?

Informações de *status* de pedido

Podemos informar aos clientes a qualquer momento o *status* de seu pedido? Será que temos "linhas diretas" ou equivalentes? Temos procedimentos para informar aos clientes os possíveis problemas na disponibilidade de estoque ou entrega?

Todas essas questões podem ser quantificadas e avaliadas em termos das exigências dos clientes. Do mesmo modo, são todos capazes de comparação em relação ao desempenho dos concorrentes.

É preciso reconhecer que, na perspectiva do cliente, existem apenas dois níveis de serviço - 100% ou 0%. Em outras palavras, o cliente pode receber exatamente o que pediu na hora e no lugar adequados, ou não. Também deve-se lembrar que 100% das taxas de preenchimento de pedidos são extremamente difíceis de se alcançar - as leis da probabilidade confirmam isso. Se há dez itens em determinado pedido e cada item está em estoque no nível de 95% de disponibilidade, então a probabilidade de que o pedido possa ser atendido na íntegra é (0,95), que é 0,599. Em outras palavras, pouco mais de uma possibilidade de 50/50 de que podemos atender ao pedido na íntegra.

A Tabela 2.5 mostra como a probabilidade de atendimento de pedidos diminui à medida que o número de itens no pedido do cliente aumenta.

Idealmente, as empresas devem estabelecer padrões e monitorar o desempenho por uma série de medidas de atendimento ao cliente. Por exemplo, usando a estrutura de pré-transação, transação e pós-transação, as seguintes medidas fornecem importantes indicadores de desempenho:

TABELA 2.5 Probabilidade de um pedido ser atendido na íntegra

Número de linhas no pedido	Disponibilidade de itens em linha			
	90%	92%	94%	95%
1	0,900	0,920	0,940	0,950
2	0,810	0,846	0,884	0,903
3	0,729	0,779	0,831	0,857
4	0,656	0,716	0,781	0,815
5	0,590	0,659	0,734	0,774
6	0,531	0,606	0,690	0,735
7	0,478	0,558	0,648	0,698
8	0,430	0,513	0,610	0,663
9	0,387	0,472	0,573	0,630
10	0,348	0,434	0,538	0,599
11	0,314	0,399	0,506	0,569
12	0,282	0,368	0,476	0,540
14	0,225	0,311	0,400	0,488
15	0,206	0,286	0,395	0,463
16	0,195	0,263	0,372	0,440
17	0,167	0,243	0,349	0,418
18	0,150	0,223	0,328	0,397
19	0,135	0,205	0,309	0,377
20	0,122	0,185	0,290	0,358

Pré-transação

» Disponibilidade de estoque
» Datas-alvo de entrega
» Tempo de resposta a dúvidas

Transação

» Taxa de cumprimento de pedidos
» Entrega na hora
» Pedidos em espera por idade
» Atrasos de embarque
» Substituição de produtos

Pós-transação

» Taxa de reparo na primeira chamada
» Reclamações de clientes

» Reclamações/devoluções
» Erros de fatura
» Disponibilidade de peças

É possível produzir um índice composto com base em medidas de múltiplos serviços e isso pode ser uma ferramenta útil de gestão, particularmente para comunicar o desempenho do serviço internamente. Um índice desse tipo é mostrado na Tabela 2.6, em que o peso atribuído a cada elemento do serviço reflete a importância que os clientes atribuem a esses elementos.

TABELA 2.6 Índice composto de serviço

Elemento de serviço	Peso de importância (i)	Nível de desempenho (ii)	Pontuação ponderada (i) × (ii)
Taxa de cumprimento de pedidos	30%	70%	0,21
Entrega na hora	25%	60%	0,15
Precisão de pedido	25%	80%	0,20
Precisão de fatura	10%	90%	0,09
Retornos	10%	95%	0,095
		Índice =	0,745

O atendimento ao cliente é um dos elementos mais eficientes à disposição da empresa na busca de vantagem competitiva, e ainda é muitas vezes o elemento mais mal gerenciado. A principal mensagem deste capítulo é que a qualidade do desempenho do atendimento ao cliente depende em grande parte da habilidade com que o sistema logístico é projetado e gerenciado. Simplificando, a produção de toda a atividade logística é o atendimento ao cliente.

Referências

[1] SCHONBERGER, R. J. *Building a chain of customers.* The Free Press, 1990.

[2] LALONDE, B. J.; ZINSZER, P. H. *Customer service:* meaning and measurement. Chicago: National Council of Physical Distribution Management, 1976.

[3] CORSTEN, D.; GRUEN, T. Stock-outs cause walkouts. *Harvard Business Review,* maio 2004.

[4] BAYLE, M. Brand killers. *Fortune,* p. 51-56, 11 ago. 2003.

[5] REICHHELD, F. A. Loyalty and the renaissance of marketing. *Marketing Management,* v. 2, n. 4, p. 10-21, 1994.

[6] LEVITT, T. *The marketing mode*. McGraw Hill, 1969.

[7] CHRISTOPHER, M.; PAYNE, A.; BALLANTYNE, D. *Relationship marketing:* creating stakeholder value. Butterworth-Heinemann, 2002.

[8] BAKER, S. *New consumer marketing*. John Wiley & Sons, 2003.

[9] CHRISTOPHER, M.; PECK, H. *Marketing logistics*. 2. ed. Butterworth-Heinemann, 2003.

Logística e mercado

3

- Canais de distribuição são sistemas de entrega valiosos
- Inovação nos canais de distribuição
- A revolução *omni-channel*
- Varejo *omni-channel*

Os meios que as empresas usam para levar seus produtos ao mercado são chamados de canais de distribuição. Esses canais geralmente envolvem várias entidades conectadas que executam tarefas específicas para permitir uma conexão eficiente e efetiva para ser estabelecida entre um fornecedor e o usuário final. Assim, por exemplo, uma empresa farmacêutica pode utilizar uma variedade de canais para alcançar um usuário final. Distribuidores atacadistas podem ser usados para vender produtos a farmácias de varejo, que, por sua vez, tornam o produto disponível ao usuário final. Em outros casos, a empresa farmacêutica pode vender diretamente a entidades de saúde, como hospitais. Esses diferentes canais terão diferentes custos associados a eles e vão diferir em termos de quão efetivos serão para entregar valor ao usuário final. Fica evidente que as escolhas dos canais de distribuição e da forma com que eles serão gerenciados devem ser preocupações gerenciais vitais.

Tradicionalmente, os canais de distribuição eram vistos simplesmente como meios para permitir a satisfação física da demanda. Eles tendiam a seguir regras bem estabelecidas e usavam estruturas e instituições que tinham mudado pouco ao longo dos anos. Agora as coisas estão diferentes. Nos últimos anos, tivemos impactos que interromperam os canais existentes e levaram a mudanças drásticas na forma com que as companhias vão para o mercado.

Um exemplo citado frequentemente de como uma empresa pode se tornar um participante significativo do mercado através da inovação do canal é a Dell. A companhia conseguiu obter uma posição de liderança de mercado no setor de PC não só por meio dos produtos que vende, mas pela forma com que os vende - diretamente aos usuários finais. Chegando direto ao usuário final, a Dell conseguiu criar uma conexão direta com o mercado, construindo computadores e produtos relacionados sob medida, e não por estoque, oferecendo um nível de customização de produto. Ao mesmo tempo, a margem que teria de dar ao revendedor ou negociante tradicional é mantida pela Dell. Esse foi um modelo que permitiu que a empresa alcançasse alguns dos melhores resultados financeiros do setor durante muitos anos. Pode-se argumentar que a Dell foi uma das pioneiras no movimento em direção à *desintermediação*, a eliminação do "intermediário" em um canal de distribuição. Essa tendência ganhou ritmo à medida que muitas outras empresas, como Amazon, Expedia e Apple, demonstraram de diferentes maneiras como a inovação de canais pode mudar as regras do jogo.

Canais de distribuição são sistemas de entrega valiosos

Os canais de distribuição não são só condutores físicos por meio dos quais os produtos fluem, eles são principalmente uma forma de se conectar com os consumidores e proporcionar um meio para entregar o valor que eles buscam. Os canais de distribuição devem funcionar em ambas as direções, isto é, atendendo o cliente por um lado e fornecendo um meio de capturar as percepções do consumidor, permitindo uma compreensão do mercado, por outro.

Para garantir o bom funcionamento dessa via de mão dupla de produtos e informações, é necessária a criação de conexões alinhadas e ininterruptas entre todas as entidades do canal. O problema é que, pelo fato de esses participantes serem independentes uns dos outros e com baixos níveis de informações compartilhadas entre eles, há pouco alinhamento, com um impacto resultante sobre o funcionamento eficiente do canal.

Uma estrutura que pode ser útil na busca pelo desenvolvimento de uma estratégia de canal de distribuição é apresentada na Figura 3.1. Ela é baseada em uma abordagem originalmente criada por McKinsey,[1] chamada de "sistema de entrega de valor". De certa forma, pode-se afirmar que os canais de distribuição são, na verdade, sistemas de entrega de valor e, por isso, a pertinência dessa estrutura.

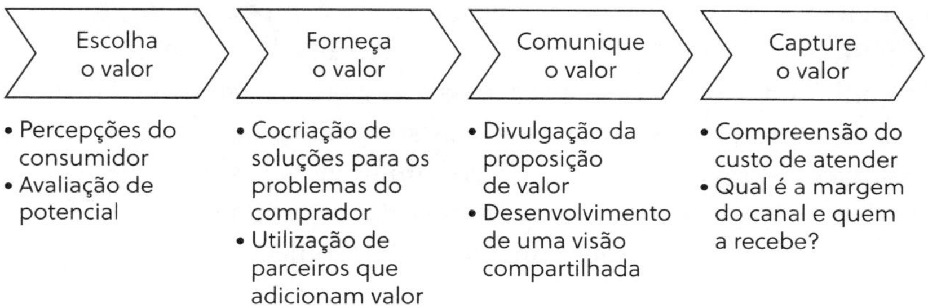

FONTE: LANNING, M. J.; MICHAELS, E. G. *A BUSINESS IS A VALUE DELIVERY SYSTEM*. MCCKINSEY & CO., INC., JUNHO DE 1998.

FIGURA 3.1 O sistema de entrega de valor

Vamos examinar cada um desses elementos por vez:

Escolha o valor

No Capítulo 2, apresentamos o conceito de valor do cliente e a importância de ligar o design da cadeia de suprimentos à proposição de valor. Todas as empresas precisam escolher onde querem concorrer, ou seja, o(s) mercado(s)-alvo. Como os mercados não são homogêneos, é necessário ter uma compreensão clara da segmentação do mercado e percepções fortes sobre as preferências de valor de cada segmento. A decisão sobre quais segmentos a empresa escolhe para competir deve ser baseada em uma análise rigorosa e objetiva dos recursos que a empresa pode acessar. Em outras palavras: "temos o que é necessário para obter sucesso neste segmento de mercado?".

O desenvolvimento de uma *proposição de valor* bem definida deve decorrer dessa análise do que os consumidores valorizam nos segmentos de mercado-alvo escolhidos. A proposição de valor é uma articulação dos motivos imprescindíveis para os consumidores fazerem negócios conosco. Este é o ponto inicial para o desenvolvimento de uma estratégia "para ir ao mercado" – o desenvolvimento da oferta de produto/serviço e o sistema de entrega de valor que suporte essa oferta. Por exemplo, o Walmart, maior varejista do mundo, apresenta desde o princípio uma proposição de valor muito clara – "Preço baixo todo dia" –, entregue por ele através de uma cadeia de suprimentos eficiente e de baixo custo. O Skype, sistema de comunicação via internet, tem uma proposição de valor igualmente clara: "Onde quer que você esteja, onde quer que eles estejam – Skype mantém vocês juntos".

Forneça o valor

De certa forma, o motivo para os consumidores comprarem produtos ou serviços é porque eles têm "problemas" que precisam de "soluções". As empresas que reconhecem isso tendem a ser mais focadas em desenvolver soluções para a compra de produtos. Geralmente, elas se envolvem com o consumidor para ajudá-los a desenvolver essas soluções – um processo às vezes chamado de "cocriação". Elas focam em encontrar maneiras inovadoras para reduzir o custo total da posse do cliente e buscam customizar soluções para atender às necessidades específicas dos consumidores.

Para isso, essas companhias tentam desenvolver cadeias de suprimentos e canais de distribuição flexíveis e que possam se adaptar às necessidades variáveis dos consumidores. Mais adiante neste capítulo, destacaremos as principais mudanças em andamento no varejo – especialmente pelo uso de canais múltiplos – e como as empresas que usam canais convencionais e com mudanças lentas foram severamente impactadas.

Uma decisão-chave, portanto, está relacionada ao design e à estrutura do canal de distribuição, especialmente o papel (se houver) desempenhado por intermediários. Se os intermediários forem usados, é preciso que eles sejam vistos como parceiros no sistema de entrega de valor. O papel deles para fornecer o valor que os clientes buscam e solucionar seus problemas deve ser claramente definido. Quanto mais os intermediários puderem se tornar "revendedores de valor agregado", melhor. Por exemplo, ao fornecer um potencial de customização por meio de suporte técnico ou reduzir os custos de busca dos usuários finais.

É fundamental que os parceiros de canal estejam perfeitamente integrados ao sistema de entrega de valor total. Eles devem partilhar dos mesmos objetivos estratégicos e estar comprometidos com a proposição global de valor. A importância de um alto nível de trabalho colaborativo ao longo da cadeia de suprimentos é um tema para o qual retornaremos nos capítulos posteriores, mas é claro que, sem o desejo de trabalhar juntos, o sistema de entrega de valor não vai funcionar de forma eficiente.

Comunique o valor

Uma grande exigência é garantir que a proposição de valor seja declarada não só no mercado final, mas também dentro da empresa e para seus parceiros de canal. Uma maneira poderosa de permitir o desenvolvimento de uma visão compartilhada entre todas as partes envolvidas no sistema de entrega de valor – dentro e fora da companhia – é pensar em termos de uma "cadeia de consumidores". A ideia, brevemente delineada no Capítulo 2, é que cada pessoa, cada departamento e cada unidade empresarial tem um consumidor. Pode ser um consumidor externo, mas é mais provável que seja interno. Nas empresas mais convencionais, isso pode parecer um conceito estranho. Entre em qualquer departamento de uma grande empresa e pergunte a uma amostra de funcionários "quem é seu cliente?", será interessante ouvir as respostas!

Não é o bastante, entretanto, que os funcionários saibam quem estão servindo, mas também o porquê. Em outras palavras, quais contribuições estão fazendo para o sistema de entrega de valor e a proposição global de valor? O motivo de estabelecer uma cadeia de consumidores é tentar fugir da mentalidade introspectiva de "silo" que caracteriza as empresas tradicionais em que as únicas pessoas responsáveis pelo engajamento dos clientes são as equipes de vendas.

O processo de comunicação deve ter mão dupla. Um dos papéis importantes de qualquer canal de distribuição é permitir que o *feedback* dos clientes e os dados de vendas fluam rapidamente, acima da cadeia de suprimentos. A Zara, varejista de moda que cresce rapidamente destacada no Capítulo 2, construiu grande parte do seu sucesso sobre sua capacidade de capturar as reações dos consumidores aos estilos, designs e cores nas lojas por meio de conversas com equipes de vendas. Essas percepções são levadas de volta à equipe de design na Espanha, que pode usar as informações para modificar produtos e como guias para a criação de novos produtos. A Scania, fabricante sueca de caminhões, é outro bom exemplo de empresa que mantém um contato íntimo com seus consumidores, o que permite uma ligação próxima entre sua abordagem da gestão de canal e sua estratégia de mercado.

Capture o valor

À medida que as empresas utilizam cada vez mais canais múltiplos para ir para o mercado e que seu portfólio de clientes aumenta, fica difícil entender os custos reais do atendimento de consumidores específicos por meio de um determinado canal. Pode haver diferenças consideráveis no "custo para atender" entre os canais. Por exemplo, atender os clientes por meio de um canal com base na internet possivelmente vai envolver mais entrega de produtos em domicílio em unidades únicas. Compare isso com o mesmo cliente visitando uma

Sistema de entrega de valor da Scania

Até certo ponto inalcançada pela concorrência, a Scania coloca a experiência do consumidor no centro de suas estratégias, do design de produto até a cadeia de valor pós-venda. Ela se comunica diretamente com motoristas de caminhões, compromete-se a resolver problemas fáceis em poucos dias e usa uma ampla gama de canais de *feedback* de motoristas e outros usuários finais em seus processos de desenvolvimento de produto. Nas lojas, colaboração multifuncional e grupos ajudam os funcionários a entender o valor de suas entregas para o próximo estágio do fluxo de trabalho, reduzindo o tempo para comercialização de novos produtos e serviços. Normas de conduta internas, codificadas em um documento nomeado "Como a Scania é Gerenciada" e adotadas pelos gestores, alinham os funcionários e os afiliados da Scania e descrevem a estrutura de tomada de decisões e os processos fundamentais que governam a companhia.

FONTE: KOVAC, M.; LEDINGHAM, D.; WEINGER, L. CREATING AN ADAPTIVE GO-TO-MARKET SYSTEM. BAIN & CO. DISPONÍVEL EM: WWW.BAIN.COM/PUBLICATIONS/ARTICLES/CREATING-AN-ADAPTIVE-GO-TO-MARKET-SYSTEM.ASPX. ACESSO EM: 5 DE ABRIL DE 2015.

loja de varejo e comprando o produto direto da prateleira de forma tradicional. O canal da internet provavelmente terá um custo "de última milha"* muito maior do que a loja de varejo. Em outras palavras, os custos relativos de entrega dos dois canais serão bem diferentes. Assim, quando começamos a incluir o investimento de estoque em cada um dos dois canais, a figura pode mudar novamente por causa das diferentes exigências de capital de giro.

No Capítulo 4, exploraremos em detalhes as formas com que uma visão mais clara do custo de atender pode ser obtida através do uso de uma abordagem diferente da contabilidade dos custos logísticos. Essa informação é importante porque muito do potencial valor financeiro que pode ser obtido pelo canal está sendo desgastado devido ao não entendimento dos custos reais envolvidos.

Uma consideração adicional que devemos levar em conta ao desenvolver uma estratégia de canal de distribuição é: Como o valor financeiro gerado através daquele canal deve ser dividido entre seus membros? Quando uma empresa usa intermediários, por exemplo, um distribuidor ou revendedor de valor agregado, esses intermediários vão exigir uma margem sobre as vendas realizadas por eles.

Devemos enfatizar que qualquer margem que um intermediário possa receber não deve ser vista como uma divisão do lucro do fornecedor. Em vez disso,

* Última milha ou último quilômetro (*last mile*) é um conceito que se refere à última etapa da movimentação do produto antes de ele chegar ao consumidor. A rota final de entrega. (N.R.T.)

a margem deve ser tratada como uma recompensa pela transferência do custo – e possivelmente do risco – do fornecedor para o intermediário. Assim, por exemplo, se um atacadista mantém estoque em nome de um fabricante, o fabricante vai arcar com um custo de manutenção daquele estoque. Como isso tira do fabricante a necessidade de manter aquele estoque, o atacadista pode ser recompensado na medida do custo economizado pelo fornecedor.

Uma análise útil para o fornecedor é examinar em detalhes a "margem do canal" associada a diferentes canais. A margem do canal é definida como a diferença entre o preço pago pelo usuário final no mercado final (o "preço de rua") e o preço que o fornecedor alcança quando vende (o "preço de fábrica").

Margem do canal = Preço de rua – Preço de fábrica

A margem do canal reflete o valor que vai para intermediários em vez de ir para o fornecedor. Às vezes, ela pode ser considerável e gerar questões como se o canal deve ser reconfigurado para permitir que uma parte maior do valor seja retida pelo fornecedor.

Inovação nos canais de distribuição

Até pouco tempo atrás, os canais de distribuição tinham mudado pouco. As mesmas instituições e estruturas que existiram por séculos ainda estavam em funcionamento. O papel do atacadista, do distribuidor, do estoquista ou do varejista continuava mais ou menos o mesmo. No entanto, uma combinação de pressões competitivas e desenvolvimento tecnológico trouxe, nas últimas décadas, mudanças drásticas nesses canais de distribuição. Um dois maiores impulsionadores dessas mudanças foi o aumento rápido do uso da internet tanto para compras on-line quanto para transações entre empresas. A internet permitiu uma maior conectividade entre vendedores e compradores e, nesse processo, atrapalhou os canais existentes – impactando especialmente o papel dos intermediários. Em muitos casos, como já observamos, a necessidade de intermediários foi removida – o que alguns chamam de "desintermediação". Em outros casos, ela criou novas oportunidades para os intermediários que se aproveitam das novas necessidades dos consumidores e fornecedores, agindo especialmente como "infomediários", isto é, usando informações e conhecimento para criar um novo valor para seus clientes. Assim, uma empresa global com sede em Hong Kong como Li and Fung, originalmente uma empresa tradicional de importações/exportações, hoje pode atuar como agregador em nome de seus clientes para buscar fornecedores e assim usar o poder aquisitivo combinado desses clientes para comprar de forma muito mais custo-benefício.

A inovação no setor de serviços logísticos também foi um grande facilitador de mudanças. O crescimento de provedores de entrega expressa mundiais, como DHL, FedEx e UPS, tornou os canais de distribuição direto para o cliente comercialmente viáveis para muitas indústrias. A crescente demanda do mercado por reabastecimento rápido e altos níveis de disponibilidade geram um ímpeto adicional pelo desenvolvimento de novas rotas para comercializar, que possam combinar velocidade de resposta com um menor custo de posse para o consumidor.

Um exemplo impressionante da forma com que os canais de distribuição foram transformados é o crescimento estelar da empresa chinesa Alibaba, destacado no quadro a seguir.

Alibaba: mudando o canal de distribuição

Em setembro de 2014, uma empresa chinesa relativamente desconhecida no Ocidente alcançou a maior IPO (Oferta Pública Inicial) do mundo até hoje, o que valorizou a empresa em US$ 230 bilhões. Essa empresa era a Alibaba, fundada em 1999 pelo empresário chinês Jack Ma, hoje a maior varejista da internet da China.

Originalmente, Alibaba era um portal *business-to-business* para permitir que consumidores estrangeiros comprassem de fornecedores chineses. Alibaba cresceu rapidamente para se tornar uma plataforma que permitiu que inúmeros outros canais de distribuição se desenvolvessem. Um desses derivados é o Taobao – um portal *consumer-to-consumer* parecido com o e-Bay –, que apresenta mais de 700 milhões de produtos e é um dos *websites* mais visitados do mundo. O quarto derivado, TMall é o maior canal de internet *business-to-consumer* da China, com mais da metade do mercado b2c chinês. Outras empresas incluem Alipay, que é um serviço de pagamentos on-line que facilita transações na web.

A característica distintiva do Alibaba é o fato de ser principalmente uma plataforma para permitir que companhias, consumidores, compradores e vendedores em geral se conectem e façam negócios uns com os outros. Ele está se expandindo rapidamente para fora da China. Em 2014, por exemplo, lançou seu *site* de compras nos Estados Unidos, o 11Main, um *shopping center* on-line onde os clientes podem procurar e comprar itens em mais de 1.000 lojas entre uma série de produtos.

O modelo de negócios do Alibaba não é comprar e vender produtos ou manter estoques. Seu objetivo é proporcionar uma plataforma de *e-commerce* para que os outros utilizem, ganhando dinheiro através de comissão sobre vendas e propaganda on-line.

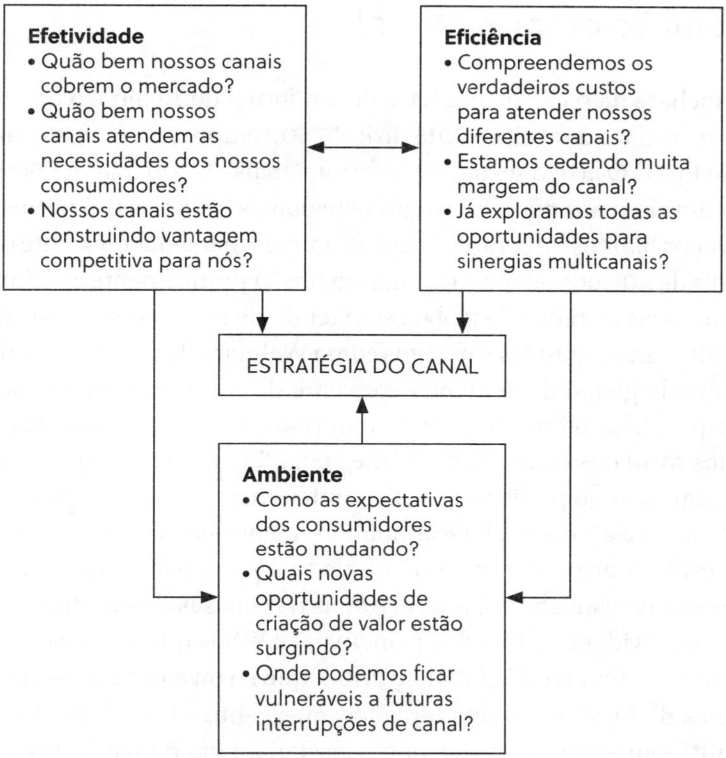

FIGURA 3.2 Principais questões da estratégia de canal

Talvez seja verdade dizer que a velocidade das mudanças nos canais de distribuição tem sido maior nas últimas décadas do que em todo o século passado. Provavelmente ainda não entendemos o impacto que essas mudanças terão sobre a forma com que as empresas irão para o mercado nos próximos anos. É certo que as empresas devem manter suas estratégias de canais de distribuição atuais em constante revisão. A Figura 3.2, baseada em uma estrutura desenvolvida por McKinsey, sugere que uma avaliação contínua da estratégia de canal da empresa deve focar nas três dimensões críticas de efetividade, eficiência e mudanças no ambiente de negócios.

Embora a maioria dos setores empresariais tenha sido, ou será em breve, atrapalhado pela internet e por inovações relacionadas à tecnologia da informação e da comunicação (TIC), talvez o maior impacto desses avanços tenha sido sobre os varejistas. Isso foi chamado por alguns comentaristas de "Revolução *omni-channel*".

A revolução *omni-channel*

Uma manchete na seção de negócios de um jornal do Reino Unido, *The Sunday Telegraph*, do dia 5 de abril de 2015 dizia: "7.500 empregos em risco com varejistas fechando lojas". O artigo seguia dizendo que "mais de 200 lojas e 7.500 empregos estavam em risco nos maiores varejistas regionais britânicos, já que as mudanças drásticas nos hábitos de compra levavam a um fechamento crescente de lojas".

Depois de 50 anos ou mais de uma expansão praticamente contínua, os principais varejistas ao redor do globo estão tendo de reavaliar suas estratégias. Durante muitos anos, grandes varejistas como Walmart, Tesco e Carrefour surfaram em uma onda global de demanda crescente de consumidores por seu estilo de varejo e produtos oferecidos. Essas empresas investiram enormes somas nos chamados formatos comerciais de "megalojas", geralmente na forma de crescimentos regionais ou periféricos. No entanto, uma combinação de interferências econômicas, sociais e tecnológicas aparentemente suspendeu essa expansão.

A questão sobre essa ser ou não uma mudança permanente no panorama do varejo ainda está aberta, mas algumas das causas dessa mudança de etapa do setor são evidentes. Um dos principais gatilhos que causaram essa reviravolta foi a crise financeira global de 2008, que levou a uma recessão em muitas economias do Ocidente e de mercados emergentes. Um efeito dessa recessão foi impulsionar esses varejistas que conseguiam capitalizar sobre o novo foco em valor dos consumidores. Em particular, essa "mudança para a economia" beneficiou os comerciantes que davam descontos, com variedades limitadas de produtos e que vendiam linhas básicas a preços muito baixos. Varejistas europeus, como Aldi, Lidl e Netto, estavam bem posicionados para explorar esse segmento do mercado que crescia rapidamente.

Ao mesmo tempo, os hábitos de compra dos consumidores estavam mudando. Existem evidências claras de que o padrão do passado, no qual os compradores tendiam a fazer uma "compra grande" apenas uma vez por semana ou a cada 15 dias, tinha mudado. Os consumidores agora tendiam a comprar menores quantidades, com mais frequência, e a fazer isso no momento e no local que se adequassem a eles. Por isso o crescimento de lojas de conveniência – formatos menores com variedade limitada –, que satisfaziam os compradores sensíveis ao tempo.

Mas talvez o maior agente de mudança disso tudo tenha sido o crescimento astronômico das vendas on-line através da internet. Nos mercados consumidores, há cada vez mais evidências de que a internet está revolucionando tanto a gestão de marketing quanto a gestão da cadeia de suprimentos. Todos os anos, o volume e o valor de transações conduzidas pela internet continuam a crescer na maioria dos mercados ao redor do mundo.

Não é só a escala simples desse novo canal que traz desafios à gestão logística, a possibilidade de que a internet acelere a troca de um mercado de vendedores para um mercado de compradores também. De certa forma, a internet "democratiza" a cadeia de suprimentos, colocando o consumidor ou cliente no centro da rede. O consumidor pode acessar rapidamente informações sobre fornecedores alternativos, fazer comparações de preços, acessar *lead times* de entrega e pedir para ter suas exigências específicas satisfeitas.

Da mesma forma, o fornecedor pode aprender mais sobre o consumidor e personalizar estratégias de marketing de acordo com isso. Um dos melhores exemplos é fornecido pela Amazon, que desenvolveu ferramentas poderosas para permitir o enfoque em consumidores existentes com sugestões de produtos compatíveis com o perfil de suas compras anteriores. Ao mesmo tempo, os fornecedores podem usar a internet para gerenciar melhor a demanda ao direcionar os consumidores para produtos que estão disponíveis em estoque ou para aqueles com margens mais elevadas.

Associado com o aumento rápido dos canais de internet está o crescimento do "comércio *mobile*", isto é, o uso de telefones celulares para permitir o estabelecimento de um canal de comunicação de duas vias entre fornecedores e clientes. Os fornecedores podem usar esse canal para alertar os clientes sobre ofertas promocionais, por exemplo. Cada vez mais os consumidores estão usando seus telefones celulares para acessar a internet e fazer pedidos e comparações de preços enquanto estão em expedições de compra.

Um exemplo de como o comércio *mobile* está impactando as vendas é dado no exemplo a seguir, sobre a Domino's Pizza, no Reino Unido.

Vendas da Domino's Pizza alavancadas por APP para smartphone

As vendas da Domino's Pizza no Reino Unido tiveram um aumento significativo por meio de pedidos realizados por telefones celulares e *tablets*. Anunciando um aumento de 14% nas receitas do semestre finalizado em junho de 2015, o CEO David Wild afirmou que 77% das vendas vinham da internet e que, desse montante, as vendas pelo aplicativo correspondiam a mais da metade. O aplicativo Domino's Pizza foi baixado incríveis dez milhões de vezes. A companhia espera ver essa tendência continuar e anunciou uma parceria com a Microsoft para instalar o APP no console Xbox. Os pedidos podem ser feitos enquanto se joga ou assiste a um filme!

FONTE: *THE TIMES*, 29 DE JULHO DE 2015, E *THE SUNDAY TIMES*, 26 DE OUTUBRO DE 2014.

Uma das vantagens de ter contato direto com o consumidor por meio de pedidos on-line é a melhoria drástica da visibilidade da demanda real que ele fornece. Por exemplo, Tesco, um dos maiores varejistas do setor de mercearia do mundo (bem como um dos maiores varejistas com lojas físicas do mundo), pode ver qual é a disponibilidade real de um produto porque consegue capturar a demanda real à medida que ela acontece e, portanto, consegue medir a disponibilidade em prateleira adequadamente. No ramo de lojas físicas, mesmo com dados sofisticados de pontos de vendas eletrônicos (*electronic point of sale* – EPOS), a empresa não consegue ter o mesmo nível de informações precisas.

O crescimento das compras pela internet foi acompanhado por um aumento nas entregas em domicílio, já que muitos desses canais emergentes são principalmente focados nos usuários finais, que exigem a entrega em um endereço específico em vez de retirar o produto. Enquanto uma loja física tem o "desafio dos 50 metros", isto é, como gerenciar o custo significativo de levar o produto do veículo de entrega para a prateleira com a melhor relação custo-benefício, o varejista on-line se preocupa com os custos de "última milha". Como a maioria das entregas em domicílio é para um único caso equivalente ou menos, o problema é garantir que o custo da entrega não prejudique a rentabilidade. Com o advento de períodos programados de entrega e o uso da roteirização dinâmica de veículos e ferramentas de agendamento, esse problema deve se reduzir.

Embora a nova geração de varejistas on-line seja o que é chamado de varejista "*pure play*", ou seja, que vendem apenas on-line, muitas empresas físicas já estabelecidas desenvolveram negócios on-line ao lado da venda tradicional, mudando, de fato, do varejo "de canal único" para o "multicanal" (*omni-channel*).

Varejo *omni-channel*

O varejo *omni-channel* é essencialmente um acordo de logística e distribuição no qual cada canal é mais ou menos independente do outro. Assim, um varejista multicanal tem canais separados para lojas físicas, para suas vendas de catálogo e para seus negócios on-line. Embora os produtos vendidos por esses canais possam ser os mesmos, os arranjos de distribuição e logística podem ser bem distintos.

Muitas empresas agora buscam fazer a transição de multicanal para o varejo *omni-channel*. No modelo *omni-channel*, todas as rotas para o mercado são servidas por meio da mesma cadeia de suprimentos sempre que possível, utilizando instalações e estoques compartilhados. O modelo *omni-channel* pode criar não só altos níveis de satisfação do cliente, mas também reduzir os custos.

A Figura 3.3 mostra a diferença entre os diversos arranjos de canal. Parte do desafio de mudar para um modelo *omni-channel* é garantir que cada canal complemente o outro para fornecer uma experiência consistente ao cliente e permitir uma transição contínua de um canal a outro. O crescimento rápido das vendas "*mobile*" por meio de smartphones e tablets está levando a uma situação em que os consumidores podem buscar, fazer comparações e realizar pedidos em qualquer momento e em qualquer lugar. Da mesma forma, eles podem optar por entrega em domicílio, comprar e retirar ou simplesmente comprar na loja. Integrar todos esses "pontos de contato" com a satisfação física da demanda no nível mais alto de confiabilidade se tornou uma prioridade para os varejistas que querem sobreviver e prosperar no mundo *omni-channel*.

Uma empresa que enfrentou esse desafio e desenvolveu um modelo de negócios *omni-channel* extremamente lucrativo é John Lewis, varejista britânico de departamento. Sua história foi resumida no caso a seguir.

John Lewis: líder na distribuição *omni-channel*

John Lewis, um dos mais antigos varejistas britânicos, foi relativamente pioneiro no varejo on-line. John Lewis era uma loja física de departamentos tradicional – e bem-sucedida –, que nos últimos anos focava em roupas, produtos para casa e eletrônicos de consumo. Suas lojas de departamento continuam atraindo consumidores, mas o crescimento real da empresa vem das vendas pela internet.

Ao lançar o site johnlewis.com em 2001, rapidamente obteve vendas por esse canal. No primeiro ano de operação, gerou £24m em vendas de 5.000 SKUs; dez anos depois, gerou £600m em rendimentos de 219.000 SKUs.

Vários fatores levaram ao sucesso da marca nos negócios on-line, um deles foi seu comprometimento ao criar uma operação realmente *omni-channel* sustentada por uma cadeia de suprimentos *omni-channel*. Foi tomada uma decisão de se mover em direção a uma cadeia de suprimentos integrada e híbrida, que serviria tanto as lojas quanto as entregas em domicílio. A transformação fundamental foi mudar da entrega de várias quantidades de um determinado item para a entrega de unidades únicas para lojas e clientes individuais em casa. Outro canal a ser atendido era a opção "clique e retire" da John Lewis, na qual os consumidores poderiam escolher visitar as lojas para coletar seu pedido. Uma nova infraestrutura logística teve de ser desenvolvida para conseguir entregar unidades menores com mais frequência. Os benefícios foram significativos: primeiro, a capacidade de atender de forma eficiente seu negócio on-line que crescia rapidamente; em segundo lugar, a redução do espaço de estoque nas lojas, permitindo que fosse liberado mais espaço para vendas e uma impressionante redução dos custos gerais de operação, com melhores giros de estoque.

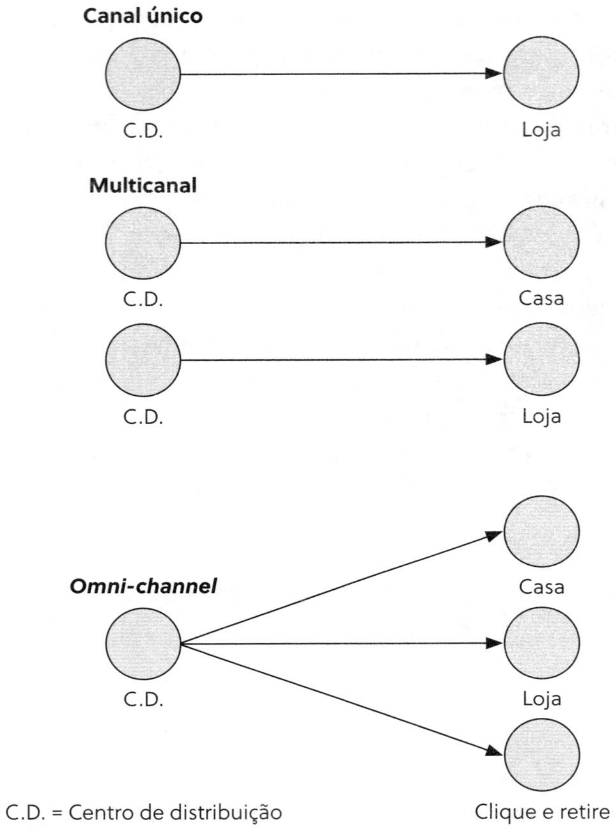

FIGURA 3.3 De canal único a *omni-channel*

Embora tenhamos focado especificamente no varejo para mostrar como as estratégias de canal e o gerenciamento se tornaram dimensões competitivas críticas, devemos enfatizar que a forma com que uma empresa de qualquer setor vai para o mercado pode fazer a diferença entre sucesso e fracasso. Em especial, a capacidade de apoiar a estratégia de canal escolhida com logística e cadeias de suprimentos custo-benefício é vital. Peter Drucker, um dos grandes pensadores da administração, escreveu:

> A distribuição física é a linha de frente dos negócios de hoje. É uma área em que os resultados gerenciais de grande magnitude podem ser alcançados. E ainda é amplamente inexplorada.[2]

Drucker escreveu o artigo da qual essa citação foi retirada na revista *Fortune* em 1962 – mais de 60 anos atrás. Embora muito progresso tenha, sem dúvida, sido alcançado desde então em nossas ideias e práticas da logística em geral, provavelmente o caso é que o gerenciamento do canal de distribuição ainda é "um território amplamente inexplorado".

Referências

[1] LANNING, M. J.; MICHAELS, E. G. *A Business is a Value Delivery System.* McKinsey Staff Paper, 1998.

[2] DRUCKER, P. The Economy's Dark Continent. *Fortune*, v. 72, abril 1962.

Custos de medição de logística e desempenho

4

- Logística e resultados
- Logística e valor do acionista
- Análise de custos de logística
- O conceito de análise de custo total
- Entendendo o custo para atender
- Análise de lucratividade do cliente
- Rentabilidade direta de produto
- Direcionadores de custos e custos baseados em atividades

Os custos de satisfazer a demanda do cliente podem ser significativos e, ainda assim, surpreendentemente nem sempre são compreendidos de forma completa pelas organizações. Uma razão para isso é que os sistemas de contabilidade tradicionais tendem a se concentrar na compreensão dos *custos* do produto em vez dos *custos* do cliente. Embora os custos de logística variem de acordo com a empresa e com a indústria, em toda a economia o custo total da logística como proporção do produto interno bruto é estimado em cerca de 10% nos Estados Unidos,[1] e em outros países serão encontrados custos de magnitudes semelhantes.

Entretanto, a atividade logística não gera apenas custos, mas também receitas por meio da prestação de disponibilidade. Assim, é importante compreender o impacto lucrativo de logística e as decisões da cadeia de suprimentos. Ao mesmo tempo, a atividade logística requer recursos sob a forma de capital fixo e capital de giro e, por isso, há problemas financeiros a serem considerados quando as estratégias da cadeia de suprimentos forem concebidas.

Logística e resultados

O turbulento ambiente empresarial de hoje produz entre gerentes grande consciência da dimensão financeira de tomada de decisões. O resultado – o *bottom line* – se tornou a força motriz que, talvez erradamente, determina a direção da empresa. Em alguns casos, isso levou a um foco limitador e potencialmente perigoso sobre o curto prazo. Desse modo, descobrimos que o investimento em marcas, em P&D e em capacidade pode ser reduzido se não houver perspectiva de retorno imediato.

Outra grande influência sobre a tomada de decisão e sobre os horizontes de gestão é o fluxo de caixa. O forte fluxo de caixa positivo tornou-se uma meta desejada pela gestão tanto quanto lucro.

A terceira dimensão financeira a se considerar para a tomada de decisão é a utilização de recursos e, especificamente, de capital fixo e de giro. A pressão, na maioria das organizações, é para melhorar a produtividade de capital – "para fazer os ativos trabalharem". Nesse contexto, é normal utilizar o conceito de retorno sobre o investimento (*return on investment* – ROI). Retorno sobre o investimento é a proporção entre o lucro líquido e o capital empregado para produzir esse lucro. Assim:

$$\text{ROI} = \frac{\text{Lucro}}{\text{Capital empregado}}$$

Essa proporção pode ser expandida:

$$\text{ROI} = \frac{\text{Lucro}}{\text{Vendas}} \times \frac{\text{Vendas}}{\text{Capital empregado}}.$$

Veremos que o ROI é o produto de duas proporções: a primeira, lucro/vendas, sendo comumente considerada como a margem; e a segunda, vendas/capital investido, denominada giro de capital ou rotação de ativos. Assim, para se obter melhorias no ROI, uma, outra, ou ambas as proporções devem aumentar. Normalmente, muitas empresas vão centrar a sua atenção principal sobre a margem na tentativa de subir o ROI, ainda que muitas vezes possa ser mais eficaz usar a alavancagem do giro de capital para aumentar o ROI. Por exemplo, muitos varejistas de sucesso há bastante tempo reconheceram que margens líquidas muito pequenas podem levar a um ROI excelente se a produtividade do capital for elevada, como por estoques limitados, vendas elevadas por metro quadrado, propriedades que são alugadas em vez de compradas, e assim por diante.

A Figura 4.1 ilustra as oportunidades que existem para se promover o retorno do investimento, seja por meio da conquista de melhores margens, ativos mais elevados, seja por ambos. Cada "isocurva"* reflete as diferentes formas pelas quais o mesmo ROI pode ser alcançado com a combinação específica de margem/rotação de ativos. O desafio para a gestão de logística é encontrar maneiras de se mover a isocurva para a direita.

As formas pelas quais a gestão logística pode ter impacto sobre o ROI são muitas e variadas. A Figura 4.2 evidencia os principais elementos determinantes do ROI e o potencial de melhoria por uma gestão mais eficaz da logística.

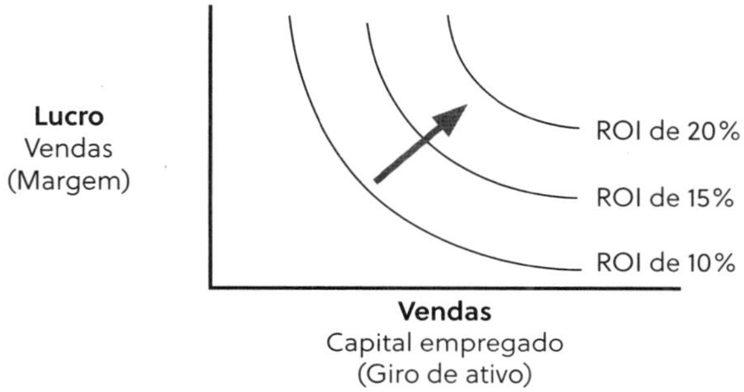

FIGURA 4.1 O impacto da margem e da rotação de ativos sobre o ROI

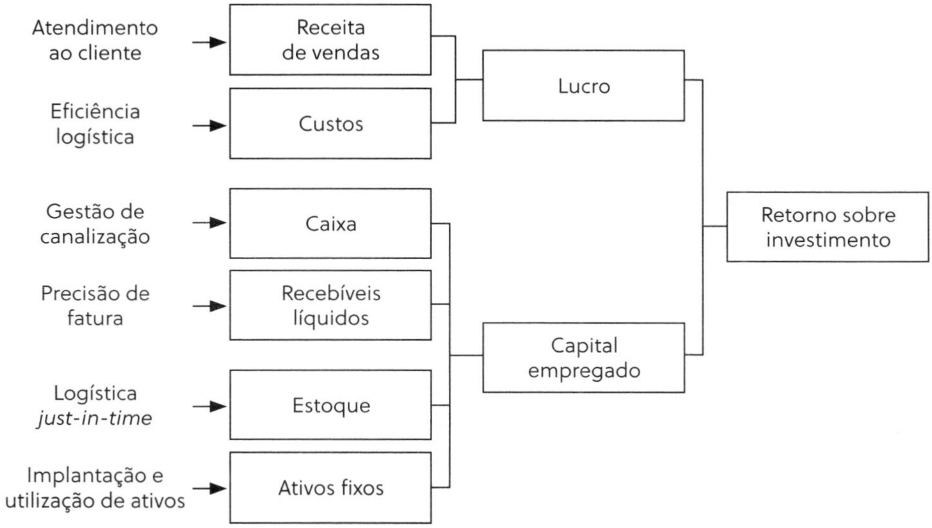

FIGURA 4.2 Impacto logístico sobre o ROI

* "Isocurva" ou "isoquanta", na teoria da produção, é o lugar geométrico determinado num espaço cartesiano que contém todos os pares ordenados representativos de variáveis de uma função. (N.R.T.)

Logística e balanço

Como o impacto que causa sobre os rendimentos operacionais (receita menos custos), a logística pode afetar o balanço da empresa de várias formas. No atual ambiente de negócios financeiramente desafiador, melhorar a forma do balanço por meio de uma utilização eficiente de ativos e recursos tornou-se prioridade.

Novamente, uma melhor gestão logística tem o poder de transformar o desempenho nessa área crucial. A Figura 4.3 resume os principais elementos do balanço e os conecta a cada componente relevante de gestão da logística.

Ao examinar cada elemento do balanço, por sua vez, veremos como as variáveis logísticas podem influenciar a sua forma final.

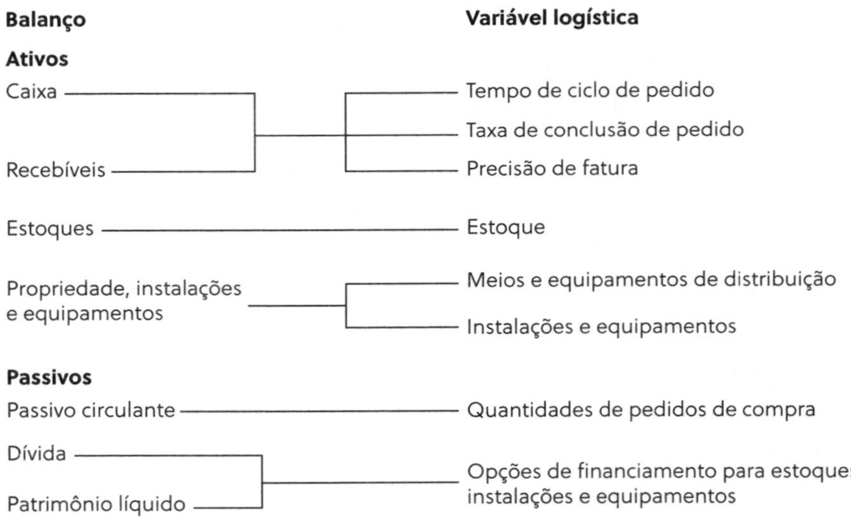

FIGURA 4.3 Gestão da logística e balanço

Caixas e recebíveis

Este componente do ativo circulante é fundamental para a liquidez da empresa. Nos últimos anos, sua importância é reconhecida uma vez que as empresas se tornam pressionadas por caixa. Nem sempre se reconhece, no entanto, o impacto direto que as variáveis logísticas exercem sobre essa parte do balanço. Por exemplo, quanto mais curto o tempo de ciclo do pedido, desde o pedido do cliente até a entrega da mercadoria, mais cedo a fatura pode ser emitida. Do mesmo modo, a taxa de conclusão do pedido pode afetar o fluxo de caixa se a fatura não for emitida até depois de todas as mercadorias terem sido despachadas. Uma das variáveis logísticas menos óbvias que afetam o caixa e as contas a receber é a precisão da fatura. Um cliente que recebe uma fatura imprecisa provavelmente não pagará e o *lead time* de pagamento será estendido até que o problema seja corrigido.

Estoques

Cinquenta por cento ou mais do ativo circulante de uma empresa, muitas vezes, estarão amarrados ao estoque. A logística está preocupada com todo o estoque dentro da empresa desde matérias-primas, subconjunto ou componentes externos, por meio de um trabalho em andamento, até produtos acabados. As políticas da empresa sobre níveis de estoque e locais de estoque vão influenciar de forma clara o tamanho do estoque total. Também será influente a forma como os níveis de estoque são monitorados e gerenciados, e, além disso, a forma como as estratégias operam e minimizam a necessidade de estoque.

Propriedade, instalações e equipamentos

O sistema de logística de qualquer empresa será normalmente usuário regular de ativos fixos. As instalações, os depósitos e os armazéns que formam a rede de logística, se valorizados de forma realista em uma base de reposição, vão representar parte substancial da capacidade total empregada (pressupondo-se que são próprios, em vez de alugados ou arrendados). Os equipamentos de manuseio de materiais, os veículos e outros equipamentos envolvidos na armazenagem e no transporte também podem aumentar significativamente a soma total de ativos fixos. Muitas empresas têm terceirizado a distribuição física dos seus produtos, em parte para remover seus ativos do balanço. Armazéns, por exemplo, com seus equipamentos de armazenagem e manuseio associados, representam investimento considerável, e a pergunta a ser feita é: “Essa é a maneira mais eficaz de implantar nossos recursos?”.

Passivo circulante

O passivo circulante da empresa são as dívidas que devem ser pagas em dinheiro dentro de um período de tempo especificado. Do ponto de vista da logística, os elementos-chave são contas a pagar pela aquisição de materiais externos, componentes etc. Essa é uma área em que a maior integração da gestão de compras com as operações pode gerar dividendos. Os conceitos tradicionais de quantidades econômicas de pedidos podem levar a níveis excessivos de estoque de matérias-primas, uma vez que essas quantidades podem não refletir as exigências efetivas de fabricação ou de distribuição. A eliminação de suprimentos para atender aos requisitos de logística total do sistema pode ser conseguida por técnicas idênticas de planejamento de necessidades de materiais (*materials requirement planning* - MRP) e planejamento da distribuição (*distribution requirements plannings* - DRP). Se o compromisso precoce de materiais pode ser minimizado, isso deve levar a uma melhor posição no passivo circulante.

Dívida/patrimônio líquido

Embora o equilíbrio entre dívida e capital tenha muitas ramificações para a gestão financeira da empresa total, vale a pena refletir sobre o impacto de estratégias alternativas de logística. Mais empresas estão arrendando instalações de máquinas e equipamentos e, assim, convertendo um ativo fixo em despesa continuada. O uso crescente de fornecedores terceirizados para armazenagem e transporte, em vez de possuir e gerenciar esses recursos internamente, é um desenvolvimento paralelo. Essas mudanças, obviamente, afetam as necessidades de financiamento da empresa. Elas também podem afetar o meio pelo qual o financiamento é conseguido, por exemplo, por meio da dívida em vez do patrimônio líquido. A proporção de dívida para patrimônio líquido, habitualmente considerada como "engrenagem" ou "alavancagem", vai influenciar o retorno sobre o patrimônio e também terá implicações no fluxo de caixa quanto aos pagamentos de juros e amortização da dívida.

Logística e valor do acionista

Uma das principais medidas de desempenho corporativo, hoje, é o valor do acionista. Em outras palavras, qual é o valor da companhia para seus donos? Cada vez mais, a alta administração no âmbito da empresa está sendo conduzida pelo objetivo de se aumentar o valor do acionista. Há uma série de questões complexas envolvidas no cálculo efetivo do valor do acionista, mas na sua forma mais simples ele é determinado pelo valor presente líquido dos fluxos de caixa futuros. Esses fluxos de caixa podem ser definidos como:

Rendimento operacional líquido
menos
Impostos
menos
Investimento de capital de giro

menos
Investimento de capital fixo
=
Fluxo de caixa livre após o imposto.

Mais recentemente, desenvolveu-se o conceito de valor econômico agregado (*economic value added* - EVA), amplamente utilizado e associado à criação de valor do acionista. O termo EVA originou-se com a empresa de consultoria Stern Stewart,[2] embora as suas origens remontem ao economista Alfred Marshall, que mais de cem anos atrás desenvolveu o conceito de "rendimento econômico".

Essencialmente, EVA é a diferença entre o rendimento operacional após impostos, menos o verdadeiro custo do capital empregado para gerar os lucros. Assim:

Valor econômico agregado (EVA)
= Lucro depois de impostos - Custo real de capital empregado.

Torna-se evidente que é possível para uma empresa gerar um EVA negativo. Em outras palavras, o custo do capital empregado é maior do que o lucro após impostos. O impacto de um EVA negativo, especialmente se mantido por um período de tempo, deve diminuir o valor do acionista. Igualmente, melhorias no EVA levarão ao aumento no valor do acionista. Se o valor presente líquido dos EVA esperados fosse calculado, geraria uma medida de riqueza conhecida como valor agregado de mercado (*market value added* - MVA), que é uma verdadeira medida de até que ponto a empresa tem valor para seus acionistas. Uma definição simples do MVA é:

Preço de ações × Cotas emitidas
menos
Valor contábil do capital total investido
= Valor agregado de mercado

e, como já observamos,

MVA = Valor presente líquido do EVA esperado.

Claramente, será reconhecido que há um número de conexões significativas entre o desempenho da logística e o valor do acionista. Não só o impacto que o serviço de logística pode ter sobre o rendimento operacional líquido (lucro), mas também sobre a eficiência de capital (rotação de ativos). Muitas empresas percebem o efeito que longas cadeias de suprimentos e uma logística de capital altamente intensivo podem ter sobre o EVA e, portanto, o valor do acionista. Como resultado, essas empresas têm se concentrado em encontrar meios pelos quais as canalizações podem ser abreviadas e, consequentemente, as necessidades de capital de giro reduzidas. Ao mesmo tempo, elas focam novamente na implantação de capital fixo de meios de distribuição e frotas de veículos e, em muitos casos, movem esses ativos para fora do balanço mediante o uso de prestadores de serviços logísticos de terceiros.

Os direcionadores de valor do acionista

Os cinco direcionadores básicos de maior valor dos acionistas são mostrados na Figura 4.4. São eles: crescimento da receita, redução de custos operacionais, eficiência de capital fixo, eficiência de capital de giro e minimização de impostos. Todos esses cinco direcionadores são direta e indiretamente afetados pelo gerenciamento da logística e pela estratégia da cadeia de suprimentos.

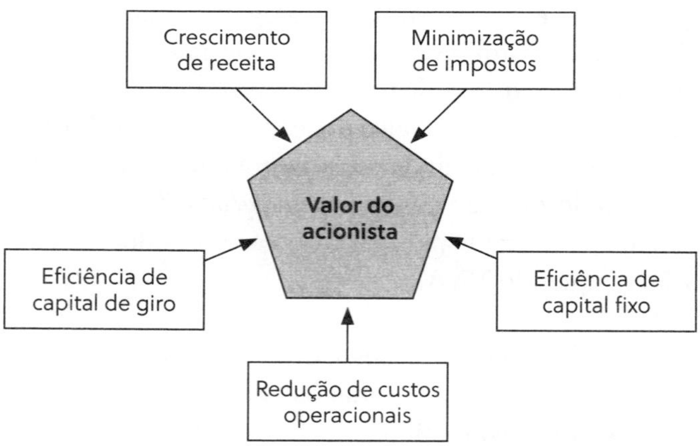

FIGURA 4.4 Os direcionadores de valor do acionista

Crescimento de receita

O enlace crítico aqui é o impacto que o serviço de logística pode ter sobre o volume de vendas e a manutenção de clientes. Embora geralmente não seja possível calcular a exata correlação entre atendimento e vendas, há muitos estudos que indicam uma causalidade positiva.

Também é possível argumentar que um serviço superior de logística (confiabilidade e responsividade) pode reforçar a probabilidade de que os clientes permaneçam leais a um fornecedor. No Capítulo 2, foi sugerido que níveis mais elevados de manutenção de clientes levam a vendas maiores. Normalmente, isso ocorre porque clientes satisfeitos são mais propensos a manter uma quantidade maior de suas compras com aquele fornecedor.

Redução de custos operacionais

O potencial para a redução de custos operacionais pela logística e pela gestão da cadeia de suprimentos é considerável. Uma vez que grande parte dos custos em empresas atípicas é conduzida por decisões de logística e pela qualidade das relações da cadeia de suprimentos, não é de se estranhar que, na busca de margens maiores, muitas empresas estejam olhando com outros olhos a forma como gerenciam a cadeia de suprimentos.

Não é somente transporte, armazenagem, manuseio e custos de processamento de pedidos dentro da empresa que precisam ser considerados. Em vez disso, a ideia de colocar todos os custos em uma verdadeira base "ponta a ponta" deve ser levada em conta. Muitas vezes, os custos de logística a montante podem representar proporção significativa dos custos totais da cadeia de suprimentos embutidos no produto final.

Há também crescente reconhecimento de que a compressão do tempo na cadeia de suprimentos não só melhora o atendimento ao cliente, mas também pode reduzir custos por meio da diminuição de atividades sem valor agregado. Essa é uma questão à qual vamos voltar no Capítulo 7.

Eficiência de capital fixo

Logística, por sua própria natureza, tende a ser "intensiva" em se tratando de ativos fixos. Caminhões, centros de distribuição e sistemas de tratamento automatizado envolvem investimento considerável e, consequentemente, muitas vezes desvalorizam o retorno sobre o investimento. Nos sistemas de distribuição convencionais com muitos níveis, não é incomum encontrar armazéns industriais, centros de distribuição regionais e depósitos locais, os quais representam investimentos fixos significativos.

Um dos principais fatores para o crescimento do setor de serviços logísticos de terceiros é o desejo de se reduzir os investimentos em ativos fixos. Ao mesmo tempo, a tendência para arrendar em vez de comprar aumentou. As decisões de racionalização das redes de distribuição e instalações de produção estão cada vez mais sendo impulsionadas pela percepção de que o verdadeiro custo de se financiar o investimento de capital é, às vezes, superior ao retorno que ele gera.

Eficiência de capital de giro

A estratégia de cadeia de suprimentos e a gestão logística estão fundamentalmente ligadas à exigência de capital de giro dentro da empresa. Longas cadeias, por definição, geram mais estoque; preenchimento de pedidos e precisão de fatura impactam diretamente as contas a receber; e as políticas de aquisição também afetam o fluxo de caixa. Os requisitos de capital de giro podem ser drasticamente diminuídos pela compressão da cadeia e, posteriormente, pelos tempos de ciclo "pedido para caixa" reduzidos.

Surpreendentemente, poucas empresas conhecem o verdadeiro cumprimento da cadeia para os produtos que vendem. O tempo do ciclo de *cash-to-cash* (ou seja, o tempo decorrido desde a aquisição de materiais/componentes até a venda do produto acabado) pode ser de seis meses ou mais em muitas indústrias. Ao se concentrar na eliminação de tempo de valor não agregado na cadeia de suprimentos, uma redução drástica no capital de giro pode ser alcançada. O tempo do ciclo *cash-to-cash* é calculado conforme o quadro a seguir.

Tempo de ciclo *cash-to-cash* = Dias de estoque[1] +
+ Dias de contas a receber[2] – Dias de contas a pagar[3]

$$ ^{1}\text{Dias de estoque} = \frac{\text{Estoque atual (valor)}}{\text{Custo diário de mercadorias vendidas}} $$

$$ ^{2}\text{Dias de contas a receber} = \frac{\text{Contas a receber atuais}}{\text{Vendas diárias (valor)}} $$

$$ ^{3}\text{Dias de contas a pagar} = \frac{\text{Contas a pagar atuais}}{\text{Custo diário de mercadorias vendidas}} $$

Assim, muitas empresas convivem com baixos giros de estoque por tanto tempo que elas pressupõem que seja uma característica de sua indústria e nada pode ser feito. Elas também não estão, possivelmente, motivadas a dar maior prioridade à redução de capital de giro, porque um custo irrealisticamente baixo de capital é muitas vezes utilizado na tomada de decisões.

Minimização de impostos

Na economia cada vez mais globalizada de hoje, as empresas têm opções a respeito de onde podem alocar seus ativos e atividades. Por causa das diferenças nos regimes fiscais em muitos países, as decisões de localização podem ter um impacto importante sobre o fluxo de caixa livre após impostos. Não são afetados apenas os impostos corporativos sobre os lucros, mas também os impostos prediais e os impostos sobre o consumo de combustível. As regulamentações aduaneiras, as tarifas e as cotas são outras considerações a serem pensadas, assim como as normas e os regulamentos sobre preços de transferência. Para grandes empresas globais com instalações de produção em países diferentes e com centros de distribuição e múltiplos mercados dispersos, as decisões da cadeia de suprimentos podem afetar significativamente a carga tributária total e, portanto, o valor do acionista.

O papel do fluxo de caixa na criação de valor do acionista

Há um acordo geral em relação à visão de Warren Buffett[3] de que, em última análise, o valor de uma empresa aos seus proprietários é determinado pelo valor presente líquido do fluxo de caixa livre que ocorre a partir de suas operações ao longo de sua vida. Assim, o desafio para gerentes que buscam aumentar o valor do acionista é identificar estratégias que possam, direta ou indiretamente, afetar o fluxo de caixa livre. Srivastava et al.[4] sugeriram que o valor de qualquer estratégia é inerentemente orientado por:

1. aceleração de fluxos de caixa, pois os ajustes de risco e tempo reduzem o valor de fluxos de caixa posteriores;
2. aumento do nível dos fluxos de caixa (por exemplo, receitas mais elevadas e/ou custos mais baixos, capital de giro e investimento fixo);
3. redução de risco associada com fluxos de caixa (por exemplo, pela redução da volatilidade e da vulnerabilidade de fluxos de caixa futuros) e, portanto, indiretamente, do custo de capital da empresa; e
4. valor residual da empresa (o valor em longo prazo pode ser aumentado, por exemplo, aumentando-se o tamanho da base de clientes).

Com efeito, o que Srivastava et al. sugerem é a avaliação das estratégias de como *aumentar* ou *acelerar o* fluxo de caixa. Os objetivos estratégicos podem ser graficamente expressos como distribuição cumulativa de fluxo de caixa livre ao longo do tempo (ver Figura 4.5) com o objetivo de, mais brevemente, construir maior fluxo de caixa acumulado. Obviamente, quanto mais rapida-

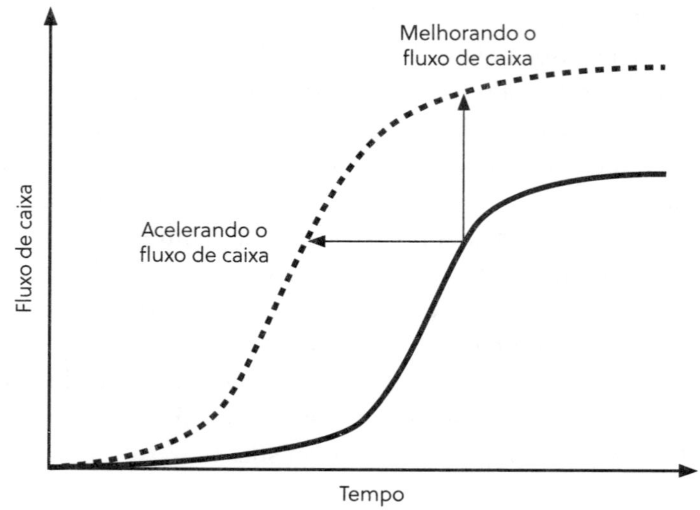

FONTE: SRIVASTAVA, R. ET AL. MARKET-BASED ASSETS AND SHAREHOLDER VALUE: A FRAMEWORK FOR ANALYSIS. *JOURNAL OF MARKETING*, V. 62, N. 1, JAN. 1998.

FIGURA 4.5 Alterando o perfil de fluxo de caixa

mente o dinheiro for recebido e quanto maior a quantidade, maior será o valor presente líquido dos fluxos de caixa.

Nos últimos anos, há vários estudos que destacam a ligação entre a excelência da cadeia de suprimentos e o desempenho financeiro. Estudo realizado pela Accenture[5] em 2003, em colaboração com a INSEAD Business School na França e a Universidade de Stanford nos Estados Unidos, analisou o desempenho financeiro de 636 empresas em 24 setores e constatou que as empresas classificadas como líderes da cadeia de suprimentos também tendem a estar acima da média em rentabilidade sustentada. Mais recentemente, a AMR Research[6] realizou um levantamento anual das 25 principais cadeias de suprimentos, com base em uma combinação de dados financeiros publicados e de avaliação do grupo de pares. Provavelmente, não é coincidência que a maioria das empresas classificadas no *top* 25 também está acima da média em valor agregado de mercado (MVA). Por exemplo, no *ranking* de 2009 da Apple, a Procter & Gamble, a Dell e o Walmart estiveram entre as empresas com melhor classificação.

Análise de custos de logística

Depois de um século ou mais de dependência de procedimentos tradicionais de contabilidade de custos para fornecerem uma visão, muitas vezes não confiável, em rentabilidade, os gestores já estão começando a questionar a relevância desses métodos.[7] As estruturas de contabilidade ainda em uso pela maioria das empresas de hoje dependem de métodos arbitrários para a alocação de custos compartilhados e indiretos e, portanto, muitas vezes distorcem a verdadeira lucratividade de produtos e clientes. Na verdade, como veremos, esses métodos contábeis tradicionais são bastante inadequados para a análise da rentabilidade de clientes e mercados, uma vez que foram originalmente concebidos para mensurar custos de produto.

Como o gerenciamento de logística é um conceito de fluxo-orientado com o objetivo de integrar recursos mediante uma cadeia que se estende desde os fornecedores até os clientes finais, é desejável ter um meio pelo qual os custos e o desempenho desse fluxo de canalização possam ser avaliados.

Provavelmente, uma das razões principais por que a adoção de uma abordagem integrada para gestão logística e distribuição seja tão difícil para muitas empresas é a falta de informações sobre custos adequados. A necessidade de gerenciar a atividade total de distribuição como sistema completo, tendo em conta os efeitos de decisões tomadas em uma área de custos sobre outras áreas de custos, tem implicações para os sistemas de contabilidade de custos da organização. Normalmente, os sistemas contábeis convencionais agrupam os custos em categorias amplas e agregadas, que não permitem a análise mais detalhada necessária para se identificar os verdadeiros custos de atender clientes que compram determinado *mix* de produtos. Sem essa facilidade para analisar dados de custo agregado, torna-se impossível revelar o potencial para *trade-offs* de custo que podem existir no sistema logístico.

Como o gerenciamento de logística é um conceito de fluxo-orientado com o objetivo de integrar recursos mediante uma cadeia que se estende desde os fornecedores até os clientes finais, é desejável ter um meio pelo qual os custos e o desempenho desse fluxo de canalização possam ser avaliados.

Geralmente, os efeitos de *trade-offs* são avaliados de duas formas: do ponto de vista de seu impacto sobre os custos totais e de seu impacto sobre a receita de vendas. Por exemplo, pode ser possível o *trade-off* de custos de tal forma que os custos totais aumentem, mas devido a um melhor atendimento prestado agora o faturamento também aumenta. Se a diferença entre receita e custos é maior do que antes, o *trade-off* pode ser considerado condutor para melhoria na relação custo-benefício. No entanto, sem um sistema adequado de contabilidade de custos orientado para a logística é extremamente difícil identificar em que medida determinado *trade-off* é em relação ao custo-benefício.

O conceito de análise de custo total

Muitos problemas no nível operacional em gestão de logística surgem porque todos os impactos de decisões específicas, tanto diretos como indiretos, não são levados em conta pelo sistema empresarial. Muitas vezes, as decisões tomadas em uma área podem levar a resultados imprevistos em outras áreas. Mudanças na política de valor mínimo de pedidos, por exemplo, podem influenciar padrões de pedidos do cliente e levar a custos adicionais. Da mesma forma, mudanças em cronogramas de resultado que visam melhorar a eficiência do resultado podem levar a oscilações na disponibilidade de estoque acabado e, portanto, afetar o atendimento ao cliente.

Os problemas associados com a identificação do impacto do sistema total de políticas de distribuição são imensos. Pela sua própria natureza, a logística atravessa funções tradicionais da organização da empresa, com impactos de custos sobre a maioria dessas funções. Os sistemas contábeis convencionais não costumam contribuir para a identificação desses impactos em toda a empresa, muitas vezes absorvendo os custos relacionados com a logística em outros elementos de custos. O custo do processamento de pedidos, por exemplo, é um conjunto de custos específicos em diferentes áreas funcionais da empresa, o que em geral é extremamente difícil reunir. A Figura 4.6 descreve os diversos elementos de custos envolvidos no ciclo completo de processamento de pedidos, cada um desses elementos com um componente de custo fixo e custo variável que conduzirá a um custo total diferente de qualquer pedido em particular.

A prática contábil para elaboração de orçamentos e definição de padrão tende a resultar em compartimentação das contas da empresa; assim, os orçamentos costumam ser definidos em uma base funcional. O problema é que os custos políticos não costumam restringir-se aos mesmos limites impermeáveis. É da natureza da logística que, como uma pedra atirada num lago, os efeitos de políticas específicas se espalhem para além da sua área imediata de impacto.

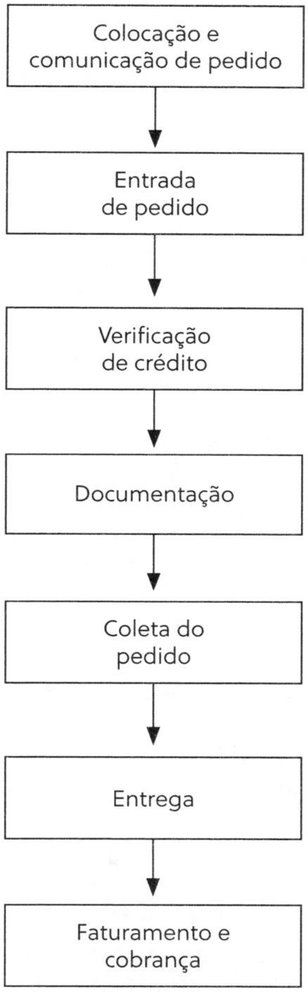

FIGURA 4.6 Fases no ciclo de pedido à coleta

Outra característica das decisões logísticas, que contribui para a complexidade de gerar informações adequadas de custo, é que elas geralmente são consideradas em contraste com o pano de fundo de um sistema existente. O objetivo da análise de custo total, nesse contexto, é identificar a mudança nos custos causada por essas decisões. Custos devem ser considerados em termos incrementais – a mudança nos custos totais causada pela mudança no sistema. Assim, a adição de um depósito extra para a rede de distribuição ocasionará mudanças no custo dos transportes, no investimento em estoque e comunicação. É a diferença de custo incremental entre as duas opções que são as informações contábeis relevantes para a tomada de decisão nesse caso. A Figura 4.7

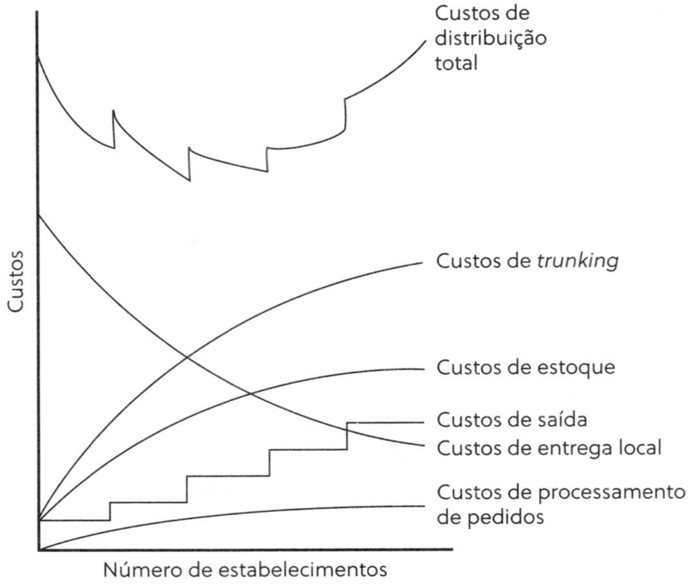

FIGURA 4.7 Os custos totais de uma rede de distribuição

mostra como os custos logísticos totais podem ser influenciados pela adição ou pela remoção de um depósito do sistema.

O custo de manutenção de estoque

Como observamos, há muitos custos incorridos no processo logístico total de se converter pedidos dos clientes em dinheiro. No entanto, um dos maiores elementos de custo é também aquele que talvez seja o menos explicado: o estoque. É provável que muitos gerentes não tenham conhecimento de qual é, efetivamente, o verdadeiro custo de manutenção de estoque. Se todos os custos que surgem como resultado da manutenção de estoque estão totalmente contabilizados, o custo real de manutenção de estoque é de, provavelmente, cerca de 25% do valor contábil do estoque ao ano.

Esse número é elevado assim porque há uma série de custos a serem incluídos. O elemento de maior custo será normalmente o custo de capital, que inclui o de dívida para a empresa e o de patrimônio líquido. É comum a utilização do *custo ponderado de capital* para refletir isso. Assim, ainda que o custo de dinheiro emprestado seja baixo, a expectativa dos acionistas quanto ao retorno que procuram com o investimento de patrimônio líquido pode ser elevada.

Outros custos que precisam ser incluídos no custo de manutenção de estoque são os custos de armazenagem e manuseio, obsolescência, deterioração e roubos, bem como seguro e todos os custos administrativos associados à gestão do estoque (ver quadro).

O verdadeiro custo do estoque

- Custo de capital
- Armazenamento e manuseio
- Obsolescência
- Danos e deterioração
- Roubo/redução
- Seguro
- Custos de gestão

Entendendo o custo para atender

Já observamos que, embora a maioria das companhias tenha bons *insights* sobre custos relacionados ao produto, normalmente elas sabem pouco sobre os custos de atender os clientes. Isso é um paradoxo, já que a diferença entre lucro e prejuízo geralmente é determinada pelo que ocorre depois que o produto deixa a fábrica. Igualmente preocupante nessa era de distribuição *omni-channel* é que os custos associados com o atendimento aos clientes por diferentes canais podem não ser imediatamente visíveis.

O problema é que os sistemas convencionais de contabilização de custos, como já observamos, tendem a ser focados em funções "verticais" e não em fluxos "horizontais". Esses fluxos podem se relacionar aos processos que estão envolvidos no atendimento aos clientes. A Figura 4.8 ilustra a diferença entre uma orientação vertical e uma horizontal para a contabilização dos custos.

A realização bem-sucedida dos objetivos definidos da missão envolve *inputs* de grande número de áreas funcionais e centros de atividade dentro da empresa. Assim, um sistema eficaz de custeio deve procurar determinar o custo de sistemas totais para alcançar os objetivos desejados da missão (o "resultado" do sistema) e os custos dos diversos *inputs* envolvidos ao se alcançar tais resultados.

A Figura 4.9 ilustra como os três canais da cadeia de suprimentos podem ter impacto diferenciado sobre os custos de centro de atividade/área funcional

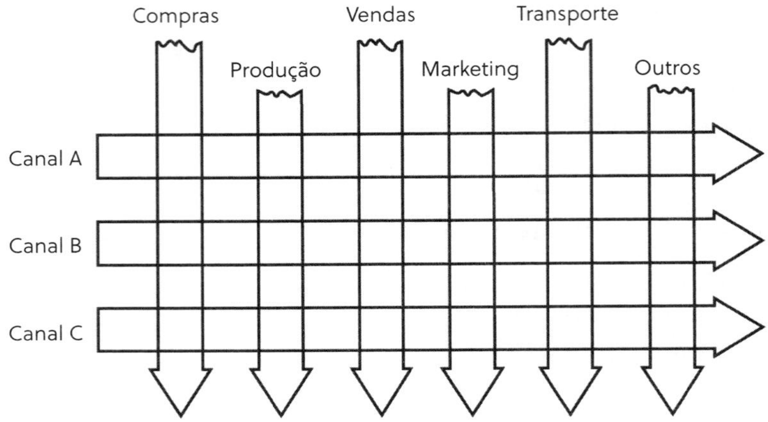

FIGURA 4.8 Fluxos horizontais que cruzam fronteiras funcionais

e, com isso, fornecer base lógica para o custeio dentro da empresa. Como um método de custo ou orçamento, o canal de custeio é o inverso das técnicas tradicionais: sob esse regime um orçamento funcional é determinado agora pelas demandas dos canais a que serve. Assim, na Figura 4.9, o custo por canal é identificado na horizontal e, a partir disso, os orçamentos funcionais podem ser obtidos somando-se verticalmente.

	Área funcional/ Centro de atividade 1	Área funcional/ Centro de atividade 2	Área funcional/ Centro de atividade 3	Área funcional/ Centro de atividade 4	Custo total da missão
Canal A	100	90	20	80	290
Canal B	50	70	200	20	340
Canal C	70	30	50	70	220
Orçamento funcional	220	190	270	170	850

FIGURA 4.9 O orçamento do programa (£'000)

Considerando-se que a lógica do custeio do canal seja válida, como poderá ser feita para funcionar na prática? Essa abordagem requer, em primeiro lugar, que os centros de atividade associados com um canal especial de distribuição sejam identificados (por exemplo, transporte, armazenagem, estoque etc.); e segundo, que os custos incrementais para cada centro de atividades decorrentes do empreendimento desse canal sejam isolados. Os custos incrementais são usados porque é importante não se levar em consideração os custos "irrecuperáveis" ou que ainda ocorreriam, mesmo que o canal fosse abandonado. Podemos usar a ideia de "custos atribuíveis"[8] para operacionalizar o conceito:

> O custo atribuível é um custo por unidade que poderia ser evitado se um produto ou função fosse descontinuado totalmente sem que se alterasse a estrutura organizacional de suporte.

Na determinação dos custos de um centro de atividade, por exemplo, de transporte, atribuíveis a um canal específico, uma pergunta deve ser feita: "Que custos evitaríamos se esse cliente/segmento/canal não fosse mais atendido?". Esses custos evitáveis são os verdadeiros custos incrementais de atendimento ao cliente/segmento/canal. Além de usar essa abordagem para entender o custo para atender por canal, os mesmos princípios podem ser aplicados para analisar a lucratividade do cliente.

Análise de lucratividade do cliente

Uma das perguntas básicas que os procedimentos contábeis convencionais têm dificuldade em responder é: "Qual a lucratividade desse cliente em relação a um outro?". Normalmente, a lucratividade do cliente só é calculada no nível do lucro bruto; em outras palavras, a receita líquida de vendas gerada pelo cliente em um período, menos o custo de bens vendidos para o *mix* efetivo de produtos comprados. No entanto, ainda existem muitos outros custos a serem levados em conta antes de a rentabilidade real de um cliente individual ser exposta. O mesmo é verdadeiro se procurarmos identificar a lucratividade relativa de diferentes segmentos de mercado ou canais de distribuição.

A importância desses custos que ocorrem como resultado do atendimento ao cliente pode ser profunda no que diz respeito ao modo como as estratégias de logística deveriam ser desenvolvidas. A análise da lucratividade do cliente muitas vezes revela uma proporção de clientes que contribuem negativamente, como na Figura 4.10. A razão para isso é que os custos do atendimento a um cliente podem variar consideravelmente, mesmo entre dois clientes que podem fazer compras equivalentes.

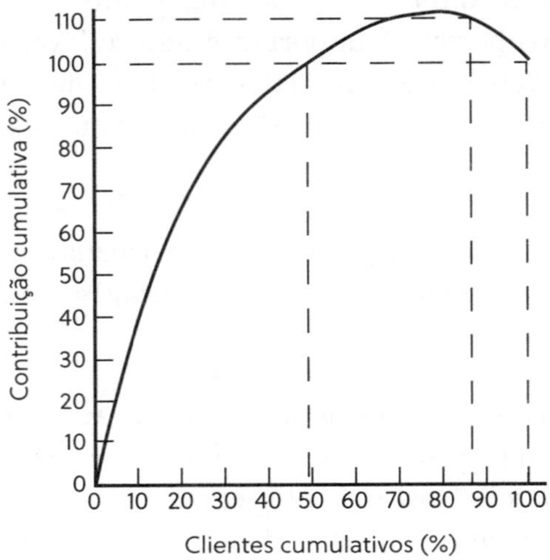

FONTE: HILL, G. V. *LOGISTICS – THE BATTLEGROUND OF THE 1990S*. LONDRES: A. T. KEARNEY, 1989. TODOS OS DIREITOS RESERVADOS. REIMPRESSO COM PERMISSÃO.

FIGURA 4.10 Análise de lucratividade do cliente

Se pensarmos em todos os custos que incorrem em uma empresa desde a captação do pedido de um cliente até o recebimento do pagamento, ficará evidente que o valor total pode ser bastante elevado. Será também provável que não há diferenças significativas nesses custos de cliente para cliente. Ao mesmo tempo, vários clientes pedirão um *mix* diferente de produtos, então a margem bruta que eles gerarão será diferente.

Conforme a Tabela 4.1 destaca, há muitos custos que precisam ser identificados se a lucratividade do cliente for mensurada com precisão.

A melhor medida de lucratividade do cliente é fazer a pergunta: "Que custos eu evitaria e que receitas perderia se eu perdesse este cliente?". Esse é o conceito de custos "evitáveis" e receitas incrementais. Usar esse princípio ajuda a contornar os problemas que surgem quando os custos fixos são confrontados com clientes individuais.

TABELA 4.1 O cálculo de lucros e perdas do cliente

Receitas *Menos*	• Valor líquido das vendas
Custos (somente custos atribuíveis)	• Custo das vendas (*mix* efetivo de produtos) • Comissões • Visitas de vendas • Tempo de gestão de *key account* • Bônus de comércio e descontos especiais • Custos de processamento de pedidos • Custos promocionais (visíveis e ocultos) • Custos de *merchandising* • Embalagens/unitização dos padrões • Custos de manutenção de estoque dedicado • Espaço do armazém dedicado • Custos de manuseio de materiais • Custos de transporte • Custos de documentação/comunicação • Devoluções/recusas • Crédito de comércio (período efetivo de pagamento)

O cliente médio

Um estudo realizado pela empresa de consultoria A. T. Kearney sugere que a importância dos custos orientados para o cliente não é o seu valor médio, mas especificamente como eles variam por cliente, por tamanho de pedido, por tipo de pedido e outros fatores-chave. Embora o custo médio por cliente possa ser facilmente calculado, pode não haver nenhum cliente que contraia o custo médio para atender. A necessidade é estar ciente dos clientes nos extremos da faixa de custo, porque, por um lado, os lucros podem ser corroídos por atendê-los e, por outro, embora o lucro elevado seja gerado, a empresa é vulnerável à redução de preços da concorrente. A tabela a seguir mostra um exemplo da gama de valores de alguns custos orientados para o consumidor expressos como percentual de vendas líquidas. Isso ilustra quão enganosa a utilização de médias pode ser.

Custos do cliente como um percentual de vendas líquidas			
	Baixo	*Médio*	*Elevado*
Processamento de pedidos	0,2	2,6	7,4
Transporte de estoque	1,1	2,6	10,2
Coleta e embarque	0,3	0,7	2,5
Saída de mercadorias	2,8	7,1	14,1
Comissões	2,4	3,1	4,4

FONTE: HILL, G. V.; HARLAND, D. V. THE CUSTOMER PROFIT CENTRE. *FOCUS*, INSTITUTE OF LOGISTICS AND DISTRIBUTION MANAGEMENT, V. 2, N. 2, 1983.

Que tipo de custos devem ser levados em conta nesse tipo de análise? A Figura 4.11 apresenta um modelo básico que procura identificar apenas os custos relacionados aos clientes e que são evitáveis (ou seja, se o cliente não existisse, esses custos não seriam contraídos).

O ponto de partida é o valor bruto de vendas do pedido do qual os descontos dados nesse pedido para o cliente são, então, subtraídos. Isso resulta no valor líquido das vendas, do qual os custos diretos de produção (ou o custo dos produtos vendidos) devem ser tirados. Os custos indiretos não são alocados, a

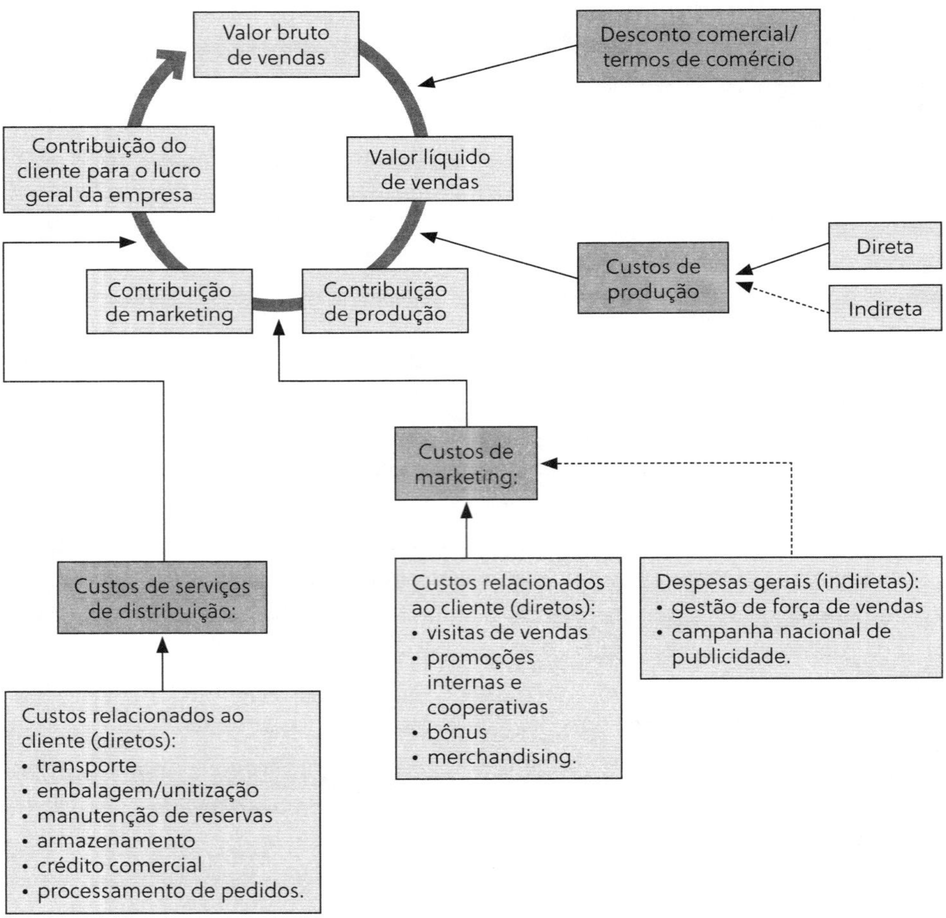

FONTE: BASEADO EM: GATTORNA, J. L.; WALTERS, D. W. *MANAGING THE SUPPLY CHAIN*: A STRATEGIC PERSPECTIVE. PALGRAVE MACMILLAN, 1996.

FIGURA 4.11 Análise de lucratividade do cliente: um modelo básico

menos que eles sejam totalmente atribuíveis a esse cliente. O mesmo princípio se aplica aos custos de vendas e marketing, uma vez que tentativas de alocar custos indiretos, como a publicidade nacional, só podem ser feitas sobre uma base arbitrária e geralmente enganosa. Os custos atribuíveis de distribuição podem ser alocados à contribuição bruta do cliente. Por fim, quaisquer outros custos relacionados aos clientes, como crédito comercial, devoluções, entre outros, são subtraídos para criar uma contribuição líquida a gastos gerais e lucro. Muitas vezes, o número que surge como resultado (*bottom line*) pode ser revelador, conforme mostrado na Tabela 4.2.

TABELA 4.2 Análise de receita e custo de um cliente específico

	£	£
Valor bruto de vendas		100.000
Menos desconto	10.000	
Valor líquido das vendas		90.000
Menos custo direto dos produtos vendidos	20.000	
Contribuição bruta		70.000
Menos vendas e custos de marketing:		
Visitas de vendas	3.000	
Promoções cooperativas	1.000	
Merchandising	3.000	
	7.000	
		63.000
Menos custos de distribuição:		
Processamento de pedidos	500	
Armazenamento e manuseio	600	
Financiamento de estoques	700	
Transporte	2.000	
Embalagem	300	
Recusas	500	
	4.600	
Contribuição bruta do cliente		58.400
Menos outros custos relacionados com o consumidor:		
Financiamento de crédito	1.500	
Devoluções	500	
	2.000	
Contribuição líquida do cliente		56.400

Nesse caso, uma contribuição bruta de £ 70.000 torna-se uma contribuição líquida de £ 56.400, assim que os custos exclusivos para esse cliente forem levados em conta. Se a análise fosse estendida em uma tentativa de alocar despesas (passo que não se aconselha devido aos problemas geralmente associados a essa alocação), o que poderia parecer à primeira vista ser um cliente lucrativo poderia ser o inverso. No entanto, enquanto a contribuição líquida fosse positiva e não houvesse nenhum "custo de oportunidade" no atendimento a esse cliente, a empresa estaria em melhor situação com o negócio do que sem ele.

O valor desse tipo de exercício pode ser substancial. A informação poderia ser utilizada, inicialmente, quando o próximo contrato de venda fosse negociado e, em seguida, como base para uma estratégia de vendas e marketing no direcionamento dos esforços para longe de tipos de conta menos rentáveis, em direção a uma atividade mais lucrativa. Mais importante, pode apontar o caminho para estratégias alternativas de gestão de clientes com elevados custos de atendimento. Idealmente, exigimos que todos os nossos clientes sejam rentáveis a médio e longo prazos, e onde os clientes forem rentáveis devemos buscar a construção e ampliação dessa rentabilidade.

A Figura 4.12 representa uma categorização simples de clientes ao longo de duas dimensões: o seu total valor líquido de vendas durante o período e o seu custo de atendimento. A sugestão é que poderia haver um benefício no desenvolvimento de soluções específicas para o cliente, dependendo da caixa da matriz em que ele se insere. As estratégias possíveis para cada um dos quadrantes são sugeridas a seguir.

FIGURA 4.12 Matriz de lucratividade do cliente

Construir

Esses clientes são relativamente baratos para se atender, mas o seu valor líquido de venda é baixo. O volume pode ser aumentado sem aumento proporcional dos custos do atendimento? Será que a nossa equipe de vendas pode ser direcionada com o objetivo de influenciar as compras desses clientes para um *mix* de vendas mais rentável?

Zona de risco

Esses clientes devem ser observados com muito cuidado. Existe alguma perspectiva, a médio e longo prazos, de melhoria do valor líquido das vendas ou de redução dos custos de atendimento? Existe motivo estratégico para mantê-los? Precisamos deles por seu volume, mesmo se a sua contribuição por lucro for baixa?

Engenheiro de custo

Esses clientes poderiam ser mais rentáveis se os custos de manutenção deles pudessem ser reduzidos. Existe alguma possibilidade de se aumentar os tamanhos da entrega? Será que as entregas podem ser consolidadas? Se contas novas na mesma área geográfica fossem desenvolvidas, seria mais econômico fazer a entrega? Existe maneira mais barata de se reunir pedidos desses clientes, por exemplo, através da internet?

Proteger

O elevado valor líquido de vendas desses clientes, que são relativamente baratos para atender, vale ouro. A estratégia para tais clientes deve ser buscar relações que os tornam menos propensos a querer procurar outros fornecedores. Ao mesmo tempo, devemos buscar constantemente oportunidades para desenvolver o volume de negócios que fazemos com eles enquanto mantemos controle rigoroso dos custos.

Idealmente, a organização deve procurar desenvolver um sistema de contabilidade que colete e analise dados sobre a rentabilidade do cliente. Infelizmente a maioria dos sistemas de contabilidade é focada no produto em vez de ser no cliente. Da mesma forma, relatórios de custos tradicionalmente têm maior base funcional do que base em clientes. Assim, por exemplo, conhecemos os custos da função de todo o transporte, ou os custos de fabricação de um produto específico, mas o que não sabemos são os custos de entrega de uma gama específica de produtos para um cliente específico.

Há uma necessidade urgente de as empresas mudarem para um sistema de contabilidade voltado a clientes e segmentos de mercado, além da contabilização de produtos. Como é frequentemente observado, são os clientes que produzem os lucros, não os produtos!

Rentabilidade direta de produto

Uma aplicação de análise de custos de logística que ganhou ampla aceitação, especialmente no setor de varejo, é uma técnica conhecida como rentabilidade direta do produto – ou, simplesmente, *direct product profitability* – DPP. Em essência, é algo semelhante à análise de rentabilidade de clientes na medida em que tenta identificar todos os custos atribuídos a um produto ou a um pedido, pois se move por meio do canal de distribuição.

A ideia por trás da DPP é que em muitas transações o cliente vai contrair outros custos além do preço imediato de compra do produto. Muitas vezes isso é chamado *custo total de propriedade.* Às vezes, esses custos estarão latentes e podem ser substanciais – certamente grandes o suficiente para reduzir ou mesmo eliminar o lucro líquido em determinado item.

Para o fornecedor é importante compreender a DPP na medida em que sua capacidade de ser um fornecedor de baixo custo é claramente influenciada pelos custos contraídos do deslocamento do produto por seu sistema de logística. Da mesma forma, como os distribuidores e varejistas estão agora muito mais conscientes da DPP de um item, é vantajoso o fornecedor compreender os direcionadores de custos que impactam a DPP, a fim de tentar influenciá-la favoravelmente.

A Tabela 4.3 descreve os passos a serem seguidos na passagem de uma medida de margem bruta para uma DPP mais precisa.

A importância para o fornecedor da DPP é baseada na ideia de que o objetivo fundamental da estratégia de atendimento ao cliente é "reduzir os custos de propriedade do cliente". Em outras palavras, o fornecedor deve estar olhando para seus produtos e fazendo a pergunta: "Como posso influenciar positivamente a DPP dos meus clientes, alterando tanto as características dos produtos que vendo quanto a forma como os distribuo?".

Do design das embalagens em diante, há um número de elementos que o fabricante ou fornecedor pode variar a fim de influenciar a DPP/metro quadrado de forma positiva, por exemplo, alterando o tamanho da caixa, aumentando a frequência de entrega, entregas diretas em lojas, entre outras.

TABELA 4.3 Rentabilidade direta do produto (DPP)

A contribuição do lucro líquido das vendas de um produto depois de os descontos serem adicionados e todos os custos, que podem ser racionalmente alocados ou designados a determinado produto, serem subtraídos, gera a rentabilidade direta do produto.	
	Vendas
-	Custo das mercadorias vendidas
=	Margem bruta
+	Subsídios e descontos
=	Margem bruta ajustada
-	Custos de armazém Mão de obra (modelo de mão de obra - caixa, cubo, peso) Ocupação (espaço e cubo) Estoque (estoque médio)
-	Custos de transporte (cubo)
-	Custos de varejo Mão de obra de estocagem Mão de obra da parte dianteira Ocupação Estoque
=	Rentabilidade direta do produto

Direcionadores de custos e custos baseados em atividades

Como indicamos anteriormente neste capítulo, há crescente insatisfação com a contabilidade de custos convencionais, em particular no que se refere à gestão logística. Essencialmente, esses problemas podem ser resumidos da seguinte maneira:

» Existe uma ignorância generalizada dos custos reais de atendimento a diferentes tipos de clientes/canais/segmentos de mercado.
» Os custos são captados em um nível muito elevado de agregação.
» A alocação completa de custos ainda reina suprema.
» Os sistemas convencionais de contabilidade são orientados para sua funcionalidade, em vez de serem orientados para o resultado.
» As empresas entendem os custos do produto, mas não os custos do cliente.

O tema comum que une esses pontos é que parecemos sofrer no mundo dos negócios com falta de visibilidade dos custos à medida que eles são contraídos pela canalização logística. Idealmente, o que a gestão logística exige é um meio de se capturar custos à proporção que os produtos e os pedidos fluem em direção ao cliente.

Para superar esse problema é necessário mudar radicalmente a base da contabilidade de custos para longe da noção de que todas as despesas devem ser alocadas (muitas vezes de forma arbitrária) em unidades individuais (como os produtos); em vez disso, devem-se separar as despesas e combiná-las com as atividades que consomem os recursos. Uma abordagem que pode ajudar a superar esse problema é o "custeio baseado em atividades"[9] (*activity-based costing* - ABC). A lógica do ABC é certa. Basicamente, no contexto de logística e gerenciamento de cadeia de suprimentos, o argumento é o seguinte: atender os clientes gera atividade, atividade consome recursos e recursos custam dinheiro. A chave para o custeio baseado em atividades é procurar "controladores de custos" ao longo da cadeia logística que geram custos, porque eles consomem recursos. Assim, por exemplo, se estamos interessados em atribuir os custos da coleta de pedidos aos pedidos em si, então no passado podíamos ter alcançado este objetivo pelo cálculo de um custo médio por pedido. De fato, uma abordagem fundamentada em atividades poderia sugerir que o número de linhas em um pedido consome o recurso de coleta de pedidos e, portanto, deve ser visto como o controlador de custos.

A vantagem de usar o custeio baseado em atividades é que ele permite que as características exclusivas de cada cliente, como comportamento de pedidos e distribuição de requisitos, sejam contabilizadas separadamente. Uma vez que os custos associados a cada nível de atividade são identificados (por exemplo, o custo por item escolhido, o custo por entrega, entre outros), surgirá, então, uma imagem mais clara do verdadeiro custo de atendimento. Embora ABC ainda seja estritamente um método de alocação de custos, ele usa uma base mais lógica para essa atribuição que os métodos tradicionais.

A razão para defender uma abordagem de ABC para a análise de custos logísticos e de cadeia de suprimentos é que ela permite a adoção da *gestão baseada em atividades.*

A gestão baseada em atividades tem como objetivo utilizar as percepções fornecidas pelo ABC para conduzir a empresa em direção a uma melhor rentabilidade a longo prazo. Ela faz isso reconhecendo os custos reais do atendimento de consumidores e canais. Uma vez conhecidos os custos, as decisões podem ser tomadas para mudar a forma com que os clientes são atendidos ou os termos em que as vendas são feitas, para racionalizar a base de clientes, para encorajar consumidores a mudar o *mix* de produtos que adquirem, e assim por diante. Sem a compreensão detalhada da rentabilidade individual do cliente e os custos de canais relativos, a probabilidade é que uma proporção significativa da lucratividade total da empresa esteja sendo minada.

A finalidade básica da análise de custos logísticos é fornecer aos gestores informações confiáveis que permitirão melhor alocação de recursos. Considerando-se que o propósito da logística e da gestão da cadeia de suprimentos, como temos observado, em última análise, se preocupa em atender às exigências de atendimento ao cliente da forma mais rentável, então é essencial que os responsáveis tenham os dados mais precisos e significativos quanto possível.

Referências

[1] STATE OF LOGISTICS REPORT, Council for Supply Chain Management Professionals.

[2] STEWART, G. B. *The quest for value.* Harper Business, 1991.

[3] BUFFET, W. *Annual report.* Berkshire Hathaway Corporation, 1994.

[4] SRIVASTAVA, R. et al. Market-based assets and shareholder value: a framework for analysis. *Journal of Marketing,* v. 62, n. 1, jan. 1998.

[5] *Creating and sustaining the high-performance business.* Accenture, 2003.

[6] O'MARAH, K.; HOFMAN, D. Top 25 supply chains. *Supply Chain Management Review,* out. 2009.

[7] JOHNSON, H. T.; KAPLAN, R. S. *Relevance lost*: the rise and fall of management accounting. Harvard Business School Press, 1987.

[8] SHILLINGLOW, G. The concept of attributable cost. *Journal of Accounting Research,* v. 1, n. 1, primavera de 1963.

[9] COOPER, R.; KAPLAN, R. S. Profit priorities from activity-based costing. *Harvard Business Review,* maio/jun. 1991.

Combinando oferta e demanda

5

- A lacuna de *lead time*
- Melhorando a visibilidade da demanda
- O sustentáculo da cadeia de suprimentos
- Previsão da capacidade de executar diante da demanda
- Gestão e planejamento de demanda
- Planejamento, previsão e reabastecimento colaborativos

Reduzido a sua essência básica, o objetivo da gestão da cadeia de suprimentos é muito simples: tentar equiparar oferta e demanda. No entanto, o que torna tão difícil essa tarefa aparentemente simples, na realidade, é a presença de incerteza. Em outras palavras, para a maioria das organizações, tanto do lado da oferta quanto do lado da demanda, não é possível ter certeza do que o amanhã trará. Essa incerteza traz consigo um grande desafio para a prática clássica da gestão de uma empresa com base em previsão. Os níveis de volatilidade e turbulência que caracterizam o atual ambiente de negócios também se somam ao problema. No entanto, é evidente que, em condições de estabilidade e, consequentemente, de pouca incerteza, a precisão das previsões geralmente deverá ser maior. Do mesmo modo o inverso será verdadeiro; ou seja, à medida que aumenta o nível de incerteza, o nível de precisão da previsão diminui.

Todas as previsões são propensas a erros, e estes aumentam quanto mais distante estiver o horizonte de previsão. A Figura 5.1 mostra como o erro de previsão aumenta proporcionalmente ao longo do tempo.

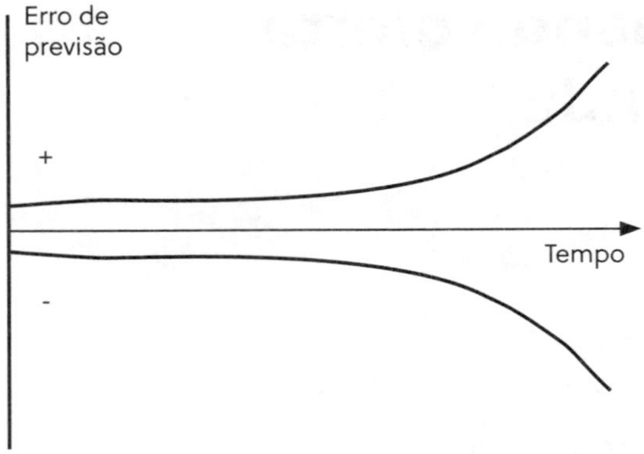

FIGURA 5.1 Erro de previsão e horizontes de planejamento

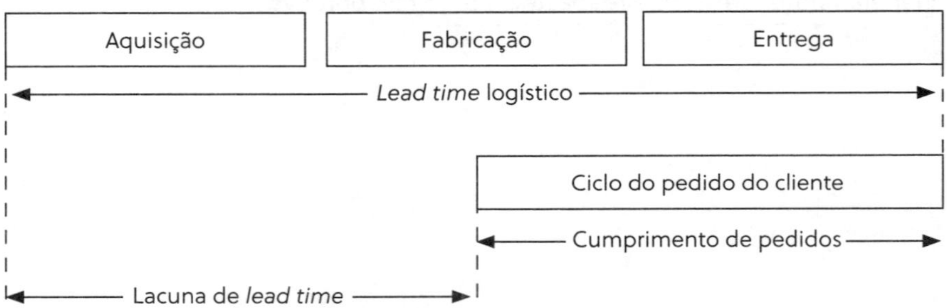

FIGURA 5.2 A lacuna de *lead time*

A lacuna de *lead time*

A maioria das empresas enfrenta um problema fundamental: o tempo que leva para adquirir, produzir e entregar o produto acabado para um cliente é mais longo do que o tempo que o cliente está disposto a esperar.

Essa é a base da lacuna de *lead time*. A Figura 5.2 destaca o problema.

O ciclo de pedidos do cliente refere-se ao período de tempo que ele está disposto a esperar, da realização do pedido até o recebimento das mercadorias. Esse é o prazo máximo disponível para o cumprimento do pedido. Em alguns casos isso pode ser mensurado em meses; em outros, em horas.

É evidente que as condições de concorrência do mercado, bem como a natureza do produto, vão influenciar a disposição do cliente para esperar. Assim, um cliente pode estar disposto a esperar algumas semanas pela entrega de um automóvel com opcionais em particular, mas apenas um dia por um novo conjunto de pneus.

Na empresa convencional, a única forma de fechar a lacuna entre o *lead time* logístico (ou seja, o tempo necessário para completar o processo de insumos até o produto entregue) e o ciclo de pedido do cliente (ou seja, o período em que está disposto a esperar pela entrega) é por meio da manutenção de estoque. Isso normalmente implica uma previsão. Assim, a maneira pela qual a maioria das empresas lida com esse problema é tentar prever as necessidades do mercado e, em seguida, construir o estoque antecipando-se à demanda. Infelizmente, toda a nossa experiência sugere que não importa quão sofisticada seja a previsão, sua precisão é sempre menos do que perfeita. Sugere-se que todos os erros na previsão acabam como um problema de estoque – muito ou pouco!

Apesar de as melhorias da precisão de previsões serem sempre um objetivo desejável, pode ser que a resposta para o problema não esteja em investir somas de dinheiro e energia cada vez maiores para melhorar as técnicas de previsão, mas investir na redução da lacuna de *lead time*.

A empresa que consegue uma associação perfeita entre o *lead time* de logística e o ciclo de pedidos solicitados pelo cliente não tem necessidade de previsões nem de estoque.

O desafio para a gestão logística é procurar o meio pelo qual a lacuna entre os dois *lead times* possa ser reduzida, se não fechada (ver Figura 5.3).

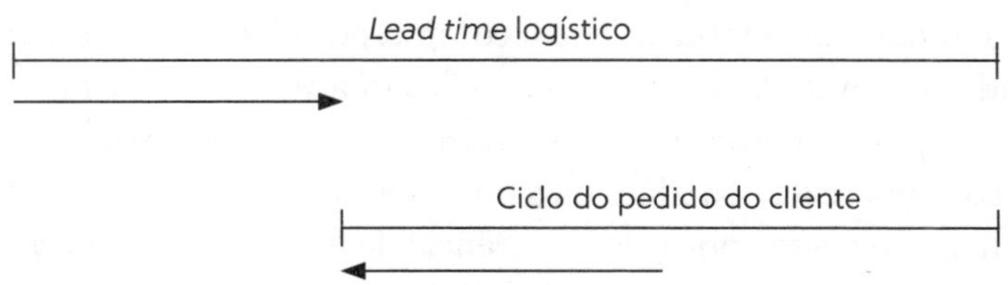

FIGURA 5.3 Fechando a lacuna de *lead time*

É possível reduzir a lacuna pelo encurtamento do *lead time* de logística (tempo na cadeia de ponta a ponta) e, simultaneamente, tentar mover o ciclo de pedido do cliente para mais perto, obtendo avisos antecipados de solicitações por meio de uma maior visibilidade de demanda.

Melhorando a visibilidade da demanda

Em muitos casos, as empresas têm uma visibilidade insuficiente da demanda real. Por demanda "real" queremos dizer a demanda do mercado final, e não a demanda "derivada", que é filtrada a montante mediante quaisquer organizações intermediárias que possam situar-se entre a empresa e o usuário final. O desafio é encontrar uma maneira de receber um aviso antecipado das solicitações dos clientes. O que encontramos frequentemente é, em primeiro lugar, o *ponto de penetração de demanda* muito perto do final da cadeia; e, em segundo lugar, a demanda real fora de vista, e tudo o que tendemos a ver são pedidos. Ambos os pontos precisam de explicações adicionais. Primeiramente, vamos lidar com o conceito do ponto de penetração da demanda.

A definição mais simples do ponto de penetração da demanda é que ele ocorre naquele ponto da cadeia logística em que a demanda real encontra o plano. A montante desse ponto, tudo é orientado por uma previsão e/ou um plano. A jusante, podemos responder à demanda dos clientes. É evidente que em um mundo ideal, gostaríamos que tudo fosse orientado para a demanda, de forma que nada fosse comprado, fabricado ou embarcado, a menos que houvesse uma exigência conhecida. O ponto de penetração da demanda é muitas vezes considerado o *ponto de dissociação* e é idealmente o ponto na cadeia de suprimentos em que o estoque estratégico é mantido.

Uma das principais preocupações da gestão logística deve ser identificar modos pelos quais o ponto de penetração da demanda possa ser empurrado tão longe quanto possível a montante. Isso pode ser conseguido com a utilização de informações, de modo que a fabricação e a compra percebam o que está acontecendo no mercado mais rapidamente do que o fazem atualmente. A Figura 5.4 ilustra uma gama de possíveis pontos de penetração de demanda em diferentes contextos industriais e comerciais. Os triângulos invertidos representam o estoque estratégico que é mantido nesse ponto, de preferência da forma mais "genérica" possível.

Talvez a maior oportunidade para estender o ciclo de pedido do cliente seja obtendo avisos antecipados de solicitações do cliente. Em muitos casos, a empresa fornecedora não recebe nenhuma indicação do uso efetivo de um item pelo cliente até que chegue um pedido. Por exemplo, o cliente pode estar usando dez itens por dia, mas como ele solicita apenas de forma intermitente – por vezes, o fornecedor recebe uma encomenda de 100, às vezes, 150 e, por vezes, 200 produtos. Se o fornecedor pudesse receber um *feedforward** sobre o que

* Diferente de *feedback*, trata-se de um "olhar adiante". (N.R.T.)

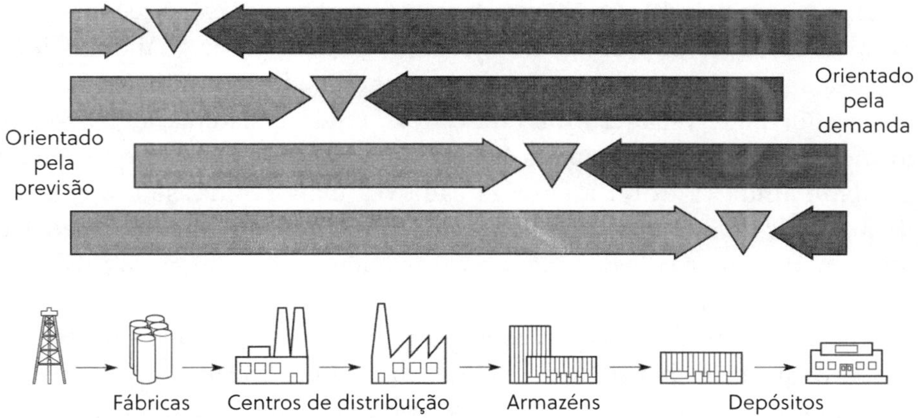

FIGURA 5.4 Pontos de penetração de demanda e estoque estratégico

estava sendo consumido, ele anteciparia a solicitação do cliente e programaria melhor suas próprias atividades de logística.

De certo modo, as informações que recebemos, se temos o pedido em que nos basear, é como a ponta de um *iceberg*. Apenas uma pequena porção do total do *iceberg* é visível acima da superfície. Da mesma forma, o tempo de ciclo de pedido (ou seja, o tempo necessário de resposta do pedido à entrega) pode ser apenas a ponta visível do *iceberg* da informação (ver Figura 5.5).

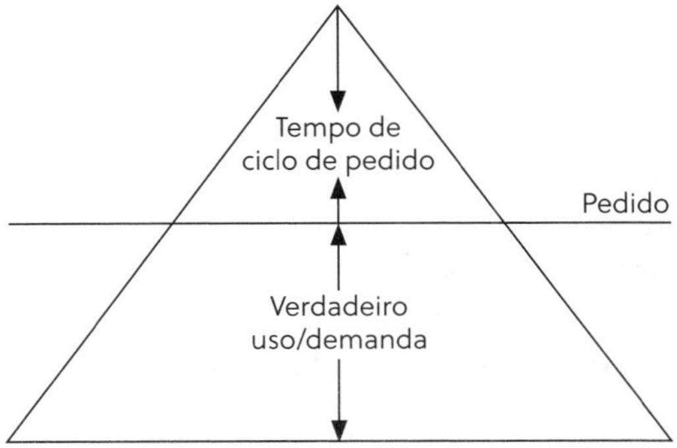

FIGURA 5.5 O *iceberg* de informações

A área abaixo da superfície do *iceberg* representa o consumo contínuo, o consumo em andamento ou o uso do produto que está escondido da vista do fornecedor. É somente quando um pedido é emitido que qualquer visibilidade de demanda torna-se transparente.

Há agora sinais de que compradores e fornecedores estão reconhecendo as oportunidades de vantagem mútua que podem haver quando as informações sobre as solicitações forem compartilhadas continuamente. Se o fornecedor pode ver até o final da cadeia, então o sistema logístico pode tornar-se muito mais adequado às necessidades reais. Desse modo, embora o cliente ainda vá exigir a entrega cada vez mais rápida, se um contínuo *feedforward* de informações sobre a demanda ou uso puder ser estabelecido, há maior chance de o atendimento ao cliente ser melhorado e os custos do fornecedor reduzidos.

Essa dupla abordagem, que visa à redução do *lead time* de logística enquanto prorroga o ciclo de pedido do cliente, pode nunca fechar completamente a lacuna de *lead time*. No entanto, a experiência de um número crescente de empresas é que as melhorias substanciais possam ser feitas tanto na capacidade de resposta quanto na captação antecipada de informações sobre a demanda – o resultado final do que é um melhor atendimento ao cliente a um custo mais baixo.

O sustentáculo da cadeia de suprimentos

Como já observado anteriormente, o objetivo da cadeia de suprimentos é equilibrar a oferta e a demanda. Em geral, isso é conseguido com previsões antecipadas à demanda e à criação de estoques em atendimento a essa previsão. Alternativamente, a capacidade adicional poderia ser mantida, pois há a possibilidade de a demanda ser maior do que a prevista. Nesse contexto, "capacidade" refere-se à habilidade de acesso à oferta não mantida no presente como estoque. De qualquer forma, a demanda é equilibrada com a oferta. A Figura 5.6(a) a seguir ilustra o equilíbrio entre a caixa "D", representando a demanda, e as caixas "E" e "C", representando o estoque e a capacidade, respectivamente. Em outras palavras, deve haver capacidade e/ou estoque suficientes para atender à demanda prevista.

FIGURA 5.6(a)

Agora imagine que o sustentáculo seja movido mais perto da caixa para "D", como na Figura 5.6(b) a seguir. Obviamente, a mesma quantidade de demanda pode ser equilibrada com menos estoque e/ou menor capacidade.

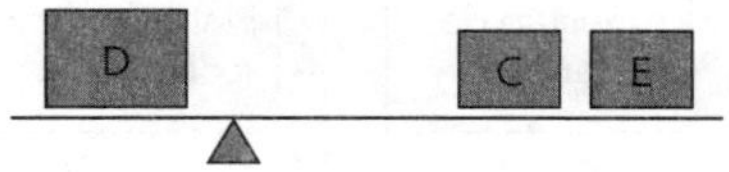

FIGURA 5.6(b)

O que representa o sustentáculo de uma cadeia de suprimentos? O sustentáculo é o ponto em que nós nos comprometemos com a fonte/produção/envio do produto em sua forma final e em que as decisões sobre volume e *mix* são tomadas. Sendo essa a ideia, se o ponto de compromisso pode ser adiado o máximo possível, então mais próximos estamos da produção para pedidos com todos os benefícios que isso traz.

O problema para muitas empresas é que o sustentáculo em suas cadeias de suprimentos é mais parecido com o mostrado na Figura 5.6(c) a seguir. Isso ocorre porque temos pouca visibilidade da demanda e seu nível de responsividade é baixo.

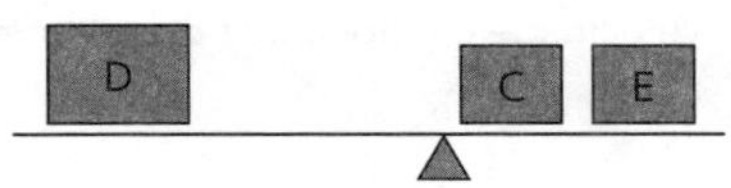

FIGURA 5.6(c)

Aqui, o sustentáculo está muito distante da demanda, ou seja, o horizonte de previsão é longo, exigindo mais estoque e capacidade para equilíbrio diante da demanda.

Como, na realidade, deslocamos o sustentáculo para mais perto da demanda? A resposta, sem dúvida, é melhorar a *visibilidade* da demanda com o aumento da *velocidade* da cadeia de suprimentos. Em outras palavras, se pudermos ter uma visão mais clara da demanda real no mercado final, em vez da imagem distorcida, que é o caso mais comum, e pudermos responder mais rapidamente, então, uma associação mais eficaz de oferta e demanda pode ser obtida.

Assim, pode-se argumentar que visibilidade e velocidade são as bases para uma cadeia de suprimentos sensível.

A Figura 5.7 indica alguns dos principais orientadores de velocidade e visibilidade da cadeia de suprimentos que serão discutidos em capítulos posteriores.

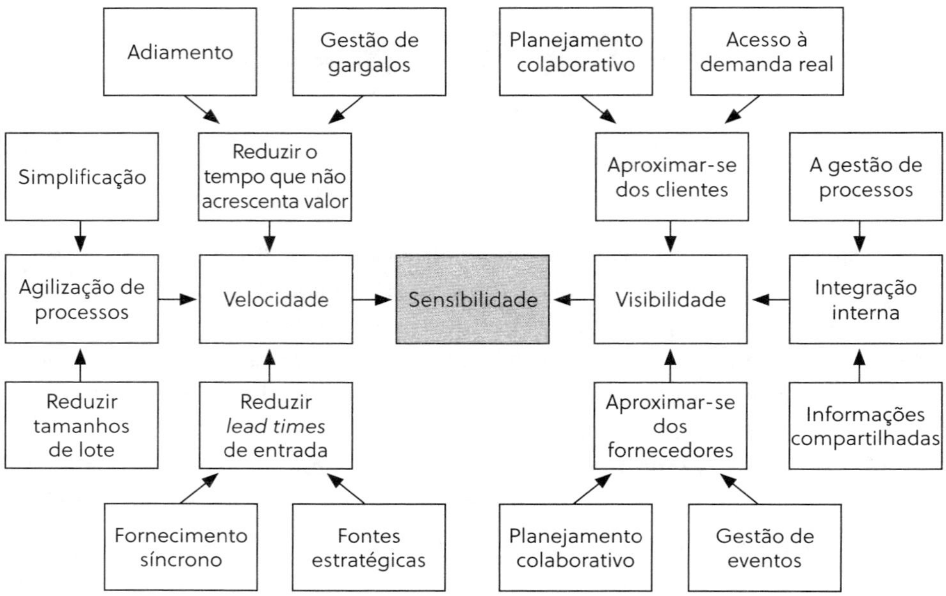

FIGURA 5.7 Velocidade e visibilidade orientam receptividade

Previsão da capacidade de executar diante da demanda

Já destacamos que, no atual ambiente inconstante de negócios, é muito mais difícil alcançar altos níveis de precisão das previsões para itens individuais. Os gerentes estarão sempre buscando melhores previsões, mas com o aumento da incerteza fica mais difícil administrar um negócio com base na previsão de demanda no nível da unidade de manutenção de estoque (*stock keeping unit* - SKU). Por isso deve-se focar uma maneira pela qual a empresa pode passar de uma mentalidade orientada para a previsão a uma mentalidade orientada para a demanda. Basicamente, isso significa que se devem encontrar maneiras de possibilitar a reação à demanda dentro do ciclo de pedido do cliente. Assim, se a expectativa do cliente é de um *lead time* de cinco dias, do pedido à entrega, o objetivo é conseguir reagir dentro desse prazo.

Embora as previsões sejam sempre necessárias, o argumento é que deveríamos estar prevendo não o item individual, mas sim o volume agregado, a fim de permitir que a empresa planeje algo em relação à capacidade e aos recursos que serão necessários para produzir esse volume.

Permitir que essa meta seja alcançada exigirá uma reconsideração radical das maneiras convencionais de equilíbrio entre a oferta e a demanda. Em particular, destaca-se a importância da ideia de "ponto de engate". Como sugerimos anteriormente, o ponto de engate pode ser definido como o ponto na cadeia de suprimentos em que a empresa para de ser "orientada por previsões" e se torna "orientada pela demanda". Em outras palavras, até esse ponto, todas as ações eram planejadas de acordo com uma previsão, por exemplo, volumes de produção, níveis de estoque, e assim por diante. Depois daquele ponto, as ações são alavancadas pelo "puxar" da demanda do mercado, por exemplo, entregas JIT, montagem sob encomenda etc.

Em geral, o ponto de engate também é o ponto em que o estoque "genérico" ou "estratégico" será mantido para facilitar a configuração recente ou mesmo fabricar o produto diante das exigências específicas de um cliente. Assim, na Zara, por exemplo, o estoque estratégico genérico é o tecido não tingido. Quando a exigência do mercado é conhecida, a peça final é fabricada usando-se a capacidade de costura flexível da Zara fornecida por sua rede de pequenas oficinas independentes. Então, nessa empresa, faz-se a previsão dos recursos e dos materiais, não da roupa final. De muitas maneiras, a Zara é um exemplo do conceito de "previsão para capacidade de executar *diante* da demanda".

Gestão e planejamento de demanda

No passado, a "demanda" era frequentemente vista como dada, e as empresas tinham de reagir a ela da melhor maneira que conseguiam, com apenas uma previsão de vendas "menos do que exata" para ajudá-las. Hoje, com uma melhor administração, elas estão adotando uma postura mais proativa. Reconhecem que não só as ações da empresa impactam na demanda (por exemplo, lançamentos de novos produtos, promoções de vendas, campanhas publicitárias etc.), mas também que se pode até mesmo lidar com a instabilidade do mercado se os processos adequados de planejamento da cadeia de suprimentos estiverem ocorrendo.

Gestão da demanda é o termo usado para descrever as diversas ferramentas e os procedimentos que permitem obter um equilíbrio mais eficaz da oferta e da demanda por meio de uma compreensão mais profunda das causas da volatilidade da demanda. *Planejamento de demanda* é a tradução do nosso entendimento do quanto as exigências reais do mercado estão dentro de um programa de cumprimento, garantindo que os produtos possam ser disponibilizados no momento e no lugar certos. Muitas empresas hoje põem em prática uma abordagem formal à gestão e ao planejamento, que é muitas vezes chamada *planejamento de vendas e operações* (*sales and operations planning* – S&OP).

O S&OP visa garantir que a organização consiga antecipar a exigência real do mercado e reagir da forma mais rentável. O objetivo é garantir o mais elevado nível de satisfação do cliente mediante entregas pontuais, na íntegra e com o mínimo de estoque.

Há uma série de pré-requisitos para o sucesso do S&OP e eles estão resumidos na Figura 5.8.

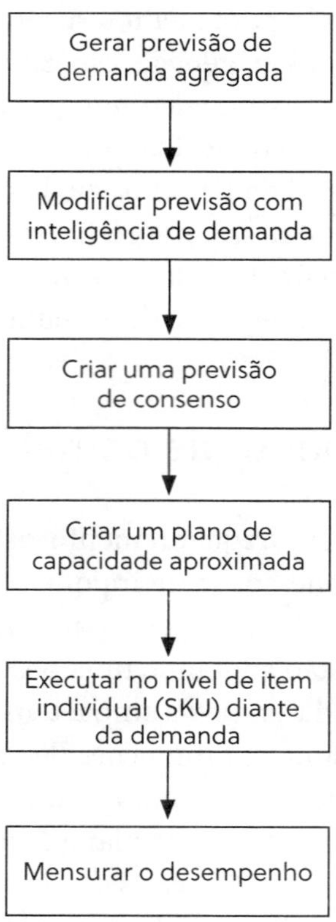

FIGURA 5.8 O processo de planejamento de vendas e operações

1. Gerar previsão de demanda agregada

Parte da razão pela qual tantas previsões têm tão pouca precisão é que elas tentam alcançar o impossível, ou seja, prever no nível do item individual (SKU) com muita antecedência. É evidente que toda empresa precisa planejar com antecedência a fim de garantir que tenha acesso à capacidade e a materiais suficientes. No entanto, sempre que possível, esses planos devem ser feitos com base nas previsões de *volume* agregado de alto nível no âmbito da família de produtos. Então, quando nos aproximamos do ponto de realização da demanda, podemos começar a pensar nos requisitos do *mix* de produtos.

Como, em geral, é mais fácil prever no nível agregado, as ferramentas de previsão estatística devem permitir que um nível razoável de precisão seja alcançado. Assim, uma empresa que fabrica um produto, que será vendido em muitos mercados ao redor do mundo, vai achar fácil prever e planejar com base na demanda global projetada, em vez de ter de prever para clientes individuais em países diferentes – isso será abordado posteriormente.

2. Modificar previsão com inteligência de demanda

Como a previsão do estágio 1 foi fundamentada em uma projeção estatística, utilizando dados do passado, pode ser necessário modificá-la utilizando informação específica sobre as condições de mercado e eventos atuais. Assim, por exemplo, pode haver informações sobre o lançamento planejado de um produto competitivo que poderia afetar as vendas, ou haver uma mudança planejada em relação ao preço do produto, o que poderia também afetar as vendas e assim por diante.

O ideal é que essa fase do processo de S&OP envolva os principais clientes ou contas. Posteriormente, vamos discutir os benefícios de se avançar a uma abordagem colaborativa para a previsão e o planejamento da cadeia de suprimentos. A vantagem de um processo de fornecedor/cliente conjunto com a finalidade de criar uma previsão é poder levar em consideração uma vasta gama de conhecimento.

3. Criar uma previsão de consenso

No centro do processo do S&OP está o uso de uma abordagem interfuncional para se alcançar um equilíbrio entre oferta e demanda. Embora o processo possa ser diferente de uma empresa para outra, essencialmente, o princípio é a reunião periódica da área de marketing e de vendas com o pessoal de operações e da cadeia de suprimentos. O primeiro grupo vai apresentar a sua previsão de vendas modificada a partir do estágio 2, e o segundo vai detalhar todas as restrições que possam limitar o alcance dessa previsão, por exemplo, questões de capacidade, escassez de oferta, entre outras.

Esses encontros também oferecerão a oportunidade de olhar adiante, reconhecer o impacto futuro das tendências e planejar a promoção e a introdução de novos produtos.

A Figura 5.9 destaca a natureza integradora dos processos de S&OP. Nas empresas convencionais há pouca integração do lado da criação de demanda do negócio (ou seja, vendas e marketing) com a atividade de atendimento da demanda (isto é, logística e operações), no entanto, segundo a filosofia S&OP, existe um alinhamento sem emendas entre as duas.

4. Criar um plano de capacidade aproximada

Para garantir que haja capacidade e recursos suficientes para alcançar a previsão de consenso, é necessário produzir um plano de capacidade aproximada, também conhecido como um plano de recursos. Essencialmente, a lógica por trás do plano de capacidade aproximada é observar a previsão agregada da família de produtos relacionada ao período de planejamento e traduzir isso nessa capacidade e nos recursos necessários; por exemplo: quanto tempo de maquinário, quanto tempo para um processo de montagem, quanta capacidade de transporte, e assim por diante.

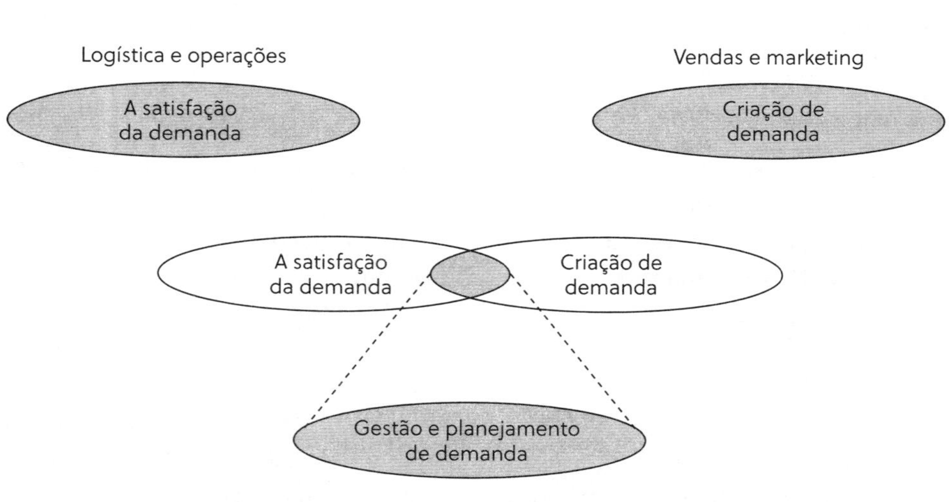

FIGURA 5.9 O foco de gestão e planejamento da demanda

Uma abordagem semelhante deve ser usada para calcular as necessidades de materiais e suprimentos a fim de permitir que acordos com vendedores sejam colocados em prática.

Se o resultado dessa atividade de planejamento aproximado é que não existe capacidade suficiente, ou materiais ou recursos para se atingir a previsão agregada, então a demanda tem de ser "gerenciada"; por exemplo, *lead times* de entrega renegociados, preços ajustados para reduzir a demanda, entre outros, ou a capacidade adicional deve ser encontrada, possivelmente usando-se provedores externos.

Uma vez que esse ainda seja um exercício agregado, e provavelmente de médio prazo, há espaço para ajustes à medida que nos aproximamos da demanda real.

5. Execute nos níveis SKU diante da demanda

À proporção que nos aproximamos da demanda real, claramente o plano se torna muito mais detalhado. Por certo, nada está finalmente montado, configurado ou embalado até que saibamos o que o pedido do cliente especifica. Atingir esse estado ideal exige, sem dúvida, um alto nível de agilidade – um desafio que será abordado no Capítulo 6. Mesmo que o *lead time* de entrega do cliente seja menor do que o tempo que precisamos para fazer/tirar da fonte e entregar, e tenhamos de fazer estoques antes do tempo, pelo menos a previsão será mais precisa, uma vez que o horizonte de previsão está mais próximo.

Um facilitador adicional de previsões mais precisas é a visibilidade da demanda real. Comentamos anteriormente a dificuldade que muitas empresas têm em perceber o que está acontecendo no mercado final (demanda real), especialmente quanto mais a montante da cadeia de suprimentos elas estiverem. Os benefícios a serem obtidos por um maior grau de compartilhamento de informações na cadeia de suprimentos são significativos, o que talvez torne ainda mais surpreendente o lento progresso nesse aspecto.

6. Mensurar o desempenho

A prova real do bom funcionamento de um processo de gestão/planejamento de demanda deve ser obtida avaliando-se até que ponto o percentual de realização do pedido perfeito é elevado se comparado ao número de dias de estoque e à quantidade de capacidade necessária para atingir esse nível.

A precisão das previsões estatísticas de curto prazo pode ser facilmente mensurada, mas uma vez que o objetivo do sistema S&OP é reduzir a dependência em relação à previsão, também deveríamos mensurar a lacuna de *lead time* no nível do item individual. O objetivo deve ser reduzir progressivamente essa lacuna por meio de equilíbrio entre compressão de tempo e maior visibilidade.

Um dos exemplos de gestão da demanda de classe mundial e de planejamento é a Dell Inc., empresa de informática. Sua capacidade de oferecer altos níveis de disponibilidade de produtos com estoque mínimo lhe deu uma posição de liderança em muitos mercados (ver quadro a seguir).

Gestão e planejamento de demanda na Dell

A empresa de computadores Dell é vista como uma das empresas mais ágeis do setor. O sucesso da Dell é principalmente em razão de sua cadeia de suprimentos altamente sensível, capaz de construir e entregar produtos personalizados em questão de dias, com estoque mínimo.

A capacidade da Dell de operar uma estratégia de fabricar sob encomenda baseia-se, em parte, no design modular de muitos de seus produtos, mas mais especialmente em um nível muito elevado de sincronização com os seus fornecedores. Há um alto nível de visibilidade em toda a cadeia de suprimentos da empresa com os fornecedores, que recebem informações sobre os pedidos da Dell a cada duas horas. Diante dessas informações, os fornecedores conseguem previsões de capacidade da Dell que permite uma produção a uma taxa prevista para coincidir com a demanda real.

Cada uma das fábricas da Dell é atendida a partir de um *hub* de vendedores, operado por prestadores de serviços logísticos terceirizados, cujo objetivo é manter uma reserva de estoque, da qual a empresa possa se servir, conforme for necessário. Os fornecedores são solicitados a manter determinado nível de estoque nesses *hubs*, e a Dell somente toma posse do estoque quando ele chega às suas fábricas.

A Dell adota uma abordagem muito proativa de gestão da demanda, usando o mecanismo de preços para regular a demanda por produtos ou características. Se um produto está escasso, o preço aumenta e/ou o preço de um produto substituto alternativo cai. Tal facilidade para gerenciar ativamente a demanda permite uma correspondência muito estreita entre a demanda e a oferta.

Planejamento, previsão e reabastecimento colaborativos

Nos últimos 25 anos ou mais, uma série de avanços ocorreu no trabalho de colaboração em cadeias de suprimentos. Muitas dessas iniciativas tiveram origem no setor de varejo, mas têm aplicação universal. A lógica subjacente a todas essas iniciativas de colaboração é a ideia de que, mediante partilha de informações e trabalho conjunto para criar planos e previsões conjuntos, tanto o lado da oferta quanto o da demanda da cadeia de suprimentos podem se beneficiar.

Planejamento, previsão e reabastecimento colaborativos (*collaborative planning forecasting and replenishment* – CPFR) é o nome dado a uma abordagem fundamentada em parcerias para a gestão das interfaces do comprador/fornecedor na cadeia de suprimentos. A ideia é um desenvolvimento do estoque gerenciado pelo fornecedor (*vendor managed inventory* – VMI). O VMI é um processo pelo qual o fornecedor, em vez do cliente, gerencia o fluxo de produtos nas operações do cliente. Esse fluxo é impulsionado por trocas frequentes de informações sobre o *off-take* (a utilização do produto) efetivo pelo cliente. Com essa informação o fornecedor é capaz de tomar conta dos estoques atuais em cada nível da cadeia, bem como das mercadorias em trânsito, ao determinar que quantidade embarcar e quando embarcá-la. O fornecedor está efetivamente gerenciando o estoque em nome do próprio cliente. Em um ambiente de VMI não há pedidos de clientes; em vez disso, o fornecedor toma as decisões sobre quantidades de embarque, fundamentado nas informações que recebe diretamente do ponto de uso ou do ponto de venda, ou, de forma geral, com base em dados de *off-take* no centro de distribuição do cliente (varejo). O fornecedor pode usar essa informação para prever necessidades futuras e, portanto, utilizar a sua própria produção e a sua capacidade logística da melhor maneira.

Em sistemas convencionais de reposição, ambos os lados precisam ter um estoque de segurança como proteção contra a incerteza, que é inevitável quando não há visibilidade ou troca de informações. Com o VMI, a necessidade de se ter estoques de segurança é bastante reduzida como resultado de "substituir-se informações por estoque".

CPFR, na verdade, é uma extensão do VMI, uma vez que leva a ideia de colaboração entre os parceiros da cadeia de suprimentos um passo adiante. Sustentar CPFR é criar uma estrutura comum em relação à forma como as informações serão compartilhadas entre parceiros e como as decisões sobre reabastecimento serão tomadas. Um elemento-chave do CPFR é a geração de uma previsão conjunta acordada e assinada por fornecedor e cliente.

A Figura 5.10 apresenta um modelo de nove passos para a implantação de programas de CPFR desenvolvidos pela VICS (*voluntary inter-industry commerce standards*), associação internacional com sede nos Estados Unidos que estabelece o padrão voluntário de comércio entre ramos de atividade.

Embora muitos exercícios iniciais de implantação do piloto do CPFR estivessem em ambientes de varejo, não há dúvida de que esses princípios podem ser aplicados com sucesso na maioria das indústrias. Um estudo realizado pela Accenture[1] destaca uma série de benefícios significativos que podem provir de um CPFR de sucesso (ver quadro na página 131).

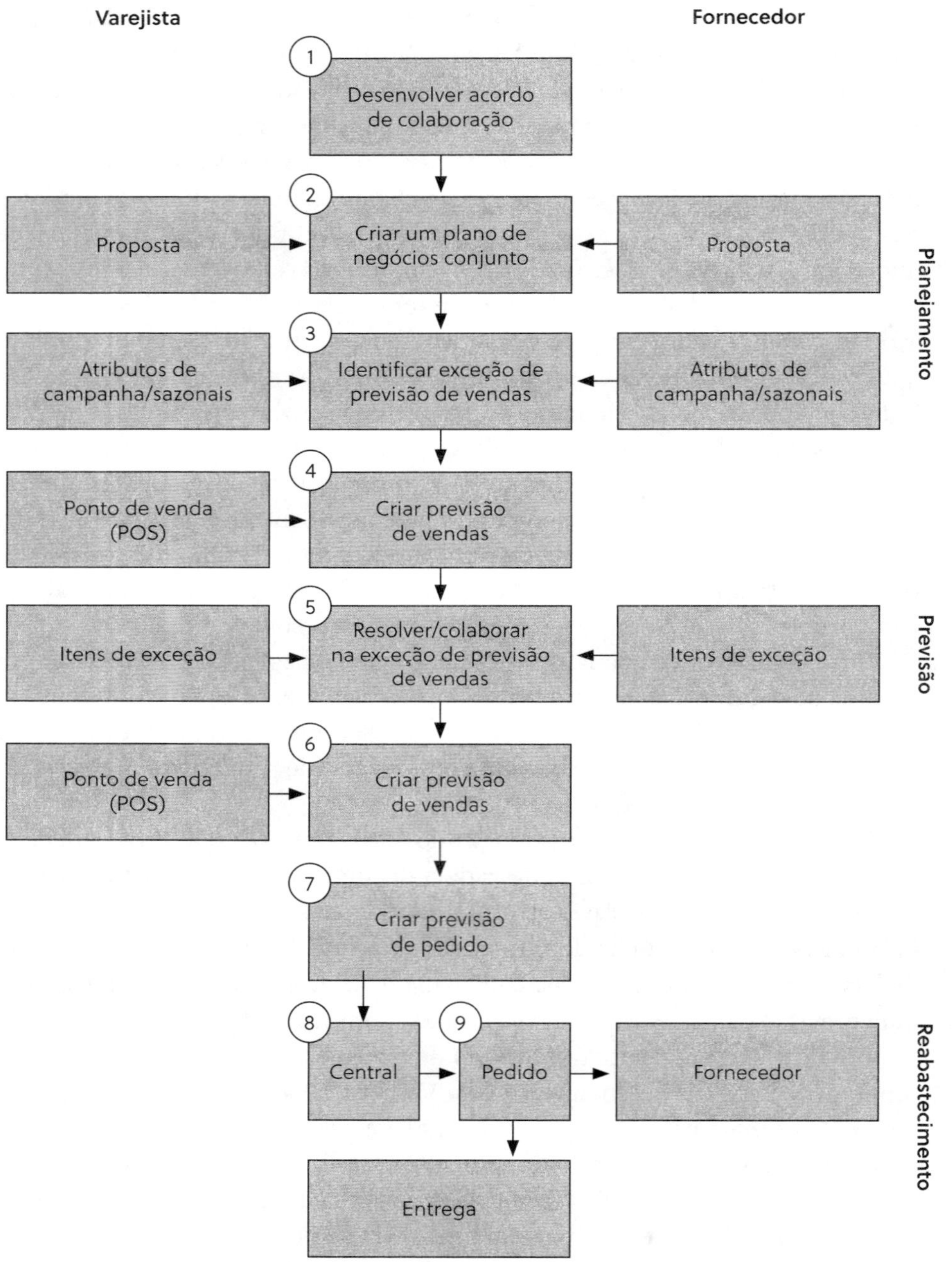

FONTE: ACCENTURE/ECR EUROPE. *EUROPEAN CPFR INSIGHTS*. BRUXELAS, 2002.

FIGURA 5.10 Modelo de nove passos de CPFR desenvolvido pela VICS-ECR

Benefícios de CPFR

Até agora, a maioria das iniciativas de CPFR focou a redução de custos variáveis, como a redução dos níveis de estoque. No entanto, existem outros benefícios a serem obtidos por empresas que integram o CPFR em seu procedimento operacional e de escala até o ponto da massa crítica (ver Figura 5.11).

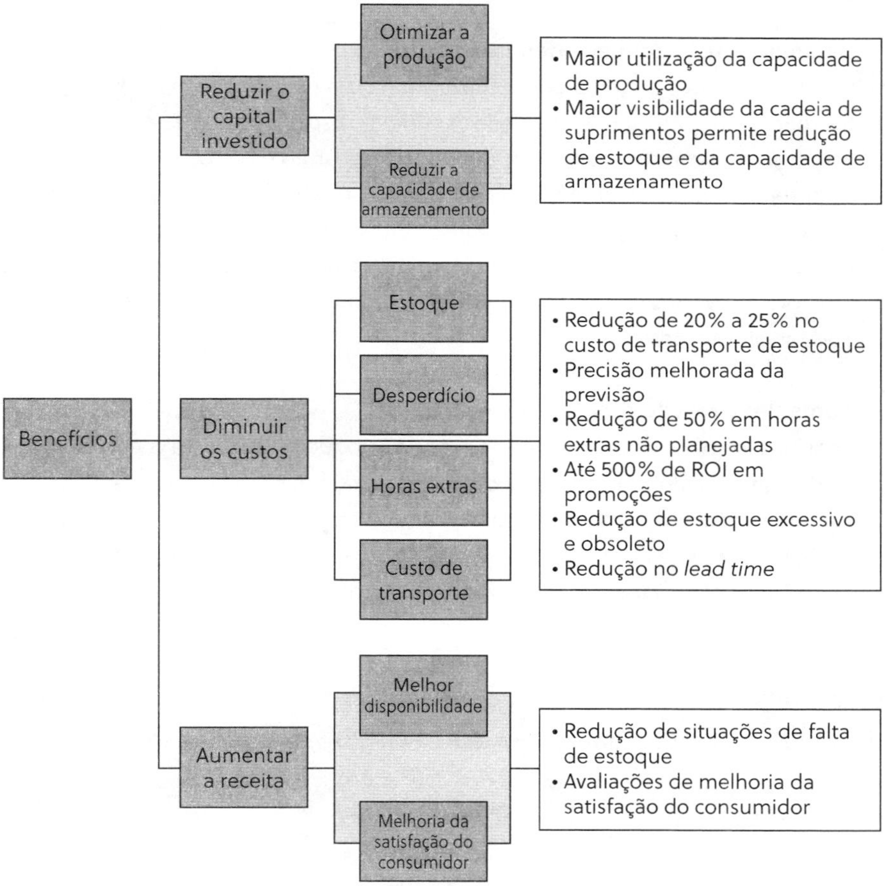

FIGURA 5.11

Reduzir o investimento de capital

Empresas que atingem a massa crítica com as suas iniciativas de CPFR também podem colher benefícios adicionais de uma redução no investimento de capital.

Reduzir a capacidade de armazenagem é possível para os parceiros de colaboração a longo prazo mediante o aumento de visibilidade da cadeia de suprimentos e de uma redução no nível de incerteza. O aumento no nível da precisão das previsões, ao lado do planejamento colaborativo de longo prazo, reduz a necessidade de construir estoques ou capacidade de produção para cobrir mudanças inesperadas na demanda.

Diminuir o custo de mercadorias vendidas

Os resultados dos projetos-piloto mostraram que o CPFR pode impactar significativamente no custo das mercadorias vendidas. Especificamente, as reduções no estoque, em produtos obsoletos, tempos de transição e custos de transporte podem ser alcançadas. Fundamentados em uma melhor precisão da previsão e do planejamento de longo prazo, os parceiros comerciais conseguem reduzir os níveis de estoque ao longo da cadeia de suprimentos, estabilizar ciclos de produção, melhorar o abastecimento de caminhões e reduzir as taxas de produtos obsoletos após as promoções.

Aumentar a receita de vendas

Reduzir a incidência de situações de falta de estoque no ponto de venda (aumento da disponibilidade de produtos sobre a prateleira) melhora o atendimento ao consumidor e reduz a perda de vendas. Além disso, a disponibilidade contínua dos produtos aumenta a satisfação dos consumidores e, portanto, beneficia a fidelização da loja para o varejista e a fidelização do produto para o fabricante.

Referência

[1] ACCENTURE/ECR Europe. *European CPFR insights*. Bruxelas, 2002.

Criação da cadeia responsiva de fornecimento

6

- O uso da matriz volume/variabilidade
- "Empurrar" produtos *versus* "puxar" a demanda
- A filosofia japonesa
- A cadeia de suprimentos ágil
- As bases da agilidade
- Um guia para a capacidade de resposta

Um dos maiores desafios enfrentados pelas organizações hoje é a necessidade de reação aos crescentes níveis de volatilidade na demanda. Por uma série de motivos, o produto e os ciclos de vida da tecnologia estão encurtando, as pressões da concorrência forçam mudanças mais frequentes de produtos e os consumidores exigem mais variedade do que nunca.

Para enfrentar esse desafio, a organização precisa focar seus esforços em conseguir mais agilidade, de tal forma que possa reagir em prazos de tempo mais curtos, no que se refere tanto à mudança de volume quanto à de variedade. Em outras palavras, ela precisa conseguir rapidamente adaptar a produção para atender à demanda do mercado e mudar de uma variante para outra. Para uma empresa verdadeiramente ágil, a volatilidade da demanda não é um problema; seus processos e estrutura organizacionais, bem como suas relações da cadeia de suprimentos permitem que ela possa lidar com quaisquer exigências impostas a ela.

Agilidade no sentido da habilidade de associar oferta com demanda não é necessariamente sinônimo de operação enxuta. Muito se escreve sobre fabricação enxuta, muitas vezes com referência à indústria automobilística.[1] A abordagem enxuta relacionada à fabricação visa reduzir o estoque de componentes e de trabalhos em andamento e avançar para um ambiente de *just-in-time*, sempre que possível. No entanto, enquanto a condição enxuta puder ser um elemento de "agilidade" em certas circunstâncias, por si só não vai permitir que a organização atenda às necessidades específicas do cliente mais rapidamente. Na verdade, poderia-se argumentar que, pelo menos até recentemente, a indústria automobilística, por toda sua magreza, é um dos setores menos ágeis. O *Dicionário Webster* faz a distinção clara quando define enxuto como "contendo pouca gordura", enquanto ágil é definido como "veloz".

A agilidade tem muitas dimensões e o conceito aplica-se tanto às redes como às empresas. Com efeito, uma chave para a resposta ágil é a presença de parceiros ágeis a montante e a jusante da empresa focal. Embora as organizações tenham processos internos capazes de uma resposta rápida, sua agilidade ainda será limitada se enfrentarem, por exemplo, longos *lead times* de fornecedores.

A agilidade, como já foi dito, não é sinônimo de operação enxuta, mas pode ser construída sobre ela. Operação enxuta em um sentido é fazer mais com menos. Ela deve sua origem ao sistema Toyota de produção (*Toyota production system* – TPS) e sua preocupação com a redução ou a eliminação de resíduos (*muda*).[2] A fabricação enxuta caracteriza-se por cronogramas de nível, ou seja, um plano avançado para garantir que a utilização de recursos seja otimizada.

O pano de fundo contra o qual se originou o pensamento enxuto foi a indústria automobilística japonesa dos anos 1970. Esta foi caracterizada pela produção de volume de produtos relativamente normais (ou seja, baixos níveis de variedade) e pelo objetivo de alcançar a eficiência na utilização de recursos e na maximização das economias de escala. Nesse tipo de situação, ou seja, em que há produtos padronizados e uma demanda relativamente previsível, a experiência demonstra que as práticas enxutas funcionam bem.

No entanto, em ambientes de mercado em que a demanda é incerta, os níveis de diversidade são elevados e, consequentemente, o volume por unidade de manutenção de estoque (*stock keeping unit* – SKU) é baixo, então uma resposta diferente é necessária. Embora a eficiência seja sempre desejável, no contexto de demanda imprevisível a "eficácia", como prioridade para a gestão da cadeia de abastecimento, pode ter de ficar em segundo lugar. Eficácia, nesse contexto, significa a capacidade de reagir rapidamente para atender às necessidades específicas de um mercado muitas vezes fragmentado. Em outras palavras, em vez de a ênfase estar na produção de produtos-padrão para mercados de massa à frente da demanda, a exigência torna-se uma produção de diversas variantes do produto (muitas vezes personalizado) para segmentos de mercado muito menores em resposta à demanda conhecida.

A Figura 6.1 reflete os diferentes contextos em que os paradigmas enxutos e ágeis podem funcionar melhor.

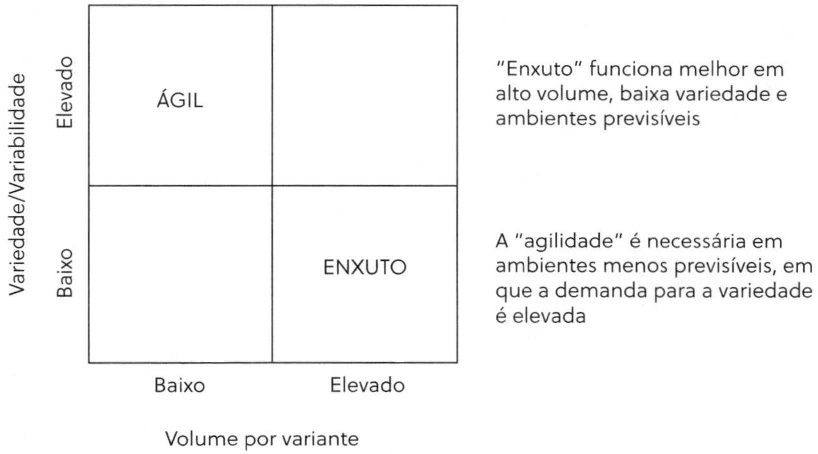

FIGURA 6.1 Ágil ou enxuto?

Na realidade, dentro da mesma empresa, é provável que exista a necessidade de soluções de cadeia de suprimentos enxutas e ágeis, uma vez que alguns produtos terão a demanda previsível, enquanto para outros a demanda será muito mais volátil. Na verdade, pode-se argumentar que, em vez da estratégia convencional do tipo *one size fits all* para o projeto da cadeia de suprimentos, a necessidade hoje é de múltiplas soluções de cadeia de suprimentos. Uma forma de identificar que tipos de estratégias de cadeia de suprimentos podem ser adequados em circunstâncias diferentes é posicionar os produtos no portfólio de uma organização de acordo com suas características de oferta e demanda.

Por "característica de oferta", queremos dizer *lead time* de reabastecimento. Isso poderia ser o reabastecimento do próprio produto se for comprado internamente (por exemplo, um varejista) ou de componentes no caso de um fabricante. É claro que, se os *lead times* de reabastecimento são curtos, uma estratégia de cadeia de suprimentos, diferente daquela empregada quando os *lead times* são longos, pode ser utilizada.

As condições de demanda podem ser caracterizadas pela previsibilidade da demanda. Uma medida de previsibilidade de demanda é a variabilidade da demanda; por definição, a demanda é mais fácil de prever quando não varia muito de um período para outro.

A Figura 6.2 sugere quatro grandes estratégias genéricas de cadeias de suprimentos dependentes da combinação de condições de oferta/demanda para cada produto.

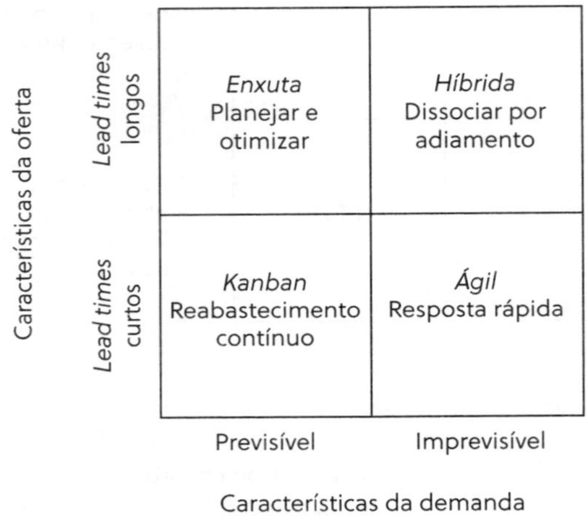

FIGURA 6.2 Estratégias genéricas da cadeia de suprimentos

Nos casos em que a demanda é previsível e os *lead times* de reabastecimento são curtos, um tipo de solução "Kanban" é indicado. Esta é uma filosofia de reabastecimento contínuo, porque está em seu extremo, cada vez que um produto é vendido ou usado, ele é substituído.

Na caixa superior à esquerda, em que os *lead times* são longos, mas a demanda é previsível, uma abordagem do tipo "enxuta" será adequada. Materiais, componentes ou produtos podem ser encomendados diante da demanda e as instalações de fabricação e transporte podem ser otimizadas quanto aos custos e à utilização de ativos. Por outro lado, no canto inferior direito está o domínio real da cadeia ágil de suprimentos. Aqui a demanda é imprevisível, mas os *lead times* são curtos, permitindo soluções do tipo "resposta rápida", sendo o caso extremo o "fazer sob encomenda" (mas em espaços de tempo muito curtos).

O canto superior direito apresenta uma situação interessante: os *lead times* são longos e a demanda é imprevisível. Em situações como essa, a prioridade deve ser reduzir os *lead times*, uma vez que a variabilidade da demanda certamente está quase fora do controle da organização. A redução do *lead time* permitiria a aplicação de soluções ágeis. No entanto, se os *lead times* não podem ser reduzidos, a próxima opção é procurar criar uma solução híbrida enxuta/ágil. Tais soluções híbridas exigem que a cadeia de suprimentos seja "dissociada" por meio da manutenção de estoque estratégico de forma genérica ou inacabada, com a configuração final concluída rapidamente, uma vez que a demanda real é conhecida. Essa é a clássica estratégia de "adiamento". Uma forma alternativa de adiamento, em que a configuração física final não pode ser atrasada, é adiar a distribuição real do produto mantendo-o em menos (ou até mesmo em apenas um) locais e usando transporte expresso para movê-lo para o mercado final ou ponto de uso, uma vez que a demanda real seja conhecida.

O objetivo de uma estratégia híbrida (ou *leagile*,* como às vezes é chamada) deve ser a construção de uma resposta ágil em cima de uma plataforma enxuta, procurando seguir princípios enxutos até o ponto de dissociação e práticas ágeis após esse ponto.[3] A Figura 6.3 ilustra essa ideia.

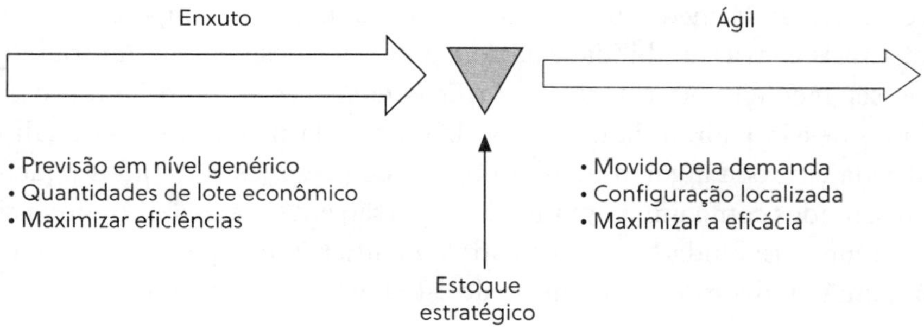

FIGURA 6.3 O ponto de dissociação

Um bom exemplo de um ponto de dissociação que permite uma estratégia híbrida enxuta/ágil é fornecido pela indústria de tintas. Hoje, os consumidores podem obter soluções personalizadas de cores de tinta pelo uso de máquinas de mistura localizadas nos pontos de venda. Os varejistas só precisam armazenar um número relativamente pequeno de cores de base para fornecer um número quase infinito de cores finais. Assim, o fabricante de tintas pode utilizar processos enxutos na produção de cores de base em volume, mas pode dar uma

* Combinação das palavras em inglês para enxuta e ágil – *lean* e *agile*, respectivamente. (N.R.T.)

resposta ágil e oportuna para usuários finais. Esse exemplo ilustra também o princípio da busca para reduzir a *complexidade* enquanto proporciona o nível de variedade que o mercado exige.

O uso da matriz volume/variabilidade

Fica evidente a partir da discussão anterior que a escolha da estratégia da cadeia de suprimentos de qualquer produto ou família de produtos precisa ser feita sob medida para suas características de demanda e oferta. No caso das características da demanda, existem dois elementos particularmente importantes: volume e variabilidade. *Volume* mede o nível de demanda para um produto durante um período de tempo, por exemplo, diário, mensal, anual. *Variabilidade* refere-se à extensão em que o nível da demanda muda de um período de tempo a outro.

Um bom ponto de partida para identificar estratégias de cadeia de suprimentos adequadas para produtos específicos é calcular, no nível individual de SKU, a demanda média por dia (ou outra unidade de tempo apropriada) e compará-la com a variabilidade da demanda pelo mesmo item. A variabilidade pode ser medida pelo cálculo do *coeficiente de variação* do item – definido como o desvio padrão da demanda dividido pela média. Se essa análise for realizada em toda a gama de produtos da empresa, os resultados podem ser representados como um diagrama de dispersão em uma matriz bidimensional de volume/variabilidade, como mostra a Figura 6.4, em que cada ponto representa uma unidade de manutenção de estoque (SKU) específica.

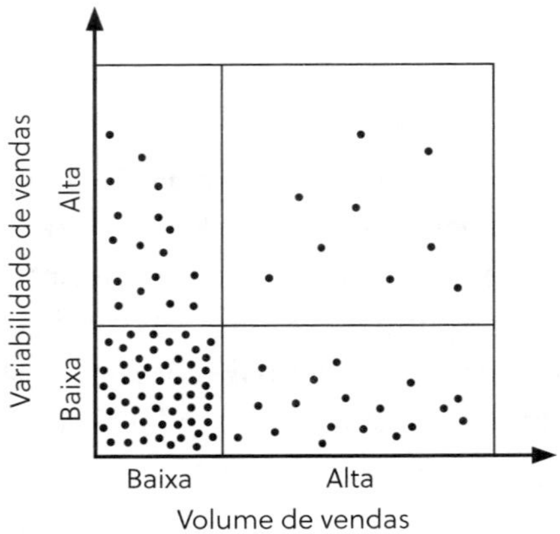

FIGURA 6.4 Matriz de volume/variabilidade

Não existe uma regra rígida para o local em que o ponto de separação entre alta e baixa deve estar em cada eixo. No entanto, o princípio do 80/20 geralmente se aplica na dimensão volume, ou seja, o nível de demanda diária acima do qual os 20% superiores dos produtos caem. Para a variabilidade, normalmente sugere-se um coeficiente de variação de 1,0 ou mais como refletido um alto nível de variabilidade.

Por que fazer essa análise? O principal motivo para produzir essa matriz é desenvolver uma estratégia de cadeia de suprimentos adequada para o portfólio de produtos, dependendo do quadrante em que a SKU individual está localizada. A Figura 6.5 apresenta um ponto de partida para o desenvolvimento de uma abordagem segmentada para o planejamento da cadeia de suprimentos.

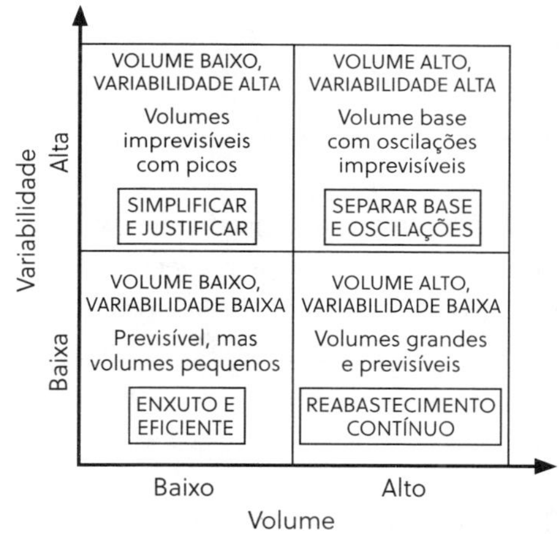

FIGURA 6.5 Diferenciação de cadeia de suprimentos

Para cada quadrante da matriz, devem ser desenvolvidas estratégias específicas da cadeia de suprimentos, conforme ilustra o quadro a seguir.

Estratégias indicativas de cadeia de suprimentos

Quadrante 1: Volume baixo, variabilidade alta

Produtos neste quadrante devem ser revistos regularmente para entender seu papel no portfólio e seu desempenho financeiro. Existem oportunidades para melhorar as margens através da engenharia de custos? O estoque deve ser gerenciado e mantido centralmente e as previsões acordadas com os consumidores. Explore possibilidades de fabricação sob encomenda.

Quadrante 2: Volume baixo, variabilidade baixa

Como esses produtos têm níveis baixos de variabilidade de demanda, deve ser mais fácil prevê-los usando métodos estatísticos. A produção deve ser planejada para maximizar eficiências e fazer o melhor uso da capacidade. As entregas devem ser pré-planejadas para maximizar as oportunidades de consolidação.

Quadrante 3: Volume alto, variabilidade alta

Esses produtos vendem em volume, mas há uma dificuldade para prever altos e baixos. Uma estratégia é separar a demanda "base" das "oscilações". Em outras palavras, identificar o nível da demanda abaixo do qual o volume de vendas raramente se encontra e gerenciá-lo como previsível e estável. Para as oscilações de demanda, explore oportunidades de adiamento e configuração tardia. Faça previsão de capacidade durante um período e use fabricação contratada quando for adequado.

Quadrante 4: Volume alto, variabilidade baixa

Os níveis de vendas desses produtos geralmente são fáceis de prever e os volumes são altos. Quando possível, uma estratégia de reabastecimento contínuo *"make--to-rate"* deve ser adotada. Devem-se desenvolver relações com contas-chave para permitir a implementação de acordos de VMI. O foco deve estar na otimização da capacidade e na utilização de recursos ao longo da cadeia de suprimentos.

"Empurrar" produtos *versus* "puxar" a demanda

Houve muitas novas ideias e novos conceitos em gestão de negócios nos últimos 30 anos ou mais, alguns dos quais duraram e outros logo foram descartados. No entanto, talvez um dos princípios mais importantes a ser amplamente adotado e praticado é o do *just-in-time*. *Just-in-time* ou JIT é tanto uma filosofia quanto uma técnica. É fundamentado na simples ideia de que, sempre que possível, nenhuma atividade deve ocorrer em um determinado sistema até que exista a necessidade dela.

Assim, nenhum produto deve ser feito, nenhum componente encomendado, até que haja uma exigência a jusante. Essencialmente, o JIT é um conceito de "puxar", em que a demanda no final da cadeia puxa produtos para o mercado, e por trás desses produtos o fluxo de componentes também é determinado por essa mesma demanda. Isso contrasta com o tradicional sistema de "empurrar", em que produtos são fabricados ou montados em lotes, em antecipação à demanda, e são posicionados na cadeia de suprimentos como "amortecedores" entre as diferentes funções e entidades (ver Figura 6.6).

A abordagem convencional para atendimento aos requisitos do cliente é baseada em alguma forma de controle estatístico de estoque que normalmente

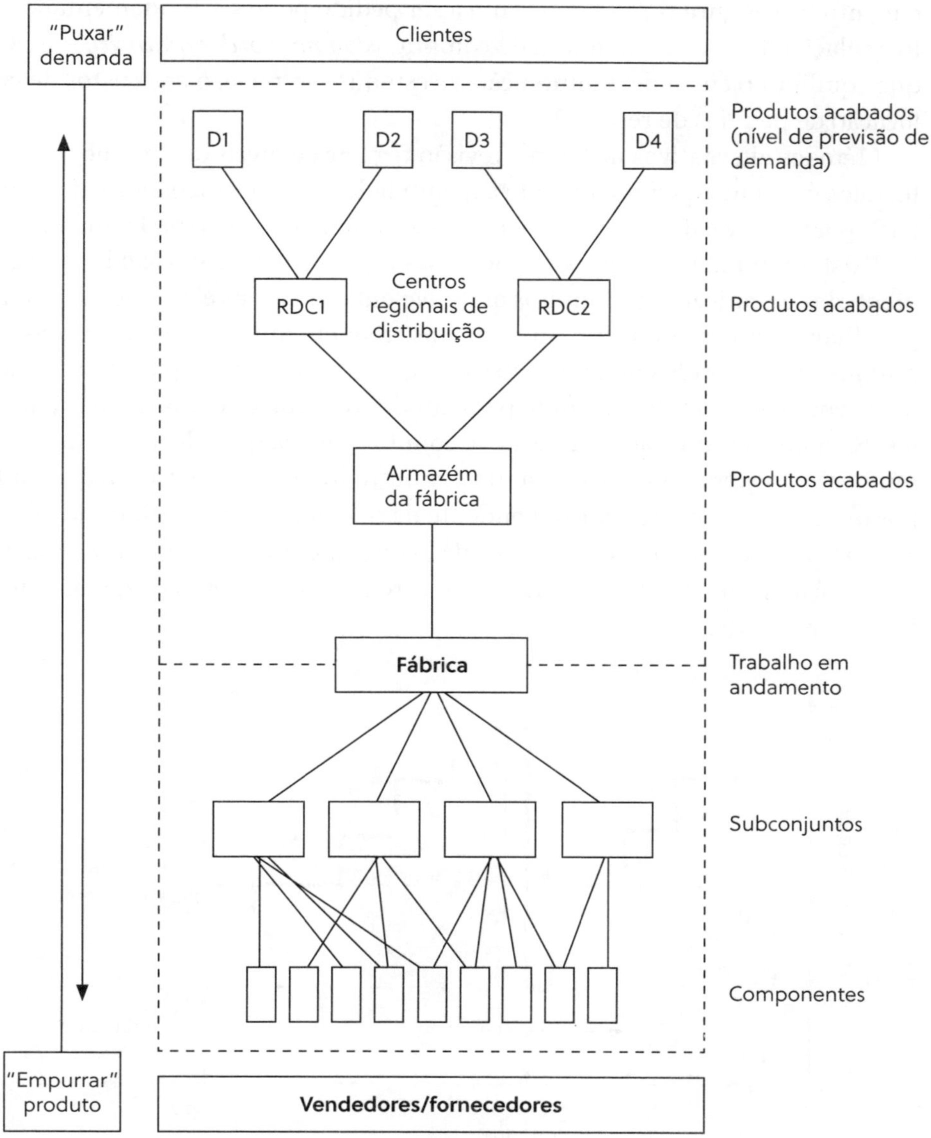

FIGURA 6.6 "Puxar" *versus* "empurrar" na cadeia logística

pode depender de reordenação quando os níveis de estoque caem para um ponto previamente determinado – o chamado ponto de reabastecimento (*reorder point* – ROP).

Sob essa abordagem, um ponto de reabastecimento ou nível de reabastecimento é determinado com base na duração prevista do *lead time* de reabastecimento (ver Figura 6.7). O montante a ser pedido pode ser fundamentado na formulação de lotes econômicos de compra (*economic order quantity* – EOQ) que equilibra o custo de manutenção de estoque em relação aos custos de colocação de pedidos de reposição.

Métodos alternativos incluem a revisão regular de níveis de estoque com intervalos fixos entre pedidos quando a quantidade a ser encomendada é determinada por um nível de reabastecimento predeterminado, como na Figura 6.8.

Existem inúmeras variações sobre esses temas e as técnicas são bem documentadas e praticadas por muitos anos. No entanto, todas elas tendem a compartilhar uma desvantagem, ou seja, elas frequentemente levam a níveis de estoque mais elevados ou mais baixos do que o necessário, especialmente nos casos em que a taxa de demanda pode mudar ou ocorrer em pequenas parcelas. Essa última situação manifesta-se com frequência quando a demanda por um item é "dependente" da demanda por outro item, por exemplo, a demanda por um componente de TV é dependente da demanda por aparelhos de televisão; ou quando a demanda é "derivada", como a demanda por televisores na fábrica é determinada pela demanda do varejista, que é derivada da demanda final no mercado.

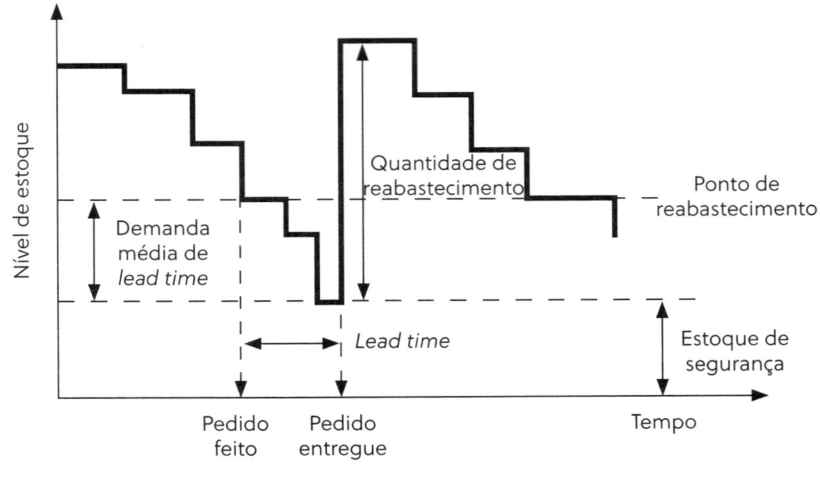

FIGURA 6.7 O método de ponto de reabastecimento de controle de estoque

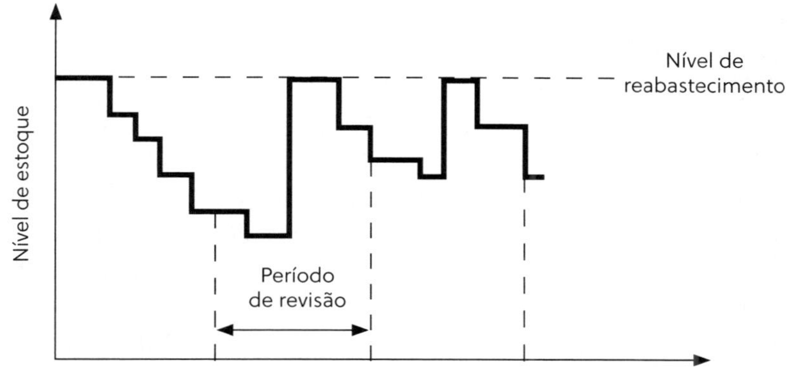

FIGURA 6.8 O método de período de revisão de controle de estoque

As implicações de demanda dependente são ilustradas no exemplo dado na Figura 6.9, que mostra como uma demanda regular no nível de varejo pode ser convertida em uma situação de demanda muito mais irregular na fábrica por meio da utilização de pontos de reabastecimento.

Uma situação semelhante pode ocorrer em um sistema de distribuição multinível em que a demanda combinada com base em cada nível é agregada ao nível seguinte no sistema. A Figura 6.10 demonstra tal ocorrência.

A característica comum desses exemplos é que a demanda em cada nível do sistema logístico é dependente da demanda no nível seguinte do sistema. A demanda é chamada "dependente" quando está diretamente relacionada a outro item ou produto do estoque. No entanto, a demanda por determinado item é denominada "independente" quando está relacionada a outros itens – quando não é uma função de demanda por outros itens. Essa distinção é fundamental porque, enquanto a demanda independente pode ser prevista usando-se métodos tradicionais, a demanda dependente deve ser calculada com base na demanda do nível seguinte da cadeia logística.

Enquanto a demanda independente pode ser prevista por métodos tradicionais, a demanda dependente deve ser calculada com base na demanda do nível seguinte da cadeia logística.

O emprego do exemplo apresentado na Figura 6.10 seria claramente inadequado na tentativa de prever a demanda na fábrica utilizando dados com base no padrão de demanda combinada pelos centros regionais. Pelo contrário, ela deve ser calculada pelos requisitos identificados em cada um dos níveis anteriores. É somente no momento da demanda final, neste caso, nos depósitos, que as previsões podem ser feitas perfeitamente – na verdade, na maioria dos casos, a demanda no depósito seria dependente da demanda de varejistas ou outros intermediários, mas já que isso está obviamente fora do controle direto do fornecedor é necessário que se produza uma estimativa de previsão de demanda.

O modelo clássico de lotes econômicos de compra (EOQ) nos leva a supor que há uma quantidade "ideal" para se encomendar (e, portanto, para se manter em estoque). O modelo EOQ chega a esse ideal equilibrando o custo de

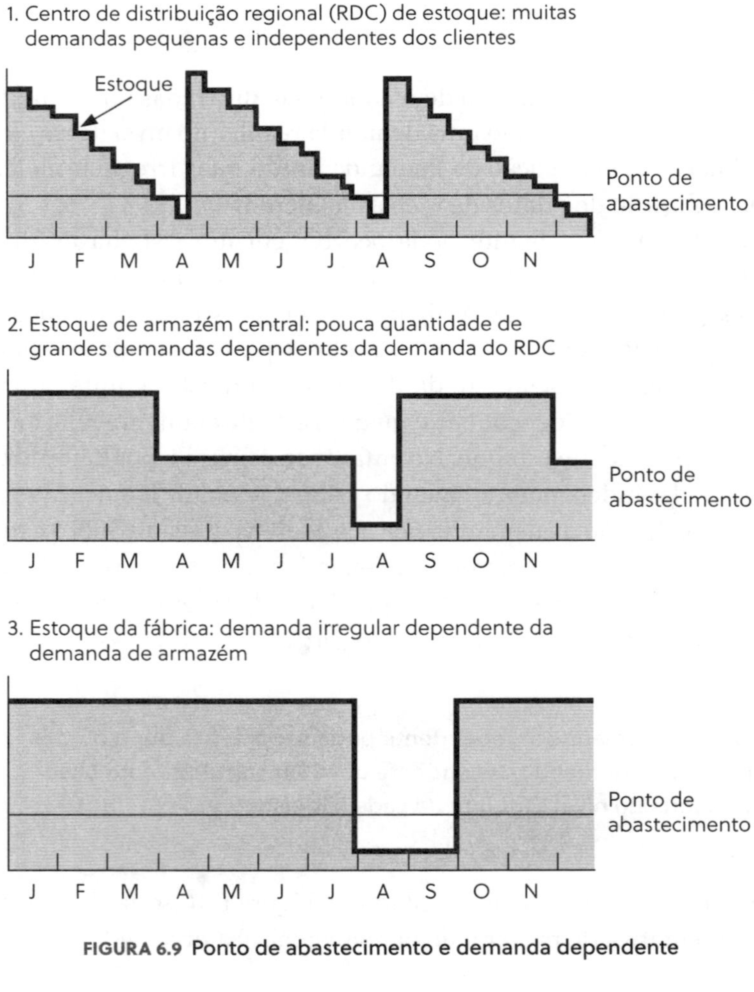

FIGURA 6.9 Ponto de abastecimento e demanda dependente

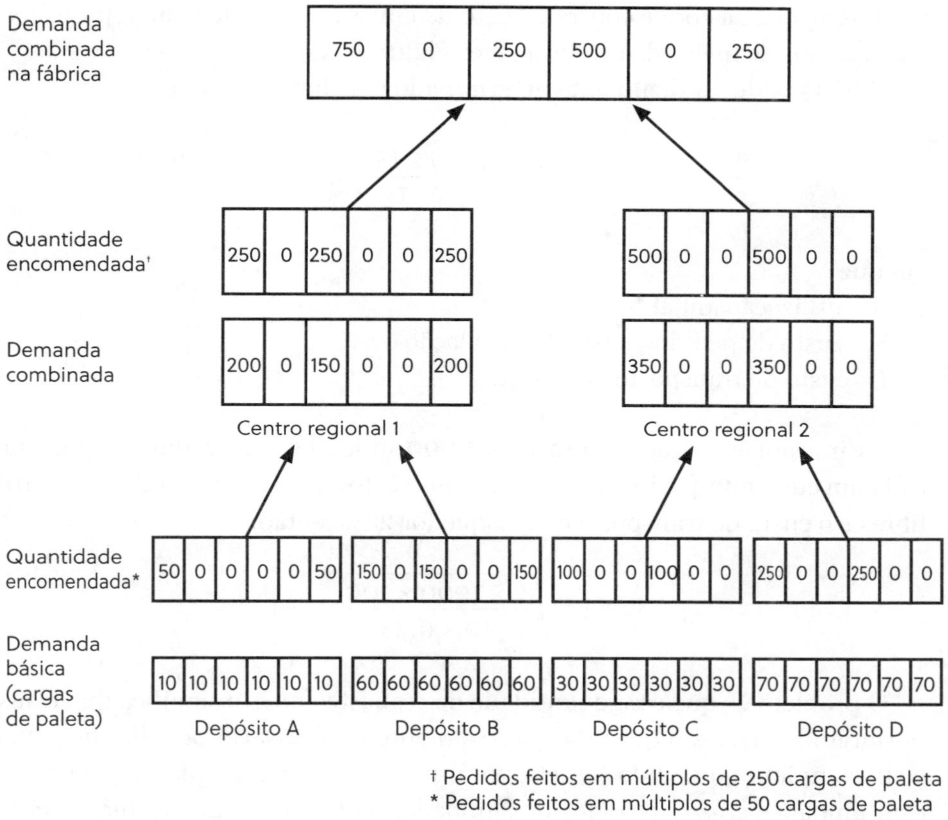

FIGURA 6.10 Causas da demanda irregular na fábrica

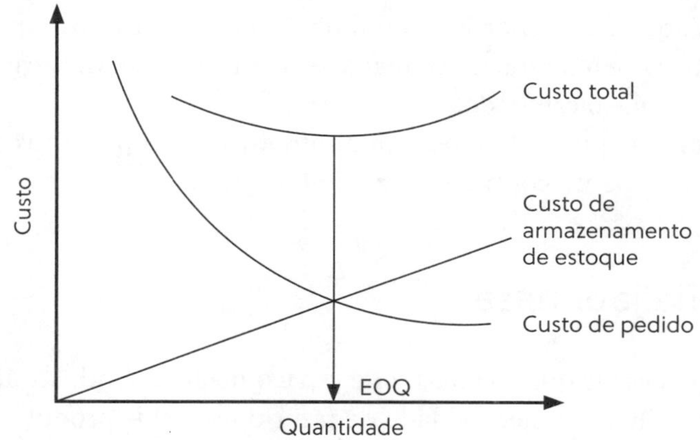

FIGURA 6.11 Determinação dos lotes econômicos de compra

manutenção de estoque contra o custo de emissão de pedidos de reposição e/ou os custos de meios de produção (ver Figura 6.11).

O EOQ pode ser facilmente determinado pela fórmula:

$$\text{EOQ} = \sqrt{\frac{2AS}{I}}$$

em que

A = utilização anual
S = custo de pedidos/custo de instalação
I = custo de transporte de estoque

Assim, por exemplo, se usarmos 1.000 unidades do produto X por ano, cada um custando 40 libras, e cada um dos custos de pedido/instalação for 100 libras e o custo de transporte de estoque for 25%, então:

$$\text{EOQ} = \sqrt{\frac{2 \times 1000 \times 100}{40 \times 0{,}25}} = 141$$

O problema é que essa quantidade de reabastecimento significa que transportaremos mais estoques do que realmente é necessário por dia durante o ciclo completo do pedido (exceto no último dia). Por exemplo, se o EOQ for cem unidades e uso diário for dez unidades, então, no primeiro dia do ciclo, estaremos com um estoque excedente de 90 unidades; no segundo dia, 80 unidades; e assim por diante.

Para agravar o problema, temos estoque adicional na forma de estoque de "segurança", que é transportado a fim de proporcionar uma garantia contra a demanda durante o tempo que o reabastecimento e/ou a variação no *lead time* em si é maior que o esperado.

O resultado é que acabamos com muito estoque improdutivo, o que representa um escoamento contínuo de capital de giro.

A filosofia japonesa

Diz-se muitas vezes que a escassez de espaço no Japão industrializado tornou a nação consciente da necessidade de fazer o uso mais produtivo de todos os recursos físicos, incluindo o estoque, e sendo isso verdade, é apenas de interesse acadêmico. O caso é que a visão amplamente difundida no Japão é a de estoque ser desperdício.

Uma analogia frequentemente utilizada no Japão é a de que o investimento da organização em estoques é como um lago grande e fundo (ver Figura 6.12). Bem abaixo da superfície do lago estão numerosas pedras entalhadas, mas o capitão do navio não precisa ter medo de atingir uma delas por causa da profundidade da água.

A comparação com os negócios é simples: a profundidade da água no lago representa o estoque e as pedras representam os problemas. Esses problemas podem incluir coisas como previsões imprecisas, fornecedores duvidosos, problemas de qualidade, gargalos, problemas de relações industriais, e assim por diante. Segundo a filosofia japonesa, o estoque apenas esconde os problemas. O nível de água do lago deveria ser reduzido (por exemplo, para o nível "B" na Figura 6.12). Desse modo, o capitão do navio é forçado a enfrentar os problemas – eles não podem ser evitados. Da mesma forma, se o estoque é reduzido, a gerência deve compreender os vários problemas da imprecisão de previsões, de fornecedores duvidosos, e assim por diante.

Os japoneses desenvolveram o conceito denominado Kanban como uma forma de baixar a água do lago. O Kanban originou-se em operações de montagem, mas os princípios podem ser estendidos por toda a cadeia de suprimentos e todos os tipos de operações. O nome Kanban vem do japonês para um tipo de

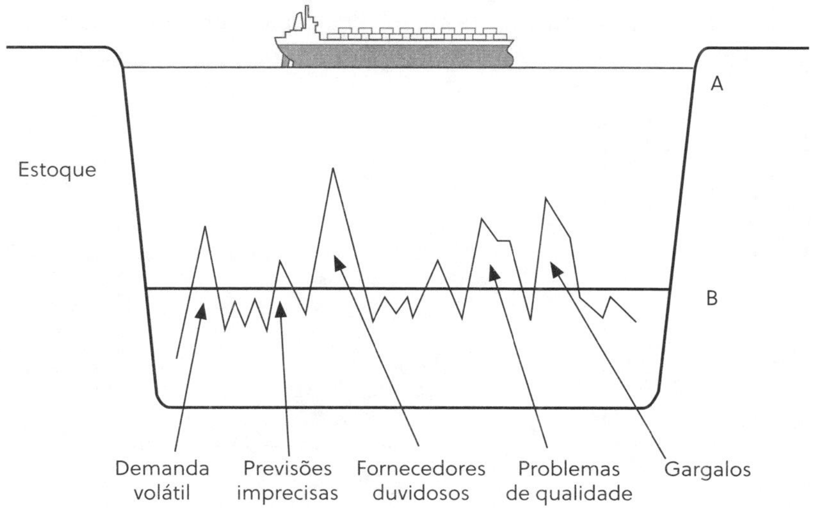

FIGURA 6.12 O estoque esconde os problemas

cartão que foi usado em sistemas mais antigos para sinalizar ao ponto de abastecimento a montante que certa quantidade de material poderia ser liberada.

Kanban é um sistema de "puxar" impulsionado pela demanda no ponto mais baixo na cadeia. Em uma operação de produção, a meta seria produzir apenas a quantidade necessária para a demanda imediata. Quando se precisa de peças na linha de montagem, elas são alimentadas pela etapa seguinte da cadeia apenas na quantidade necessária no momento. Da mesma forma, esse movimento agora desencadeia a demanda na estação de trabalho seguinte na cadeia, e assim por diante.

Ao se reduzir progressivamente a quantidade Kanban (ou seja, o montante exigido do posto de trabalho de fornecimento), os gargalos ficarão aparentes. A gerência, então, dirige sua atenção para o gargalo a fim de removê-lo da forma mais rentável. Mais uma vez, a quantidade Kanban será reduzida até que outro gargalo seja revelado. Consequentemente, a filosofia Kanban pretende essencialmente alcançar o equilíbrio da cadeia de suprimentos com estoques mínimos em todos os estágios, em que as quantidades de processos e trânsito de materiais e estoque sejam reduzidas à menor quantidade possível. O objetivo final, dizem os japoneses, deveria ser "lote econômico de compra de 1"!

Na verdade, essa lógica não é necessariamente incompatível com a visão tradicional de como o lote econômico de compra (ou pedido) é determinado. O diferencial é que os japoneses procuram reduzir a quantidade do lote, deslocando para a esquerda a curva que representa o custo de encomenda ou o custo de instalação (ver Figura 6.13). Em outras palavras, eles se concentram em encontrar maneiras de reduzir os custos de preparação e de encomenda.

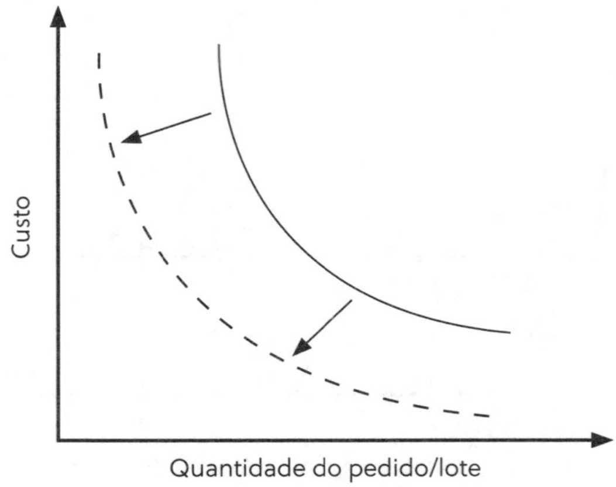

FIGURA 6.13 Redução de custos de preparação/pedidos

O efeito de se mover a curva para a esquerda na quantidade de lote/pedido econômico é visto na Figura 6.14.

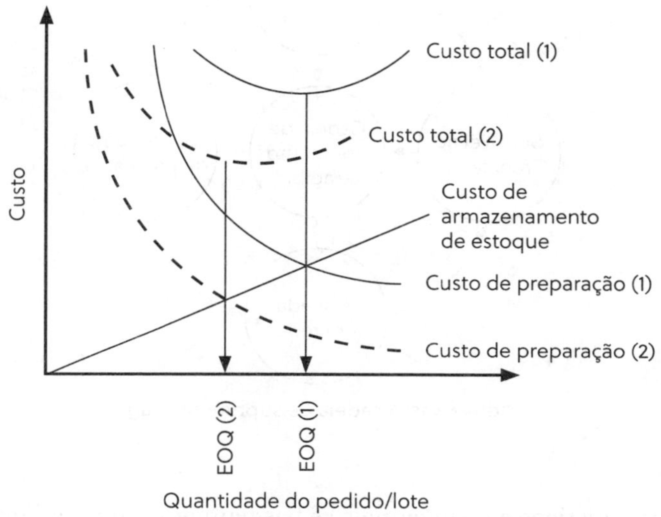

FIGURA 6.14 Dedução dos lotes econômicos de compra/pedido

A cadeia de suprimentos ágil

Para ser realmente ágil, uma cadeia de suprimentos deve ter várias características distintivas, como sugere a Figura 6.15.

Em primeiro lugar, a cadeia de suprimentos ágil é *sensível ao mercado*, que, nesse contexto, significa que a cadeia de suprimentos é capaz de ler e responder à demanda real.

A maioria das organizações é conduzida por previsões, e não pela demanda. Em outras palavras, como elas têm pouca alimentação direta do mercado por meio de dados sobre as necessidades reais dos clientes, elas são forçadas a fazer previsões baseadas em vendas ou remessas passadas, convertendo essas previsões para o estoque. Os avanços da última década na utilização da TI para obter dados da demanda diretamente do ponto de venda ou ponto de uso estão transformando a capacidade das organizações de ouvir a voz do mercado e responder diretamente a ela.

O uso da TI para compartilhar dados entre compradores e fornecedores está, na verdade, criando uma cadeia de suprimentos *virtual*. Cadeias de suprimentos virtuais são baseadas em informações, e não em estoque.

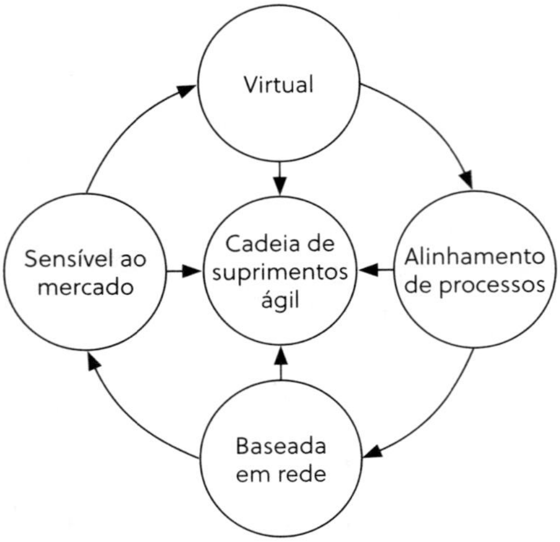

FIGURA 6.15 A cadeia de suprimentos ágil

Sistemas logísticos convencionais se baseiam em um paradigma que busca identificar as quantidades ideais e a localização espacial do estoque. Existem fórmulas e algoritmos complexos para sustentar esse modelo de negócios baseado em estoque. Paradoxalmente, o que estamos aprendendo agora é que, uma vez que tenhamos visibilidade da demanda através de informações compartilhadas, a premissa sobre a qual essas fórmulas se baseiam já não se sustenta. O *e-commerce* e a internet permitiram que parceiros na cadeia de suprimentos agissem com base nos mesmos dados, ou seja, a demanda real, em vez de depender do retrato distorcido e turbulento que surge quando os pedidos são transmitidos de um passo a outro em uma cadeia estendida.

Os parceiros da cadeia de suprimentos só conseguem utilizar plenamente as informações compartilhadas por meio do *alinhamento de processos*, isto é, trabalho colaborativo entre compradores e fornecedores, desenvolvimento conjunto de produtos, sistemas comuns e informações compartilhadas. Essa forma de cooperação na cadeia de suprimentos está se tornando cada vez mais predominante, à medida que as companhias focam em gerenciar suas competências centrais e terceirizar todas as outras atividades. Nesse novo mundo, uma maior confiança em fornecedores e alianças entre parceiros se tornam inevitáveis e, portanto, um novo estilo de relacionamento é essencial. Na "empresa estendida", como geralmente é chamada, pode não haver limites e um espírito de confiança e comprometimento deve prevalecer. Ao lado da integração de processos, surgem a determinação conjunta da estratégia, as equipes de comprador/fornecedor, a transparência de informações e até a contabilidade de livro aberto.

Essa ideia da cadeia de suprimentos como uma aliança de parceiros unidos como uma *rede* fornece o quarto ingrediente da agilidade. Há um reconhecimento crescente de que empresas individuais não concorrem mais como entidades sozinhas, mas como cadeias de suprimentos. O gerenciamento de redes exige um modelo totalmente diferente da abordagem convencional "a distância" para gerenciar as relações entre consumidor e fornecedor. É claro que um nível muito maior de colaboração e sincronia é necessário se a rede quiser ser realmente ágil. Pode-se argumentar que, nos mercados globais desafiadores de hoje, o caminho para a vantagem sustentável reside em ser capaz de fazer o melhor uso das respectivas forças e competências dos parceiros da rede para alcançar uma maior responsividade às necessidades do mercado.

As bases da agilidade

Torna-se evidente que a agilidade não é um conceito único da empresa, mas ele se estende de uma extremidade da cadeia de suprimentos a outra. O conceito de agilidade tem implicações significativas para a forma como as organizações da rede de oferta/demanda se relacionam entre si e como elas podem trabalhar juntas com base em informações compartilhadas.

Para reunir essas ideias, uma série de princípios básicos pode ser identificada como o ponto de partida para a criação da cadeia de suprimentos ágil.

1. Sincronizar atividades por meio de informações compartilhadas

A sincronização significa que todas as partes da cadeia de suprimentos estão "marchando na mesma batida". Em outras palavras, por meio da partilha de informações e do alinhamento de processos, existe, na verdade, um conjunto de números e um calendário único para toda a cadeia de suprimentos. Essa visão, um tanto utópica, está se tornando cada vez mais real, à medida que a tecnologia baseada na web permite que entidades diferentes em uma rede compartilhem informações sobre a demanda real, estoque e capacidade em um contexto colaborativo.

No movimento rápido do setor de bens de consumo, há um número crescente de exemplos de sincronização da cadeia de suprimentos pela disposição dos varejistas em aumentar a partilha de dados do ponto de venda com os fabricantes. Um exemplo desse tipo é o sistema com base na rede e criado pela maior varejista do Reino Unido, a Tesco. A Tesco Information Exchange (TIE) é uma extranet que permite aos fornecedores da Tesco acessar seus próprios dados de vendas, item por item. Tais dados são atualizados várias vezes ao dia e, potencialmente, podem fornecer aos fabricantes meios de ligar seus calendários de produção às exigências de reabastecimento da Tesco.

Na indústria automobilística, a maioria dos fabricantes de automóveis de volume criou processos "sem emendas" com seus fornecedores de primeiro nível, com base no fornecimento de acesso imediato a planos e programações de produção. Isso permite que entregas *just-in-time* sejam feitas sem a necessidade de maiores suportes de estoque no nível de primeira linha.

Nos Estados Unidos, a iniciativa de "resposta rápida" na indústria de vestuário vincula varejistas a fabricantes de roupas e também a produtores de tecidos por meio de informações compartilhadas. O impacto dessa colaboração é uma melhoria significativa na competitividade dessa indústria.

2. Trabalhe de forma inteligente, não trabalhe mais

A análise detalhada dos processos, que juntos constituem uma cadeia de suprimentos, inevitavelmente destaca o fato de uma grande proporção do tempo de ponta a ponta não agregar valor. Em outras palavras, o tempo é gasto em atividades que normalmente criam custos, mas não um benefício para o cliente. O tempo gasto em estoque é um exemplo clássico de tempo que não agrega valor. O mapeamento da cadeia de suprimentos pode revelar onde ocorre esse tempo ocioso; atacá-lo, então, requer uma revisão dos processos que o precedem ou o seguem. O tempo de processamento está diretamente correlacionado com o estoque; por exemplo, se leva três semanas desde se levantar uma ordem de compra até o recebimento da mercadoria, pelo menos três semanas de estoque serão necessárias para nos proteger durante esse *lead time.*

A reengenharia de processos de negócios é o termo frequentemente utilizado para a atividade de simplificar e reformular os processos organizacionais com o objetivo de alcançar os resultados desejados em curtos períodos de tempo com menos custos. Muitos processos na cadeia de suprimentos são longos porque as atividades constituintes são realizadas em "série", ou seja, de forma linear, "uma após a outra". Muitas vezes, é possível fazer a reengenharia do processo para que essas mesmas atividades possam ser executadas "em paralelo", isto é, ao mesmo tempo.

O tempo de compressão em uma cadeia de suprimentos pode ser alcançado não necessariamente acelerando as atividades, mas fazendo menos coisas, ou seja, eliminando, sempre que possível, atividades que não agregam valor. Muitas práticas existentes no mundo dos negócios são realizadas por razões históricas; já houve uma justificativa para essas práticas, mas em condições alteradas essa justificativa pode não mais existir.

As cadeias de suprimentos podem ser transformadas com a agilidade pela aplicação rigorosa de princípios de reengenharia de processos.

3. Parceria com fornecedores para reduzir os *lead times* de entrada

Convencionalmente, as empresas mantêm uma relação a distância com os fornecedores. Os fornecedores frequentemente são escolhidos com base no preço e não em seu atendimento. Existe uma grande oportunidade para se reduzir os *lead times* de entrada por meio de um trabalho mais próximo com os principais fornecedores. Muitas oportunidades para melhorar o atendimento foram perdidas porque no passado, muitas vezes, pensou-se que os fornecedores deveriam ser mantidos distantes. Uma vez que a agilidade do fornecedor é um dos principais requisitos para a criação de uma cadeia de suprimentos mais receptiva, talvez seja surpreendente o fato de que algumas empresas ainda hoje tenham em funcionamento poucos programas de colaboração com fornecedores.

Trabalhar com equipes de fornecedor/cliente para explorar oportunidades de realinhamento e processos de reengenharia em ambos os lados da interface, o que influencia a rapidez de resposta global, pode produzir dividendos significativos. Não surpreende o fato de que esses processos não se alinham facilmente com os processos de seus parceiros de cadeia de suprimentos, porque, em geral, as empresas concebem os processos em um vácuo. Muitas empresas obtêm benefícios reais permitindo que seus fornecedores acessem suas próprias informações e sistemas de planejamento, como os que dão acesso a sistemas de planejamento empresarial, como o SAP.

Muitas vezes, os fornecedores podem muito bem conseguir transferir conhecimento e melhores práticas de suas operações para as operações de seus clientes e vice-versa. Em ambos os casos, as oportunidades de redução de *lead times* de entrada por meio de uma parceria mais estreita em toda a cadeia de suprimentos são consideráveis.

4. Buscar a redução da complexidade

A complexidade surge de muitas formas nas cadeias de suprimentos. Ela pode ser gerada por múltiplas variantes do mesmo produto, como embalagens de diferentes tamanhos, ou por produto de uma família com listas técnicas muito diferentes, ou por mudanças frequentes de produtos, e assim por diante. A complexidade também pode ser gerada por meio de processos complicados que envolvem muitas fases e *hand-offs* diferentes. A simplificação é uma solução óbvia para a complexidade, mas pode não estar sempre disponível.

No entanto, haverá várias oportunidades para se reduzir a complexidade questionando as razões pelas quais as coisas são como são.

Por exemplo, será que o nível de variedade de produtos é maior do que o cliente realmente necessita? Muitas vezes, a proliferação de produtos é impulsionada pelos departamentos de vendas ou de marketing e pode não alcançar vendas adicionais, mas espalhar a mesma demanda total ao longo de um maior número de unidades de estoque (SKU). Quanto maior a fragmentação da demanda, mais difícil torna-se a gestão da disponibilidade, em que a variabilidade de demanda no nível de item individual tende a ser maior.

A simplificação pode, por vezes, ser alcançada ao se buscar o maior número de atributos em comum de componentes, ou subconjuntos, em uma família de produtos. Por exemplo, hoje, no design de automóveis, cada vez mais, vários modelos de carros são construídos na mesma plataforma e "sob a pele" compartilham componentes e subconjuntos comuns.

O problema da complexidade é que ela fornece uma barreira à agilidade e gera custos. Complexidade, na cadeia de suprimentos, é abordada com mais detalhes no Capítulo 9.

5. Adiar a configuração/montagem/distribuição final de produtos

O adiamento refere-se ao processo pelo qual o compromisso de um produto, com sua forma ou local final, é adiado por tanto tempo quanto possível. Quando as decisões sobre a configuração ou bloco final têm de ser tomadas à frente da demanda, há o risco inevitável de os produtos disponíveis não serem aqueles que o cliente quer. Por exemplo, o cliente pode querer um carro azul de quatro portas com ar-condicionado, mas a concessionária tem um vermelho, com duas portas e teto solar. Ou, ainda, pode haver um azul de quatro portas disponível, mas ele está em uma concessionária diferente, no outro extremo do país.

A filosofia do adiamento idealmente seria começar na mesa de desenho, de forma que os produtos sejam projetados com a configuração final em mente. Quanto mais tempo os produtos puderem permanecer como "trabalho em andamento" genérico, mais flexibilidade haverá para garantir o "produto certo, no lugar certo, na hora certa".

Um exemplo de configuração final é fornecido pela Hewlett-Packard e suas impressoras DeskJet. Esses produtos são projetados para ser fabricados como unidades genéricas, mas incompletas, localizadas em centros regionais onde o bloco de força, o plugue, o cabo e as embalagens locais, entre outros, são adicionados. Dessa forma, o estoque é reduzido, mas a disponibilidade é maior.

O adiamento pode não ser sempre viável quanto à configuração final, mas pode haver margem para o adiamento espacial por meio da manutenção de estoque em apenas alguns locais com a capacidade de enviar o produto rapidamente para o local necessário quando um pedido é recebido.

6. Gerenciar processos, não apenas funções

Durante séculos, as empresas seguem uma lógica organizacional baseada na "divisão de mão de obra" em que atividades ocorrem dentro de funções ou departamentos. Embora esse conceito organizacional com base na funcionalidade possa assegurar a utilização eficiente dos recursos, ele está focado, de modo efetivo, internamente e tende a levar a uma mentalidade do tipo "silo". Essas empresas baseadas em funcionalidade tendem a ser lentas para responder às mudanças no mercado ou no ambiente de negócios. Há um alongamento inevitável no tempo de resposta pois, muitas vezes, há várias *hand-offs*, uma vez que as coisas passaram de uma função para a outra. Desse modo, em empresas baseadas em funcionalidade, a atividade de desenvolvimento de novos produtos, por exemplo, é realizada lentamente, uma vez que passa de P&D para engenharia de produtos para pesquisa de mercado e, eventualmente, para produção.

Por outro lado, as empresas que são capazes de responder rapidamente aos requisitos variáveis do cliente tendem a se concentrar mais na gestão de "processos". Os processos são as sequências de atividades horizontais e voltadas para o mercado que geram valor aos clientes. Eles são multifuncionais por definição, e geralmente são mais bem geridos por meio de equipes interdisciplinares. Os processos empresariais críticos que atravessam a organização incluiriam inovação, gestão de relacionamento com clientes e gestão de relacionamento com fornecedores.

A forma como as empresas são organizadas pode ter um impacto significativo sobre sua agilidade; as empresas com processos decisórios pesados e multinivelados tendem a ser muito mais lentas para responder às mudanças do mercado que seus concorrentes, que dão autonomia a equipes de processo autogeridos.

O alinhamento entre empresas nessa cadeia é claramente facilitado se as estruturas organizacionais forem mais horizontais que verticais, outra razão pela qual a gestão de processos é fundamental para a agilidade de toda uma cadeia maior de suprimentos.

7. Utilizar métricas de desempenho apropriadas

É um truísmo dizer que a medição de desempenho dá forma ao comportamento. Esse é particularmente o caso de organizações empresariais em que os sistemas de medição conduzem a empresa. Nas organizações baseadas na funcionalidade, tais medições são frequentemente feitas seguindo orçamentos departamentais e sustentadas por objetivos como redução de custos, utilização de ativos e eficiência, e melhoria de produtividade. Embora à primeira vista esses objetivos possam parecer desejáveis, eles não vão necessariamente estimular práticas ágeis dentro da empresa. Se, por exemplo, a instalação de uma fábrica é mensurada pelo custo unitário de produção, então, o incentivo irá para os lotes de grande porte a fim de tirar vantagem das economias de escala. No entanto, essas ações provavelmente levarão a uma diminuição da flexibilidade e à criação de estoques adicionais. Se, por outro lado, as métricas baseadas em tempo fossem utilizadas, então, o foco poderia estar na redução de tempo de ciclo, na redução do tempo de instalação e em outras medidas que incentivem práticas ágeis.

Um incentivo adicional para a agilidade pode ser criado pela ligação de processos a métricas fundamentadas em clientes. Uma medida utilizada é a "realização do pedido perfeito", aquela em que o cliente recebe exatamente o que quer, na hora e no lugar desejados. Também diferentes clientes podem ter necessidades e expectativas distintas, por isso a definição do que constitui um pedido perfeito terá de ser específica para cada segmento, cada canal, ou mesmo para as principais contas individuais.

Um princípio fundamental da agilidade é a receptividade do cliente, daí a necessidade de assegurar que as medidas primárias de desempenho dos negócios reflitam esse imperativo.

O prazo de comercialização e o de atingir o volume desejado são indicadores poderosos empregados por empresas como Sony e Canon, onde os curtos ciclos de vida ditam um enfoque na resposta ágil às tecnologias em rápida evolução e à demanda volátil do cliente.

No passado, o foco de muitas empresas foi principalmente a *eficiência,* ou seja, uma busca contínua por redução de custos, melhor utilização da capacidade, estoques reduzidos, e assim por diante. Esses ainda são objetivos dignos hoje, mas a prioridade mudou. Agora, a ênfase deve ser a *eficácia.* Em outras palavras, o desafio é criar estratégias e procedimentos que permitam às empresas se tornarem o fornecedor de escolha e sustentarem essa posição com níveis mais elevados de receptividade do cliente. Essa é a lógica que fundamenta o conceito de cadeia ágil de suprimentos.

Um guia para a capacidade de resposta

Como observamos anteriormente, as cadeias de suprimentos convencionais são projetadas geralmente da fábrica para fora. Em outras palavras, elas tendem a ser estruturadas para permitir que as eficiências internas da companhia sejam otimizadas. Assim, por exemplo, em um ambiente de fabricação, o objetivo frequentemente era obter uma produção de baixo custo com altos níveis de utilização da capacidade e com a consequente necessidade de armazenar produtos fabricados em lotes econômicos.

Por contrato, uma cadeia de suprimentos orientada pelo cliente reconhece a primazia das necessidades do consumidor. Em vez de utilizar a filosofia "um tamanho serve para todos" da cadeia de suprimentos convencional, a implicação de adotar uma abordagem voltada para o cliente é que haverá um nível mais alto de customização do serviço para atender as necessidades de consumidores individuais.

Isso levanta a questão de como as soluções de cadeias de suprimentos múltiplas podem ser entregues na prática. Fica evidente a necessidade de flexibilidade nos processos que sustentam a cadeia de suprimentos. Embora possa ser impraticável ter cadeias de suprimentos físicas dedicadas para clientes individuais, não há motivos para os pacotes de serviços não serem diferenciados de acordo com as exigências desses consumidores.

Em um nível superior, pode-se argumentar que existem três tipos de clientes: os que são orientados por custo, os que são orientados por serviço/capacidade de resposta e os que buscam por soluções específicas (por exemplo, um varejista que precisa de embalagens prontas para as prateleiras). O primeiro deles se equipara muito bem à ideia de uma cadeia de suprimentos "enxuta", o segundo a uma cadeia "ágil" e o terceiro a uma cadeia "customizada".

Essas cadeias de suprimentos às vezes podem compartilhar instalações e processos comuns, mas serão configuradas de formas diferentes. Existem três dimensões que fornecem a plataforma para qualquer estratégia de cadeia de suprimentos e todas elas são intercambiáveis até certo ponto: tempo, estoque e capacidade de produção.

Isso significa que, para cada um dos três tipos de consumidores, será preciso ter um determinado equilíbrio entre tempo (*lead times*), estoque e capacidade de produção. Assim, por exemplo, a cadeia de suprimentos enxuta precisa de previsibilidade – para permitir um horizonte de planejamento mais longo, de modo que a aquisição de baixo custo possa ser utilizada e que os recursos de produção e transporte sejam empregados ao máximo. Uma cadeia de suprimentos ágil, por sua vez, pode exigir fornecedores locais com acesso a capacidade adicional quando necessário. Cadeias de suprimentos customizadas tendem a ser adequadas quando o consumidor é grande o bastante para apoiar um investimento em instalações ou recursos dedicados.

Qualquer que seja a cadeia de suprimentos escolhida, no fim das contas, sua "arquitetura" deve ser orientada para o mercado. No entanto, para que as cadeias de suprimentos se tornem realmente voltadas para o mercado, deve haver um foco sustentado em responsividade ao longo da empresa e de sua ampla cadeia de suprimentos. Existem muitos pré-requisitos para a capacidade de resposta e a Figura 6.16 resume os principais elementos.

A empresa apta à resposta terá fornecedores ágeis e vai trabalhar muito próxima a eles para alinhar os processos em toda a empresa. Também estará muito próxima de seus clientes, captando informações sobre a demanda real e compartilhando tais informações com seus parceiros em toda a rede. Internamente, a empresa também estará focada na agilidade por meio da maneira como se organiza, rompendo silos funcionais para criar equipes de processo. Quanto a sua fabricação e fornecimento de estratégia, a empresa vai procurar combinar o paradigma enxuto e ágil mediante a dissociação de seus processos a montante e a jusante, utilizando os princípios do adiamento, sempre que possível.

As empresas que puderem seguir esse caminho estarão mais susceptíveis a serem líderes em seus setores. Na maioria das vezes, quando olhamos para as empresas de sucesso em qualquer mercado, elas tendem a ser as únicas que demonstraram a sua capacidade de responder mais rapidamente à evolução das necessidades de seus clientes. O estudo de caso que conclui este capítulo salienta os desafios que as empresas devem enfrentar em sua busca para se tornarem mais receptivas às necessidades do cliente.

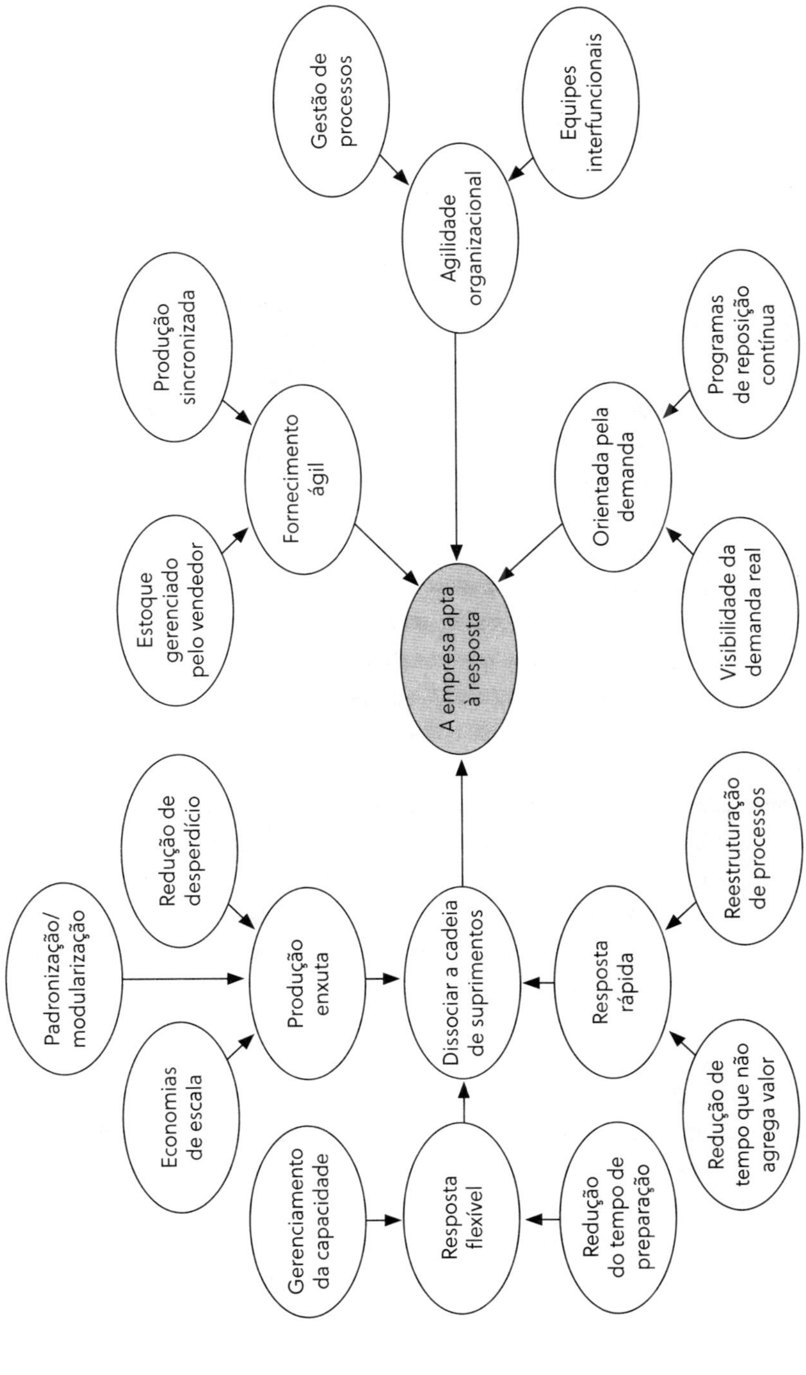

FIGURA 6.16 Caminho para a empresa apta à resposta

World Duty Free

A World Duty Free (WDF) é o maior varejista de mercadorias *duty free* dos aeroportos do Reino Unido, sendo responsável por 90% do total das vendas de *duty free* dos aeroportos do país. A WDF é integralmente detida pelo grupo italiano Autogrill, no qual a Benetton tem uma participação de 40%.

Embora a WDF tenha experimentado um crescimento significativo nos últimos anos (em parte orgânico e em parte pela fusão – em particular a fusão em 2009 com a varejista *duty free* espanhola, a Alpha), ela foi confrontada com um crescente grau de turbulência de mercado e instabilidade nos últimos tempos. Na esfera macro, a recessão mundial teve um impacto grande no número de passageiros em geral, especialmente em aeroportos regionais, que têm uma proporção mais elevada de passageiros que viajam a lazer. Fontes de volatilidade na esfera micro incluem os procedimentos de segurança nos aeroportos, em que o comprimento de tempo necessário para se processar passageiros varia de acordo com as mudanças diárias nos procedimentos (por exemplo, solicitar que os passageiros tirem seus sapatos), o que, por sua vez, impacta diretamente o tempo que os passageiros individuais terão disponível para fazer compras em um *duty free*.

Outras fontes da volatilidade na esfera micro podem ser o fato de as companhias aéreas mudarem os horários de embarque. Por exemplo, passageiros saindo do Reino Unido para destinos fora da União Europeia podem, geralmente, comprar produtos a um preço menor, e pode haver uma mudança significativa nos padrões de demanda se o horário do voo é alterado ou se o voo está atrasado. Um impacto maior sobre as vendas é criado quando as companhias aéreas retiram um serviço ou mudam de aeroporto: a Ryanair, movendo alguns de seus serviços de um aeroporto para outro, por causa das taxas mais baixas de aterrisagem, é um caso a se considerar.

Nesse contexto de incerteza e de demanda cada vez mais imprevisível, a WDF pretende fazer a transição de uma empresa baseada em previsões para uma empresa baseada na demanda.

Uma das estratégias que adotou é a de se concentrar em seu centro de distribuição (com base perto do London Heathrow Airport) para encontrar maneiras pelas quais sua capacidade existente poder ser utilizada de forma mais flexível. Usando o que são, na verdade, metodologias Six Sigma, a WDF consegue aprimorar o uso da capacidade de melhorar o fluxo, de modo que possa lidar melhor com os altos e baixos da demanda. Essa estratégia tem tanto sucesso, que a WDF foi capaz de lidar com a abertura do Terminal 5 sem capacidade adicional de armazenamento – maior grau de flexibilidade no centro de distribuição do Heathrow pela utilização de pessoal da agência.

Tornar-se orientado pela demanda exige uma filosofia *just-in-time* de entrega baseada em entregas mais frequentes a seus estabelecimentos de pista e em sinais mais frequentes de demanda, isto é, pesquisas de dados no ponto de venda. A intenção é, sempre que possível, mudar para uma filosofia de "reposição contínua", em que os produtos são rapidamente repostos depois de serem vendidos.

A WDF reconheceu que as cadeias de suprimentos orientadas pela demanda exigem que os fornecedores sejam altamente rápidos na resposta. A empresa está ativamente verificando formas de os *lead times* de entrada dos fornecedores poderem ser reduzidos, em particular, mediante maior nível de informação compartilhada e a introdução de acordos de *vendor managed inventory* (VMI).

Com uma gama de produtos de cerca de 15.000 SKU, há inevitavelmente uma longa cauda na curva de vendas de Pareto; por exemplo, 88% das vendas das SKU da WDF foram inferiores a 1 unidade por dia e por loja. Uma resposta a essa questão é o foco na racionalização da variação. Manter o controle de variedade é um desafio contínuo, com lançamentos de novos produtos e promoções aumentando a cada ano. Há, cada vez mais, segmentos de mercado, como vodca com sabores diferentes, pontos de preço diversos e estratégias de posicionamento distintas. Cerca da metade da SKU da WDF muda a cada ano, tornando difícil a utilização de métodos tradicionais de previsão de vendas.

Uma percepção foi a WDF ter de se afastar da abordagem tradicional do tipo "um tamanho serve para todos" e passar a uma estratégia de cadeia de suprimentos múltipla, que visa controlar os diferentes perfis de volume e variabilidade de produtos individuais de maneiras diversas. Igualmente para determinados produtos – especialmente em categorias mais orientadas para a moda, como óculos de sol –, a empresa tem de se programar com antecedência para épocas específicas e, em virtude de longos *lead times*, precisa encomendar tais produtos com bastante antecedência. Neste caso, a estratégia é "quando acabou, acabou", que exige uma capacidade logística completamente diferente para tipos de produtos de "reposição contínua".

Referências

[1] WOMACK, J. P.; JONES, D. T.; ROOS, D. *The machine that changed the world.* Macmillan, 1990.

[2] MONDEN, Y. *The Toyota production system.* Productivity Press, 1983.

[3] CHRISTOPHER, M.; TOWILL, D. An integrated model for the design of agile supply chains. *International Journal of Physical Distribution and Logistics Management*, v. 31, n. 4, 2001.

Gestão estratégica de *lead time*

7

Concorrência com base em tempo

Conceitos de *lead time*

Gestão de cadeia logística

Reduzindo o *lead time* logístico

"Tempo é dinheiro" talvez seja um clichê utilizado excessivamente na linguagem cotidiana, mas em gestão de logística essa frase vai ao cerne da questão. Não só o tempo representa custos para o gestor de logística, mas *lead times* estendidos também implicam problemas para o atendimento ao cliente. Quanto aos custos, há uma relação direta entre o comprimento do duto logístico e o estoque que está trancado nele; cada dia em que o produto está na cadeia resulta em custo de manutenção de estoque. Além disso, longos *lead times* significam uma resposta mais lenta para as necessidades do cliente, e, dada a importância crescente da velocidade de entrega no atual contexto internacionalmente competitivo, a combinação de custos elevados e falta de receptividade fornece uma receita para o declínio e a decadência.

Concorrência com base em tempo

Clientes em todos os mercados, industriais ou de consumo, estão cada vez mais sensíveis ao tempo.[1] Em outras palavras, eles valorizam o tempo e isso se reflete em seu comportamento de compra. Assim, por exemplo, em mercados industriais, os compradores tendem a utilizar os fornecedores como fonte, com os menores *lead times*, que podem atender à sua especificação de qualidade a um preço aceitável. Em mercados de consumo os clientes fazem a sua escolha entre as marcas disponíveis no momento; portanto, se a marca preferida está fora de estoque, é bastante provável que uma marca substituta seja comprada em seu lugar.

> **Os clientes em todos os mercados, industriais ou de consumo, estão cada vez mais sensíveis ao tempo.**

No passado, de modo frequente o preço era uma influência fundamental na decisão de compra. Agora, apesar de o preço ainda ser importante, um dos principais determinantes da escolha do fornecedor ou da marca é o "custo do tempo". O custo do tempo são simplesmente os custos adicionais com os quais o cliente deve arcar enquanto aguarda a entrega ou busca alternativas.

Há muitas pressões que conduzem ao crescimento de mercados sensíveis ao tempo, mas talvez as mais significativas sejam:

1. Redução dos ciclos de vida do produto.
2. Movimento dos clientes para estoques reduzidos.
3. Mercados voláteis tornam as previsões pouco confiáveis.

1. Redução dos ciclos de vida

O conceito de ciclo de vida do produto está bem estabelecido. Ele sugere que, para muitos produtos, há um padrão reconhecível de vendas desde o lançamento até a queda final (ver Figura 7.1).

Uma característica das últimas décadas é o encurtamento desses ciclos de vida. Tome como exemplo o caso da máquina de escrever. A antiga máquina de escrever mecânica teve um ciclo de vida de cerca de 30 anos, o que significa que um modelo individual seria pouco alterado durante esse período. Essas máquinas de escrever mecânicas foram substituídas pelas máquinas de escrever

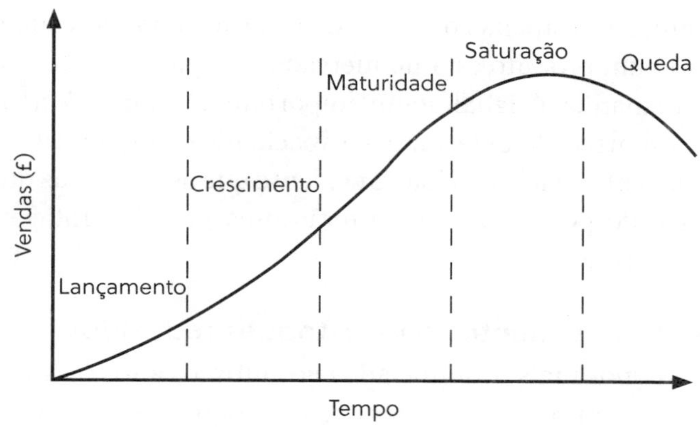

FIGURA 7.1 O ciclo de vida do produto

eletromecânicas, que tiveram um ciclo de vida de aproximadamente dez anos. A máquina de escrever eletromecânica deu lugar à máquina de escrever eletrônica, com um ciclo de vida de quatro anos. Agora, os computadores pessoais tomaram conta, com um ciclo de vida de um ano ou menos!

Em situações como essa, o tempo disponível para desenvolver novos produtos, lançá-los e atender à demanda de mercado é claramente muito reduzido. Portanto, a capacidade de desenvolvimento, fabricação e logística de produtos *fast track* torna-se um elemento-chave da estratégia competitiva. A Figura 7.2 mostra o efeito de se atrasar para chegar ao mercado e ser lento para atender à demanda.

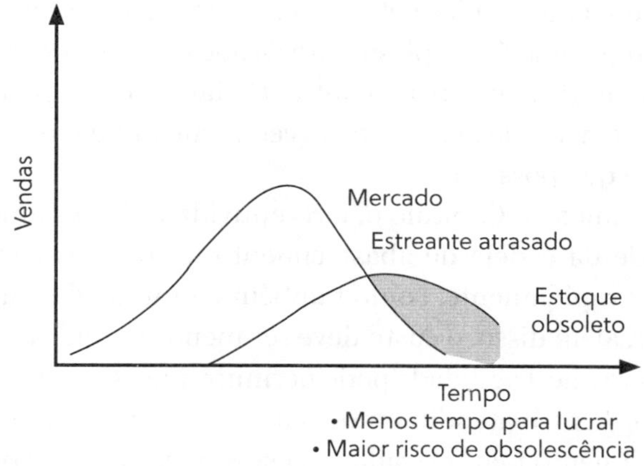

FIGURA 7.2 Ciclos de vida mais curtos tornam o tempo crucial

No entanto, não é apenas o tempo de colocação no mercado que é importante. Quando um produto está no mercado, a capacidade de responder rapidamente à demanda é igualmente importante. Aqui o *lead time* para se reabastecer um mercado determina a capacidade da organização em explorar a demanda durante o ciclo de vida. É evidente que as empresas que conseguem reduzir o ciclo do pedido à entrega terão uma grande vantagem sobre seus concorrentes mais lentos.

2. Movimento dos clientes para estoques reduzidos

Um dos fenômenos mais pronunciados nos últimos anos é o movimento quase universal das empresas em reduzir seus estoques. Se o estoque está na forma de matérias-primas, componentes, trabalhos em andamento ou produtos acabados, a pressão é a de liberar o capital fechado no estoque e, portanto, simultaneamente reduzir o custo de manutenção desse estoque. As empresas que diminuíram seus estoques dessa forma também reconheceram a vantagem que é obtida com melhoria de flexibilidade e capacidade de resposta aos seus clientes.

O efeito multiplicador desse desenvolvimento a montante para os fornecedores foi considerável. É imperativo que os fornecedores possam prestar um serviço de entrega *just-in-time*. Pontualidade de entrega, que significa a entrega do pedido completo no tempo exigido pelo cliente, torna-se o critério vencedor de pedido número um.

Muitas empresas ainda pensam que a única maneira de se atender a clientes que necessitam de entregas *just-in-time* é eles, os fornecedores, transportarem o estoque em vez de o cliente fazê-lo. Embora as exigências dos clientes possam sempre ser cumpridas pelo fornecedor transportando o estoque próximo ao(s) cliente(s), isso é, simplesmente deslocar o ônus do custo de uma parte da cadeia de suprimentos para a outra. De fato, o custo pode ser ainda mais elevado, porém é necessário que o fornecedor substitua a receptividade para o estoque sempre que possível.

Como discutimos no Capítulo 6, a receptividade é basicamente conseguida com a agilidade da cadeia de abastecimento. Não só os clientes podem ser atendidos mais rapidamente, como também o grau de flexibilidade oferecido pode ser maior, além disso, o custo deve ser menor porque a cadeia é menor. A Figura 7.3 sugere que a agilidade pode permitir que as empresas se libertem do clássico *trade-off* entre atendimento e custo. Em vez de ter de escolher entre níveis de atendimento mais elevados e custos mais baixos, é possível ter o melhor dos dois.

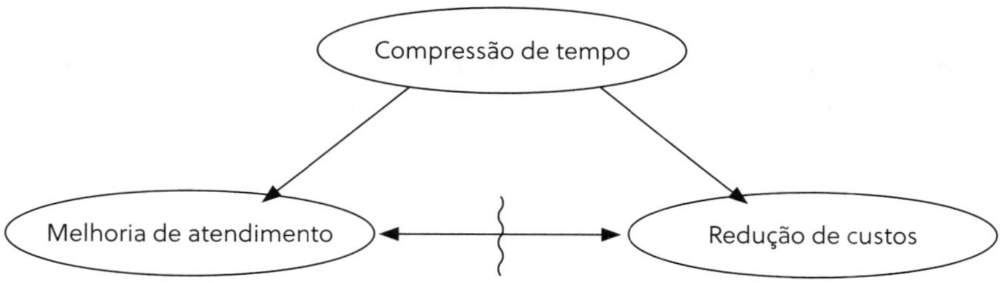

FIGURA 7.3 Livrando-se do clássico *trade-off* de atendimento/custo

3. Mercados voláteis tornam as provisões pouco confiáveis

Um problema recorrente para a maioria das empresas é a imprecisão das previsões. Parece que não importa quão sofisticadas sejam as técnicas de previsão empregadas, a volatilidade dos mercados garante que a previsão estará errada! Embora muitos erros de previsão sejam o resultado de sua metodologia inadequada, a raiz desses problemas é o aumento dos *lead times*.

O desafio da maioria dos mercados é a volatilidade da demanda que tende a aumentar, muitas vezes, em razão da atividade competitiva, outras vezes, de respostas inesperadas a promoções ou mudanças de preço e como resultado de políticas de reabastecimento dos intermediários. Em situações como essas, existem pouquíssimos métodos de previsão que conseguirão antever com precisão mudanças de curto prazo na demanda.

A resposta convencional para tal problema tem sido o aumento do estoque de segurança para oferecer proteção contra erros de previsão desse tipo. No entanto, é certamente preferível reduzir os *lead times* a fim de reduzir os erros de previsão e, consequentemente, reduzir a necessidade de inventário.

Muitas empresas investem pesadamente em automação na fábrica com o objetivo de reduzir o tempo de produção. Em alguns casos, processos que antes levavam dias para ser concluídos agora levam somente horas, e atividades, que levavam horas agora só levam alguns minutos. No entanto, é paradoxal que muitas dessas mesmas empresas, que já gastaram milhões em automação para acelerar o tempo que se leva para a fabricação de um produto, estejam satisfeitas em deixá-lo parado em um centro de distribuição ou armazém por semanas esperando para ser vendido! A exigência é olhar as diferentes etapas da cadeia de suprimentos para avaliar como o tempo inteiro pode ser reduzido por meio da reengenharia da forma como a cadeia está estruturada.

Se os tempos de resposta pudessem ser reduzidos na cadeia de suprimento, a empresa lidaria melhor com a volatilidade e sua dependência de previsões seria reduzida. Imagine uma situação utópica, em que uma empresa tenha reduzido a sua aquisição, fabricação e *lead time* para zero. Em outras palavras, tão logo um cliente encomendasse um item - qualquer um -, o produto era feito e entregue instantaneamente. Em tal situação, não haveria necessidade de uma previsão nem de estoque e, ao mesmo tempo, uma maior variedade poderia ser oferecida ao cliente.

Embora, claramente, *lead times* de zero sejam muito pouco prováveis de existir no mundo real, a meta de qualquer empresa deve ser a redução dos *lead times*, em cada estágio da cadeia logística, para o mais próximo possível de zero. Em alguns casos, é possível encontrar uma oportunidade considerável para a redução total de *lead time*, muitas vezes por meio de algumas mudanças muito simples nos procedimentos.

Conceitos de *lead time*

Do ponto de vista do cliente, existe apenas um *lead time*: o tempo decorrido desde o pedido até a entrega. Claramente, essa é uma variável competitiva crucial, uma vez que mais e mais mercados se tornam cada vez mais competitivos em relação ao tempo. No entanto, ela representa apenas uma visão parcial de *lead time*. Igualmente importante, do ponto de vista do fornecedor, trata-se do tempo que se leva para converter um pedido em dinheiro e, na verdade, o tempo total em que o capital de giro está comprometido, desde a aquisição dos materiais até o recebimento do pagamento do cliente.

Vamos examinar esses dois conceitos de *lead time*.

1. O ciclo do pedido à entrega

Do ponto de vista do marketing, o tempo decorrido desde o recebimento do pedido do cliente até a entrega (por vezes chamado tempo de ciclo do pedido, *order cycle time* - OCT) é crucial. No ambiente *just-in-time* de hoje, *lead times* curtos são uma importante fonte de vantagem competitiva. A confiabilidade ou a consistência desse *lead time*, contudo, é igualmente importante. Na verdade, pode-se argumentar que a confiabilidade de entrega é mais importante do que o tamanho do ciclo do pedido - pelo menos até certo ponto -, porque o impacto de uma falha para entregar na hora certa é mais grave do que a necessidade de se encomendar com antecedência. No entanto, como vimos, longos *lead times* exigem previsões de prazo mais longo, então a pressão do cliente continuará sobre prazos de entrega cada vez mais curtos.

Quais são os componentes de tempo do ciclo do pedido? A Figura 7.4 evidencia os principais elementos.

O cliente faz o pedido	Preenchimento de pedido	Processamento de pedidos	Montagem de pedido	Transporte	Encomenda recebida

FONTE: STOCK, J. R.; LAMBERT, D. M. *STRATEGIC LOGISTICS MANAGEMENT*. 2. ED. IRWIN, 1987.

FIGURA 7.4 O ciclo do pedido

Cada uma dessas etapas da cadeia vai consumir tempo. Por causa de gargalos, processos ineficientes e oscilações no volume de encomendas tratadas, muitas vezes haverá uma variação considerável no tempo necessário para que tais atividades sejam concluídas.

O efeito global pode levar a uma redução substancial da confiabilidade de entrega. Como exemplo, a Figura 7.5 mostra o efeito cumulativo de variações de um ciclo de pedido que resulta em uma variação de possíveis tempos de ciclo de 5 a 25 dias.

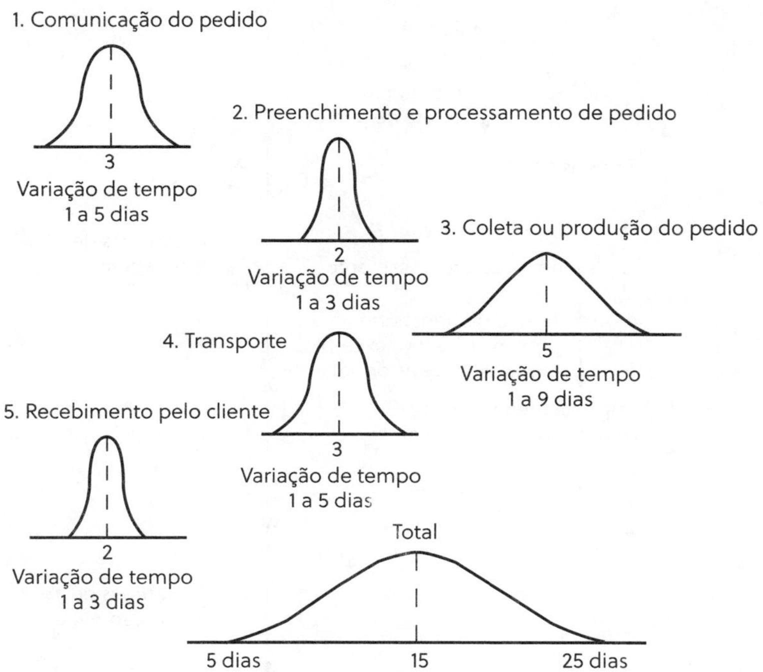

FIGURA 7.5 Ciclo total do pedido com variabilidade

Nas situações em que os pedidos não são cumpridos a partir do estoque, mas podem ter de ser fabricados, montados ou provenientes de fornecedores externos, os *lead times* serão ainda mais estendidos, com a possibilidade de

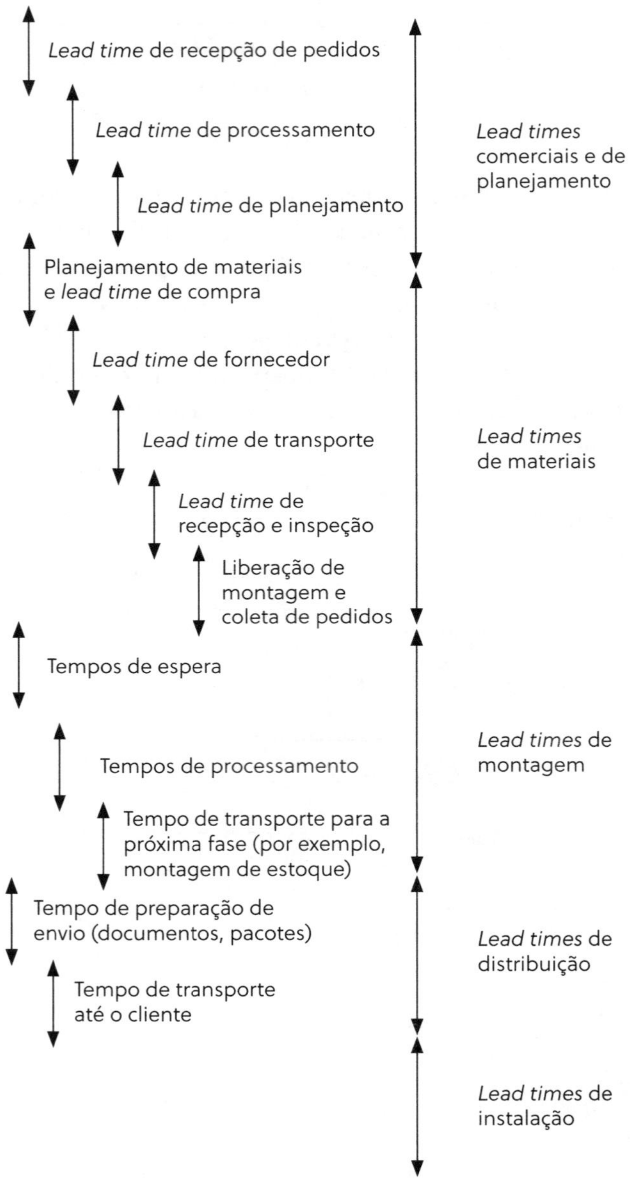

FIGURA 7.6 Componentes de *lead time*

variações ainda maiores no tempo total do pedido à entrega. A Figura 7.6 destaca atividades típicas de *lead times* estendidos.

2. O ciclo *cash-to-cash*

Como já observado, uma preocupação básica de qualquer empresa é: quanto tempo se leva para converter um pedido em dinheiro? Na realidade, a questão não é apenas o tempo que se leva para o processamento de pedidos, o levantamento de faturas e o recebimento de pagamento, mas também o número de etapas na cadeia, desde a identificação de matérias-primas até o produto acabado, pois os recursos são consumidos dentro de toda a cadeia e o capital de giro precisa ser financiado.

A partir do momento em que são tomadas decisões sobre fornecimento e aquisição de materiais e componentes, pelo processo de fabricação e montagem até a distribuição final, tempo é consumido. Esse tempo é representado pelo número de dias de estoque na cadeia, seja como matérias-primas, trabalhos em andamento, mercadorias em trânsito, ou tempo necessário para se processar pedidos, emitir pedidos de reposição, bem como tempo gasto na fabricação, tempo em filas ou pontos ou gargalos, e assim por diante. O controle dessa cadeia total é o verdadeiro escopo da gestão do *lead time* de logística. A Figura 7.7 ilustra a maneira como o *lead time* cumulativo se desenvolve desde a aquisição até o pagamento.

Como veremos mais adiante neste capítulo, quanto mais longa a cadeia, da fonte de materiais para o usuário final, menos receptivo a mudanças na demanda o sistema será. É também o caso de canalizações mais longas que obscurecem a visibilidade da demanda final, de modo que é difícil relacionar as decisões de fabricação e aquisição às exigências de mercado. Assim, encontramos um inevitável acúmulo de estoques como um *buffer* em cada etapa da cadeia de suprimentos. Uma regra muito valiosa sugere que a quantidade de estoque de segurança em uma cadeia varia com a raiz quadrada do comprimento da cadeia.

Quanto mais longa a cadeia da fonte de matérias-primas até o usuário final, menos adaptável a mudanças na demanda o sistema será.

Superar esses problemas e garantir uma resposta oportuna à demanda volátil exige uma abordagem nova e fundamentalmente diferente para a gestão de *lead times*.

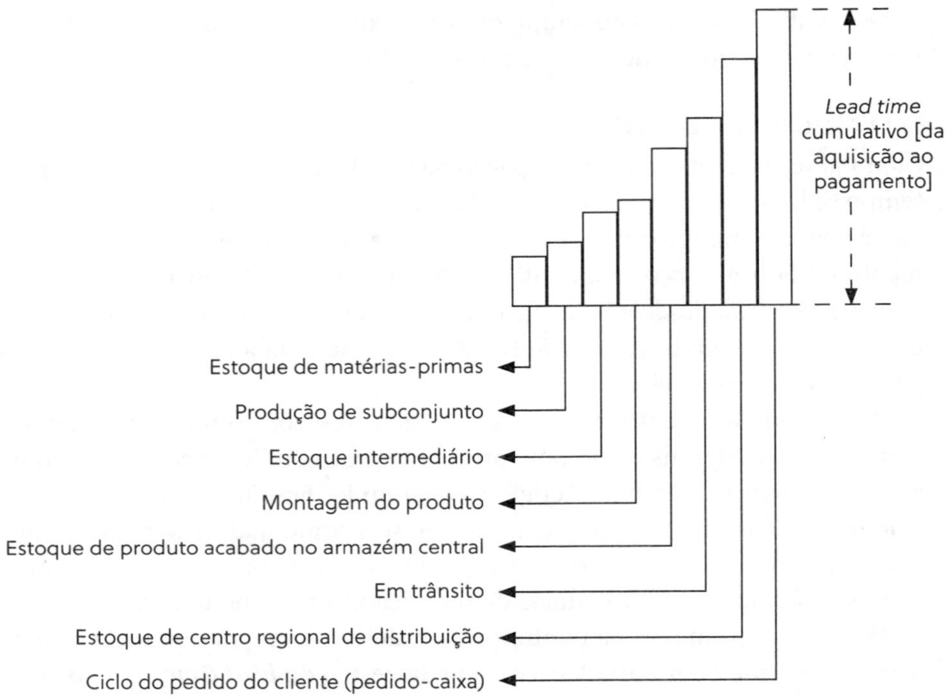

FIGURA 7.7 Gestão estratégica de *lead time*

Gestão de cadeia logística

A chave para o sucesso do controle dos *lead times* logísticos é a gestão da cadeia logística, um processo pelo qual os *lead times* de fabricação e aquisição são ligados às necessidades do mercado. Ao mesmo tempo, a gestão de cadeia visa ir ao encontro do desafio competitivo de aumentar a velocidade de resposta àquelas necessidades do mercado.

Os objetivos da gestão de cadeia logística são:

» Custos mais baixos
» Maior qualidade
» Mais flexibilidade
» Tempos de resposta mais rápidos

A concretização desses objetivos depende da gestão da cadeia de suprimentos como uma entidade e da busca por reduzir a duração da cadeia e/ou acelerar o fluxo por meio dessa cadeia. Ao analisar a eficiência das cadeias de suprimentos, descobre-se com frequência que muitas atividades que ocorrem agregam mais custo do que valor. Por exemplo, mover um pálete para um armazém, reposicioná-lo, armazená-lo e movê-lo para fora muito provavelmente não agregou nenhum valor, mas acrescentou consideravelmente o custo total.

Muito simplesmente, o tempo gerador de valor é um tempo gasto fazendo-se algo que cria um benefício pelo qual o cliente está disposto a pagar. Assim, poderíamos classificar a fabricação como uma atividade de valor acrescentado, bem como a circulação física do produto e os meios de criar a troca. O velho provérbio "o produto certo, no lugar certo, na hora certa" resume a ideia de atividades voltadas ao cliente que agregam valor. Assim, qualquer atividade que contribua para que se alcance esse objetivo pode ser classificada como uma atividade que agrega valor.

Por outro lado, o tempo que não agrega valor é o tempo gasto em uma atividade cuja eliminação não levaria a uma redução do benefício para o cliente. Algumas atividades que não agregam valor são necessárias por causa do projeto atual de nossos processos, mas elas ainda representam um custo e devem ser minimizadas.

A diferença entre tempo que agrega valor e tempo que não agrega valor é crucial para uma compreensão de como os processos de logística podem ser melhorados. Fazer fluxogramas de processos da cadeia de suprimentos é o primeiro passo para entender as oportunidades existentes em relação às melhorias da produtividade mediante a reengenharia dos processos.

Uma vez que os processos são inseridos no fluxograma, o próximo passo é reunir os gestores envolvidos nos processos para debater e entrar em acordo exatamente sobre quais elementos podem verdadeiramente ser descritos como processos que agregam valor. O acordo não pode ser facilmente alcançado, já que ninguém gosta de admitir que a atividade pela qual são responsáveis realmente não agrega qualquer valor para os clientes.

O próximo passo é esboçar um gráfico, destacando visualmente quanto tempo é consumido em ambas as atividades que não agregam valor e as atividades que agregam valor. A Figura 7.8 mostra um exemplo genérico de tal gráfico.

A Figura 7.9 mostra uma análise real de um produto farmacêutico, em que o processo teve o tempo total de 40 semanas com o valor acrescido de 6,2% da época.

Note-se nesse exemplo que a maior parte do valor é acrescentada no início do processo e, portanto, o produto torna-se mais caro para ser mantido como estoque. Além disso, muito da flexibilidade é, provavelmente, perdido, uma vez que o produto está configurado e/ou embalado em formas específicas no início desse processo. A Figura 7.10 mostra que o produto começou como uma combinação de três substâncias ativas, mas muito rapidamente passou para 25

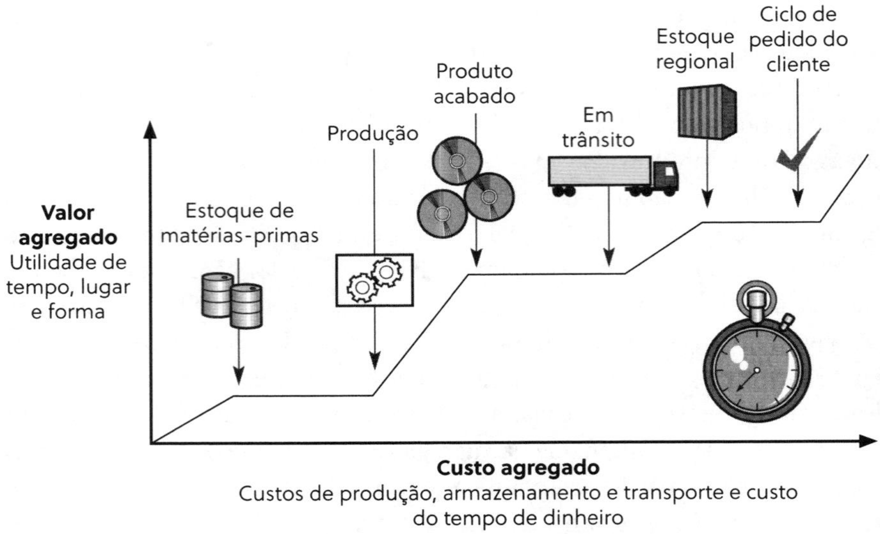

FIGURA 7.8 Quais as atividades que agregam custo e quais as que agregam valor?

unidades de manutenção de estoque, porque foi embalado em diferentes tamanhos, formatos, entre outros, e, assim, foi mantido em estoque pelo resto do tempo na cadeia da empresa.

A diferença entre tempo que agrega valor e tempo que não agrega valor é crucial para uma compreensão de como os processos de logística podem ser melhorados.

Um indicador da eficiência da cadeia de suprimentos é dado por sua eficiência de rendimento, que pode ser mensurada como:

$$\frac{\text{Tempo de valor agregado}}{\text{Tempo de cadeia de ponta a ponta}} \times 100$$

A eficiência de rendimento pode ser tão baixa quanto 10%, significando que a maior parte do tempo gasto em uma cadeia de suprimentos não é tempo de valor agregado.

A Figura 7.11 mostra como atividades que agregam custos podem facilmente superar atividades que agregam valor.

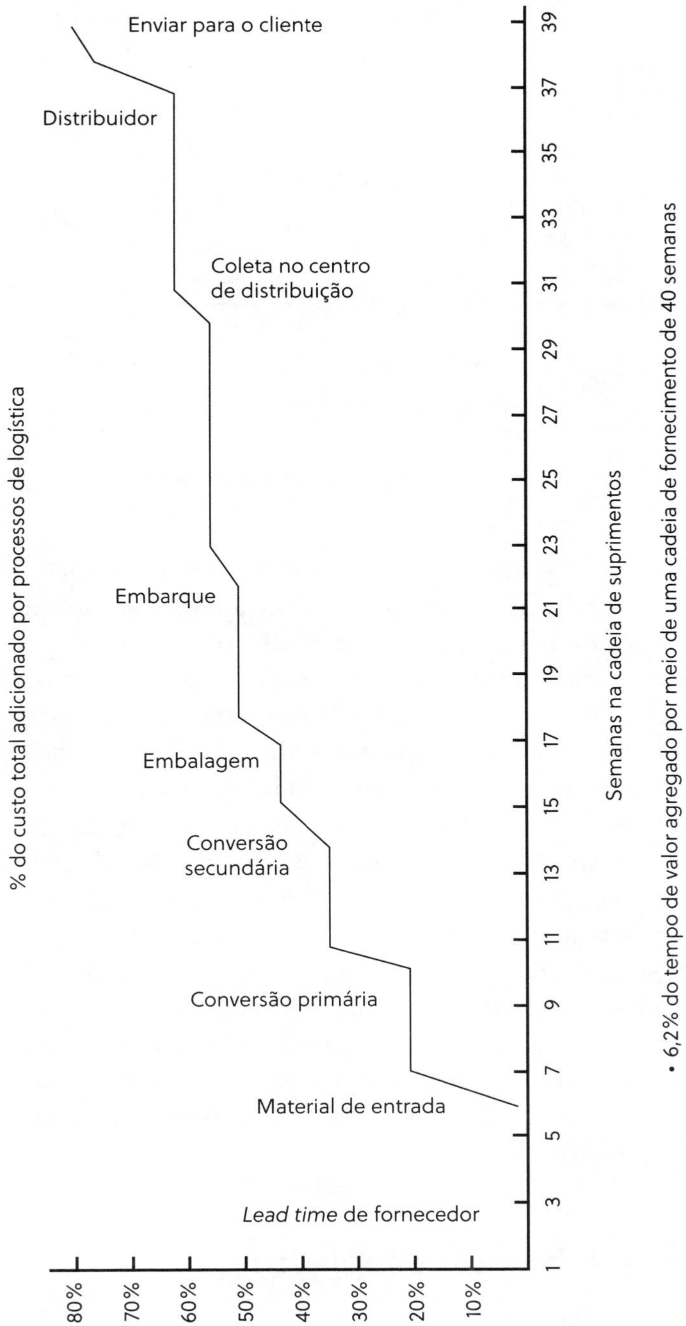

FIGURA 7.9 **Valor agregado através do tempo**

- O período mais longo é gasto no nível máximo de variedade
- A maior flexibilidade está disponível quando o produto é genérico

FIGURA 7.10 Variedade através do tempo

O desafio para a gestão de cadeia é encontrar formas em que a proporção de valor agregado para tempo agregado na cadeia possa ser melhorada. A Figura 7.12 mostra graficamente o objetivo da gestão estratégica de *lead time*: comprimir a cadeia de consumo de tempo para que o tempo de custo agregado seja reduzido. Focar nas partes do gráfico que são retratadas na horizontal (ou seja, representar períodos de tempo quando nenhum valor está sendo agregado) permite que as oportunidades de melhoria sejam identificadas.

A gestão de cadeia está preocupada com a remoção dos bloqueios e das fraturas que ocorrem na cadeia e levam a acúmulos de estoque e tempos prolongados de resposta. As fontes desses bloqueios e fraturas são coisas como tempo de instalação e mudança, gargalos, estoque excessivo, processamento de pedidos sequenciais e visibilidade inadequada da cadeia.

Alcançar a melhoria no processo de logística exige um enfoque sobre todo o *lead time*, em vez de sobre os componentes individuais desse *lead time*. Especificamente, as interfaces entre os componentes devem ser examinadas em detalhes. Essas interfaces fornecem um terreno fértil para a reengenharia de processos logísticos.

Reduzindo o *lead time* logístico

Uma vez que as empresas, em geral, não têm gerenciado bem o fluxo total de materiais e informações que conectam a fonte de abastecimento com o cliente

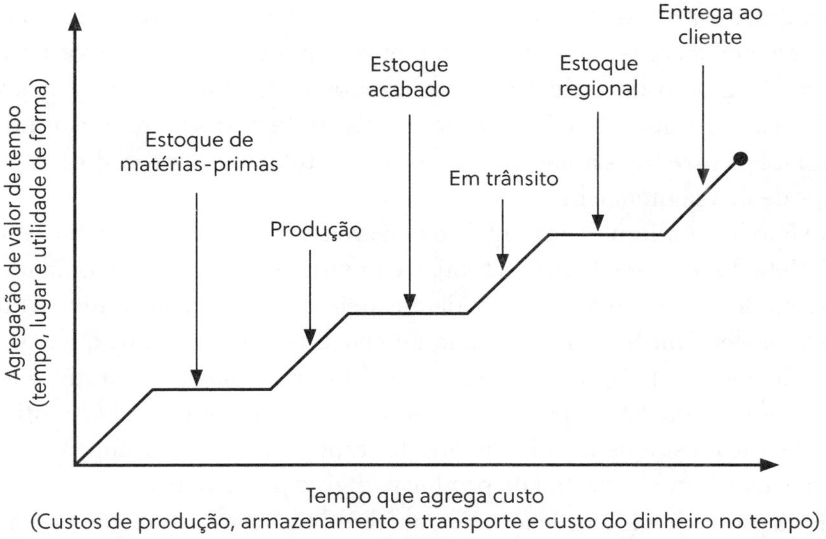

FIGURA 7.11 Tempo de custo agregado *versus* tempo de valor agregado

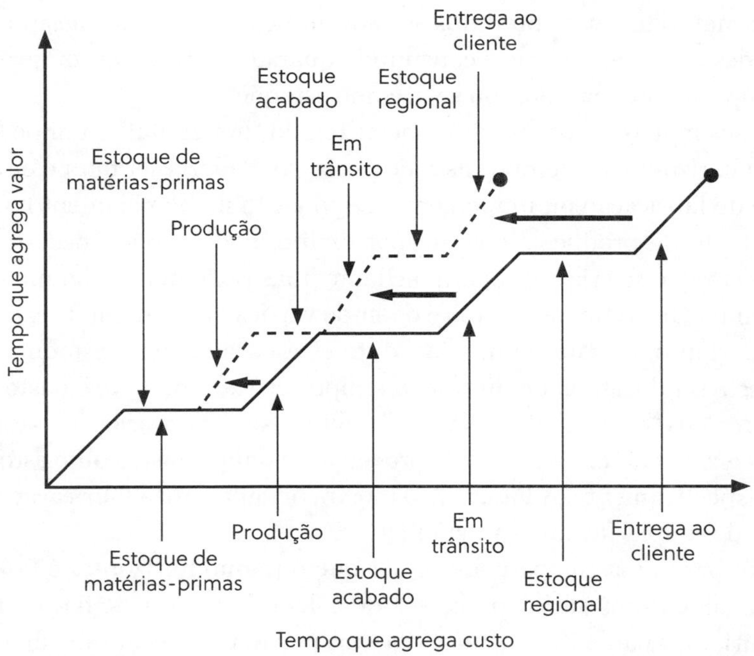

FIGURA 7.12 Reduzir o tempo que não agrega valor melhora o serviço e reduz custos

final, descobrimos que há uma oportunidade incrivelmente valiosa para melhorar a eficiência desse processo. Nas empresas que não reconhecem a importância da gestão da cadeia de suprimentos como um sistema integrado, é muito comum que períodos consideráveis de tempo sejam consumidos nas interfaces, entre fases adjacentes no processo total, e nos procedimentos realizados de forma ineficiente.

O fato de nenhum departamento ou gerente individual ter uma visibilidade completa do processo logístico total, frequentemente boas oportunidades para redução de tempo ao longo de toda a cadeia não são reconhecidas. Uma empresa de eletrônicos na Europa não percebeu por muitos anos que, apesar de ter reduzido seu tempo de produção na fábrica de dias para horas, o estoque terminado ainda estava parado no armazém há três semanas! O motivo foi o fato de que o estoque terminado era de responsabilidade da função de distribuição, com a qual a gestão de produção não se preocupava.

Para permitir a identificação de oportunidades para a redução do tempo de cadeia de ponta a ponta, um ponto de partida é a construção de um mapa da cadeia de suprimentos.

Um mapa da cadeia de suprimentos é essencialmente uma representação com base no tempo dos processos e atividades que estão envolvidos à medida que os materiais ou os produtos se movem pela cadeia. Ao mesmo tempo, o mapa destaca o tempo que é consumido quando os materiais ou produtos estão simplesmente parados, ou seja, como estoque.

Nesses mapas, é comum diferenciar tempo "horizontal" e tempo "vertical". Tempo horizontal é o tempo gasto no processo. Poderia ser tempo em trânsito, tempo de fabricação ou montagem, tempo gasto no planejamento ou no processamento da produção, e assim por diante. Pode não ser necessariamente tempo em que se cria valor para o cliente, mas pelo menos alguma coisa está ocorrendo. Outro tipo de tempo é o tempo vertical, quando nada está ocorrendo e, portanto, o material ou o produto está parado como estoque. Nenhum valor está sendo agregado durante o tempo vertical, somente o custo.

Os rótulos "horizontal" e "vertical" referem-se aos próprios mapas nos quais os dois eixos refletem o tempo de processo e o tempo gasto como estoque estático, respectivamente. A Figura 7.13 mostra o mapa para a fabricação e a distribuição de roupas íntimas masculinas.

Com base nesse mapa pode-se ver que o tempo horizontal é 60 dias. Em outras palavras, os vários processos de coleta de materiais, fiação, malharia, tinturaria, acabamento, costura, e assim por diante, levam 60 dias para ser concluídos. Isso é importante porque o tempo horizontal determina o tempo

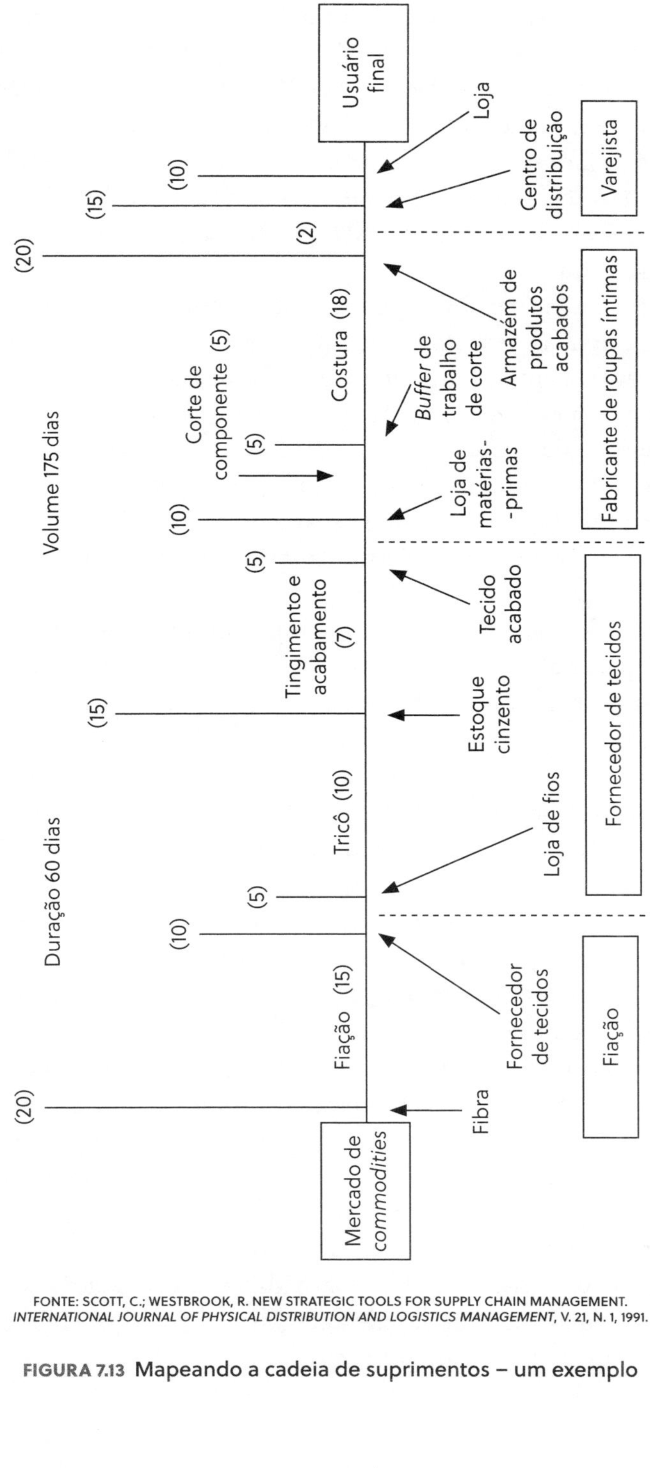

FONTE: SCOTT, C.; WESTBROOK, R. NEW STRATEGIC TOOLS FOR SUPPLY CHAIN MANAGEMENT. *INTERNATIONAL JOURNAL OF PHYSICAL DISTRIBUTION AND LOGISTICS MANAGEMENT*, V. 21, N. 1, 1991.

FIGURA 7.13 Mapeando a cadeia de suprimentos – um exemplo

que levaria para o sistema responder a um aumento na demanda. Assim, se houvesse um aumento sustentado na demanda, levaria o mesmo tempo para "acelerar" a produção para o novo nível. Por outro lado, se houvesse uma desaceleração na demanda, então a medida crítica seria o volume de cadeia, ou seja, a soma de ambos, tempo horizontal e vertical. Em outras palavras, seriam necessários 175 dias para o "escoamento" do sistema de estoque. Assim, em mercados voláteis de moda, por exemplo, o volume de cadeia é um determinante de risco empresarial.

Mapas de cadeia também podem fornecer uma referência interna útil. Como cada dia de tempo de processo exige um dia de estoque para "cobrir" aquele dia, então, em um mundo ideal, o único estoque necessário seria para fazer a cobertura durante o *lead time* do processo. Assim, um tempo total de processo de 60 dias resultaria em um estoque de 60 dias. No entanto, no caso aqui em destaque, na verdade, existem 175 dias de estoque em andamento. Claramente, a menos que os processos individuais sejam altamente variáveis no tempo ou se a procura for muito volátil, há mais estoque do que se pode justificar.

Lembre-se de que, em empresas de multiproduto, cada um terá um tempo diferente de cadeia de ponta a ponta. Além disso, em casos nos quais os itens incluem vários componentes, materiais de embalagem ou subconjuntos, o tempo total de cadeia será determinado pela velocidade do item ou elemento de movimento mais lento nesse produto. Assim, na aquisição de materiais e na fabricação de purificadores de ar em aerossol, verificou-se que o *lead time* de reposição de uma das fragrâncias utilizadas era tal que foram adicionadas semanas à cadeia total.

O mapeamento de canalizações, portanto, fornece uma base poderosa para projetos de reengenharia logística. Uma vez que tornam todo o processo e seu estoque associado transparentes, as oportunidades de redução de tempo que não agregam valor tornam-se aparentes. Em muitos casos, grande parte do tempo que não agrega valor em uma cadeia de suprimentos está lá porque é infligida por "regras" que são impostas ou foram herdadas. Essas regras incluem: quantidades de lote econômico, quantidades de pedido econômico, tamanhos mínimos de pedido, períodos fixos de revisão de estoque, ciclos de planejamento de produção e períodos de revisão de previsão.

A importância da gestão estratégica de *lead time* é que ela nos obriga a desafiar todos os processos e todas as atividades da cadeia de suprimentos e a aplicar o teste final: "esta atividade agrega valor para um cliente ou consumidor, ou ela simplesmente agrega custos?".

O princípio básico a ser observado é que cada hora de tempo na cadeia reflete diretamente na quantidade de estoque na cadeia e, portanto, no tempo que se leva para responder às exigências do mercado.

Uma analogia simples: imagine um oleoduto de uma refinaria para um porto que fica a 500 quilômetros de distância. Em condições normais, haverá um equivalente de 500 quilômetros de óleo na cadeia. Se houver mudança de exigência no final do oleoduto (digamos, para uma classe diferente de óleo), então 500 km do tipo original devem ser bombeados antes que o tipo alterado chegue ao ponto de demanda.

No caso do duto de logística, o tempo é consumido não apenas em processos lentos, mas também na manutenção de estoques desnecessários – quer se trate de matérias-primas, trabalhos em andamento, esperando em um gargalo, ou estoque terminado. Mantendo o foco na melhoria dos principais processos da cadeia de suprimentos, as empresas podem melhorar drasticamente a sua competitividade, como o caso da Johnstons of Elgin (ver quadro a seguir).

Johnstons of Elgin

A Johnstons of Elgin começou sua história em 1797, quando Alexander Johnston alugou uma fábrica de lã em Newmill, Aberdeenshire, na Escócia. Mais de 200 anos depois, a fábrica da Johnstons of Elgin ainda está no mesmo local e é a última fábrica de lã integrada verticalmente do Reino Unido, a única que ainda realiza todos os processos, desde o recebimento de matérias-primas até o produto acabado, em um único local.

Em meados do século XIX, a empresa desenvolveu um negócio de sucesso produzindo "*tweeds* de fazenda". *Tweeds* de fazenda são um derivativo de "tartãs", um xadrez diferenciado tradicionalmente usado pelos escoceses para denotar seu clã. Os padrões de *tweeds* de fazenda eram específicos para um imóvel individual – um imóvel sendo uma casa (normalmente) grande ou castelo com terrenos significativos ligados a ela. As pessoas que trabalhavam na propriedade costumavam usar roupas feitas a partir do *tweed* desenhado e produzido. Isso provou ser uma linha de muito sucesso para a Johnstons e elas ainda são produzidas hoje sob encomendas específicas de clientes.

Ao mesmo tempo, a empresa começou a importar *cashmere* e lentamente desenvolveu uma gama de roupas de tecidos finos feitas com essa fibra. Muito mais tarde, em 1973, a Johnstons entrou na indústria de confecção de malhas de *cashmere* por meio de uma fábrica separada em Hawick, nas fronteiras da Escócia.

O impacto da concorrência de baixo custo

Por muitos anos, produtos feitos a partir de *cashmere* tendiam a ser onerosos e, como resultado, eram comprados apenas por um cliente mais abastado. No entanto, com a crescente globalização dos mercados, em parte influenciada pela redução ou eliminação das barreiras comerciais, novas fontes de concorrência de baixo custo começaram a surgir no fim do século XX. Os produtos etiquetados como *cashmere* estavam sendo vendidos em supermercados de países ocidentais por uma fração do preço que os fabricantes e varejistas tradicionais estavam cobrando. Reconhecidamente, muitas dessas importações de baixo custo não tinham a mesma qualidade e continham apenas a lã *cashmere* suficiente para permitir que fossem legalmente etiquetadas como *cashmere*; porém, muito rapidamente elas tiveram um grave impacto sobre as vendas de produtos de *cashmere* produzidos no Reino Unido. Por exemplo, em 2008, uma *pashmina* de *cashmere* podia ser comprada na Tesco por 29 libras em comparação às 200 libras por uma fabricada no Reino Unido e comprada em uma loja como a Harvey Nichols.

Muitos fabricantes tradicionais não conseguiam resistir a essa concorrência e a diminuição gradual na indústria de vestuário de malha no Reino Unido – que tinha sido evidente durante anos – parecia pronta para continuar.

A Johnstons of Elgin não estava imune a essa pressão da concorrência e, em 2006, viu seu lucro cair de 2,2 milhões de libras para 336 mil libras.

Uma mudança de foco

Por muitos anos, a Johnstons foi predominantemente uma empresa de moda masculina com produtos altamente estáveis, com longos ciclos de vida (por exemplo, tecidos para os ternos), mas ao longo do tempo a empresa tornou-se uma empresa de moda predominantemente feminina, com um conteúdo mais elevado de moda e com ciclos de vida muito mais curtos. Ao mesmo tempo, houve uma transição de uma empresa produzindo principalmente produtos-padrão em uma base repetitiva para uma base de produtos muito mais personalizados, feitos frequentemente com etiquetas próprias para grandes lojas de moda, como a Hermes.

Como resultado, o design tornou-se um elemento muito mais importante no processo de desenvolvimento do produto. Também foi reconhecido que se tornar uma empresa influenciada pelo design poderia fornecer uma poderosa plataforma para competir com fontes de baixo custo do país.

No entanto, não seria suficiente ser inovador em design de novos produtos, se novos produtos não pudessem ser introduzidos e a produção não pudesse ser ajustada rapidamente para atender à demanda incerta.

Concorrência com base em tempo

Como é comum na indústria têxtil e de vestuário, geralmente o tempo do design para o mercado era muitas vezes longo na Johnstons. Em parte, isso foi causado pela falta de flexibilidade da produção e de processos de acabamento tradicionais. Mas uma importante causa do atraso foi a necessidade de produzir amostras de tecidos acabados para clientes e muitas vezes para fazer alterações frequentes no design do produto a pedido desses clientes.

Não só tais atrasos aumentaram significativamente o custo (o custo de uma amostra poderia estar na faixa de 80 libras por metro), como também significou que o tempo de colocação no mercado foi prorrogado. Como os mercados tradicionais da Johnston tornaram-se muito mais orientados para a moda com ciclos de vida mais curtos, o tempo torna-se crucial e, portanto, houve um reconhecimento crescente na empresa de que havia uma necessidade urgente de reduzir os *lead times*.

Uma vez que a concorrência aumentou e que muitas das categorias de produtos (por exemplo, um lenço de puro *cashmere*) tinham-se tornado, na verdade, *commodities*, reconheceu-se que o design foi uma importante fonte de diferenciação.

Havia uma visão emergente de que o processo atual de design poderia ser um inibidor de uma maior agilidade. Embora uma série de inovações tivesse ocorrido na fabricação, como a introdução do tingimento tardio de fios e a compra de novos equipamentos que podem produzir em lotes menores, o design ainda tendia a seguir um ciclo fixo.

Para sua própria gama de produtos (diferentes daqueles fabricados para outros clientes), seu processo de design seguiu um ciclo regular: o trabalho em novos designs e ideias de cores começa em fevereiro; junho é o prazo para a primeira revisão de ideias para novos produtos com aprovação no final de agosto. Esses produtos só aparecem nas lojas em abril/maio. Para aqueles produtos que a Johnstons fabricou para outros clientes, por exemplo, casas de moda ou varejistas, o ciclo de design teve de ser menor e mais flexível. Esses clientes, que eram de importância crescente para a Johnstons, eram altamente exigentes em suas necessidades – muitas vezes fazendo alterações tardias em designs e especificações de produtos.

Muitos de seus clientes de varejo, como a Burberry, aumentaram o número de estações para suas alterações de variação, por exemplo, de duas para quatro por ano. Eles também exigiram a introdução de novas cores no meio da temporada com a necessidade de amostras de pré-produção.

Ágil ou enxuto?

A indústria têxtil na Escócia, em 2007, foi significativamente menor do que tinha sido mesmo dez anos antes. As estimativas sugerem que só existiam cerca de 17 mil pessoas trabalhando na indústria em comparação com provavelmente o dobro desse número na década anterior. Da mesma forma, o número de empresas envolvidas na indústria foi de menos de 500 em comparação com mais de 1.000 nos anos 1980. No entanto, a queda no nível de atividade tem sido compensada, até certo ponto, pelo aumento no valor da produção da indústria restante. Estima-se que a indústria em 2007 estava criando um volume de negócios de mais de 1 bilhão de libras, incluindo as vendas de exportação de 390 milhões de libras.

James Sugden, o diretor-gerente da Johnstons e também presidente da ScottishTextiles Manufacturing Association, declarou:

> Não há futuro na fabricação em massa (neste setor), mas permanece considerável a quilometragem no valor da marca "made in Scottland", o que pode impulsionar as vendas de luxo em todo o mundo se a qualidade dos produtos puder ser mantida para apoiá-lo. A marca é aquela que impõe muito respeito por causa da história do design e da inovação, não apenas na indústria têxtil.

FONTE: *THE SCOTSMAN*, 14 FEV. 2007.

No entanto, Sudgen reconheceu que essa oportunidade também trazia um grande desafio. Como resultado da redução da capacidade total da indústria e do desaparecimento de grande parte dos fornecedores de processos especialistas (por exemplo, acabamento), surgiu uma falta de capacidade para lidar com grandes aumentos na demanda. O problema foi especialmente grave ao negociar com grandes marcas internacionais, como Chanel – um pedido de uma dessas companhias, embora bem-vindo, poderia causar grandes pressões sobre a capacidade de uma empresa pequena como a Johnstons.

Enquanto no passado o foco era reduzir a capacidade para remover os custos da empresa, agora havia uma necessidade de encontrar melhores formas de utilizar a capacidade existente ou possivelmente acessar essa capacidade em outro lugar.

O problema com a capacidade não era só o número de horas disponíveis das máquinas, mas também a disponibilidade de pessoal capacitado. Como a força de trabalho estava envelhecendo gradualmente, o acervo de trabalhadores experientes estava diminuindo – esse era particularmente o caso de tarefas que envolviam costura à mão.

Para superar esses problemas, a Johnstons instituiu uma grande revisão de todos os seus processos críticos da cadeia de suprimentos. Utilizando mapeamento de processos, rapidamente eles conseguiram identificar as oportunidades para reduzir o tempo sem valor agregado e remover gargalos. Eles também reconheceram que em seu novo mercado, mais orientado pela moda, era preciso introduzir mais abordagens multifuncionais para a tomada de decisão. Melhorias significativas foram feitas para reduzir o tempo do recebimento de um pedido até a entrega final – em parte através da instalação de um sistema de planejamento empresarial, mas também por meio de um foco contínuo na melhoria de processos. Como resultado, a companhia conseguiu melhorar a lucratividade, mesmo em um cenário de condições de mercado desafiadoras.

Referência

[1] STALK, G.; HOUT, T. M. *Competing against time*. The Free Press, 1990.

A cadeia de suprimentos sincrônica

8

- A empresa estendida e a cadeia virtual de suprimentos
- O papel da informação na cadeia virtual de suprimentos
- Estabelecendo as bases para a sincronização
- Logística de "resposta rápida"
- Estratégias de produção para resposta rápida
- Dinâmica de sistemas logísticos

Nas cadeias de suprimentos convencionais, cada fase tende a ser desconectada da outra. Mesmo dentro da mesma empresa, a tendência é que funções distintas tentem otimizar seu próprio desempenho. Como resultado, as interfaces entre as empresas, e entre as funções dentro dessas, precisam ser baseadas em estoques e intervalos de tempo. O efeito disso são um longo tempo dentro da cadeia ponta a ponta, receptividade baixa e custos totais elevados.

Para superar esses problemas, é claro que a cadeia de suprimentos precisa agir como uma rede sincronizada – não como uma série de ilhas separadas. Sincronização implica que cada fase da cadeia está ligada a outra e todas elas "marcham na mesma batida". É por meio de informações compartilhadas que as entidades em uma cadeia de suprimentos tornam-se conectadas.

As informações a serem compartilhadas entre os parceiros da cadeia de suprimentos incluem dados e previsões de demanda, cronogramas de produção, detalhes de lançamento de novos produtos e lista de alterações de materiais.

Para habilitar esse grau de visibilidade e transparência, a sincronização requer um elevado nível de *alinhamento de processos,* que por si só exige um nível mais elevado de trabalho colaborativo. Essas são questões às quais devemos retornar. O quadro a seguir indica alguns dos principais processos que precisam ser ligados, a montante e a jusante, para fornecer a base para a sincronização da cadeia de suprimentos.

- **Planejamento e programação:** Posicionamento/visibilidade de materiais, planejamento avançado, programação, previsão, gestão de capacidade.
- **Design:** Design mecânico, design elétrico, design para a cadeia de suprimentos, seleção de componentes.
- **Nova introdução do produto:** Gestão de lista técnica de materiais, desenvolvimento de protótipos, validação de design, testes, validação de produção, transferência para volume.
- **Gestão de conteúdo de produto:** Geração de mudança, avaliação de impacto da mudança, lançamento de alteração do produto, *cut-in/phase-out* de mudança.
- **Gestão de pedidos:** Captação/configuração de pedidos, disponíveis para promessa, gestão de exceções.
- **Fornecimento e aquisição:** Gestão de fornecedores aprovados, *strategic sourcing,* seleção de fornecedores, seleção de componentes.

FONTE: COOKSON, C. LINKING SUPPLY CHAINS TO SUPPORT COLLABORATIVE MANUFACTURING. *ASCET*, V. 3, 2001. DISPONÍVEL EM: <HTTP://WWW.ASCET.COM>.

A Figura 8.1 mostra a diferença entre a cadeia de suprimentos convencional com transferência limitada de informações e a cadeia de suprimentos sincrônica com visibilidade e transparência em toda a rede.

A empresa estendida e a cadeia virtual de suprimentos

A natureza da empresa de negócios está mudando. Os negócios de hoje estão cada vez mais "sem fronteiras", significando que as barreiras funcionais internas estão sendo destruídas em favor da gestão dos processos horizontais e, externamente, a separação entre vendedores, distribuidores, clientes e empresa está gradualmente diminuindo. Essa é a ideia da *empresa estendida,* que está transformando nosso modo de pensar sobre como as empresas competem e como as cadeias de valor poderiam ser reformuladas.

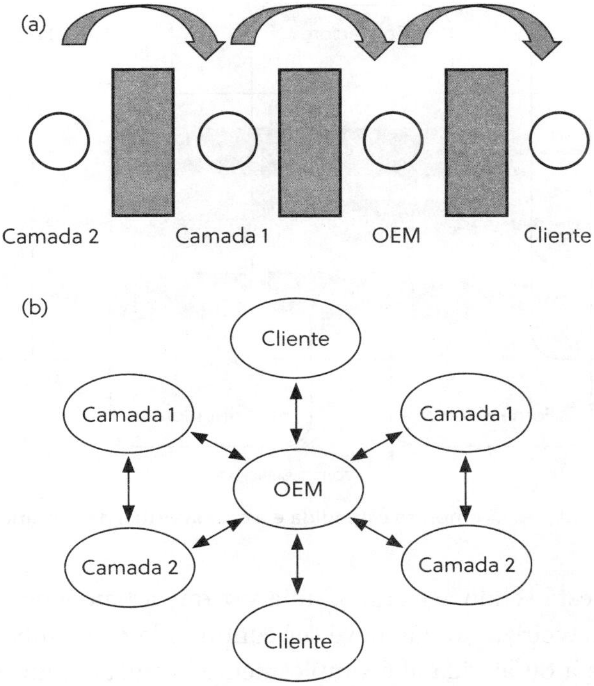

Legenda:
OEM = Fabricante de equipamento original (*original equipment manufacturer*)
Camadas 1 e 2 = Escalões de fornecedores

FIGURA 8.1 Conseguindo sincronização por meio de informações compartilhadas: (a) antes da sincronização; (b) após a sincronização

O conceito de empresa estendida é sustentado por uma "via" comum de informações. É o uso de informações compartilhadas que permite à gestão multifuncional e horizontal se tornar uma realidade. Ainda mais importante é a informação compartilhada entre os parceiros na cadeia de suprimentos, que possibilita o fluxo receptivo do produto a partir de uma extremidade da cadeia para outra. O que já chegou a ser chamado empresa virtual ou cadeia de suprimentos é, na verdade, uma série de relações entre parceiros que se baseia na troca de *valor agregado de informações*. A Figura 8.2 ilustra o conceito.

A ideia de que acordos de parceria e de cooperação são mais eficazes do que a tradicional base de relações de curta distância, e muitas vezes contraditórias, agora ganha terreno. Assim, a cadeia de suprimentos está se tornando uma confederação de empresas que acordam objetivos comuns e fornecem vantagens específicas para a criação de valor global e do sistema de entrega de valor.

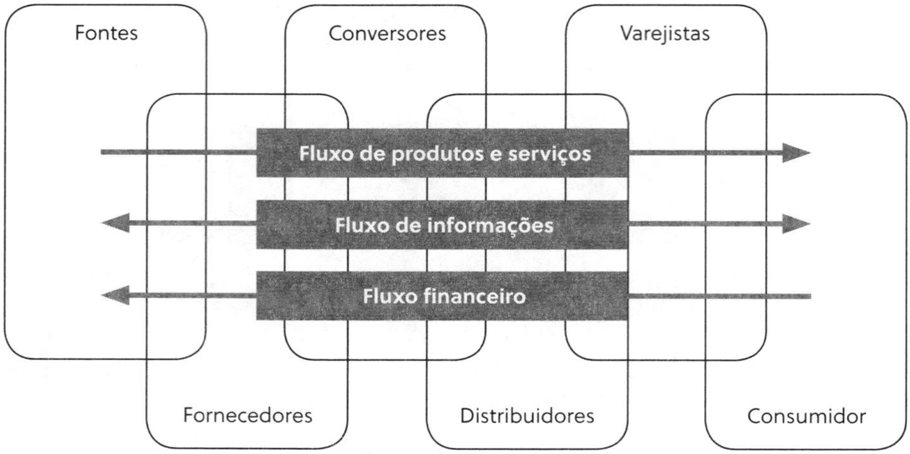

FONTE: KEARNEY, A.T.

FIGURA 8.2 A empresa estendida e a cadeia virtual de suprimentos

Tal processo está sendo acelerado, uma vez que a tendência de terceirização continua. A terceirização não deve ser confundida com "subcontratação", em que uma tarefa ou atividade é simplesmente entregue a um especialista. De certa forma, seria melhor usar o termo *in-sourcing* ou *re-sourcing*, quando nos referimos ao conceito bem diferente de parceria de que a cadeia de suprimentos depende. Essas parcerias podem não ser para todos os momentos - bem possivelmente, elas existem apenas para explorar uma oportunidade específica de mercado –, mas serão "sem emendas" e verdadeiramente sinérgicas.

O papel da informação na cadeia virtual de suprimentos

As principais empresas reconheceram há muito tempo que a chave para o sucesso na gestão da cadeia de suprimentos é o sistema de informação. No entanto, o que estamos aprendendo agora é que isso é uma dimensão de informação que permite que a oferta e a demanda estejam associadas em vários mercados, frequentemente com produtos sob medida, em prazos cada vez mais curtos.

Essa extensão do sistema de informação, para além das dimensões clássicas de planejamento e controle simples, permite que tempo e espaço rompam a capacidade de ligação do cliente diretamente ao fornecedor e o fornecedor reaja, por vezes em tempo real, a mudanças no mercado. Rayport e Sviokla[1] deram origem ao termo "espaço de mercado" para descrever o novo mundo do comércio eletrônico, da internet e das cadeias virtuais de suprimentos. No espaço de mercado, a demanda do cliente pode ser identificada à medida que ocorre e, pelo CAD/CAM e pela fabricação flexível, os produtos são criados em lotes de tamanho mínimo. Igualmente, as redes de fornecedores especializados podem ser unidas para criar soluções inovadoras, e ainda assim de baixo custo para designs complexos e problemas de fabricação. Não seria possível a Airbus já projetar e montar suas avançadas aeronaves, por exemplo, sem a utilização de redes globais de informação que ligam uma ponta da cadeia de valores a outra.

A internet tem, de várias maneiras, transformado as formas pelas quais os membros da cadeia de suprimentos podem se conectar uns com os outros.[2] Ela fornece um veículo perfeito para a criação da cadeia virtual de suprimentos. Não só permite que vastos mercados globais sejam acessados a custos mínimos, como também possibilita aos clientes reduzir drasticamente o tempo de busca e os custos de transação, e ainda permite que diferentes empresas em uma cadeia de suprimentos compartilhem informações entre si de uma forma altamente rentável. *Extranets,* como vieram a ser chamadas, estão revolucionando a gestão da cadeia de suprimentos. Atualmente, empresas com sistemas internos de informação bem diferentes podem acessar dados de clientes, em vendas ou uso de produtos, e utilizar essas informações para gerenciar o reabastecimento e para alertar seus fornecedores sobre requisitos futuros.

Uma das grandes varejistas do Reino Unido, a Tesco, está usando uma extranet para se conectar com seus fornecedores a fim de compartilhar dados de ponto de venda. Ao mesmo tempo, a empresa está administrando com sucesso um sistema de televendas e um de entrega para consumidores pela internet. Dentro da empresa, as intranets permitem compartilhar as informações entre lojas e facilitam a comunicação em toda a empresa. Até agora estamos, provavelmente, "engatinhando" no entendimento de como a internet e suas tecnologias associadas podem ser utilizadas para explorar ainda mais a cadeia virtual de suprimentos. A Figura 8.3 destaca algumas aplicações atuais de conceitos baseados na internet para a gestão da cadeia de suprimentos.

As soluções de TI agora existem para permitir que os parceiros da cadeia de suprimentos compartilhem informações de forma fácil e a custos relativamente baixos. Um dos grandes benefícios que fluem dessa maior transparência são as operações internas da empresa, que podem se tornar muito mais eficientes como resultado. Por exemplo, captando os dados de demanda do cliente antecipadamente, uma melhor utilização da capacidade de produção e de transporte pode ser alcançada com planejamento ou programação mais

Atendimento ao cliente
- Informações e produtos e serviços de suporte
- *Help desk* eletrônico
- Customização em massa e processamento de pedidos

Canal de marketing
- Relações públicas e publicidade
- Pesquisas e testes de mercado
- Correios eletrônicos e catálogos

Recuperação da informação
- Notícias on-line
- Estatísticas, relatórios e bancos de dados
- Mineração de dados
- Análise da competitividade

Relações com fornecedores
- Logística
- Busca de produto
- Intercâmbio de dados eletrônicos
- Pedidos e pagamentos
- Integração da cadeia de suprimentos

Transações financeiras
- Vendas e pagamento
- Gerenciando contas
- Pagamentos de cartão de crédito

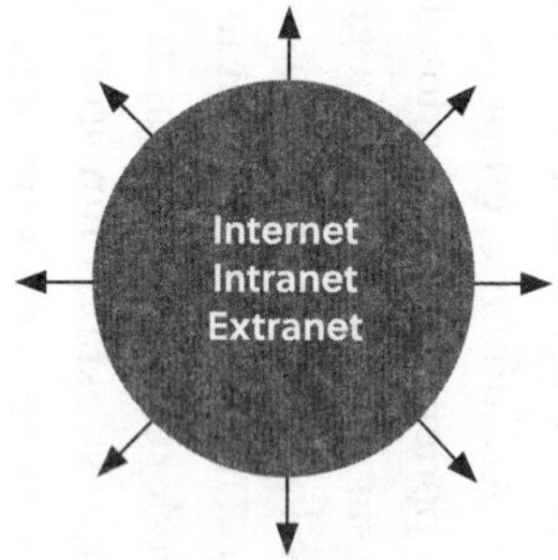

Construindo alianças estratégicas
- Boletins informativos, quadros de avisos, bases de dados de discussão
- Compartilhando conhecimentos e experiências

Distribuição eletrônica
- Produto, dados, informações

Comunicação interna
- Comunicações interna, externa, vertical e horizontal completas
- *Groupware*
- *E-mail*
- Colaboração
- Transferência de conhecimento
- *Home office*

Recursos humanos e relações entre funcionários
- Postagem de vaga de emprego
- Pesquisa especializada
- Treinamento e suporte de funcionários
- Educação a distância

Automação de força de vendas
- Configuração e processamento de pedidos no próprio local
- Transformação do processo de vendas

FONTE: KEARNEY, A. T.

FIGURA 8.3 Aplicações da internet e a cadeia de suprimentos

FIGURA 8.4 Funções de um sistema de informações logísticas

adequados. A Figura 8.4 indica algumas formas de se aplicar as informações logísticas aperfeiçoadas.

Cada vez mais as empresas de sucesso parecem ter uma coisa em comum: o uso de informações e da tecnologia da informação para melhorar a receptividade dos clientes. Os sistemas de informação estão remodelando a empresa e também a natureza das relações entre as elas. A informação sempre foi central para a gestão eficaz da logística, mas agora, permitida pela tecnologia, está proporcionando a força motriz para a estratégia logística competitiva.

Estamos hoje começando a ver o surgimento de sistemas integrados de logística que conectam as operações da empresa, tais como produção e distribuição, com as operações do fornecedor de um lado e o cliente de outro.[3] Já é o caso de as empresas poderem literalmente conectar a reposição do produto no mercado com suas operações a montante e as de seus fornecedores com a utilização de informações compartilhadas. O uso desses sistemas tem o potencial para converter as cadeias de suprimentos em cadeias de demanda, uma vez que o sistema pode agora responder à demanda conhecida, em vez de ter de antecipar essa demanda por meio de uma previsão.

Uma empresa que tem reconhecido a importância de melhorar a visibilidade da cadeia de suprimentos com informações compartilhadas é a Cisco Systems, líder no mercado de telecomunicações e equipamentos de rede (veja a seguir).

Cisco Systems: criando uma cadeia virtual de suprimentos através de informações compartilhadas

A Cisco Systems, um dos principais agentes do mundo nos mercados de redes e telecomunicações, criou uma cadeia de suprimentos virtual em que quase toda a logística de fabricação e física é terceirizada por contratos de fabricantes especializados e empresas de logística de terceiros. Somente uma proporção muito pequena de suas 20 mil unidades de manutenção de estoque é realmente "tocada" por ela.

Após um colapso repentino nas vendas, quando a bolha da internet nos anos finais do século XX finalmente explodiu, a Cisco foi forçada a eliminar mais de 2 bilhões de dólares de estoques obsoletos. As investigações subsequentes destacaram a razão para essa queda espetacular: a visibilidade inadequada da demanda real ao longo de toda a cadeia de suprimentos, levando a um excesso de encomendas de componentes.

Determinada a não ver uma repetição desse evento catastrófico – o tamanho da baixa contábil de estoque criou um novo recorde mundial e levou um grande revés financeiro para a empresa –, a Cisco começou a construir uma rede de comunicações de ponta para permitir que as informações fossem compartilhadas por toda a "empresa estendida" dos seus principais fornecedores e prestadores de serviços de logística de primeiro nível. Isso foi conseguido com a criação de um *e-hub*. O objetivo do *e-hub* é agir como o centro nervoso e garantir a visibilidade em tempo real da demanda, de níveis de estoque e horários de produção. Por meio de sua capacidade de gestão de eventos, ele pode alertar antecipadamente caso surjam problemas na cadeia de suprimentos.

Como resultado de seu investimento na criação de ampla visibilidade da cadeia de suprimentos mediante informações partilhadas, a Cisco permite que uma rede altamente sincronizada de parceiros globais aja como se fosse uma única empresa.

Estabelecendo as bases para a sincronização

Como a sabedoria convencional na produção e na fabricação é buscar economias de escala com maiores quantidades de lote, pensamentos semelhantes podem ser encontrados no restante da cadeia de suprimentos. Assim, as empresas podem tentar embarcar um contêiner ou caminhão totalmente lotado, desencorajando os clientes a encomendar em pequenas quantidades por sanções de preços e os prazos de entrega são tipicamente baseados na otimização da eficiência das rotas e da consolidação das entregas. É evidente que tal abordagem é contrária às exigências de uma cadeia de suprimentos sincronizada. Pela filosofia de sincronização, a exigência é que embarques pequenos sejam efetuados com mais frequência e satisfaçam às necessidades precisas de tempo do cliente.

O desafio para a gestão logística é encontrar formas de essas necessidades alteradas poderem ser alcançadas sem uma escalada de custos que não seja rentável. Pode ter de ser *trade-offs*, mas o objetivo deve ser melhorar o custo-benefício total da cadeia de suprimentos.

O princípio básico de sincronização é garantir que todos os elementos da cadeia ajam como um e, portanto, deve haver a identificação precoce das necessidades de transporte e reabastecimento, e, o mais importante de tudo, deve haver o nível mais elevado de disciplina de planejamento.

Em uma cadeia de suprimentos sincronizada, a gestão de fluxo de materiais de entrada torna-se uma questão crucial. Em particular, a busca de oportunidades de consolidação tem de ser uma prioridade. Assim, por exemplo, em vez de um fornecedor que faz uma série de entregas em pequenas quantidades a um cliente, os pedidos de um número de fornecedores são combinados em uma única entrega. Talvez não seja surpreendente que o surgimento de cadeias de suprimentos sincrônicas como uma filosofia de gestão tenha coincidido com o crescimento da distribuição de terceiros e empresas de logística especializadas na prestação de um serviço de consolidação de entrada.

Essas empresas de serviços logísticos podem gerenciar a coleta de materiais e componentes de fornecedores em uma base como a rota de carteiro, usando um *hub* central ou um centro de transbordo para a reclassificação e a consolidação para o recebimento. Elas também podem executar determinadas atividades que agregam valor, como controle de qualidade, montagem de *kits*, sequenciamento ou acabamento. Em operações complexas de montagem, como a produção de carros, o sequenciamento anterior de peças e componentes antes da montagem é uma atividade fundamental (veja o exemplo a seguir de entrega de bancos para a linha de montagem da Nissan no nordeste da Inglaterra).

Entrega sincronizada: como a Nissan Motors do Reino Unido recebe bancos de veículos

Horas decorridas

0 A carroceria pintada passa para a linha de acabamento na Nissan.
Especificações precisas dos próximos 12 veículos são transmitidas por computador a partir da Nissan para fornecedores de assentos.
O fornecedor transfere informações para as listas de *picking*.
Capas de bancos são selecionadas pela série.

1 Capas de bancos preparadas para montagem (em ordem reversa).
Montagem de assentos pela fabricação sincronizada de submontagens (moldes, espumas, acabamento, peças de plástico).

2 Auditoria de qualidade e carga.
Entrega de assentos para ponto de manutenção de estoque por veículos especializados.
Entrega para área próxima a linha de produção.

3 Assentos traseiros instalados seguidos pelos assentos dianteiros (armações à espera de retorno ao caminhão vazio).
Frequência de entrega a cada 15-20 minutos.

Desenvolvimentos similares permitiram a transformação da logística de varejo. A ideia de "centros de distribuição sem estoque" ou *cross-docking* permite um reabastecimento mais frequente e eficaz do produto de fabricação para cada loja. O *cross-docking*, muitas vezes facilitado por um prestador de serviços de logística, é um conceito simples, mas eficiente. Os dados de ponto de venda de cada loja são transmitidos para o escritório central da agência para lhe permitir determinar as necessidades de reabastecimento. Essa informação é então transmitida diretamente para os fornecedores que montam os pedidos para lojas específicas e os páletes ou caixas recebem códigos de barras (ou são etiquetados de forma cada vez mais eletrônica). Em uma base pré-planejada, esses pedidos da loja são então coletados pelo prestador de serviços de logística e levados para um centro de transbordo (o *cross-dock*) – possivelmente operado pelo prestador de serviços de logística –, onde são classificados por entrega de loja juntamente com pedidos de outros fornecedores. Com efeito, uma entrega *just-in-time* é alcançada, permitindo que estoques mínimos sejam transportados nas lojas de varejo, e ainda os custos de transporte sejam contidos por princípios de consolidação (ver Figuras 8.5 e 8.6).

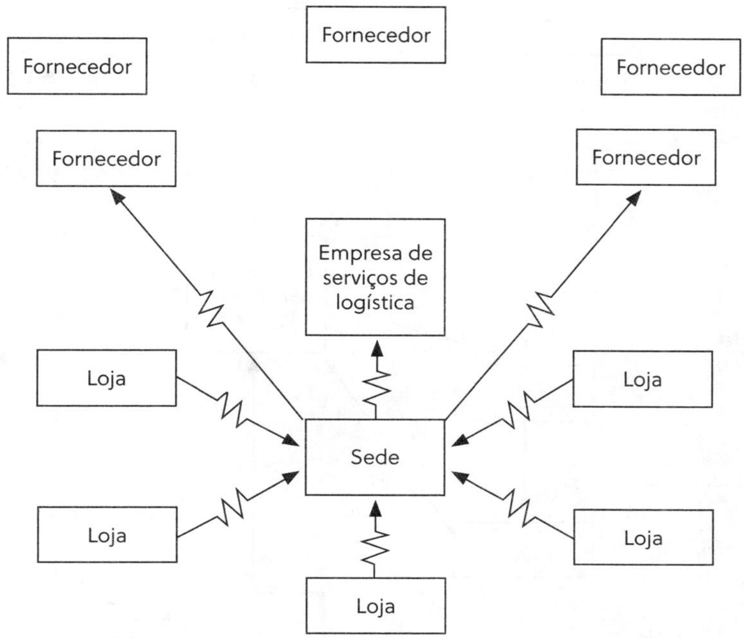

FIGURA 8.5 Os dados diários de vendas impulsionam o sistema de pedidos de reabastecimento

Logística de "resposta rápida"

Uma consequência da sincronização tem surgido nos últimos anos sob a bandeira da ideia de logística de "resposta rápida".[4] A ideia básica por trás da resposta rápida (*quick response* - QR) é que, a fim de aproveitar as vantagens da concorrência fundamentada no tempo, é necessário desenvolver sistemas que sejam receptivos e rápidos. Assim, QR é o termo genérico para os sistemas de informação e os sistemas de logística que se combinam para proporcionar "o produto certo, no lugar certo, na hora certa".

O que tornou a QR possível foi o desenvolvimento da tecnologia da informação, particularmente o aumento do intercâmbio de dados possibilitado pela internet, o código de barras, o uso de sistema eletrônico de ponto de venda (*electronic point-of-sale* - EPOS), com escâneres a laser, e assim por diante.

Essencialmente, a lógica por trás da QR é o fato de que a demanda é captada o mais próximo possível do tempo real e tão perto quanto possível do consumidor final. A resposta de logística é, então, feita diretamente como resultado dessas informações. Um exemplo dessa abordagem é fornecido nos Estados Unidos

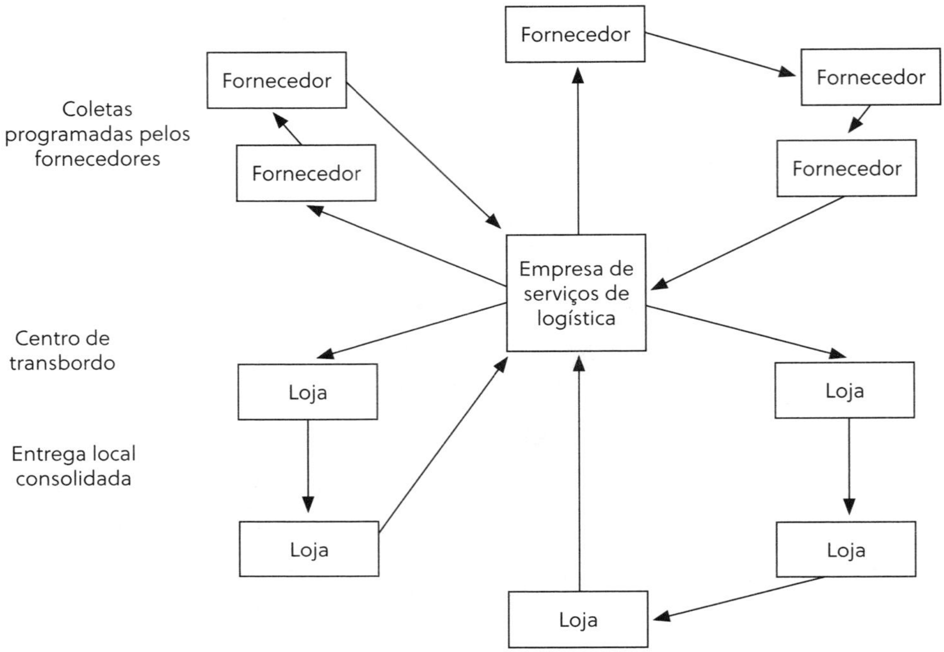

FIGURA 8.6 Agindo sobre estas informações, uma sequência de coleta consolidada e armazenamento é ativada

pela Procter & Gamble, que recebe dados de vendas diretamente dos caixas da maior rede varejista da América do Norte, o Walmart. Fazendo uso dessas informações, a P&G pode planejar a produção e programar a entrega para o Walmart em uma base de reabastecimento. O resultado é que o Walmart tem menos estoque e, ainda assim, tem menos eventos de falta de estoque (*stock-out*). P&G se beneficia de economias melhores em produção e logística como resultado do alerta antecipado, e – mais importante – as vendas aumentaram consideravelmente para a Walmart. Embora o investimento no sistema de informações seja considerável, o retorno do investimento também é.

> **A ideia básica por trás da resposta rápida (QR) é que, a fim de aproveitar as vantagens da concorrência fundamentada no tempo, é necessário desenvolver sistemas que sejam capazes de responder rapidamente.**

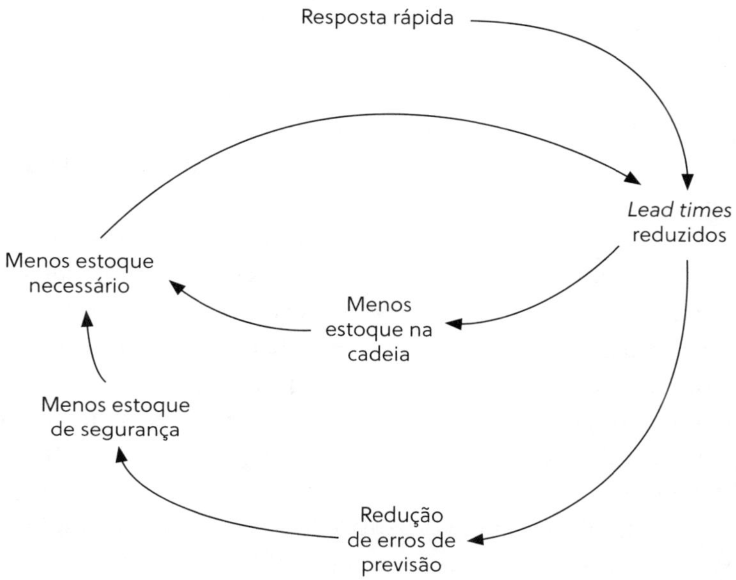

FIGURA 8.7 O sistema de resposta rápida pode desencadear um "círculo virtuoso" em logística

Outra característica em favor dos sistemas de QR é que, acelerando o tempo de processamento no sistema, os *lead times* cumulativos são reduzidos. Isso então pode resultar em um estoque mais baixo (Figura 8.7) e, assim, reduzir ainda mais os tempos de resposta. Efetivamente um círculo virtuoso!

Os sistemas de resposta rápida começaram a surgir na indústria de moda e vestuário, na qual os custos dos sistemas tradicionais de estoque, baseados em decisões anteriores de compra dos clientes (na verdade um sistema *push*), podem ser consideráveis. Nos Estados Unidos, estima-se que os custos anuais dos sistemas de logística convencional para o setor têxtil e para a indústria de vestuário sejam de 25 bilhões de dólares. Isso inclui os seguintes elementos:

Remarcações forçadas	US$ 14,08 bi
Falta de estoque	US$ 6,08 bi
Custos de transporte de estoque	US$ 5,08 bi
Total:	**US$ 25,24 bi**

Poderia haver enormes vantagens a serem obtidas por todas as partes da cadeia de suprimentos se o conceito de QR fosse adotado em toda a cadeia. Assim, no caso da indústria de moda, o objetivo deve ser conectar as vendas no varejo aos fabricantes de vestuário, que, por sua vez, estão ligados aos produtores têxteis que estão ligados aos fornecedores de fibras. Um caso relatado é a ligação pela partilha de informações da empresa têxtil, a Milliken, dos Estados Unidos, com a Seminole Manufacturing Company (fabricante de calças masculinas) e o varejista Walmart. Informações sobre a demanda do usuário final foram captadas no ponto de venda e rapidamente realimentadas até a cadeia de suprimentos, possibilitando reduções drásticas em *lead times* a serem alcançados e, portanto, reduções substanciais no estoque.

Outro caso dos Estados Unidos é fornecido pela cadeia de varejistas de moda The Limited. Cada uma das milhares de lojas da cadeia controla as preferências dos consumidores diariamente, usando dados de seu ponto de venda. Com base nisso, os pedidos são enviados por ligações via satélite para os fornecedores ao redor do mundo. Usando Hong Kong como um centro de consolidação, os bens são transportados de volta ao centro de distribuição da The Limited, em Columbus, Ohio. No centro de distribuição, os produtos têm seu preço marcado e são reclassificados para embarque imediato por caminhão e avião para as lojas de varejo. Todo o ciclo, desde a reencomenda até as prateleiras da loja, pode ser completado em seis semanas. Os sistemas convencionais levam mais uns seis meses.

Estratégias de produção para resposta rápida

À medida que a demanda por todos os parceiros na cadeia de suprimentos para uma resposta rápida aumenta, maior será a pressão colocada sobre a fabricação para atender às necessidades do cliente por variedade em prazos mais curtos.

A resposta tem de estar na flexibilidade. Como já observamos, se fosse possível reduzir os *lead times* de produção e logística a zero, a flexibilidade total poderia ser alcançada. Em outras palavras, a organização poderia responder a qualquer solicitação que fosse tecnologicamente viável em qualquer quantidade. Enquanto *lead times* zero obviamente não são possíveis, o novo foco em sistemas flexíveis de fabricação (*flexible manufacturing systems* – FMS) destaca a possibilidade de progressos substanciais nesse sentido.

A chave para a flexibilidade na fabricação não é apenas uma nova tecnologia, por exemplo, a robótica, embora isso possa contribuir significativamente para a sua realização. A principal barreira para a flexibilidade é o tempo necessário para a mudança: mudar de um nível de volume para outro e de uma variante para outra. Normalmente chamamos isso de "período de instalação".

É evidente que, se o período de instalação pode ser conduzido para o mais próximo possível de zero, então a resposta flexível às necessidades do cliente não apresenta nenhum problema.

Os japoneses, sem grandes surpresas, lideram o caminho no desenvolvimento de técnicas para a redução do período de instalação. "Troca rápida de ferramentas", ou SMED (*single minute exchange of die*), é a meta em muitas fábricas japonesas. Em outras palavras, a gerência e a força de trabalho estão voltando sua atenção continuamente para as formas pelas quais os períodos de instalação podem ser reduzidos. Às vezes, isso envolve novas tecnologias, mas frequentemente é alcançado olhando-se de modo totalmente diferente para o processo em si. Em muitos casos, o período de instalação foi reduzido de horas para minutos, simplesmente questionando-se a sabedoria convencional.

O que estamos vendo, na verdade, é um deslocamento fundamental do modelo de economias de escala, baseado no volume e que, portanto, implica longos ciclos de produção com poucas alterações, para as economias de modelo de escopo, com base na produção de pequenas quantidades de uma variação mais ampla, e consequentemente exigindo mais alterações.

Sugere-se que, sob o modelo de economias de escopo,

> [...] uma única fábrica pode produzir uma variedade de produção ao mesmo custo (se não mais baixo) que uma fábrica separada, dedicada a produzir apenas um tipo de produto em determinado nível. Em outras palavras, um lote econômico de compra (*economic order quantity* – EOQ) de uma unidade e designs específicos de produção não geram custos adicionais. As economias de escopo alteram a tecnologia orientada para os materiais e de sistema de lotes para uma configuração multifuncional de sistema de fluxo.[5]

As vantagens de marketing que essa flexibilidade traz são consideráveis. Isso significa que, na verdade, a empresa pode atender às necessidades específicas de vários clientes e oferecer níveis ainda mais elevados de personalização. No mercado de hoje, em que os clientes buscam a individualidade e os segmentos ou "nichos" estão ficando cada vez menores, uma importante fonte de vantagem competitiva pode ser obtida pela ligação da flexibilidade de produção com as necessidades dos clientes por variedade.

Um exemplo clássico é fornecido pela Benetton, a fabricante e distribuidora italiana de artigos de moda, que criou uma empresa mundial com base na resposta às mudanças na moda – com particular ênfase na cor. Ao desenvolver um processo inovador em que todo vestuário de malha pode ser tingido em pequenos lotes, ela reduziu a necessidade de manter um estoque de múltiplas cores e, por causa do pequeno tamanho dos lotes para tingimento, melhorou muito sua flexibilidade. A velocidade de resposta da Benetton também é auxiliada pelo investimento que fez nos sistemas de distribuição de alta velocidade, que são, por si só, auxiliados pelo rápido *feedback* de informações de vendas do mercado.

Muitas empresas estão agora procurando construir cadeias de suprimentos que lhes permitam apoiar uma estratégia de marketing de *customização em massa*. A ideia por trás disso é que os clientes de hoje, em muitos mercados, estão cada vez mais exigindo soluções sob medida para suas necessidades específicas. O desafio é encontrar maneiras de atingir esse objetivo de marketing sem aumentar o estoque de produtos acabados e sem incorrer em custos mais elevados de produção, normalmente associados a *make-to-order*.

Muitas vezes isso pode ser alcançado mediante o adiamento da configuração final ou montagem do produto até que a necessidade efetiva do cliente seja conhecida – uma estratégia seguida pela Dell e pela Hewlett Packard, por exemplo.

Em outros casos, a alta tecnologia na forma de fabricação auxiliada pelo computador e pelo design (CAD/CAM) pode fornecer os meios para essa customização em massa. O surgimento recente de "impressões 3D" ou manufatura aditiva de camadas, em que os produtos podem ser "impressos por encomenda", tem potencial para transformar a capacidade de customizar e adiar a fabricação de produtos. O impacto dessa tecnologia será discutido de forma mais detalhada no Capítulo 16.

Dinâmica de sistemas logísticos

Gestão de gargalos

Uma das barreiras para a sincronização das atividades de uma cadeia de suprimentos é a presença de gargalos que podem impedir o fluxo estável ao longo dos sistemas. Todo sistema terá um gargalo que determina sua taxa de produção. Por isso, a gestão dos gargalos é crítica. Mesmo que ele seja removido, por definição, outro irá surgir.

Uma grande contribuição à forma com que vemos os gargalos foi feita por Goldratt,[6] que desenvolveu a teoria das restrições, às vezes chamada de tecnologia de produção otimizada (*optimised production technology* – OPT).

A essência da OPT é que todas as atividades em uma cadeia logística podem ser categorizadas como "gargalos" ou "não gargalos". Um gargalo é atividade mais lenta em uma cadeia e, embora muitas vezes seja uma máquina, também pode ser parte do fluxo de informações, como o processamento de pedidos. O tempo de processamento de todo o sistema é determinado por atividades gargalo. Acontece que, para acelerar o tempo de processamento total do sistema, é importante focar nos gargalos, para adicionar capacidade quando possível e reduzir configurações e o tempo de preparação, se aplicável.

Entretanto, é igualmente importante a percepção de que os "não gargalos" não devem ser tratados da mesma forma. É desnecessário melhorar o rendimento de não gargalos, já que isso só levará à construção de um estoque indesejado no gargalo. Consequentemente, a produção de não gargalos que alimentam os gargalos deve ser administrada pelas exigências dos gargalos que eles servem.

Essas ideias têm implicações profundas sobre a reengenharia de sistemas logísticos em que o objetivo é melhorar o tempo geral de processamento, enquanto reduz simultaneamente o estoque total no sistema. A meta é gerenciar os gargalos para eficiência de processamento, o que implica quantidades de lotes maiores e menos ajustes nesses pontos cruciais, enquanto os não gargalos devem minimizar as quantidades de lotes, mesmo que mais ajustes sejam envolvidos. Isso tem o efeito de acelerar o fluxo do trabalho em curso e fundir esses "lotes de transferência" em "lotes de processo" maiores nos gargalos, permitindo um fluxo mais rápido ao longo dele. Como consequência, o tempo ocioso em um não gargalo não precisa ser uma preocupação, na verdade, deve ser bem-vindo se o efeito é reduzir a quantidade de trabalho em curso esperando em um gargalo.

A partir da teoria das restrições, surgiu a ideia de "tambor-pulmão-corda". O tambor bate no ritmo em que o sistema como um todo deve trabalhar. O pulmão é colocado antes do gargalo para garantir que seu fator limitante no sistema esteja sempre em plena capacidade. A corda é retirada de uma analogia com uma fila de soldados marchando, em que o homem mais lento dita o ritmo. A corda liga o líder da fila ao mais lento – em uma cadeia de suprimentos, a corda é o meio através do qual as quantidades de reabastecimento de materiais, componentes etc. são comunicadas aos fornecedores.

Uma das grandes vantagens de se mudar para QR e estratégias da cadeia de suprimentos sincrônicas é que, reduzindo-se as quantidades de lote e aumentando-se a taxa de produtividade no sistema de logística, as modulações do nível de atividade na cadeia também podem ser reduzidas.

Os sistemas de logística estão propensos ao que tem sido chamado "efeito Bullwhip" ou "efeito Forrester", por causa de Jay Forrester, que desenvolveu um conjunto de técnicas conhecidas como dinâmica industrial (*industrial dynamics*).[7] Forrester definiu dinâmica industrial como:

> O estudo das características de *feedback* de informações da atividade industrial para mostrar como a estrutura organizacional, a amplificação (em políticas) e os atrasos de tempo (em decisões e devoluções) interagem para influenciar o sucesso da empresa. Ele trata das interações entre os fluxos de informação, dinheiro, pedidos, materiais, pessoal e equipamentos de capital de uma empresa, uma indústria ou uma economia nacional.

Usando uma linguagem de simulação de computador especialmente desenvolvida, a Dynamo, Forrester construiu um modelo de um sistema de produção/distribuição que envolve três níveis no canal de distribuição: o estoque de um varejista, o estoque de um distribuidor e o estoque de uma fábrica. Cada nível foi interligado por meio de fluxos de informação e fluxos de mercadorias. O modelo utilizou relações e dados do mundo real e incluiu parâmetros, como o tempo de transmissão de pedidos, o tempo de processamento de pedidos, os *lead times* da fábrica e os prazos de entrega do embarque. A gerência poderia, então, examinar os efeitos sobre o sistema total de, digamos, uma mudança nas vendas no varejo ou o impacto das alterações dos níveis de produção ou qualquer outra mudança ou combinação de mudanças na política.

O que se torna evidente com essa modelagem de sistemas complexos é que pequenas perturbações em uma parte do sistema podem rapidamente tornar-se ampliadas à medida que o efeito se propaga pela cadeia.

Por exemplo, muitas empresas de consumo, que gastam pesado em promoções comerciais (por exemplo, descontos especiais, incentivos etc.), não percebem quais são os verdadeiros custos de tais atividades. Em primeiro lugar, há a perda de lucro pelo desconto em si, e depois há os custos ocultos da perturbação do sistema logístico. Considere primeiramente a perda de lucros. Quando um desconto é oferecido por um período limitado, obviamente o desconto será aplicado a todas as vendas, não apenas a qualquer venda incremental. Portanto, se as vendas durante o período da promoção são, por exemplo, 1.100 casos, mas sem a divulgação elas teriam sido de 1.000, então, enquanto a receita incremental vem somente dos 100 casos adicionais, o desconto se aplica a todos os 1.100. Além disso, o varejista pode decidir aproveitar o desconto e encomendar com antecedência; em outras palavras, comprar antes da necessidade de vender em um momento posterior e ao preço normal. Um estudo[8] descobriu que, por essas razões, apenas 16% das promoções eram rentáveis, o resto apenas "comprava vendas" com prejuízo. O impacto desse tipo de promoção de preços sobre a rentabilidade global é destacado no caso da "Black Friday" descrito no quadro a seguir.

"Black Friday" – um dano autoinduzido?

Na sexta-feira, 28 de novembro de 2014, o Reino Unido foi dominado por uma febre do consumo, em que os consumidores tentavam se aproveitar dos grandes cortes de preço oferecidos por muitas das maiores redes de varejo. A "Black Friday" – como é chamado esse dia – é uma tradição de longa data nos Estados Unidos, mas só foi adotada recentemente pelos varejistas britânicos. A ideia por trás da Black Friday é que no começo da corrida até o período comercial do Natal, os produtos são promovidos por meio de períodos limitados de cortes nos preços, supostamente para desencadear a profusão de compras do final do ano. Tradicionalmente, nos Estados Unidos, a sexta-feira depois do Dia de Ação de Graças é o dia em que as compras de Natal começam para valer – hoje conhecida como Black Friday.

Essa importação recente dos Estados Unidos causou confusão nas ruas comerciais e nas compras on-line do Reino Unido. Muitos varejistas registraram recordes de vendas naquele dia, tanto em suas lojas físicas quanto on-line – as vendas pela internet, por exemplo, foram 30% maiores do que o normal. Como resultado desse aumento drástico em volume, os sistemas logísticos dos varejistas foram colocados sob imensa pressão e as entregas em domicílio foram gravemente afetadas, com muitos provedores de serviços de entrega incapazes de lidar com a explosão.

O paradoxo é que, para muitas companhias, o rendimento total das vendas de todo o período comercial do Natal foi uniforme, em uma base homogênea. O que aconteceu foi que os consumidores anteciparam suas compras – e compraram por um menor preço. O impacto combinado dos custos logísticos mais elevados e preços reduzidos inevitavelmente desgastou a lucratividade dos varejistas.

Mesmo que varejistas e especialistas do setor já tenham reconhecido que promoções desse tipo raramente alavancam os lucros – na verdade, o inverso geralmente é o caso –, parece que esses danos autoinduzidos são difíceis de erradicar.

O segundo impacto da atividade promocional no lucro é o potencial que ela fornece para desencadear o "efeito de aceleração" e, portanto, criar uma onda do tipo Forrester ao longo de toda a cadeia logística. Isso porque na maioria dos sistemas de logística haverá altos e baixos; em outras palavras, a resposta a uma entrada ou uma mudança no sistema pode ser atrasada. Por exemplo, a presença de um armazém ou um intermediário de manutenção de estoque no canal de distribuição pode causar uma distorção substancial da demanda na fábrica em virtude do "efeito de aceleração", o qual pode causar flutuações autogeradas nas características operacionais de um sistema.

Como exemplo, imagine um varejista com uma estratégia de reordenamento de gerenciamento de inventário baseado em começar cada semana com o equivalente à demanda de três semanas em estoque. Então, se a demanda semanal fosse de 100 unidades de um item específico, o estoque-alvo inicial seria de 300 (ou seja, 100 × 3). Agora vamos supor que, como resultado de uma promoção, a demanda aumente de 10% para 110. Isso significa que o sistema iria colocar um pedido para elevar o estoque inicial da próxima semana para 330 (ou seja, 110 × 3). Assim, a quantidade de reencomendas teria de ser 140 (ou seja, as 110 unidades vendidas aos consumidores mais as 30 extras necessárias para se chegar ao novo nível inicial).

Nesse caso em particular, um aumento de 10% na demanda do consumidor leva a um aumento pontual de 40% na demanda do fornecedor!

Se no próximo período a demanda do consumidor cair de volta ao seu antigo nível, então o mesmo efeito pode ocorrer no sentido inverso.

Não é incomum que empresas que empreendem atividades frequentes de promoção experimentem períodos consideráveis de crescimento e retração contínuos em embarques de fábrica. A Figura 8.8 ilustra o efeito secundário e ampliado de tal atividade promocional sobre a fábrica. Pode-se imaginar que

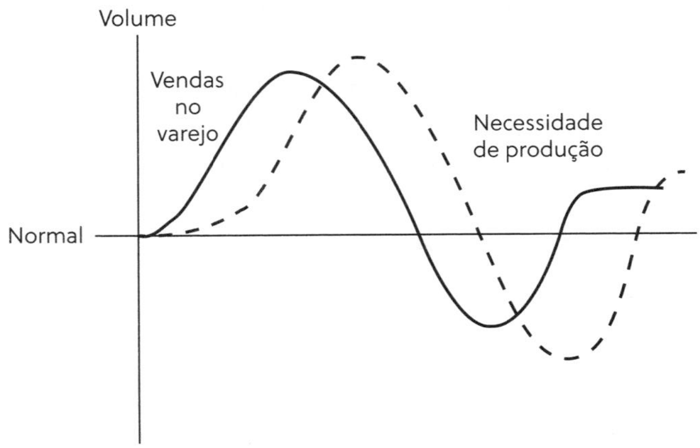

FIGURA 8.8 O impacto da atividade promocional sobre a necessidade de produção

tais mudanças imprevisíveis nas necessidades de produção aumentem significativamente os custos unitários de produção.

No setor de mercearia, em que grande parte dessa atividade promocional é encontrada, há um crescente reconhecimento da necessidade de se atingir maior conexão entre as políticas de pedido do comércio varejista e a programação de fabricação do fornecedor. Nos Estados Unidos, estimou-se que o período desde o final da linha de produção até a compra pelo consumidor em uma loja de varejo foi de 84 dias para um produto típico de mercearia (ver Figuras 8.9 e 8.10).

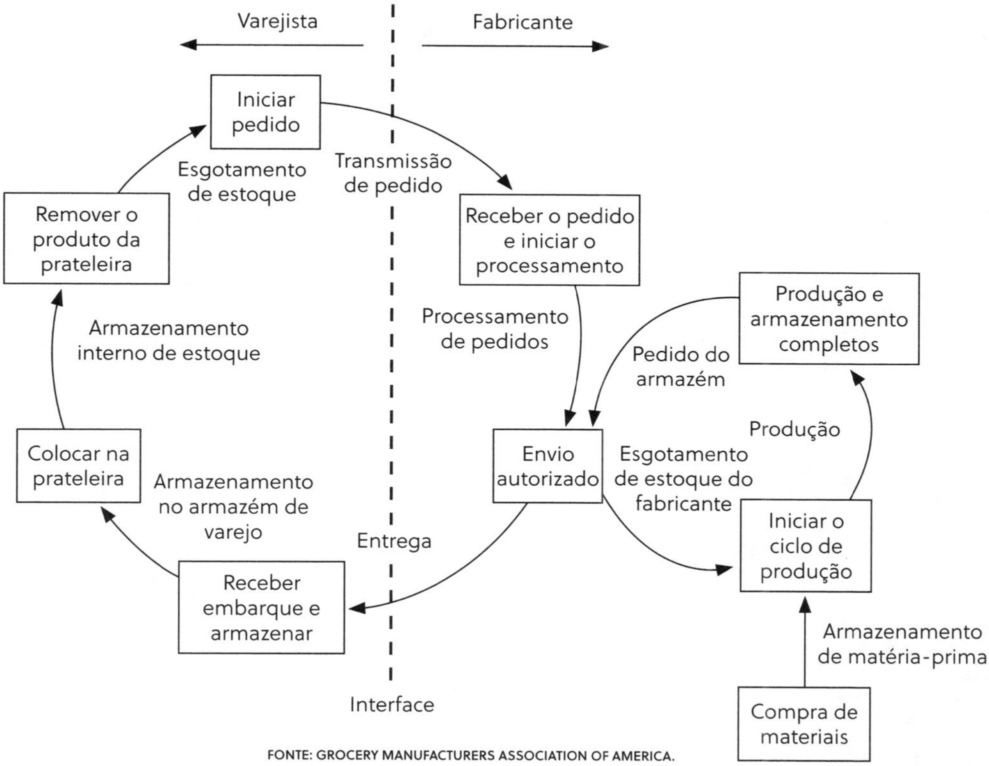

FONTE: GROCERY MANUFACTURERS ASSOCIATION OF AMERICA.

FIGURA 8.9 Ciclo de pedidos do sistema de entregas da indústria de mercearia

Isso significa que o efeito de "onda" de mudanças na demanda pode ser consideravelmente ampliado à medida que passa por todos os pontos intermediários de manutenção de estoque e de reencomenda. Um dos benefícios de um sistema de resposta rápida, ligando-se o caixa do varejista ao ponto de produção mediante a transmissão eletrônica de dados, é possibilitar que o efeito do aumento seja reduzido drasticamente. Esse fato por si só poderia mais do que justificar o investimento inicial em sistemas conectados de informações logísticas do comprador/fornecedor.

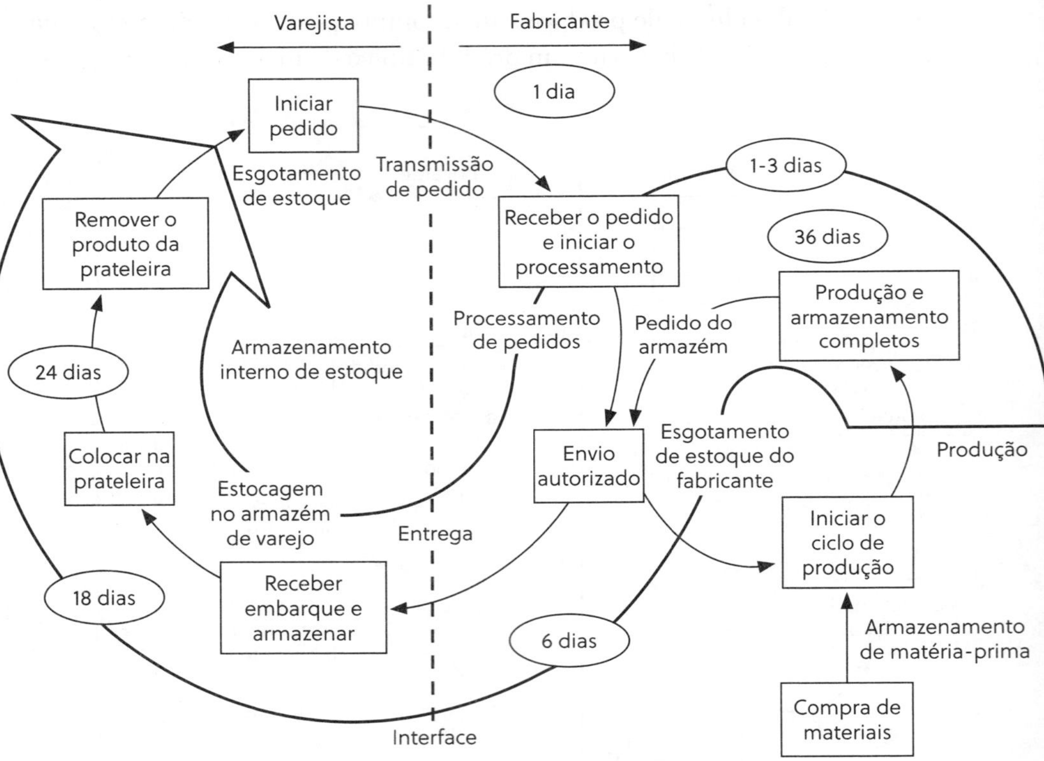

FONTE: GROCERY MANUFACTURERS ASSOCIATION OF AMERICA.

FIGURA 8.10 Fluxo de produtos da indústria de mercearia

Referências

[1] RAYPORT, J. F.; SVIOKLA, J. J. Managing in the marketspace. *Harvard Business Review*, nov./dez. 1994.

[2] CHANDRASHEKAR, A.; SCHARY, P. The virtual web-based supply chain. In: FRANKE, U. (ed.). *Managing virtual web organizations in the 21st century*. Idea Group Publishing, 2002.

[3] HEINRICH, C. *Adapt or die*: transforming your supply chain into an adaptive business network. John Wiley & Sons, 2003.

[4] LOWSON, R.; KING, R.; HUNTER, A. *Quick response*: managing the supply chain to meet consumer demand. John Wiley & Sons, 1999.

[5] LEI, D.; GOLDHARS, J. D. Computer-integrated manufacturing: redefining the manufacturing firm into a global service business. *International Journal of Operations & Production Management*, v. 11, n. 10, 1991.

[6] GOLDRATT, E. M. *Theory of constraints*. North River Press, 1990.

[7] FORRESTER, J. *Industrial dynamics*. MIT Press, 1961.

[8] ABRAHAM, M. M.; LODISH, L. M. Getting the most out of advertising and promotion. *Harvard Business Review*, maio/jun. 1990.

Complexidade e a cadeia de suprimentos

9

- As fontes de complexidade da cadeia de suprimentos
- O custo da complexidade
- Design de produto e complexidade da cadeia de suprimentos
- Dominando a complexidade

Sugerimos várias vezes nos capítulos anteriores que, em vez de nos referirmos à *cadeia de suprimentos,* deveríamos falar sobre *redes.* A ideia de uma cadeia sugere uma série de relações individuais lineares enquanto, na realidade, a empresa focal está no centro de uma complexa rede de entidades interligadas e inter-relacionadas, mas independentes.

Em parte como resultado da terceirização de atividades, que anteriormente eram realizadas internamente, combinada com a tendência de produção *offshore,* muitas empresas descobriram que isso agregou complexidade às suas operações, pois o grau de *interdependência* na rede aumentou. Assim, um evento ou uma ação que ocorre em uma parte da rede muitas vezes tem impactos imprevistos em outro lugar na rede. A imprevisibilidade desses eventos é agravada pela crescente volatilidade que caracteriza o atual ambiente de negócios.

O conhecido "efeito borboleta" parece caracterizar muito da atual turbulência da cadeia de suprimentos. A ideia é que uma borboleta, batendo suas asas em algum lugar na bacia amazônica pode causar um furacão a milhares de quilômetros de distância! Embora esse exemplo do que às vezes é descrito como efeitos "caóticos" possa ser um pouco exagerado, ele fornece um lembrete útil de como a lei das consequências imprevistas se aplica às cadeias de suprimentos altamente interligadas de hoje.

Em abril de 2010, um vulcão anteriormente dormente na Islândia entrou em erupção, emitindo uma nuvem de cinzas na atmosfera superior. Uma nuvem de cinzas e restos da erupção começaram a flutuar pelos céus do norte da Europa. Por uma questão de segurança das aeronaves, a maioria dos aeroportos na região foi fechada durante a maior parte de uma semana. Embora tenha havido um impacto considerável sobre os planos de viagens – milhares de pessoas ficaram retidas fora de casa –, houve também um impacto menos visível, mas significativo, sobre uma série de cadeias de suprimentos. Muitos componentes com tempo crítico são enviados via aérea ou via expressa, e como os principais *hubs* no Reino Unido e na Europa continental foram forçados a fechar, o "efeito borboleta" foi sentido em todo o mundo.

Em seu sentido mais estrito, complexidade não quer dizer complicação (apesar de os sistemas complexos muitas vezes serem complicados), mas descreve a condição de interconectividade e interdependência entre as partes de uma rede. Um bom exemplo de um sistema complexo é o clima. Muitas influências diferentes se combinam para criar uma condição de tempo específica; cada uma dessas influências é o resultado de interações; portanto, uma pequena mudança em um elemento pode fundamentalmente afetar o resultado. Por isso as dificuldades enfrentadas pelos meteorologistas que tentam prever até mesmo o clima de amanhã.

Assim, o resultado da complexidade de uma cadeia de suprimentos, como ocorre com o tempo, é a incerteza. Com esta vem uma maior probabilidade de que o erro de previsão aumente de acordo com a complexidade. Essa crescente incerteza traz consigo um sério desafio para a prática tradicional da gestão de empresas com base em previsões. Será evidente que, em condições de estabilidade – e, consequentemente, menor incerteza –, a precisão das previsões geralmente deve ser elevada. Do mesmo modo, o inverso será verdadeiro, ou seja, à medida que aumenta a incerteza, da mesma forma a precisão da previsão vai se reduzir. Daí o argumento: se a incerteza é a regra – pelo menos no futuro previsível –, então uma nova abordagem será necessária. Na verdade, o desafio que as empresas enfrentam agora é saber como reduzir sua dependência de previsões e se tornarem cada vez mais orientadas para a demanda e para eventos.

As fontes de complexidade da cadeia de suprimentos

A complexidade da cadeia de suprimentos pode surgir de fontes diversas. Algumas das causas mais comuns estão detalhadas a seguir.

1. Complexidade de rede

Quanto mais nós e links existem em uma rede, claramente mais complexa ela se torna. Como resultado da terceirização de atividades não essenciais, muitas empresas estão hoje mais dependentes de fornecedores externos de bens e serviços. Os fornecedores externos também são dependentes de uma rede de fornecedores de segunda camada, e assim por diante. Há uma forte probabilidade de que a empresa principal no centro da rede não vai nem mesmo ter conhecimento de muitos fornecedores do segundo ou terceiro nível que alimentam sua cadeia de suprimentos a montante. O potencial para interrupções inesperadas na cadeia de suprimentos é aumentado por essas redes estendidas, conforme evidenciado pelo seguinte exemplo.

Após o encerramento da linha de montagem da norte-americana Dell no dia do terremoto de setembro de 1999, em Taiwan, a empresa procurou entender por que isso tinha acontecido.

Para fazer isso, a Dell estudou onde os seus fornecedores de primeiro nível haviam feito as suas compras e isso, por sua vez, logo gerou a primeira resposta importante – Taiwan Semiconductor Manufacturing Corporation (TSMC). Os executivos da Dell perceberam que estavam de fato comprando centenas de milhões de dólares de *chips* a cada ano da TSMC indiretamente.

FONTE: RESUMIDO COM BASE EM LYNN, B. C. *THE END OF THE LINE*. DOUBLEDAY, 2005.

Um fator que conduz a complexidade de rede é o fato de que, embora as entidades que compõem a cadeia de suprimentos geralmente sejam empresas independentes, tomando decisões de acordo com suas próprias regras, a interdependência é alta. Consequentemente, a forma com que a rede como um todo pode ser impactada pelas ações de um elemento dentro dela é difícil, senão impossível, de se prever. O modo com que o sistema pode ter respondido a um problema no passado não é necessariamente um guia para como ele deverá responder a um problema similar no futuro. Assim, ferramentas convencionais de previsão serão menos eficazes quanto maior for a complexidade da rede.

2. Complexidade do processo

Inúmeros processos estão subjacentes a toda a cadeia de suprimentos: processos internos à empresa, bem como os processos gerenciados por parceiros a montante e a jusante. Muitas vezes, esses processos são desenvolvidos de forma casual e adicionados e modificados para refletirem as exigências atuais. E, como resultado, tornam-se mais complexos. Essa complexidade se manifesta em processos com múltiplas etapas, muitas vezes realizados em série em vez de em paralelo.

Longos processos contendo atividades muito diferentes não só vão criar *lead times* prorrogados, mas também estarão mais propensos à variabilidade de desempenho.

Quanto mais passos em um processo e quanto mais *hand-offs* existirem, maior a probabilidade de que haverá discrepâncias frequentes entre resultados planejados e reais.

Há uma necessidade de revisão constante da estrutura de processos e da consequente reengenharia, se essa fonte difusa de complexidade da cadeia de suprimentos for mantida ao mínimo.

Quando as cadeias de fornecimento ponta a ponta são examinadas em detalhes, geralmente ocorre que a maioria do tempo não agrega valor. Mais frequentemente, esse tempo que não agrega valor é tempo ocioso; em outras palavras, tempo gasto com estoque, gerado pelos processos que sustentam a cadeia de suprimentos.

No Capítulo 6, introduzimos a ideia de reengenharia de processos de negócios. A experiência mostrou que muitos processos de negócios são processos "herdados". Isso significa que foram projetados para um determinado propósito, em um período específico, e que podem não ser mais adequados para aquele propósito nas condições atuais alteradas. As organizações que tentam reduzir a complexidade dos processos devem questionar sempre o propósito de todos os processos e explorar continuamente as oportunidades de removê-los ou reduzir o número de passos envolvidos.

3. Complexidade de variação

A maioria das organizações empresariais acha que a variação de produtos e/ou serviços que elas oferecem para o mercado tem uma tendência a crescer em vez de diminuir. A taxa de introdução de novos produtos ou serviços, as embalagens novas ou as variantes e extensões de marca parecem superar a taxa de produtos ou serviços existentes eliminados. O efeito geral dessa proliferação do portfólio de produtos/serviços é estender a longa cauda da distribuição de Pareto.

Normalmente, uma vez que mais variantes são adicionadas a uma variação, a demanda por variante vai se reduzir com um subsequente impacto na precisão da previsão. Considere a diferença entre a Ford Motor Company, na época em que Henry Ford I estava produzindo um único modelo - o Modelo T -, com a oferta de renome de "a cor que quiser, desde que seja preto" da empresa de hoje.

A Ford, mesmo no mercado conturbado atual, oferece uma vasta gama de modelos com muitas opções. Em teoria, há possivelmente milhões de variantes. Essa multiplicação de produtos significa que, inevitavelmente, a demanda média por variante é muito baixa. Daí a dificuldade de previsão da variante individual; portanto, os estoques tipicamente grandes se acumulam como resultado de um erro de previsão.

A complexidade de variação também aumenta o custo por causa de seu impacto sobre os níveis de estoque. Toda vez que uma nova variante é introduzida (por exemplo, um novo tamanho de embalagem, uma nova cor ou sabor), ela se torna um novo SKU, com uma consequente necessidade de seu próprio estoque de segurança. Embora os consumidores claramente valorizem a escolha, é importante entender qual é o nível de variedade suficiente para oferecer um grau de escolha que levará a um resultado em que a receita marginal seja maior do que o custo marginal. Uma companhia que buscou implementar uma abordagem estruturada para administrar a complexidade de variação é a Hewlett Packard, apresentada no quadro a seguir.

Gerenciando a complexidade de variação na Hewlett Packard

A Hewlett Packard (HP) é líder na fabricação de PC, impressoras, servidores e outros produtos relacionados. Ela oferece uma ampla gama de produtos, com muitas variantes diferentes disponíveis. Por exemplo, só em sua variação de impressoras a laser, existem mais de 2.000 SKU!

Embora oferecer esse nível de escolha ao cliente permita que se alcancem altos níveis de vendas, isso tem um custo – especialmente custos relacionados com estoque, mas também os recursos gerenciais necessários para administrar a complexidade resultante.

Para ajudar a enfrentar esse desafio, a HP desenvolveu dois sistemas de suporte às decisões, projetados para fazer que se entenda melhor o custo/benefício da introdução de um novo produto e aprimorar a disponibilidade com menos investimentos globais em estoque. Como resultado, a HP simplificou sua oferta de produtos e reduziu drasticamente os custos, embora, ao mesmo tempo, tenha alcançado melhores tempos de resposta e altos níveis de satisfação dos clientes.

FONTE: WARD, J. ET AL. HP TRANSFORMS PRODUCT PORTFOLIO MANAGEMENT WITH OPERATIONS RESEARCH. *INTERFACES*, V. 40, N. 1, P. 17-32, 2010.

4. Complexidade do produto

O design dos produtos pode ter um impacto significativo na complexidade da cadeia de suprimentos. Pode-se argumentar que a cadeia de suprimentos começa na prancheta, porque as decisões de escolha de materiais e componentes podem, direta ou indiretamente, afetar os custos totais do ciclo de vida, bem como a agilidade e a receptividade.

A complexidade do produto pode surgir porque o número de componentes ou subconjuntos é elevado, ou porque há pouca coisa em comum nas listas técnicas para produtos diferentes. Quanto menos coisas em comum existirem na lista técnica, menos flexibilidade haverá para variar o *mix* ou o volume de produtos.

Outro impacto imprevisto de decisões de design do produto é que, se os componentes ou materiais são específicos e por acaso têm prazos de longos *lead times* de reabastecimento, a capacidade de responder rapidamente às mudanças de demanda para o produto será frustrada.

Envolvendo a logística e os planejadores da cadeia de suprimentos no início do processo de design, muito da complexidade subsequente pode ser evitado. Por exemplo, na Motorola, examina-se a complexidade em todas as ideias de novos produtos [1] antes que possam ser considerados para a comercialização.

Essa abordagem foi desenvolvida inicialmente para suas operações de fabricação de telefones celulares – um negócio já descartado por eles. Antes da implementação desse processo de exame, em geral havia pouca uniformização de partes dentro de sua variedade de telefones celulares. Para um único celular, poderia haver mais de 100 configurações possíveis, por exemplo, quatro cores diferentes e 30 opções de software. Além disso, essas variações do produto foram feitas antes da demanda de previsão de que era preciso apenas 3% do tempo. Para resolver esse problema, a Motorola desenvolveu um "índice de complexidade" para cada produto, que incluiu o número de componentes, o grau de uniformização, o *lead time* de fornecimento e assim por diante. Ideias para novos produtos com pontuação elevada no índice de complexidade tendem a não se concretizar.

5. Complexidade do cliente

A complexidade do cliente surge como resultado de muitas opções de serviços não padronizados ou soluções personalizadas. Os custos de atendimento a clientes diferentes podem variar significativamente. Cada cliente vai apresentar características distintas de seus padrões de pedidos; por exemplo, frequência de pedidos, tamanho dos pedidos, requisitos de entrega e assim por diante. Essas diferenças serão aumentadas ainda mais como resultado da disponibilidade de diversas opções de serviço ou embalagens e/ou possibilidades de personalização.

Gottfredson e Aspinall dão um exemplo de até que ponto uma oferta de serviço pode agregar complexidade ao processo de vendas:

> Uma empresa de telecomunicações, por exemplo, usou o poder da tecnologia da informação para fatiar e picar o conjunto de serviços em opções diferenciadas cada vez mais finas. A empresa esperava que aumentasse a receita mais precisamente satisfazendo as necessidades imagináveis de cada comprador. Mas oferecer tantas opções produziu o efeito oposto. Os representantes de atendimento ao cliente da empresa agora são obrigados a classificá-las com mais de mil códigos de promoção, enquanto eles estão falando com um cliente potencial. A maioria das promoções oferece diferentes níveis de descontos e benefícios do produto. Dar sentido a todas elas é uma tarefa árdua.[2]

Embora, por uma perspectiva de vendas e marketing, possa haver vantagens em se oferecer várias opções aos clientes, tais decisões devem ser temperadas com um conhecimento detalhado de suas implicações de custo e agilidade. Em última análise, a única complexidade que pode ser justificada é a que oferece valor real pelo qual os consumidores estão dispostos a pagar.

A compreensão limitada dos verdadeiros custos de atendimento a clientes individuais é um problema enfrentado por muitas empresas. É bem possível que, porque alguns clientes geram um *cost-to-serve* elevado e encomendam produtos com margens de lucro relativamente baixas, eles realmente possam fazer a empresa perder dinheiro. Usar ferramentas como o custeio fundamentado em atividades pode ajudar a identificar aqueles clientes cujo *cost-to-serve* é elevado em relação às receitas que geram. Usando essas informações, podem ser criadas opções de serviços alternativos que poderiam melhorar a rentabilidade desses clientes.

6. Complexidade do fornecedor

O tamanho da base de fornecedores pode agregar complexidade à cadeia de suprimentos aumentando o número de relações que devem ser gerenciadas, bem como aumentando os custos totais de transação. Como um dos pré-requisitos para a agilidade é um elevado nível de trabalho colaborativo com os principais fornecedores, um elevado nível de gestão de fornecedores ativos e seu envolvimento no processo de integração são necessários. É pouco provável que esse grau de proximidade possa ser alcançado por meio de uma base de fornecedores distintos e, portanto, pela necessidade de racionalização. As implicações de tal racionalização da base de fornecedores são profundas. Com certeza, deve-se ter cuidado com o efeito de um menor número de fornecedores sobre o perfil de risco resultante da cadeia de suprimentos. Um nível muito elevado de dependência em apenas alguns fornecedores críticos pode ser perigoso. Em vez disso, uma opção melhor, se disponível, é ter um fornecedor líder em uma categoria de produtos que assuma a responsabilidade pela gestão dessa categoria mediante um número de fornecedores, por exemplo, da mesma forma que uma empresa de serviços de logística, como a UPS, pode coordenar um número de provedores de logística e transporte para uma empresa cliente.

Como alternativa, o risco inerente ao *sourcing* único também pode ser mitigado através da adoção de uma estratégia para aquisição por local ou por modelo. Assim, uma empresa de manufatura com múltiplas fábricas pode adquirir um determinado material do fornecedor "A" para uma fábrica, mas usar o fornecedor "B" em outra. Da mesma forma, uma empresa que faz uma série de modelos diferentes em uma família de produtos, por exemplo, um fabricante de produtos da "linha branca", pode fazer o *sourcing* único da aquisição de componentes por modelo. A vantagem dessa estratégia é que ela reduz ainda mais a complexidade, permitindo a adoção, quando apropriado, de soluções como VMI. Em geral, o VMI não é prático quando existem fornecedores múltiplos do mesmo item.

Com uma base menor de fornecedores, a empresa pode gerenciar de forma mais proativa as relações por meio de programas de "desenvolvimento de fornecedores". Normalmente, esses programas envolvem a empresa que trabalha de forma próxima com fornecedores individuais para identificar oportunidades de melhorar não apenas a qualidade do produto, mas também a qualidade do processo, e trabalhar em conjunto com iniciativas de redução de custos.

A complexidade do fornecedor também pode ser reduzida se for possível padronizar os processos usados para se conectar e se comunicar com os fornecedores. Por exemplo, um processo comum da compra ao pagamento em que todas as transações com fornecedores são manipuladas da mesma forma.

7. Complexidade organizacional

A maioria das empresas, tradicionalmente, tem se organizado em torno de funções e departamentos, e seus organogramas apresentam muitos níveis, com tendência a ser hierárquicos em sua estrutura. Tais organogramas verticais e organizacionais são, sem dúvida, administrativamente convenientes na medida em que pode haver uma "divisão de mão de obra" entre funções, bem como um controle orçamentário eficaz. No entanto, eles tendem a inibir a agilidade, porque, necessariamente, focam interiormente em eficiência, em vez de estarem voltados para o cliente com foco em eficácia. Outro problema é que, ao longo do tempo, as funções tendem a se tornar "silos" com suas próprias agendas e podem perder de vista o propósito fundamental do negócio, ou seja, conquistar e manter clientes lucrativos.

O desafio é encontrar uma maneira de quebrar esses silos e remodelar a empresa em torno dos processos-chave de criação de valor e entrega de valor. Essas empresas orientadas para processos são "horizontais" e não "verticais" em sua orientação. Elas são interfuncionais e, portanto, há uma forte ênfase em equipes e na melhoria do processo de velocidade e confiabilidade.

Conforme as empresas crescem, seja organicamente, seja através de fusões e aquisições, a probabilidade é que elas venham a se tornar mais complicadas e menos capazes de responder rapidamente à mudança. Consequentemente, há uma constante necessidade de reengenharia de processos existentes e de erradicar a complexidade que inevitavelmente vai surgir se as coisas forem deixadas à margem de si mesmas. A complexidade organizacional também pode ser agravada se for necessário trabalhar em diferentes fusos horários e culturas, como resultado da globalização dos negócios. Frequentemente, essa complexidade agregada é uma consequência não intencional da concorrência de baixo custo de países e/ou fusões transfronteiriças.

8. Complexidade da informação

As cadeias de suprimentos de hoje são sustentadas pela troca de informações entre todas as entidades e níveis que compõem a rede completa ponta a ponta. O volume de dados que fluem em todas as direções é imenso, nem sempre preciso, e pode estar propenso a erros de interpretação. A visibilidade da demanda real e as condições de oferta podem ser obscurecidas pela forma como a informação é filtrada e modificada à medida que passa de um nível ou de uma entidade para outra. O efeito chamado "*bullwhip*" é uma manifestação da maneira pela qual os sinais de demanda podem ser consideravelmente distorcidos como resultado de várias etapas da cadeia. Como consequência dessa distorção, os dados usados como entrada para atividades de planejamento e de previsão podem ser falhos e, portanto, reduzir a precisão da previsão e causar mais custos.

Em certo sentido, a complexidade de informações na cadeia de suprimentos é direta ou indiretamente influenciada pelas sete fontes anteriores de complexidade. A complexidade da rede e do processo terá impacto sobre o número de fases, passos e níveis pelos quais as informações devem passar; a variedade e a complexidade do produto levam a múltiplas listas técnicas e, portanto, a mais dados; a complexidade de cliente e fornecedor significa que a troca de dados aumenta significativamente e a complexidade organizacional implica mais níveis pelos quais as informações devem passar, bem como mais *hand-offs* de uma função para outra.

O antídoto para a complexidade das informações é, em primeiro lugar, uma redução nas outras sete fontes de complexidade, bem como uma maior visibilidade. Uma chave para essa visibilidade deve ser um maior nível de trabalho de colaboração ao longo de toda a cadeia de suprimentos, na qual a transparência da informação é vista como uma condição prévia essencial para um sistema de entrega de valor mais eficiente.

Nos últimos anos, muitas companhias começaram a usar ferramentas avançadas de análise de dados para permitir que elas "minem" as enormes quantidades de dados disponíveis atualmente. Esses dados podem estar relacionados a transações, demografia, informações sobre perfil do consumidor e toda uma gama de fontes de dados relevantes. O que hoje é conhecido como "*big data*" representa uma grande oportunidade para as companhias desenvolverem percepções reais sobre consumidores. Enquanto no passado era difícil ver através da névoa que envolvia esse mar de dados, hoje, utilizando essas novas ferramentas analíticas, é possível dominar essa fonte particular de complexidade.

O custo da complexidade

Pode-se argumentar que uma proporção crescente dos custos totais de ponta a ponta na cadeia de suprimentos é causada pela complexidade, de uma forma ou de outra. Muitas vezes, esses custos não podem ser prontamente óbvios, uma vez que estão escondidos em despesas gerais ou custos de manutenção de estoque, que, como vimos no Capítulo 4, nem sempre são devidamente contabilizados.

Subjacente à grande parte do custo de complexidade na cadeia de suprimentos está a Lei de Pareto (a chamada regra 80/20). Vilfredo Pareto (1848-1923) foi um industrial italiano, sociólogo, economista e filósofo. Em 1909, ele identificou que 80% da riqueza total da Itália estavam em posse de apenas 20% da população. Assim nasceu a regra 80/20, que foi descoberta e se manteve em muitos aspectos da vida social e econômica. No Capítulo 2, foi sugerido que existe uma relação de 80/20 em relação aos clientes e produtos, ou seja, tipicamente 80% do lucro decorre de 20% dos clientes e também 80% do lucro vem de apenas 20% dos produtos. Geralmente essa relação de 80/20 aplica-se à maioria dos elementos da cadeia de suprimentos; é um fator-chave para a complexidade e, consequentemente, para os custos.

A maioria das empresas descobrirá, se realizar uma análise de 80/20, que tem uma "cauda longa" de clientes que, embora significativos em números, na realidade, pouco contribuem para a rentabilidade global – na verdade, alguns podem efetivamente gerar prejuízo. Da mesma forma, as mesmas conclusões provavelmente surgem de uma análise de 80/20 de produtos.

Às vezes, quando se realiza a análise de 80/20 em toda a gama de produtos, é tentador sugerir que, quando existe uma "cauda longa", ela deve ser removida com a racionalização de produtos. No entanto, pode haver razões estratégicas para a manutenção de um elevado nível de variedade ou, de fato, pode haver oportunidades para a utilização de estratégias alternativas para gerenciar os produtos com vendas lentas e torná-los rentáveis. Por exemplo, sugere-se que, se um canal de distribuição da internet está disponível, a "cauda longa" pode se tornar uma fonte de negócios rentáveis.[3] Uma vez que a "cauda longa" representa um número tão grande de produtos, embora os níveis de vendas de itens individuais estejam baixos, a economia pode ser transformada se os custos de estoque e distribuição forem reduzidos com a da criação de um estoque único e virtual por meio do trabalho com os parceiros ao longo de múltiplos canais. Até certo ponto, essa é a abordagem que a Amazon adota, permitindo-lhe oferecer uma ampla gama de títulos de livros (e outros produtos), mas com estoque mínimo.

No entanto, para a maioria das empresas, é provável que uma racionalização seletiva de linhas lentas tenha um impacto positivo na lucratividade geral.

Design de produto e complexidade da cadeia de suprimentos

É importante reconhecer que, muitas vezes, uma fonte significativa de complexidade da cadeia de suprimentos é o design efetivo do próprio produto. Há muito sabe-se que uma grande parte dos custos totais ao longo da vida é determinada na fase de prancheta – às vezes 80%.[4] Há muitas maneiras pelas quais as decisões de design do produto podem impactar a complexidade subsequente da cadeia de suprimentos e, portanto, os custos. A seguir, são apresentadas algumas delas:

» *Prazo de comercialização e prazo para atingir o volume desejado*
As decisões sobre a funcionalidade dos produtos podem aumentar a complexidade de produção e reduzir a flexibilidade e a capacidade de resposta. Por exemplo, quanto mais recursos um produto tem, maior a probabilidade de impactar a lista de materiais e os tempos de resposta.

» *Complexidade agregada por meio da falta de uniformização*
Decisões sobre o design de produto geram um impacto sobre a lista técnica de materiais. Os baixos níveis de uniformização de componentes agregarão complexidade.

» Lead times *de reabastecimento aumentados*
Algumas decisões de design determinam a escolha do fornecedor e, portanto, podem afetar o *lead time* de reabastecimento, por exemplo, em que a fonte de fornecimento é *offshore*.

» *Vulnerabilidade da cadeia de suprimentos*
Novamente, se a decisão sobre o design envolve fontes de fornecimento não confiáveis, isso pode, potencialmente, aumentar a possibilidade de interrupção da cadeia de suprimentos.

» *Suporte pós-venda*
Para aqueles produtos que exigem suporte pós-venda, por exemplo, peças de reposição, o design do produto tem implicações para os níveis de estoque.

» *Personalização tardia de fase*
A capacidade de adiar a configuração final, ou a embalagem de um produto, é reforçada ou limitada por decisões de design do produto.

Muitas companhias agora buscam resolver esses problemas adotando uma abordagem de "design para a cadeia de suprimentos". Isso envolve um alto nível de integração entre a equipe de design e os responsáveis pela gestão logística e da cadeia de suprimentos. A ideia é garantir que o impacto "ao longo da vida" das decisões de design do produto seja totalmente entendido antes de a empresa se comprometer com o lançamento do produto. A Zara, líder global do ramo de *fast fashion*, por exemplo, sempre reúne seus designers e os planejadores da cadeia de suprimentos para ter certeza de que todo novo projeto de vestimenta poderá ser levado ao mercado de forma custo-efetiva e dentro do menor tempo possível.

Dominando a complexidade

Se a complexidade da cadeia de suprimentos é uma fonte importante do custo total de ponta a ponta da cadeia, além de ser uma inibidora significativa de resposta, é essencial que a redução da complexidade torne-se uma prioridade. Pode-se argumentar que os gerentes da cadeia de suprimentos de hoje precisam ser "mestres em complexidade", tal é a importância de conter e retirar esse impedimento para maior lucratividade. A Figura 9.1 sugere um processo de cinco estágios para que se mantenha a cadeia de suprimentos sob controle.

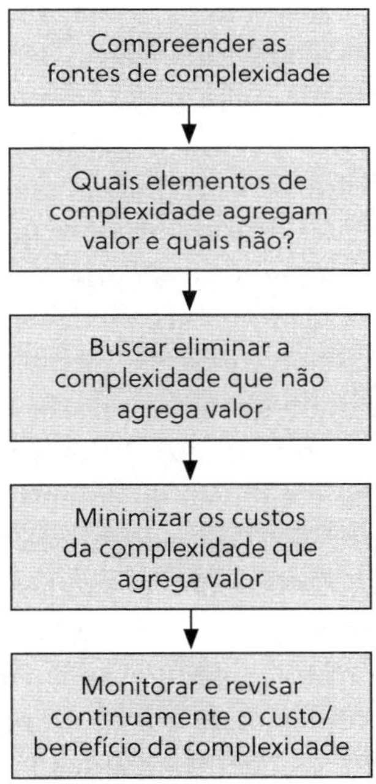

FIGURA 9.1 Gestão de complexidade

O primeiro passo para gerenciar a complexidade da cadeia de abastecimento é entender de onde ela está vindo. Um bom ponto de partida para identificar a fonte de complexidade é rever as oito categorias anteriormente identificadas, ou seja, a rede, o processo, a variação, o produto, o cliente, o fornecedor, a complexidade organizacional e de informações.

A complexidade da rede e do processo pode ser identificada pelo uso de procedimentos de mapeamento, como os descritos no Capítulo 8. Como as redes e os processos não são muitas vezes gerenciados de forma holística, ou seja, eles tendem a ser gerenciados pela atividade individual e não geral, a probabilidade é que venham conter o potencial para a complexidade desnecessária, por exemplo, escalões em excesso, interfaces mal gerenciadas e muitas atividades que não agregam valor. A simplificação de rede e a reengenharia de processos devem estar em funcionamento em toda a cadeia de suprimentos que busca tornar-se menos complexa.

A complexidade de variação do cliente e do fornecedor pode ser identificada pela análise de Pareto. Em outras palavras, que proporção de receita total, gastos ou estoque é representada por qual proporção de clientes, fornecedores ou SKU? Ao se focar a "cauda longa" discutida anteriormente, deve ser possível identificar as possibilidades de racionalização. Novamente, é preciso ressaltar que essa racionalização deve ser abordada com cautela no que diz respeito à estratégia de negócios mais ampla e às consequências financeiras.

A complexidade do produto será revelada por meio de uma análise detalhada das listas técnicas de materiais de cada produto na variação. O objetivo é tanto reduzir o número de componentes de cada produto, quanto maximizar a uniformização de componentes, subconjuntos e plataformas ao longo da variação.

A complexidade organizacional é parcialmente motivada pelo número de níveis na empresa e pela estrutura de tomada de decisões. Normalmente, as organizações com muitos níveis e com muitos "silos" funcionais tendem a ser lentas para reagir às novas e lentas condições no desenvolvimento e na introdução de novos produtos. Uma forma eficaz de reduzir essa fonte de complexidade é por meio de uma ênfase maior no trabalho em todas as funções, particularmente pela criação de equipes de processo – uma ideia à qual voltaremos no Capítulo 14.

Deve-se reconhecer, contudo, que nem toda complexidade é ruim. Em alguns aspectos, é com a complexidade que as empresas se diferenciam de seus concorrentes. Por exemplo, os clientes muitas vezes procuram variedade de produtos, e não estão preparados para aceitar a oferta do já citado Henry Ford I, "qualquer cor que quiser, desde que seja preto"!

O desafio para os gestores da cadeia de suprimentos é entender o valor que os clientes buscam e encontrar maneiras de entregar esse valor com menos complexidade.

Também se pode argumentar, talvez paradoxalmente, que um foco na redução da complexidade poderia aumentar o risco da cadeia de suprimentos. Por exemplo, um programa mais ambicioso de racionalização de fornecedores poderia deixar a empresa vulnerável a uma ruptura, se, por qualquer motivo, uma fonte de abastecimento crítica estivesse a ponto de sucumbir.

A complexidade do gerenciamento da cadeia de suprimentos deve ser um cuidadoso equilíbrio entre a simplificação excessiva, por um lado, e o foco em custo e eficiência, por outro. O objetivo deveria ser reduzir ou eliminar toda a complexidade que não agrega valor ao cliente ou que não protege a cadeia de suprimentos contra riscos. O impacto que a complexidade pode ter sobre o risco da cadeia de suprimentos é bem ilustrado pelo caso do Boeing 787 descrito a seguir.

O Boeing 787 Dreamliner: um pesadelo de terceirização

Em 15 de dezembro de 2009, dois anos mais tarde que o previsto inicialmente, o Boeing 787 – chamado "Dreamliner" – fez seu primeiro voo. O 787 era um conceito radicalmente novo, incorporando tecnologia altamente inovadora e características de design. O posicionamento de mercado da aeronave tinha provado ser um grande sucesso com as opções de vendas de pré-lançamento de companhias aéreas ao redor do mundo na faixa de 850 aviões. Com uma capacidade de até 330 passageiros e com uma gama de 8.500 milhas náuticas, o 787 utilizaria menos combustível e operaria com um custo por milha aproximadamente 10% menor que outras aeronaves semelhantes. Essas economias foram possibilitadas, principalmente, pela redução do peso do 787, obtida com a utilização de novos materiais compostos e novas tecnologias de motores.

Mesmo que a maioria dos comentaristas do setor esperasse que, a longo prazo, o 787 seria um grande sucesso, não havia dúvida de que o atraso no lançamento havia impactado o desempenho financeiro da Boeing.

Claramente, um design tão inovador como o 787 trouxe com ele muitos desafios, uma vez que muito da tecnologia era nova e não havia sido testada. Além disso, no entanto, houve uma série de riscos sistêmicos, ou seja, que surgiram como resultado de decisões tomadas pela empresa sobre a forma exata da arquitetura escolhida da cadeia de suprimentos.

Tradicionalmente, a Boeing construía a maior parte de suas aeronaves em instalações próprias no estado de Washington, Estados Unidos. No caso do 787, a única parte produzida na fábrica de Washington era o estabilizador vertical (e até mesmo sua produção era compartilhada com outra unidade fora de Washington). As outras partes da aeronave eram fabricadas como subconjuntos por uma miríade de fornecedores externos ao redor do mundo. Por exemplo, a fuselagem dianteira e o nariz eram feitos pela Spirit AeroSystems em Wichita, Kansas, enquanto partes da barriga eram fabricadas pela Alenia, na Itália, e as asas e parte da fuselagem ainda são construídas por empresas no Japão. A montagem final das aeronaves era feita nas instalações da Boeing em Everett, Washington, e em Charleston, na Carolina do Sul.

Não só a fabricação da maioria dos subconjuntos foi terceirizada, mas também os mesmos fornecedores estavam envolvidos na maior parte do design detalhado das seções/sistemas pelos quais eles eram responsáveis. Talvez não seja surpresa que uma série de problemas foram encontrados.

Muitos dos fornecedores descobriram que a inovação envolvia e desafiava tanto seu design quanto seus recursos de engenharia. A Boeing teve de mandar seu próprio pessoal para ajudar os fornecedores a resolver esses problemas. Com frequência, subconjuntos chegariam à Everett incompletos ou mal fabricados, exigindo a desmontagem e a reconstrução. Meses foram perdidos no processo de correção. Esses atrasos tiveram consequências financeiras e custos adicionais de design, retrabalho e multas foram de bilhões de dólares.

O paradoxo é que o modelo de negócios adotado pela Boeing – ou seja, terceirizar o design e a fabricação de subconjuntos da cadeia de suprimentos – foi motivado pelo objetivo de acelerar o prazo de comercialização. A visão original na Boeing era a de que o uso de especialistas externos permitiria uma cadeia de suprimentos mais flexível, capaz de responder mais rapidamente à demanda do cliente. No caso, o resultado foi um atraso significativo no prazo de comercialização e um custo significativo a longo prazo.

Sem dúvida um produto tão inovador como o 787, abrangendo novos materiais e tecnologias, sempre se depararia com desafios significativos. No entanto, além disso, a experiência da Boeing destaca o fato de que as empresas podem terceirizar a execução de uma atividade, mas nunca terceirizar seu controle.

FONTES: DREAMLINER MAKES HISTORY WITH PLASTIC, OUTSOURCING, DESIGN AND DELAYS. *THE SEATTLE TIMES*, 12 DEZ. 2009.
JET BLUES: BOEING SCRAMBLES TO REPAIR PROBLEMS WITH NEW PLANE. *THE WALL STREET JOURNAL*, 7 DEZ. 2007.

Referências

[1] WHYTE, C. Motorola's battle with supply and demand complexity. *Supply and Demand Chain Executive*, 12 ago. 2004.

[2] GOTTFREDSON, M.; ASPINAL, K. Innovation vs complexity: what is too much of a good thing? *Harvard Business Review*, nov. 2005.

[3] ANDERSON, C. *The long tail*: why the future of business is selling less of more. Hyperion, 2006.

[4] APPELQVIST, P.; LEHTONEN, J. M.; KOKKONENE, J. Modelling in product and supply chain design: literature survey and case study. *Journal of Manufacturing Technology Management*, v. 15, n. 7, 2004.

Gerenciando a cadeia global

10

- A tendência para a globalização na cadeia de suprimentos
- Ganhando visibilidade na cadeia global
- Financiando cadeias de suprimentos globais
- Organizando-se para a logística global
- Pensando globalmente, agindo localmente
- O futuro do *global sourcing*

As marcas e empresas globais agora dominam a maior parte dos mercados. Durante as duas últimas décadas, houve uma sólida tendência em direção ao marketing mundial de produtos sob um guarda-chuva comum de marca – quer se trate da Coca-Cola, quer da Marlboro, da IBM ou da Toyota. Ao mesmo tempo, a empresa global revê seu foco previamente localizado, fabricando e comercializando seus produtos em diferentes países e, agora, vai utilizar normalmente como fonte uma base mundial para a produção e a distribuição global.

A lógica da empresa global é clara: pretende expandir seus negócios alargando seu mercado, enquanto busca redução de custos mediante economias de escala na aquisição e na produção, bem como por meio da fabricação concentrada e/ou de operações de montagem.

No entanto, se por um lado a lógica da globalização é forte, temos de reconhecer, por outro, que ela também apresenta certos desafios. Em primeiro lugar, os mercados mundiais não são homogêneos, porque ainda há uma necessidade de variação local em muitas categorias de produtos. Em segundo lugar, a menos que haja elevado nível de coordenação, a complexa logística de gerenciamento de cadeias de suprimentos pode resultar em maiores custos e *lead times* estendidos.

Esses dois desafios estão relacionados tanto à forma de oferecer a variedade buscada enquanto se ganha a vantagem da produção global padronizada, como à de gerenciar os elos da cadeia global de fontes de fornecimento para o usuário final. Existe o perigo de algumas empresas globais, em sua busca de vantagem de custo, terem visão muito estreita e somente poderem ver a redução de custos de compra ou fabricação, alcançada pela utilização de fontes de fornecimento de baixo custo. Na realidade, é um *trade-off* total de custos, em que os custos de canalizações mais longas de fornecimento podem compensar a redução dos custos de produção. A Figura 10.1 ilustra alguns potenciais *trade-offs* de custos considerados ao se estabelecer a amplitude pela qual uma estratégia global de logística terá custo justificado. Certamente, um componente-chave da decisão de tornar-se global deve ser a necessidade de serviços do mercado. Existe o perigo de as empresas correrem risco de sacrificar o serviço no altar da redução de custos por uma falha na compreensão plena das necessidades de serviço dos mercados individuais.

A tendência para a organização global da fabricação e do marketing é destacar a importância da logística e do gerenciamento da cadeia de suprimentos como as chaves para a lucratividade. A complexidade da tarefa logística parece aumentar exponencialmente, influenciada por fatores como aumento da gama

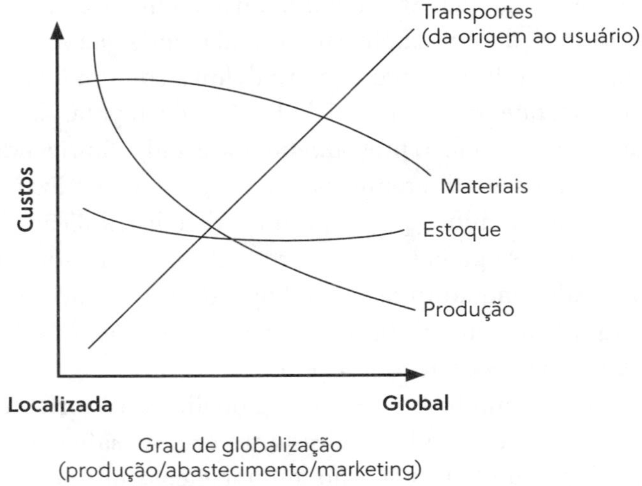

FIGURA 10.1 Os *trade-offs* na logística global

de produtos, menores ciclos de vida do produto, crescimento do mercado e do número de canais de oferta/mercado.

A tendência para a organização global da fabricação e do marketing é destacar a importância da logística e da gestão da cadeia de suprimentos como as chaves para a lucratividade.

Não há dúvidas de que a globalização da atividade industrial tornou-se uma questão importante nos negócios. Artigos na imprensa relacionada aos negócios, seminários e simpósios acadêmicos incidiram sobre a tendência global emergente. As pressões e os desafios competitivos que levaram a esse aumento de interesse têm sido bem documentados. Quais são as implicações pouco compreendidas da globalização para a gestão de operações em geral e especificamente para a gestão de logística?

No início, é importante que se defina a empresa global e se reconheça o caráter diferencial de uma empresa internacional ou multinacional. Uma empresa global é aquela que faz mais que simplesmente exportar. A empresa normalmente trará seus materiais e componentes provenientes de mais de um país. Da mesma forma, muitas vezes, ela terá localizações múltiplas de montagem ou fabricação geograficamente dispersas. Ela posteriormente comercializará seus produtos em todo o mundo. Um exemplo clássico é fornecido pela Nike, empresa de *sportswear* norte-americana. A empresa terceiriza praticamente toda a sua produção de calçados, somente retendo a fabricação interna nos Estados Unidos de alguns componentes-chave da tecnologia patenteada Nike Air System. O tênis Nike de basquete é projetado nos Estados Unidos, mas fabricado na Coreia do Sul e Indonésia com mais de 70 componentes fornecidos por empresas do Japão, Coreia do Sul, Taiwan, Indonésia e Estados Unidos. Os produtos acabados são vendidos em todo o mundo.

A tendência para a globalização e a terceirização no exterior vem crescendo rapidamente por várias décadas. Houve a transformação de um mundo onde a maioria dos mercados costumava ser atendida por fontes locais para outro onde há um aumento da interdependência mundial de fornecedores, fabricantes e clientes, que realmente se tornou uma "aldeia global".

Comentaristas antigos como Levitt [1] viram o crescimento de marcas globais e falaram da convergência crescente das preferências do cliente que permitiria a produtos padronizados serem comercializados de forma semelhante em todo o mundo. No entanto, a realidade do marketing global está muitas vezes longe desse modelo, com substanciais diferenças das necessidades locais ainda muito em evidência. Assim, enquanto a marca precisa ser global, o produto deve ter certa personalização para atender às necessidades de cada país, seja de carros com o volante do lado esquerdo ou direito, seja de diferentes padrões de transmissão de TV ou gostos locais. Um bom exemplo é o Nescafé, café solúvel da Nestlé, que tem mais de 200 formulações ligeiramente diferentes para atender às preferências de gosto específicas de cada país.

A tendência para a globalização na cadeia de suprimentos

Nos últimos 50 anos ou mais, o crescimento no comércio mundial superou o crescimento do produto interno bruto global. Em parte, tal tendência é impulsionada pela expansão da demanda em novos mercados, mas a liberalização do comércio internacional por meio de concessões da Organização Mundial do Comércio (OMC) também teve efeito significativo. Outro fator que impulsiona a globalização em muitos setores tem sido o enorme crescimento das remessas em contêineres, que levou a uma redução significativa dos custos reais de transporte.

Já houve momentos em que as empresas estabeleciam indústrias em países do exterior para fabricar produtos que atendiam à demanda local. Agora, com a redução das barreiras comerciais e o desenvolvimento de uma infraestrutura de transporte global, um menor número de fábricas pode produzir em maiores quantidades para atender às demandas globais em vez das locais.

Paradoxalmente, como as barreiras ao movimento global caíram, surgem outros aspectos para o aumento da concorrência. As economias recém-emergentes estão construindo suas próprias indústrias com capacidade global. Ao mesmo tempo, mudanças tecnológicas e eficiência de produção possibilitam à maioria das empresas produzir em maior quantidade com menor custo. O resultado de tudo isso, agora, é o excesso de capacidade em praticamente todos os setores e uma pressão competitiva muito maior.

Para se manterem competitivas nesse novo contexto global, as empresas terão de buscar continuamente maneiras de reduzir os custos e melhorar os serviços, porque a eficiência e a eficácia da cadeia de suprimentos se tornarão cada vez mais críticas.

No desenvolvimento de uma estratégia de logística global, muitas questões que podem surgir precisam de uma análise cuidadosa. Em particular, que grau de centralização da produção, da gestão e da distribuição é adequado, e como as necessidades dos mercados locais podem ser satisfeitas ao mesmo tempo que se alcançam as economias de escala com a padronização?

As empresas procuram implantar suas estratégias de logística global por meio de fábricas dedicadas, estoques centralizados e adiamento.

1. Fábricas dedicadas

A ideia por trás da fábrica dedicada é simples: ao limitar a variação e o *mix* de produtos fabricados em um único local, a empresa pode alcançar consideráveis economias de escala. Normalmente, a empresa nacionalmente orientada terá uma produção *local for local*, quer dizer, a fábrica vai produzir toda a gama de produtos para venda no país onde está instalada. No entanto, a empresa global considera o mercado mundial e racionaliza sua produção para que as fábricas restantes produzam menos produtos em volumes capazes de satisfazer, talvez, a todo o mercado.

Uma empresa que mudou nesse sentido é a Mars. Sua política é a de simultaneamente racionalizar a capacidade de produção buscando a gestão da demanda total, pelo menos no nível regional, e a concentração da produção por categoria, fábrica por fábrica. Portanto, M&Ms à venda em Moscou provavelmente foram produzidos nos Estados Unidos. De forma semelhante, a Heinz produz *ketchup* para toda a Europa em apenas três fábricas e muda a produção dependendo da variação dos custos locais e das condições de demanda em relação às flutuações cambiais. Outro exemplo é o da Kellogs, que fabrica seu famoso produto Pringles em apenas duas fábricas para atender a demanda mundial. Da mesma forma, a marca de sabonetes Pears, da Unilever, há muito estabelecida, é produzida na Índia para mercados mundiais.

Tais estratégias se tornaram comuns uma vez que o "pensamento global" torna-se a mentalidade dominante.

No entanto, uma série de *trade-offs* logísticos fundamentais podem ser negligenciados no que poderia eventualmente ser uma busca bastante apressada do *status* de produtor de baixo custo por meio de economias de escala. O *trade-off* mais óbvio é o efeito sobre os custos de transporte e *lead times* de entrega. Os custos de embarque dos produtos, muitas vezes de valor relativamente baixo, ao longo de distâncias maiores podem corroer algumas ou todas as economias de custos de produção. Da mesma forma, os *lead times* mais longos envolvidos podem precisar ser enfrentados, mais uma vez, com um estoque local, possivelmente compensando a vantagem do custo de produção.

Outros problemas da produção dedicada podem ser encontrados onde a necessidade por pacotes locais existe, por exemplo, com a etiquetagem em lín-

Logística centralizada na Lever Europa

A Lever, parte da sociedade global Unilever, fabrica e comercializa uma grande variedade de sabões, detergentes e produtos de limpeza. Como parte de um esforço para implantar uma estratégia europeia para a fabricação e a estruturação da cadeia de suprimentos, eles criaram uma produção centralizada e uma estrutura de gerenciamento da cadeia de suprimentos – a Lever Europa. Uma parte essencial dessa estratégia envolvia a racionalização de outras instalações de produção em toda a Europa ocidental de um total de 16 para 11. As instalações restantes tornaram-se "fábricas dedicadas", cada uma concentrada em determinadas famílias de produtos. Assim, por exemplo, a maioria dos sabonetes em barra para a Europa agora é feita em Port Sunlight, na Inglaterra; Mannheim, na Alemanha, faz todos os produtos de sabão da Dove, não apenas para a Europa, mas para grande parte do resto do mundo; na França se concentram produtos para máquinas de lavar louça, e assim por diante.

Uma vez que os mercados nacionais agora são abastecidos por diversas fontes europeias, eles mantêm instalações de distribuição em cada país a fim de atuar como um centro de consolidação local para a entrega final aos clientes.

Enquanto algumas economias de custo de produção significativas foram obtidas, certo grau de flexibilidade foi perdido. Há ainda um elevado nível de variação nas necessidades dos mercados individuais. Muitos países vendem o mesmo produto, mas sob marcas diferentes; as línguas são diferentes, daí a necessidade de pacotes locais; às vezes, também, as formulações são diferentes.

Outra questão é que, como os varejistas se tornam mais exigentes na prestação de serviços de entrega, e à medida que a tendência para entrega *just-in-time* continua, a perda de flexibilidade torna-se um problema. Embora as economias de escala de produção sejam bem-vindas, deve-se reconhecer que a realização desses benefícios de custo pode equivaler à perda de flexibilidade e receptividade de toda a cadeia de suprimentos.

guas distintas, ou mesmo diferentes marcas e embalagens para o mesmo produto. Esse problema poderia ser resolvido "adiando-se" o empacotamento final até mais perto do ponto de venda.

E existe mais um obstáculo, o criado por clientes que encomendam uma variedade de produtos da mesma empresa em um único pedido, mas que agora são produzidos em um número de fábricas dedicadas em locais diferentes. A solução aqui pode ser algum tipo de transbordo ou operações de *cross-docking*, em que fluxos de mercadorias provenientes de diversas localidades e origens são fundidos para entrega posterior ao cliente.

Finalmente, qual será o impacto da tendência a fábricas dedicadas sobre a flexibilidade de produção, em que o volume e as economias de escala dominam? Embora tais objetivos não sejam necessariamente incompatíveis entre si, pode ser que as empresas, que colocam a produção de baixo custo no topo de sua lista de prioridades, estejam se arriscando em mercados onde a receptividade e a capacidade de oferecer variedade são fatores-chave de sucesso.

Em resposta a essas questões, uma série de empresas está questionando decisões que anteriormente eram consideradas sólidas. Por exemplo, a Sony costumava fabricar câmeras digitais e filmadoras na China, atraída pelos baixos custos de mão de obra. No entanto, eles reconheceram que, se os ciclos de vida eram tão curtos para esses produtos, seria melhor trazer a montagem de volta ao Japão, de onde vieram o design do produto e a maioria dos componentes. Outras empresas de alta tecnologia também estão olhando de novo para a sua produção *offshore* e suas estratégias de *sourcing* por esse mesmo motivo. Normalmente, menos de 10% dos custos de uma empresa de alta tecnologia são de mão de obra direta. Assim, a decisão de se buscar fontes *offshore*, simplesmente para economizar nos custos de mão de obra, não faz muito sentido se as sanções são contraídas em outras partes da cadeia de suprimentos.

De forma geral, parece que o impacto total da logística da produção dedicada será complexo e significativo. Para garantir que as decisões tomadas não sejam insuficientes, ainda se tornará mais importante a realização de uma análise detalhada fundamentada em modelagem e simulação total do sistema antes de assumir compromissos que poderão ser lamentados depois.

2. Centralização de estoques

Da mesma forma que o advento da globalização incentiva as empresas a racionalizar a produção em menos locais, ele também tende à centralização de estoques. As empresas fecham armazéns nacionais e os agrupa em centros regionais de distribuição (*regional distribution centres* - RDCs) que atendem a uma área geográfica muito maior, utilizando o fato estatístico bem conhecido de que a consolidação do estoque em menos locais pode reduzir substancialmente as necessidades de estoque total.

Por exemplo, a Philips reduziu seus armazéns de produtos eletrônicos de consumo na Europa Ocidental de 22 para apenas quatro. Da mesma forma, a Apple Computers substituiu seus 13 armazéns nacionais por dois RDC europeus. Exemplos semelhantes podem ser encontrados em praticamente todos os setores.

Enquanto a lógica da centralização é sólida, reconhece-se cada vez mais que pode haver ganhos ainda maiores por não se centralizar fisicamente o estoque, mas sim localizá-lo estrategicamente perto do cliente ou do ponto de produção, embora sendo gerenciado e controlado centralmente. Essa é a ideia de estoque "virtual" ou "eletrônico". Por meio do uso da informação, a empresa pode alcançar a mesma redução de estoque que alcançaria com a centralização, enquanto mantém maior flexibilidade com a localização do estoque. Ao mesmo tempo, as sanções de centralizar a manutenção de estoque físico são reduzidas, ou seja, há uma dupla movimentação, tarifas de transporte mais elevadas e canalizações totais possivelmente mais longas.

Uma das vantagens do estoque centralizado pode ser tirada da "regra da raiz quadrada"[2] que, embora uma aproximação, mostra ser possível manter estoque em um número menor de locais. A regra estabelece que a redução no estoque total de segurança esperada pela diminuição do número de posições de estoque é proporcional à raiz quadrada do número de localidades de estoque antes e depois da racionalização. Assim, se anteriormente havia 25 localidades de estoque e, agora, existem apenas quatro, então a redução global de estoque seria na proporção de $\sqrt{25}$ para $\sqrt{4}$, ou de 5 para 2, ou seja, uma redução de 60%.

Muitas empresas estão reconhecendo as vantagens da gestão de estoques de forma centralizada em todo o mundo. Obter êxito, no entanto, requer um sistema de informação que pode fornecer uma visibilidade completa da demanda desde uma extremidade da cadeia até a outra em um período de tempo mais próximo possível do real. Da mesma forma, tais sistemas centralizados normalmente levarão a custos mais elevados de transporte porque inevitavelmente os produtos têm de percorrer grandes distâncias e muitas vezes o transporte aéreo de alto custo será necessário para garantir *lead times* curtos de entrega ao cliente.

A Xerox, em sua gestão de negócios sobressalentes na Europa, demonstrou como podem ser obtidos grandes benefícios com a centralização do controle de estoque e com a utilização de sistemas de informação, permitindo que um serviço muito superior seja prestado a seus engenheiros, com apenas metade do estoque total. A SKF é outra empresa que, por muitos anos, reduziu seu estoque europeu de rolamentos, enquanto continua a melhorar o atendimento aos seus clientes. Novamente, o meio para essa notável realização foi um sistema centralizado de informações.

3. Adiamento e localização

Embora a tendência por marcas e produtos globais continue, deve-se reconhecer que ainda existem importantes diferenças locais quanto às necessidades do cliente e do consumidor. Mesmo em um mercado relativamente compacto como o da Europa Ocidental, há muitas diferenças nos gostos dos consumidores e, naturalmente, no idioma. Portanto, há grande número de mercados onde produtos-padrão e globais não seriam bem-sucedidos. Tomemos, por exemplo, as diferenças na preferência por aparelhos domésticos, como refrigeradores e máquinas de lavar. Os europeus do norte preferem refrigeradores maiores porque fazem compras uma vez por semana e não diariamente, enquanto os do sul, que vão às compras com mais frequência, preferem os menores. Do mesmo modo, os britânicos consomem mais alimentos congelados que a maioria dos outros europeus e, portanto, necessitam de mais espaço no congelador.

Embora a tendência por marcas e produtos globais continue, deve-se reconhecer que ainda existem importantes diferenças locais quanto às necessidades do cliente e do consumidor.

No caso das máquinas de lavar, existem diferenças de preferência quanto ao carregamento vertical ou carregamento frontal. No Reino Unido, quase todas as máquinas compradas têm carregamento frontal, enquanto na França o inverso é verdadeiro.

Como é possível conciliar a necessidade de cumprir as exigências locais ao mesmo tempo em que se tenta organizar a logística de forma global? Idealmente, as empresas gostariam de obter os benefícios da padronização com a redução de custos, enquanto maximizam seu sucesso de marketing pela localização.

Uma estratégia cada vez mais adotada é a ideia de *adiamento,* discutida anteriormente neste livro. O adiamento, ou configuração tardia, é fundamentado no princípio da busca por projetar produtos utilizando plataformas, componentes ou módulos comuns, em que a montagem ou a personalização final não ocorre até que se saiba o destino final do mercado e/ou a exigência do cliente.

São várias as vantagens da estratégia de adiamento. Em primeiro lugar, o estoque pode ser mantido em um nível genérico, de modo que haja menos variantes de manutenção de estoque e, portanto, menos estoque no total. Em segundo lugar, se o estoque é genérico, sua flexibilidade é maior, o que significa que os mesmos componentes, módulos ou plataformas podem ser incorporados em uma variedade de produtos finais. Em terceiro lugar, a previsão é mais fácil no nível genérico que no nível do item acabado. Este último ponto é particularmente relevante em mercados globais, onde as previsões locais serão menos precisas do que a previsão do volume mundial. Além disso, a capacidade de personalizar os produtos localmente significa que um nível mais elevado de variedade pode ser oferecido a um custo total mais baixo – esse é o princípio da "personalização em massa".

Aproveitar ao máximo as possibilidades oferecidas pelo adiamento exige muitas vezes uma filosofia de "design para a localização". Produtos e processos devem ser projetados e desenvolvidos de tal forma que o produto semiacabado possa ser montado, configurado e terminado para fornecer o mais elevado nível de variedade aos clientes com base no menor número de módulos ou componentes-padrão. Em muitos casos, o acabamento ocorrerá no mercado local, talvez em um centro de distribuição, e cada vez mais a atividade física será terceirizada para um prestador de serviços de logística.

Ganhando visibilidade na cadeia global

Uma das características das cadeias globais é que, muitas vezes, há um nível mais elevado de *incerteza* sobre o *status* de um embarque enquanto ele está em trânsito. Essa incerteza é agravada pelas várias etapas de uma cadeia típica global, pois um produto flui da fábrica para o porto, do porto para o país de destino, por meio de despacho aduaneiro, e assim por diante, até que finalmente alcança o ponto onde ele é necessário. Não é surpresa que há um elevado grau de *variação* nessas canalizações estendidas.

Embarque, consolidação e desembaraço aduaneiro, todos contribuem para atrasos e variabilidade no *lead time* de ponta a ponta das cadeias globais de suprimentos. Isso é destaque no exemplo apresentado na Tabela 10.1 e pode ser um grande problema para as empresas que, cada vez mais, passam a ser

TABELA 10.1 Variabilidade de *lead time* de ponta a ponta (em dias)

	Do ponto de origem ao porto	Expedição/ consolidação	Chegada ao país de destino	Desembaraço aduaneiro	Trânsito para ponto de uso	Tempo total decorrido
Máximo	5	7	15	5	5	37
Médio	4	3	14	2	4	32
Mínimo	1	1	12	1	2	17

globais. Existe, como consequência, uma tendência de os gestores locais compensarem essa insegurança por meio do excesso de pedidos e pela construção de *buffers* de estoque.

Uma ferramenta emergente que poderia melhorar muito a visibilidade nas complexas cadeias globais de suprimentos é a gestão de eventos da cadeia de suprimentos (*supply chain event management* - SCEM), termo dado ao processo do monitoramento da sequência planejada das atividades de uma cadeia de suprimentos e a comunicação posterior de qualquer divergência desse plano. Idealmente, SCEM também permitirá uma resposta proativa, possivelmente automática, às divergências do plano.

> O sistema SCEM deve agir como um monitor de terapia intensiva em um hospital. Para usar um monitor de terapia intensiva, o médico coloca sondas em pontos estratégicos do corpo do paciente; cada um mede uma função distinta e diferente – temperatura, frequência respiratória, pressão arterial. O monitor está programado com limites isolados de controle superior e inferior para cada sonda e para cada paciente. Se qualquer uma das funções corporais observadas estiver acima ou abaixo da tolerância definida, o monitor dispara um alarme para o médico tomar medidas imediatas de acompanhamento e correção. A aplicação do SCEM deve agir da mesma maneira.
>
> A empresa determina seus pontos exclusivos de medição ao longo de sua cadeia de suprimentos e instala sondas. A empresa, então, programa a aplicação do SCEM para acompanhar a evolução do plano real da cadeia de suprimentos, e estabelece limites superiores e inferiores de controle. Se alguns dos limites de controle são excedidos, ou se ocorrem anomalias, a aplicação publica alertas ou alarmes para que o gerente funcional possa tomar as medidas corretivas adequadas.
>
> FONTE: STYLES, PETER. DETERMINING SUPPLY CHAIN EVENT MANAGEMENT. IN: *ACHIEVING SUPPLY CHAIN EXCELLENCE THROUGH TECHNOLOGY*. SAN FRANCISCO: MONTGOMERY RESEARCH, 2002.

A internet fornece os meios pelos quais os sistemas de comunicação do SCEM podem conectar até mesmo parceiros muito distantes nas cadeias globais de suprimentos. Sistemas de computadores baseados "na nuvem" permitem que empresas independentes com diferentes sistemas de informação compartilhem dados facilmente. O requisito fundamental, embora não seja tecnológico, é a disposição das diversas entidades em uma cadeia de suprimentos a trabalhar de modo colaborativo e concordar em compartilhar informações.

A gestão de eventos da cadeia de suprimentos permite que as empresas ganhem visibilidade a montante e a jusante de suas próprias operações e assumam uma *abordagem* ativa, em vez de *passiva,* para os riscos em relação à cadeia de suprimentos. A Figura 10.2 mostra a evolução da cadeia de supri-

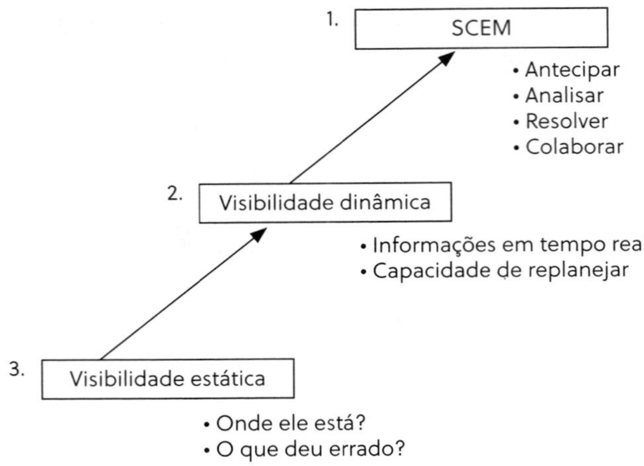

FIGURA 10.2 A progressão da gestão de eventos da cadeia de suprimentos (SCEM)

mentos desde o âmbito tradicional e limitado de visibilidade até o objetivo pretendido de um sistema "inteligente" de informações.

Softwares de gestão de eventos estão se tornando disponíveis por meio de um número de provedores. Os princípios subjacentes à gestão de eventos são de que agentes inteligentes são criados no software e instruídos a reagir mediante regras de decisão predeterminadas – por exemplo, limites inferior e superior para níveis de estoque em diferentes estágios de uma cadeia de suprimentos. Tais agentes monitoram o estágio crítico em um processo e emitem alertas quando ocorrem desvios do desempenho exigido. Os agentes também podem ser instruídos a tomar medidas corretivas quando necessário, e podem identificar tendências e anomalias e informar aos gestores da cadeia de suprimentos situações emergentes que exijam mais atenção preventiva.

Embora a gestão de eventos seja basicamente uma ferramenta para a gestão de processos, sua vantagem é "a possibilidade" de observar por meio de redes, permitindo assim que processos conectados sejam monitorados e, se necessário, modificados.

É evidente que a complexidade da maioria das redes de fornecimento é tal que a gestão de eventos, na realidade, precisa ser limitada aos caminhos críticos nessa rede, caracterizados como: longos *lead times* para reagir a eventos não planejados, dependência de única fonte de fornecedores, gargalos etc.

A gestão de eventos está enraizada no conceito de fluxo de trabalho e metas, e a Figura 10.3 utiliza nós e *links* para ilustrar a ideia de fluxo de trabalho ao

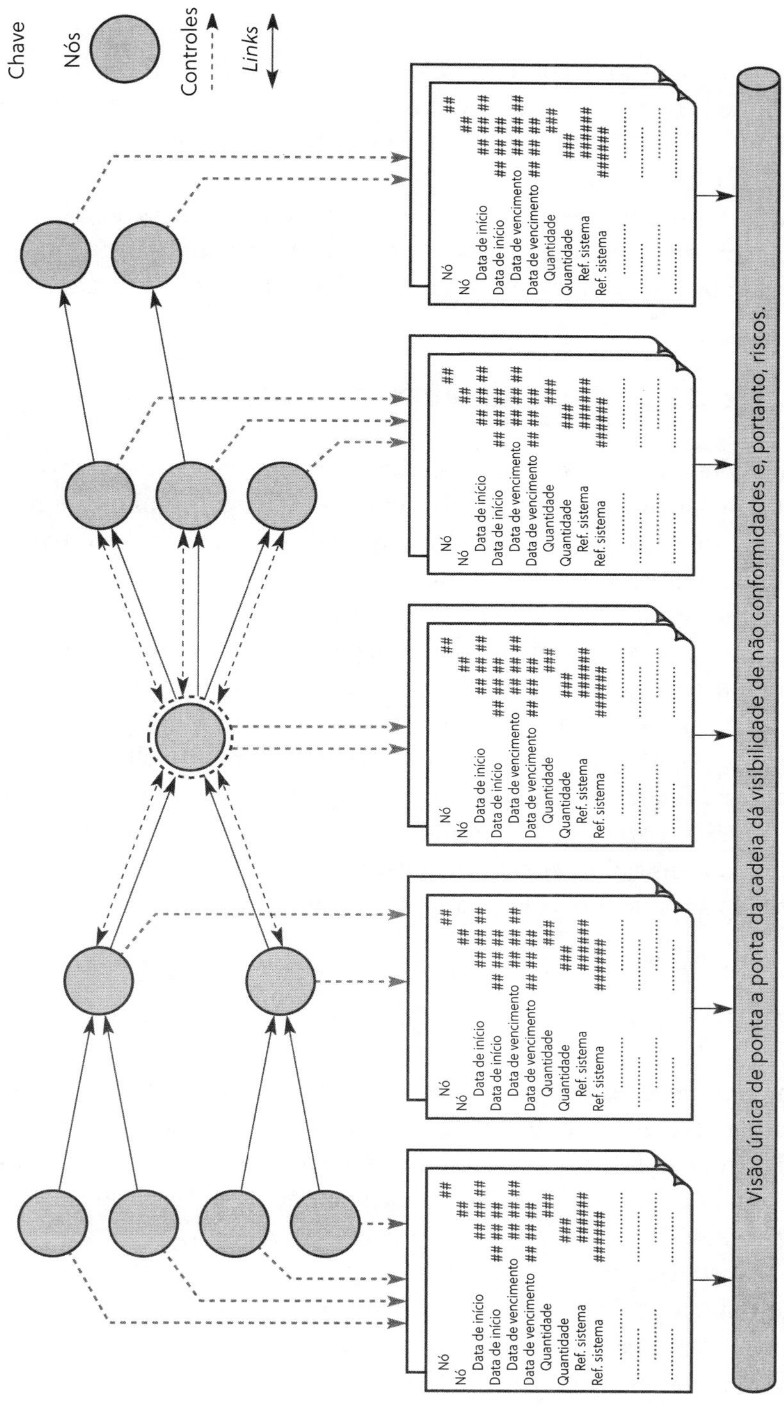

FONTE: CRANFIELD SCHOOL OF MANAGEMENT. *CREATING RESILIENT SUPPLY CHAINS*. REPORT ON BEHALF OF THE DEPARTMENT FOR TRANSPORT, 2002.

FIGURA 10.3 Gestão de eventos em toda a cadeia de suprimentos

longo de toda a cadeia de suprimentos. Uma vez que a cadeia tem sido descrita pelos nós que estão em vigor e pelas ligações que foram estabelecidas, os controles definidos respondem aos eventos por meio da cadeia. Um evento é uma conversão de materiais em um nó na cadeia ou um movimento de materiais entre nós da cadeia.

Quando um evento não ocorre na hora certa e/ou na íntegra, o sistema vai aumentar automaticamente alertas e alarmes em uma sequência de encaminhamentos para os gestores que controlam a cadeia, obrigando-os a agir.

Financiando cadeias de suprimentos globais

Inevitavelmente, cadeias de suprimentos estendidas vão aprisionar quantidades maiores de capital de giro, já que cadeias mais longas implicam uma maior necessidade de estoque. Em acordos internacionais de comércio convencionais, normalmente é o vendedor que financia a cadeia, em geral com faturas com descontos para melhorar o fluxo de caixa.

Mais recentemente, surgiu uma abordagem diferente e que vem ganhando aceitação rápida, às vezes chamada de "financiamento de cadeia de suprimentos". A ideia é que, como o consumidor normalmente é maior do que seus fornecedores e às vezes mais bem estabelecido financeiramente, ele – o consumidor – pode acessar financiamentos a um custo menor do que o fornecedor. Usando um intermediário financeiro – geralmente um banco – a vantagem da notação de crédito do comprador possibilita que um custo de financiamento mais baixo seja aplicado à transação. A Figura 10.4 resume o processo.

Organizando-se para a logística global

Como as empresas estenderam suas cadeias de suprimentos internacionalmente, foram forçadas a enfrentar a questão de como estruturar sua organização logística global. Em suas diferentes formas, essas empresas chegaram à mesma conclusão: a eficácia em logística global só pode ser alcançada com um elemento maior de centralização. Isso em muitos aspectos é contrário a grande parte da sabedoria convencional, que tende a argumentar que a responsabilidade da tomada de decisão deve ser devolvida e descentralizada, pelo menos para o nível estratégico da unidade de negócios. Essa filosofia se manifesta em muitas empresas sob a forma de gestão local forte, geralmente com tomadas de

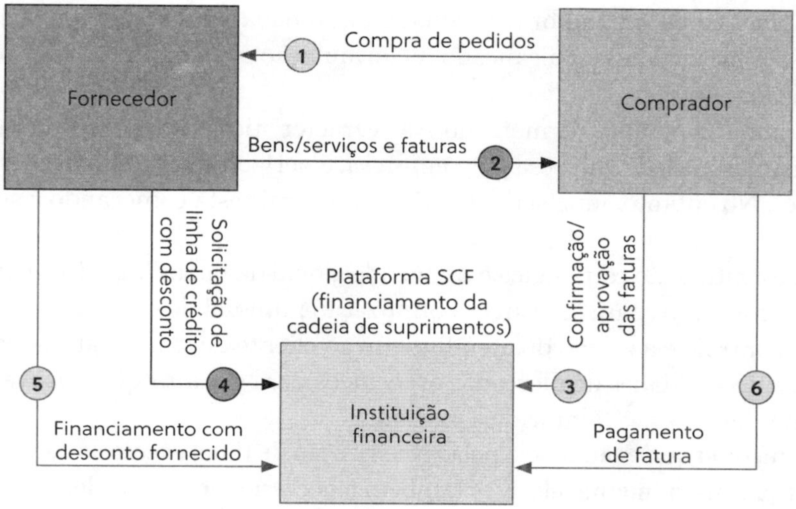

Princípios fundamentais

- O fornecedor se beneficia de ter acesso ao financiamento a uma taxa de juros preferencial ligada à capacidade de crédito do comprador. Para tornar isso viável, a notação do comprador deve ser melhor do que a dos fornecedores.
- O comprador apresenta o fornecedor à instituição financeira exibindo a linha de crédito de SCF e os termos do negócio são acordados.
- O comprador aprova as faturas do fornecedor e confirma que vai pagar a instituição financeira por elas em uma determinada data futura.
- O fornecedor vende (desconta) as faturas para a instituição financeira a uma taxa de desconto predeterminada e recebe os recursos financeiros diretamente.
- O comprador paga a instituição financeira, conforme acordado.
- Em paralelo à linha de crédito de SCF, o comprador normalmente consegue negociar melhores termos de pagamento e/ou preços com o fornecedor.

FONTE: CORTESIA DA PRICEWATERHOUSECOOPERS (PWC), 2014.

FIGURA 10.4 Financiamento da cadeia de suprimentos

decisão autônomas no nível do país. Embora isso possa ser bom para a promoção de iniciativas locais, tende a ser disfuncional quando são necessárias estratégias globais integradas.

É evidente que haverá ainda muitas áreas em que a tomada de decisão local será preferível – por exemplo, estratégia de vendas e, possivelmente, estratégia de comunicação promocional e de marketing. Da mesma forma, a aplicação da estratégia global ainda pode ser ajustada para levar em conta as diferenças e necessidades nacionais.

Então, como o equilíbrio adequado da tomada de decisões globais contra decisões locais pode ser alcançado na formulação e na implantação da estratégia de logística?

Como o ambiente de mercado e as características específicas da indústria serão diferentes de empresa para empresa, é perigoso oferecer soluções abrangentes. No entanto, uma série de princípios gerais está começando a surgir:

» A estruturação estratégica e o controle global de fluxos logísticos devem ser centralizados para se atingir a otimização mundial de custos.
» O controle e a gestão do atendimento ao cliente devem ser alocados diante das necessidades de mercados específicos para garantir que uma vantagem competitiva seja adquirida e mantida.
» À medida que a tendência pela terceirização de tudo, exceto as competências essenciais, aumenta, eleva-se também a necessidade de coordenação global.
» Um sistema de informação de logística global é a condição necessária para permitir a satisfação de necessidades locais como busca pela otimização de custos globais.

1. Estrutura e controle

Se os potenciais *trade-offs* na racionalização de recursos naturais, produção e distribuição por fronteiras nacionais precisam ser alcançados, é essencial que uma estrutura central de tomada de decisões logísticas seja estabelecida. Muitas empresas que atuam em uma base internacional descobrem que estão limitadas em sua busca por otimização global em virtude de sistemas e estruturas locais fortemente enraizados. Somente com o planejamento e a coordenação da logística a organização pode ter esperanças de atingir os duplos objetivos de redução de custos e maximização de serviços.

Por exemplo, decisões de localização são um determinante fundamental de rentabilidade na área de logística internacional. A decisão de onde fabricar, montar, armazenar, transferir e consolidar pode fazer a diferença entre lucro e prejuízo. Em razão de diferenças internacionais nos custos dos fatores básicos e por causa de movimentos da taxa de câmbio, as decisões de localização são fundamentais. Tais decisões também tendem a envolver investimentos em ativos fixos na forma de instalações e equipamentos. Decisões tomadas hoje podem, assim, ter impacto contínuo ao longo do tempo sobre as posições financeira e competitiva da empresa.

À medida que a tendência para a produção global continua, as organizações precisarão cada vez mais olhar para decisões de localização pela análise do custo total, e a necessidade que existe para melhorar o acesso aos custos associados à atividade, tais como fabricação, transporte e manuseio. Informações precisas sobre custos de manutenção de estoque e a relação custo-benefício do adiamento também se tornam uma variável-chave nas decisões de localização.

Uma motivação cada vez mais importante para mudar para uma estrutura centralizada para planejamento e controle da cadeia de suprimentos – especialmente em organizações maiores – é permitir a criação de uma cadeia de suprimentos "com eficiência de impostos". Onde é possível demonstrar que a rede global é planejada e gerenciada a partir de uma localização central, argumenta-se, para a autoridade fiscal, que a localização do que é chamado de "estrutura principal" do negócio é naquele lugar. Como resultado, muitas companhias escolheram alocar suas equipes de planejamento de cadeia de suprimentos e executivos seniores da área em países como Suíça ou Cingapura.

As oportunidades para reduzir custos e melhorar a eficiência de transferências por uma reavaliação da rede de logística global, e em instalações específicas de fabricação e de estoque, podem ser substanciais. Pela sua própria natureza, as decisões sobre a localização em uma rede global podem ser tomadas apenas de forma centralizada.

Se os potenciais *trade-offs* na racionalização de recursos naturais, produção e distribuição por fronteiras nacionais precisam ser alcançados, é essencial que uma estrutura central de tomada de decisões logísticas seja estabelecida.

2. Gestão de atendimento ao cliente

Uma vez que os mercados locais têm suas próprias características e necessidades, há uma vantagem considerável a ser conseguida por meio da formatação de estratégias de marketing de nível local – embora no âmbito geral de diretrizes globais. Isso é particularmente verdadeiro no que se refere à gestão de atendimento ao cliente, em que as oportunidades para a adaptação de serviços em relação às necessidades individuais dos clientes são grandes. A gestão do atendimento ao cliente envolve o monitoramento de necessidades de serviço, bem como o desempenho, e se estende à gestão de todo o processo de atendimento de pedidos – desde a encomenda até a entrega. Enquanto os sistemas de atendimento de pedidos são gerenciados de forma cada vez mais global e central, existe sempre a necessidade de forte gestão local de atendimento ao cliente.

A gestão de contas-chave (*key account management* - KAM) tornou-se uma abordagem amplamente adotada para a gestão das interfaces entre fornecedores e seus clientes globais. Em virtude da importância crescente no equilíbrio de poder em muitas indústrias, hoje é um pré-requisito fundamental para o sucesso comercial que os fornecedores adaptem suas ofertas de serviços para atender às necessidades de clientes individuais. O objetivo da gestão de contas-chave em uma empresa global é garantir que todos os recursos do fornecedor sejam aproveitados para oferecer soluções que são específicas a determinado cliente. Isso contrasta com a abordagem de "um tamanho serve para todos" no atendimento global ao cliente que caracterizou as políticas de muitas empresas no passado.

3. Terceirização e parcerias

Como já observamos anteriormente, uma das maiores mudanças na empresa global de hoje é a tendência para a terceirização. Não apenas a terceirização da aquisição de materiais e componentes, mas também a terceirização de serviços que tradicionalmente são prestados internamente. A lógica dessa tendência é a de a empresa focar cada vez mais as atividades da cadeia de valor, na qual tem uma vantagem distintiva - as competências essenciais da empresa -, e tudo o mais que será terceirizado. Esse movimento é particularmente evidente na área de logística, em que as provisões de transporte, armazenagem e controle de estoque são cada vez mais subcontratadas de especialistas ou parceiros de logística.

Para muitas companhias, terceirizar a fabricação ou as operações de montagem se tornou a norma. O uso de fabricantes contratados é disseminado em muitos setores, já que as empresas procuram tirar proveito de fornecedores de serviços mais eficientes e especializados.

A gestão dessa rede de parceiros e fornecedores exige uma mistura de envolvimento central e local. O argumento é mais uma vez que as decisões estratégicas precisam ser tomadas no nível central, com acompanhamento e controle do desempenho do fornecedor e contato diário com parceiros de logística mais bem gerenciados no âmbito local.

4. Informações logísticas

A gestão da logística global é, na realidade, a gestão dos fluxos de informação. O sistema de informação é o mecanismo pelo qual os complexos fluxos de materiais, peças, subconjuntos e produtos acabados podem ser coordenados para obter um serviço rentável. Qualquer empresa com aspirações de liderança global depende da visibilidade que pode obter com fluxos de materiais, estoques e demanda ao longo da cadeia. Sem a capacidade para perceber, pela cadeia, os mercados do usuário final, compreender a demanda legítima e, posteriormente, gerenciar o reabastecimento em tempo virtual real, o sistema está condenado a depender do estoque. A "informação substituta para estoque" tornou-se uma espécie de clichê, mas deveria ser um objetivo primordial. Os lapsos de tempo nos fluxos de informação são convertidos diretamente em estoque. Os grandes avanços feitos na introdução de sistemas logísticos de "resposta rápida" são todos fundamentados no fluxo de informações do ponto de demanda real diretamente para a logística do fornecedor e para os sistemas de reabastecimento. Em escala global, geralmente achamos que a presença de estoques de intervenção entre a fábrica e o mercado obscurece a visão da demanda real. Daí a necessidade de sistemas de informação que possam ler a demanda em todos os níveis da cadeia e fornecer a força motriz para um sistema logístico controlado centralmente.

Para gerenciar melhor o aglomerado de dados e informações que sustentam as cadeias de suprimentos globais, muitas companhias estabeleceram o que às vezes é chamado de "torre de controle logístico". Companhias como a P&G desenvolveram centros de informação sofisticados, que possibilitam a utilização de poderosos recursos de "detecção e resposta" para administrar suas redes de fornecimento global e demanda. Essas torres de controle não só permitem que as operações diárias sejam mais bem gerenciadas, elas também utilizam ferramentas analíticas orientadas pela demanda para identificar tendências e compreender mudanças fundamentais do mercado.

Pensando globalmente, agindo localmente

A implantação do controle global de cadeia é altamente dependente da capacidade que a empresa tem de encontrar o equilíbrio correto entre o controle central e a administração local. É desaconselhável ser prescritivo demais, mas a experiência que as empresas globais ganham a cada dia sugere que certas tarefas e funções se prestam ao controle central e outras, à gestão local. A Tabela 10.2 resume algumas possibilidades.

Muito se aprendeu nos últimos 20 anos sobre as possibilidades de custo e aprimoramento do atendimento por meio de uma melhor gestão da logística em âmbito nacional. Agora, as empresas são confrontadas com a aplicação dessas lições em um estágio muito mais amplo. Como a concorrência internacional se torna mais intensa, e as barreiras nacionais ao comércio se reduzem gradualmente, a era da empresa global chegou. Cada vez mais, a diferença entre o sucesso e o fracasso no mercado global será determinada não pela sofisticação da tecnologia de produto ou até mesmo pelas comunicações de marketing, mas sim pela forma de gerenciar e controlar a cadeia logística.

TABELA 10.2 Coordenação global e gerenciamento local

Global
• Estruturação de rede para a otimização de produção e transporte
• Desenvolvimento e controle de sistemas de informação
• Posicionamento de estoque
• Decisões de origem
• Modo internacional de transporte e decisões de origem
• Análises de *trade-off* e controle de custos da cadeia de suprimentos
Local
• Gestão de atendimento ao cliente
• Reunião de inteligência de mercado
• Gestão de armazém e entrega local
• Análise de rentabilidade do cliente
• Ligação com vendas locais e gestão de marketing
• Gestão de recursos humanos

O futuro do *global sourcing*

Uma das tendências mais acentuadas das últimas décadas foi a mudança para a terceirização *offshore*, muitas vezes motivada pela oportunidade de fazer ou comprar produtos ou materiais a preços significativamente mais baixos que poderiam ser obtidos localmente. Empresas como a grande rede varejista britânica Marks & Spencer, que uma vez teve como política importar a maioria de seus produtos de vestuário no Reino Unido, moveu grande parte do abastecimento para países de baixo custo, especialmente no Extremo Oriente. Os fabricantes, da mesma forma, fecharam fábricas na Europa Ocidental e na América do Norte e procuraram lugares mais baratos para instalá-las, a muitos milhares de quilômetros de distância de seus principais mercados.

Na época em que muitas dessas decisões de importação e fabricação eram tomadas, o diferencial de custos entre fontes tradicionais e as novas localizações de baixo custo era significativo. No entanto, nos últimos anos, houve uma crescente percepção de que o verdadeiro custo da terceirização global pode ser maior que pensado a princípio.[3] Não só os custos de transporte aumentaram em muitos casos, como as oscilações da taxa de câmbio e a necessidade de níveis mais elevados de estoque, em virtude de *lead times* mais longos e mais variáveis, afetaram os custos totais. Nos mercados com curtos ciclos de vida, há o risco adicional de obsolescência, com consequentes reduções de preços ou mercadoria sucateada. Outros custos que podem surgir estão possivelmente relacionados a problemas de qualidade e perda de propriedade intelectual. Com a crescente preocupação com questões ambientais, há também agora a questão emergente de "pegadas de carbono" (a ser tratada com mais detalhes no Capítulo 15).

Todas essas questões estão atualmente fazendo muitas empresas e organizações reverem suas decisões sobre *offshore sourcing*/decisões de fabricação. Embora sempre haja um caso de aquisição de muitos produtos de baixo custo em um país, não será o caso em toda parte, como o exemplo a seguir sugere.

Hornby: levando a produção de volta para casa

Hornby é uma empresa estabelecida envolvida principalmente na fabricação de miniaturas de trens, carros e aviões. Fundada no Reino Unido em 1907 – originalmente chamada Meccano Ltd, e produzindo os clássicos *kits* de construção –, a empresa já passou por muitos altos e baixos. No final do século XX, em uma busca por uma base de custos mais baixa, a empresa mudou a produção de seus brinquedos para a China e, em 2002, já não tinha uma operação de manufatura no Reino Unido.

Entretanto, à medida que o mercado de brinquedos se tornava mais competitivo, com a diminuição dos ciclos de vida dos produtos e os consumidores do varejo querendo menores *lead times* de entrega, a Hornby percebeu que, para atender isso, era preciso revisar sua estratégia de *sourcing*. Em 2013, a produção de uma nova variedade do modelo de aeronave Airflix foi transferida para o Reino Unido e, como os custos trabalhistas da China continuavam aumentando, a probabilidade era que mais produção voltasse para casa.

Como o caso da Hornby destaca, buscar simplesmente por soluções de fabricação de baixo custo pode ser autodestrutivo quando o mercado demanda níveis mais elevados de responsividade. No Capítulo 2, introduzimos brevemente o conceito de "custo total da propriedade". A ideia é que qualquer empresa que toma uma decisão de *sourcing* deve ter uma visão mais ampla dos custos do que simplesmente o preço de compra. O custo total da propriedade vai incluir custos de transporte, custos de financiamento de estoque, custos de obsolescência e redução de preços, além de fatores como problemas de qualidade, interrupções da cadeia de suprimentos e perda da propriedade intelectual.

Um problema que algumas empresas enfrentam ao optar pelo "*re-shore*", ou seja, trazer a fabricação de volta para a base do país original, é que isso pode não ser tão fácil. Em geral, uma vez que as fábricas fecham, as habilidades e conhecimentos especializados são perdidos; em outros casos, a cadeia de suprimentos de provedores de maquinário, fabricantes de componentes e produtores de matérias-primas também pode desaparecer. Um estudo recente sobre a viabilidade de trazer a fabricação têxtil em uma escala maior para o Reino Unido destacou a dimensão do desafio.[4]

Em todo caso, a discussão não deve ser sobre *offshoring* ou *re-shoring*. O objetivo é encontrar o modelo correto – o que significa que, sempre que possível, o *sourcing* e a fabricação devem ocorrer nos locais em que isso faz mais sentido.

Referências

[1] LEVITT, T. The globalization of markets. *Harvard Business Review*, v. 61, maio/jun. 1983.

[2] SUSSAMS, J. E. Buffer stocks and the square root law. *Focus*, Institute of Logistics, UK, v. 5, n. 5, 1986.

[3] CENTRE FOR LOGISTICS & Supply Chain Management. *The true costs of global sourcing*, Cranfield School of Management, UK, 2008.

[4] *Repatriation of UK Textiles Manufacture* (2015). The Alliance Project Team. Greater Manchester Combined Authority, UK.

Logística de serviços

11

Em geral, quando questões de logística e gerenciamento da cadeia de suprimentos estão sendo discutidas, os exemplos que vêm à mente normalmente se baseiam em produtos "físicos". Entretanto, produtos "de serviços" também têm cadeias de suprimentos e os princípios de gerenciamento logístico se aplicam tanto em um contexto de serviços quanto no mundo físico. A literatura publicada, com algumas exceções notáveis, parece confirmar essa tendência com grande parte do foco nas questões que envolvem a produção, o armazenamento e a distribuição de produtos físicos. Em contrapartida, dão menos atenção à forma com que um banco, uma companhia aérea ou um hospital podem se sair melhor ao entregar valor ao seu cliente por um custo mais baixo.

Paradoxalmente – dada a relativa falta de atenção –, na maioria das economias desenvolvidas de hoje, os serviços correspondem à maior parte do PIB. No Reino Unido, por exemplo, o setor de serviços cresceu para quase 80% da economia total. Na União Europeia como um todo, o setor de serviços corresponde a mais de 70% da atividade econômica.

O que é um serviço?

Normalmente, os serviços são vistos como intangíveis, no sentido de que eles não são objetos físicos como os produtos. Outras características de um serviço são que a produção e o consumo ocorrem ao mesmo tempo. Os serviços também são "perecíveis" já que, diferentes dos produtos, eles não podem ser fabricados e armazenados com antecedência. Eles também tendem a ser heterogêneos, porque geralmente envolvem interação humana e, portanto, cada entrega do serviço pode ser diferente.

De certa forma, tentar definir a diferença entre um produto e um serviço é contraproducente. Pode-se argumentar que a distinção entre "produtos" e "serviços" está se tornando cada vez menos nítida. No passado, um produto físico geralmente era vendido como uma entidade única e independente. Assim, o consumidor seria responsável pela aquisição do produto, muitas vezes fazendo sua instalação ou montagem, e também consertando, caso quebrasse, e assim por diante. Hoje, o pacote de serviços que acompanha o produto é tão fundamental para a decisão de compra quanto o produto físico por si só, ou até mais. Como já destacamos anteriormente, os consumidores demandam cada vez mais de seus fornecedores e esperam que eles forneçam níveis mais elevados de suporte antes, durante e depois da transação.

Comprando desempenho

Outro fator que leva à crescente convergência do produto e do pacote de serviços é a tendência cada vez maior de os consumidores buscarem comprar *desempenho* em vez de produtos. Isso não é uma ideia nova. Como mencionado no Capítulo 2, um dos primeiros gurus do marketing, Theodore Levitt, apontou, há muitos anos, que os consumidores não compram produtos, eles compram benefícios. Esse conceito se manifesta na tendência em direção à compra baseada em desempenho, na qual os clientes podem não querer a posse do produto, mas pagam pelos benefícios que derivam dele.

Sugeriu-se que em mercados de consumo, bem como em mercados industriais, há uma tendência que parte da "posse" para o "uso". Por exemplo, em vez de ter um carro, muitos indivíduos e empresas preferem arrendar ou até alugar um. Em cada vez mais cidades, empresas como Zipcar oferecem um preço com tudo incluso e "pague quando usar" para os carros. Em muitos locais ao redor do mundo, existem sistemas semelhantes para o aluguel de bicicletas – por exemplo, "Boris Bikes", em Londres.

As implicações desse deslocamento da posse para o uso são consideráveis. De uma perspectiva de gestão logística, isso dá ainda mais ênfase para a *disponibilidade*. Quando indivíduos ou empresas detêm ativos, geralmente eles podem disponibilizá-los para uso sempre que preciso. Quando elas não detêm o ativo, a expectativa ainda é a de ser capaz de acessá-lo – por um preço – sob demanda. Os fornecedores do serviço descobrirão que equilibrar oferta e demanda se torna a prioridade, a fim de capitalizar sobre essa tendência.

Se mais ativos da cadeia de suprimentos não forem propriedade do usuário, mas compartilhados com os outros, isso poderá levar a uma utilização mais eficiente desses ativos. Também é provável que haja menos ativos no total, como resultado do compartilhamento. Por exemplo, se as pessoas de um bairro concordarem em partilhar ferramentas elétricas em vez de terem suas próprias, então o número total de ferramentas necessárias vai cair.

A mesma tendência é evidente nos sistemas de informação logística, em que as companhias já não precisam investir na instalação de seus próprios sistemas, mas podem acessá-los através do mecanismo de "software como serviço" (SaaS). O advento da computação em nuvem também tornou possível o acesso a sistemas de informação sob demanda ao longo de cadeias de suprimentos globais.

A lógica dominante do serviço

Recentemente, os acadêmicos Stephen Vargo e Robert Lusch[1] envolveram essas ideias em uma estrutura chamada de "lógica dominante do serviço" (SDL). Seu ponto de vista, essencialmente, é que não existem produtos, apenas serviços, já que o valor de um produto é determinado pela utilidade que ele gera ao usuário. Essa utilidade pode ser chamada de "valor em uso", que os consumidores buscam maximizar através de suas opções de compra. O conceito de SDL implica que o valor é criado por meio da interação entre fornecedor e consumidor, em um processo conhecido como *cocriação*. A ideia por trás da cocriação é que as companhias que desejam obter uma vantagem competitiva devem procurar se encaixar na cadeia de valor do cliente; em outras palavras, devem buscar ativamente explorar com os consumidores as formas com que as novas fontes de valor podem ser desenvolvidas. Essa ideia implica um alto nível de engajamento do cliente e um reconhecimento de que "um tamanho não serve para todos", o que significa que serão necessários níveis maiores de customização do produto/serviço.

As implicações de logística e cadeia de suprimentos dessa transição da "lógica dominante do produto" para uma "lógica dominante do serviço" são consideráveis.

Quando os produtos se tornam serviços, o desafio dos fornecedores é fazer a transição de um modelo de negócios baseado em padronização, economias de escala e eficiências operacionais para um que seja capaz de oferecer soluções específicas para consumidores individuais. Para as companhias manufatureiras, a ideia convencional do que uma fábrica faz precisará mudar. Algum tempo atrás, Richard Chase e David Garvin apresentaram, escrevendo na *Harvard Business Review*,[2] o conceito de "fábrica de serviços":

> A fábrica do futuro não é um lugar em que computadores, robôs e máquinas flexíveis fazem o trabalho duro. Essa é a fábrica do presente [...] os fabricantes que prosperarem até a próxima geração vão concorrer por meio do agrupamento de serviços e produtos, antecipando e respondendo a uma variedade realmente abrangente de necessidades dos consumidores. Além disso, a fábrica será o centro de seus esforços para obter e manter clientes [...] Trabalhadores da produção e gerentes da fábrica conseguirão forjar e manter novas relações com os consumidores porque estarão em contato direto e contínuo com eles. A manufatura, em resumo, vai se tornar o córtex do negócio. As fábricas flexíveis de hoje se tornarão as fábricas de serviço de amanhã.

Na verdade, pode-se argumentar que, mesmo em um ambiente que não seja de manufatura, a empresa deve se considerar como uma "fábrica de serviços" que está no ramo de produção e entrega de soluções customizadas para os consumidores.

A tendência à "servicização"

No setor industrial, particularmente, existem crescentes evidências da adoção de um novo modelo comercial, por meio do qual o produto se torna uma plataforma para a entrega do serviço. Esse é um processo que passou a ser chamado de "servicização".[3] Esse rótulo bem deselegante na verdade descreve uma transformação significativa, em especial sobre a natureza da relação entre o comprador e o vendedor, e reflete a adoção da SDL, que já foi brevemente descrita.

O princípio subjacente da servicização é que os consumidores buscam "soluções" em vez de produtos – isso reflete a ideia de que são os *resultados*, e não a *produtividade*, que importam. Isso também indica uma relação muito próxima entre fornecedor e consumidor. Enquanto no passado a conexão entre comprador e vendedor era principalmente *transacional*, no modelo de servicização, as dependências são maiores e o nível de conectividade é muito mais alto. Além disso, a probabilidade é que vários fornecedores estejam envolvidos, devido a um maior número de serviços serem agrupados para fornecer um nível "vitalício" de suporte ao cliente. Assim, em vez da clássica ideia de cadeia de suprimentos linear, a rede de parceiros envolvida na provisão de soluções de serviços é parecida com um *ecossistema*.

Essas transformações são resumidas a seguir:

A tendência à "servicização"	
De	*Para*
• Produtos	• Soluções
• Produção	• Resultado
• Transações	• Relações
• Cadeias de suprimentos	• Ecossistemas

FONTE: ADAPTADO DE NEELY, INSTITUTE FOR MANUFACTURING, UNIVERSITY OF CAMBRIDGE.

Muitas companhias manufatureiras tradicionais reconheceram essas tendências e fizeram a transição de centradas no produto para centradas em serviços de forma bem-sucedida. Por exemplo, a IBM originalmente era um fabricante de sistemas de computadores, mas hoje é principalmente um fornecedor de serviços de TI e áreas relacionadas. O caso dos motores aéreos da Rolls-Royce, destacado a seguir, ilustra como uma companhia que originalmente obtinha a maior parte dos lucros vendendo produtos hoje conta cada vez mais com os serviços para sua rentabilidade.

Energia por hora

Rolls-Royce Group plc é um fabricante de turbinas a gás com sede no Reino Unido e um dos principais fornecedores de motores para os setores de aviação e energia. Geralmente, esses motores custam vários milhões de pontos e exigem manutenção e melhorias periódicas e caras. No passado, a maioria das companhias aéreas que comprassem um motor assumiriam a responsabilidade pelos serviços daquele produto e pelo armazenamento do estoque necessário de peças sobressalentes. É claro que o custo disso era significativo e que a imprevisibilidade significava que era necessário ter um serviço global e instalações de reparo.

Perceber que o que seus consumidores queriam não era o motor por si só, mas a garantia do *desempenho*, levou a Rolls-Royce a desenvolver a ideia de "energia por hora". Sob esse acordo, a Rolls-Royce assume a responsabilidade de monitorar remotamente a "saúde" do motor ao longo de sua vida útil e fornecer todo o serviço e suporte necessários ao redor do mundo sempre que for preciso. Para esse pacote de "cuidado total", o consumidor paga a Rolls-Royce por hora de voo.

Implicações da servicização para a logística

Como já comentamos, a maioria das ferramentas e técnicas desenvolvidas ao longo dos anos para o gerenciamento logístico foi projetada com produtos físicos em mente. Essas ferramentas ainda são relevantes hoje, mas precisam ser ampliadas para refletir o impacto da servicização.

Algumas das implicações mais importantes dessa mudança de ênfase são resumidas a seguir:

» Com a passagem de *posse* para *uso*, a responsabilidade de suporte e manutenção do produto agora é do fornecedor ou do fabricante de equipamento original.

» Os consumidores que contrataram fornecedores para a provisão de desempenho vão esperar por um "tempo útil" contínuo, por isso a necessidade de manutenção preventiva, e os acordos do tipo cuidado total vão aumentar.

» Ferramentas como *custeio ao longo da vida* e *gestão do ciclo de vida do produto* precisam ser utilizadas pelo fornecedor. As implicações para custos e recursos durante a vida do acordo de serviço precisam ser compreendidas e fatoradas nos termos e condições.

» A gestão das partes do serviço – geralmente em escala global – se torna ainda mais crítica. Agilidade e responsividade devem guiar o pensamento por trás do design das redes de serviços.

» Em cadeias de suprimentos convencionais, o estoque físico age como um *buffer* contra incerteza. No entanto, como discutiremos na seção seguinte, nas redes de serviços, o *buffer* é fornecido não pelo estoque, mas pela capacidade e flexibilidade.

O papel crítico da capacidade

Normalmente afirma-se que a principal diferença entre um produto e um serviço é que os produtos podem ser feitos antes da produção e do consumo e mantidos como estoque, enquanto, em geral, um serviço é criado no momento do consumo. No entanto, o equivalente ao estoque em um contexto de serviço é a *capacidade*.

A capacidade representa os recursos disponíveis que podem ser utilizados para atender a um determinado nível de demanda. Em um restaurante, isso pode incluir o número de mesas e cadeiras, o nível de equipe e os horários de abertura. Em um hospital, a capacidade seria determinada pelo número de leitos, a disponibilidade de equipe médica, as horas em que centros cirúrgicos e equipamentos de diagnóstico (por exemplo, escâneres) estão em uso, e assim por diante.

Convencionalmente, sempre presumiu-se que, a curto e médio prazos, pelo menos, a capacidade é fixa. Assim, se a demanda for maior do que o nível de capacidade disponível, uma fila se formará e os tempos de espera serão ampliados. De novo, convencionalmente, sempre foi considerado que ter capacidade adicional para lidar com demanda não prevista é um desperdício. Na verdade, a capacidade ociosa seria vista por contadores tradicionais como um aumento no custo de uma unidade de produção. Isso porque os custos fixos da capacidade associados com uma atividade seriam compartilhados em todo o rendimento processado.

Se, por outro lado, a prioridade não é minimizar os gastos fazendo o uso máximo de um nível fixo de capacidade, mas garantir que os tempos de espera sejam minimizados e que os tempos de produção possam ser garantidos com antecedência, então, a flexibilidade da capacidade é essencial. As Figuras 11.1(a) e 11.1(b) destacam as duas abordagens alternativas: (a) a abordagem "enxuta", em que o nível de capacidade é fixo e, portanto, o nível de serviço será variável; (b) o nível de serviço é fixado antecipadamente e, portanto, o nível de capacidade deve variar – essa pode ser chamada de abordagem "ágil".

Como a capacidade flexível pode ser criada? Várias possibilidades podem ser identificadas, embora seja preciso reconhecer que essas opções não necessariamente terão custos baixos. Entretanto, um bom argumento é que um investimento em melhoria de serviços administrado adequadamente pode gerar um retorno impressionante. Algumas das formas com que se pode adquirir capacidade flexível são as seguintes:

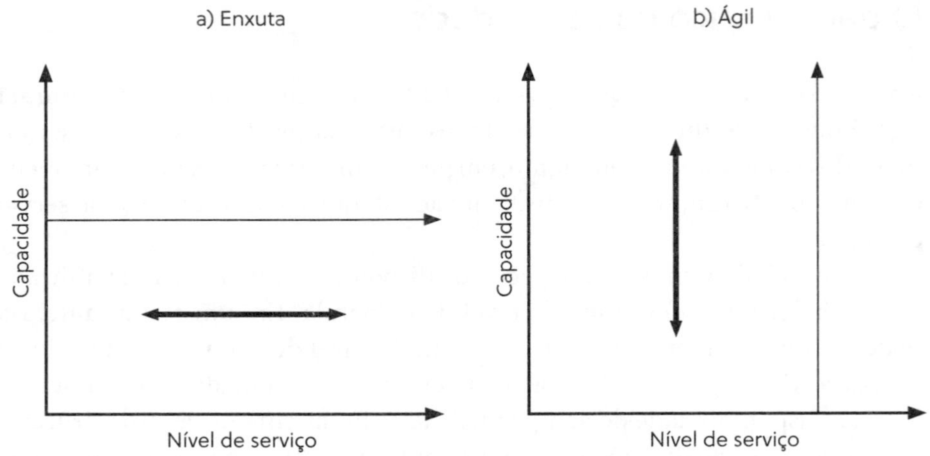

FONTE: REIMPRESSO COM PERMISSÃO DE EMERALD GROUP PUBLISHING LIMITED, ORIGINALMENTE PUBLICADO EM ARONSSON, H.; ABRAHAMSSON, M.; SPENS, K. DEVELOPING LEAN AND AGILE HEALTH CARE SUPPLY CHAINS, *SUPPLY CHAIN MANAGEMENT: AN INTERNATIONAL JOURNAL*, V. 16, N. 3, 176–183 © 2011 EMERALD GROUP PUBLISHING LIMITED.

FIGURA 11.1 As duas abordagens alternativas

» *Habilidades múltiplas*
Quanto mais tarefas a equipe consegue realizar de forma competente, mais flexível ela se tornará como um recurso. Se surgirem gargalos, essa equipe pode ser transferida de uma atividade não gargalo.

» *Equipe de agência e/ou contratos anuais por horas para equipe interna*
Ser capaz de aumentar os níveis de pessoal sem aviso prévio pode ser uma vantagem real no contexto de serviços. As equipes de agência, devidamente usadas e controladas, podem permitir que se lide de forma custo-benefício com períodos de alta demanda. Da mesma forma, contratos anuais por horas, em que a equipe trabalha horários variados em uma base diária mas é remunerada por um número de horas acordado em um ano, oferecem uma flexibilidade valiosa.

» *Uso de capacidade de outras organizações*
Se os recursos de outros puderem ser acessados a curto prazo, as flutuações da demanda serão atendidas com mais facilidade. Por exemplo, o uso de fornecedores de serviços logísticos terceirizados para as necessidades de transporte e armazenagem.

» *Programação dinâmica de recursos*
Em vez de ter programações ou rotas fixas, pode ser vantajoso empregar ferramentas de programação dinâmica, por exemplo, para o roteiro de veículos, com o objetivo de maximizar o uso da capacidade disponível.

» *Utilização da capacidade "24/7"*
Em muitas empresas de serviços, os recursos e ativos só conseguem ser utilizados por um tempo limitado. Por exemplo, muitas instalações de hospitais, como salas de cirurgia, são usadas somente para menos de 50% de sua capacidade teórica. *Call centers* que operam em horário comercial, de segunda a sexta, são exemplos típicos de companhias do setor de serviços que não fazem uso total da capacidade disponível.

» *Automação*
Sempre que apropriado, a automação pode ser uma fonte de capacidade flexível. Por exemplo, caixas de autoatendimento em supermercados de varejo ou o autosserviço de *check-in* em aeroportos.

Uma abordagem auxiliar para gerenciar a capacidade, sempre que adequada ou possível, é gerenciar a demanda. Um bom exemplo seriam as estratégias dinâmicas de precificação adotadas por muitas companhias aéreas, em que o preço de uma passagem varia de acordo com a disponibilidade de capacidade. Companhias aéreas de baixo custo, em especial, conseguem usar a precificação dinâmica para influenciar padrões de demanda, de modo que oferta e demanda sejam combinadas de forma mais efetiva.

A necessidade de gerenciar capacidade e flexibilidade de modo criativo em cadeias de suprimentos de serviços é exemplificada no setor de saúde no quadro abaixo.

Logística da saúde

A saúde é uma enorme indústria em todo o mundo e também traz um dos maiores desafios para a logística e o gerenciamento da cadeia de suprimentos. Esse é particularmente o caso de hospitais, que fornecem os meios para lidar com os problemas médicos mais complexos e graves que médicos da linha de frente (por exemplo, clínicos gerais) e paramédicos não são capazes de resolver. Por natureza, a demanda por serviços de atendimento médico é variável e, convencionalmente, a capacidade é mais ou menos fixa. O resultado inevitável é uma fila. No serviço nacional de saúde do Reino Unido, isso tem sido questão de debate há tempos. Embora grandes quantidades de dinheiro e recursos sejam investidas no serviço, a solução para esse problema permanece indefinida.

Foi sugerido que melhorias significativas podem ser obtidas por uma melhor segmentação dos vários tratamentos oferecidos. A ideia é sair de uma abordagem "um tamanho serve para todos" e levar os pacientes em direção a um modelo em que as "canalizações" pelas quais eles "fluem" sejam projetadas de acordo com a necessidade. No momento, a maioria dos hospitais do Reino Unido são hospitais gerais que atendem uma ampla variedade de intervenções médicas com capacidade fixa. Ao separar os rotineiros e previsíveis dos graves e imprevisíveis, é possível projetar sistemas de entrega de atendimento médico que consigam entregar melhor os resultados desejados. Em outras palavras, começar a utilizar os princípios da logística "enxuta" para os procedimentos padrão e não urgentes através de instalações dedicadas, com a capacidade usada ao máximo. Da mesma forma, adotar uma abordagem "ágil" para admissões urgentes e imprevisíveis, em que a gestão da capacidade e o investimento em flexibilidade sejam prioridades.

FONTE: TOWILL, D.R.; CHRISTOPHER, M. AN EVOLUTIONARY APPROACH TO THE ARCHITECTURE OF EFFECTIVE HEALTHCARE DELIVERY SYSTEMS. *JOURNAL OF HEALTH ORGANIZATION AND MANAGEMENT*, V. 19 N. 2, P. 130–147, 2006.

Processos das cadeias de suprimentos de serviços

É evidente que cada vez mais empresas estão buscando aumentar sua oferta por meio do aprimoramento dos serviços. Se feita adequadamente, a construção de uma capacidade sólida de serviços é uma base poderosa para a vantagem competitiva. No entanto, é preciso reconhecer que não é fácil diferenciar uma empresa de serviços apenas através do "resultado". Por exemplo, duas companhias aéreas podem levá-lo do aeroporto Heathrow, em Londres, até o JFK, em Nova York, e fazê-lo chegar a tempo – o resultado é o mesmo. Entretanto, a forma com que o resultado é *entregue* é o verdadeiro meio de diferenciação, especialmente quando se trata de um serviço. Assim, no caso de companhias aéreas concorrentes, os diferenciais competitivos podem ser o sistema de reservas, o processo de *check-in*, atitudes dos funcionários, e assim por diante.

Os meios pelos quais um serviço é entregue são os *processos* da cadeia de suprimentos empregados. Um processo é uma sequência de atividades idealmente administradas de forma holística, ou seja, não como eventos separados e isolados, e que juntas entregam um resultado. Os processos de cadeias

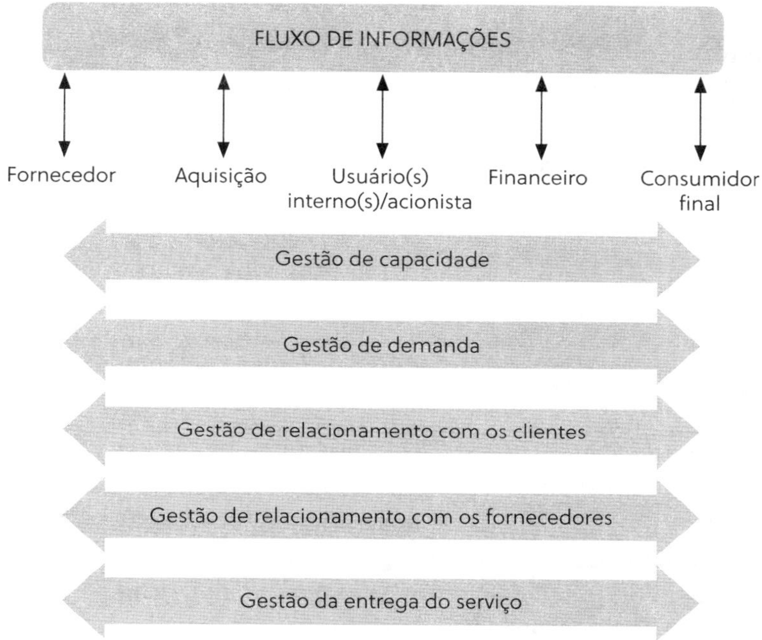

FONTE: ADAPTADA DE ELLRAM, L. M.; TATE, W. L.; BILLINGTON, C. UNDERSTANDING AND MANAGING THE SUPPLY CHAIN MODEL. *JOURNAL OF SUPPLY CHAIN MANAGEMENT*, V. 40, N. 4, P. 17–32. WILEY-BLACKWELL, 2004.

FIGURA 11.2 O modelo da cadeia de suprimentos de serviços

de suprimentos e sua gestão serão abordados com mais detalhes no Capítulo 14, entretanto, é útil explorar os processos específicos para a entrega de serviços aqui.

Ellram et al. [4] desenvolveram um modelo de cadeia de suprimentos de serviços baseado no modelo de processos de cadeia de suprimentos mais abrangente criado pelo professor Doug Lambert e seus colegas.[5] Esse modelo é descrito na Figura 11.2.

Cada um desses processos passa pelas funções convencionais da empresa e se estendem a montante para os fornecedores, bem como a jusante para os consumidores.

Os cinco processos básicos das cadeias de suprimentos de serviços são:

» *Gestão de capacidade*
Como destacamos anteriormente, a capacidade é o equivalente ao estoque em um contexto de serviços. A capacidade permite que os serviços sejam entregues no momento e local exigidos pelo consumidor.

» *Gestão de demanda*
Este processo busca tanto antecipar a demanda quanto gerenciá-la. Normalmente o mecanismo de precificação será usado para "direcionar" os consumidores para a capacidade disponível. Esse é o equivalente da cadeia de suprimentos de serviços ao S&OP.

» *Gestão de relacionamento com os clientes*
Reconhecer que os consumidores são cocriadores na provisão e entrega de soluções implica um alto grau de envolvimento com eles. A gestão ativa do relacionamento com os clientes vai exigir um engajamento baseado em equipes com os consumidores por toda a companhia.

» *Gestão de relacionamento com os fornecedores*
Relações próximas com os parceiros são tão vitais na cadeia de suprimentos de serviços quanto nas cadeias de suprimentos físicas. Ser capaz de potencializar as habilidades, capacidades e conhecimentos dos parceiros é fundamental para o sucesso da empresa.

» *Gestão da entrega do serviço*
Garantir a solução correta, no local e momento corretos é o objetivo da gestão da entrega do serviço. Em muitos aspectos, existem paralelos entre a gestão de projetos e a gestão de entrega de serviços, conforme ilustra o caso da Nokia Networks a seguir.

Cadeias de suprimentos como projetos

Quanto mais a distinção entre produtos e serviços fica confusa, e quanto mais os clientes demandam soluções customizadas, mais o processo de entrega de valor passa a lembrar um *projeto*.

A Nokia Networks (NN) é um grande fornecedor de infraestrutura de telecomunicações. Seus produtos – por exemplo, estações de base para redes de telefones móveis – geralmente são altamente personalizados de acordo com as especificações dos clientes. NN é uma organização orientada por projetos, em que o produto assume a forma de uma rede de telecomunicações instalada, ao vivo e totalmente atendida. O resultado final é a produção de inúmeros projetos complexos administrados por equipes multifuncionais para entregar ao consumidor soluções específicas.

Em uma empresa orientada por projetos como a NN, os processos são focados em missões e todas as atividades são administradas de forma coordenada e em equipes ao longo da vida do projeto. Como a relação com o consumidor se estende da especificação e projeto inicial da solução de rede desejada até a instalação do equipamento, testes e suporte contínuo, a NN reconheceu a necessidade de administrar cada relação com o cliente como um projeto específico. Como resultado, a empresa se tornou, de fato, um "portfólio" de projetos.

FONTE: GAUDENZI, B.; CHRISTOPHER, M. ACHIEVING SUPPLY CHAIN 'LEAGILITY' THROUGH A PROJECT MANAGEMENT ORIENTATION. *INTERNATIONAL JOURNAL OF LOGISTICS: RESEARCH AND APPLICATIONS*, DOI: 10.1080/13675567.2015.1073234, V. 19, N. 1, P. 3–18, 2016.

Gerenciando a cadeia de suprimentos de serviço

Alguns anos atrás, um dos maiores bancos do Reino Unido criou o cargo de "diretor de manufatura". Embora um banco não fabrique nenhum produto físico, a ideia era que a área administrativa não seria muito diferente de uma fábrica, e que os princípios de gestão de processos poderiam ser aplicados. O objetivo era imitar o sistema de produção da Toyota e empregar metodologias enxutas Six Sigma para reduzir a variação no desempenho em processos.

Uma das ferramentas utilizadas pelo banco para reprojetar seus processos e melhorar o desempenho da entrega de serviços foi uma forma de "*blueprint* de serviço".[6] A ideia por trás desse conceito é produzir um mapa que destaque as conexões entre as ações do consumidor e o que acontece nas áreas de atendimento e administração. Ao entender em detalhes os vários pontos de contato, interações e "momentos da verdade", os processos foram reprojetados para permitir uma capacidade de entrega de serviços mais confiável e uma melhor relação custo-benefício.

À medida que a economia de serviços continua crescendo em relação à economia "física", também cresce a necessidade de uma abordagem mais sistemática da gestão da cadeia de suprimentos de serviços. Embora o modelo de negócios esteja mudando em direção à entrega de soluções e desempenho, os princípios fundamentais do gerenciamento da cadeia de suprimentos ainda se aplicam.

Referências

[1] VARGO, S. L.; LUSCH, R. F. Evolving to a new dominant logic for marketing. *Journal of Marketing*, v. 68, n. 1, p. 1-17, 2004.

[2] CHASE, R. B.; GARVIN, D. A. The service factory. *Harvard Business Review*, jul./ago. 1989.

[3] VANDERMERWE, S.; RADO, J. Servitisation of business: adding value by addingservices. *European Management Journal*, v. 6, n. 4, p. 314-324, 1998.

[4] ELLRAM, L. M.; TATE, W. L.; BILLINGTON, C. Understanding and managing the services supply chain. *Journal of Supply Chain Management*, v. 40, n. 4, p. 17-32, 2004.

[5] CROXTON, K. L.; GARCIA-DASTUGUE, S. J.; LAMBERT, D. M.; ROGERS, D. L. The supply chain management process. *The International Journal of Logistics Management*, v. 12, n. 2, p. 13-36, 2001.

[6] SHOSTACK, L. G. Designing services that deliver. *Harvard Business Review*, jan./fev., p. 133-139.

Gerenciamento de risco na cadeia de suprimentos

12

- Por que as cadeias de suprimentos são mais vulneráveis?
- Compreendendo o perfil de risco da cadeia de suprimentos
- Gerenciamento de risco na cadeia de suprimentos
- Alcançando a resiliência da cadeia de suprimentos

O mercado de hoje é caracterizado pela turbulência e pela incerteza. A turbulência no mercado aumentou nos últimos anos por uma série de razões. A demanda em quase todos os setores industriais parece ser mais volátil do que era no passado. Os ciclos de vida do produto e da tecnologia reduziram significativamente, e a introdução de produtos da concorrência torna a demanda do ciclo de vida difícil de prever. Existe um "caos" considerável em nossas cadeias de suprimento causado por ações como promoções de vendas, incentivos de vendas trimestrais ou regras de decisão, tais como quantidades de reposição.

Ao mesmo tempo, a vulnerabilidade das cadeias de suprimentos em relação a adversidades ou à interrupção aumentou. Não é só o efeito de eventos como catástrofes naturais, greves ou atentados terroristas, mas também o de mudanças na estratégia empresarial. Muitas empresas experimentaram uma mudança em seu perfil de risco da cadeia de suprimentos como resultado de mudanças em seus modelos de negócio. Por exemplo, a adoção de práticas "enxutas", a mudança para a terceirização e uma tendência geral para reduzir o tamanho da base de fornecedores, potencialmente, aumentam a vulnerabilidade da cadeia de suprimentos.

Como resultado do aumento desse risco, as empresas precisarão desenvolver programas apropriados para mitigá-lo e geri-lo.

O impacto de eventos inesperados nas cadeias de suprimentos pode ter graves efeitos financeiros em toda a rede. Uma pesquisa realizada na América do Norte[1] sugere que, quando as empresas enfrentam interrupções em suas cadeias de suprimentos, o impacto sobre o preço de suas ações pode ser significativo, uma vez que o problema se torna de conhecimento público. Ainda segundo a pesquisa, as empresas que enfrentaram esse tipo de problema viram sua renda média de operações cair 107%, o retorno sobre as vendas cair 114% e o retorno sobre ativos diminuir 93%. A Figura 12.1 mostra o impacto de interrupções na cadeia de suprimentos sobre o valor do acionista.

Uma pesquisa[2] com mais de 3 mil executivos empreendida pela empresa de consultoria McKinsey, em 2006, relatou que eles acreditavam que suas empresas enfrentavam risco crescente em interrupções de suas cadeias de suprimentos. No entanto, a mesma pesquisa constatou que, em muitos casos, as empresas tinham processos inadequados no local para a gestão e a mitigação desse risco. Embora a maioria das empresas reconheça a necessidade de avaliar regularmente o seu perfil de risco, tal avaliação tende a se concentrar em temas de risco regulatório e financeiro mais amplos, em vez de se concentrar na vulnerabilidade da cadeia de suprimentos.

Pode-se argumentar que, no atual ambiente volátil de negócios, os maiores riscos para a continuidade dos negócios encontram-se na mais ampla cadeia de suprimentos.

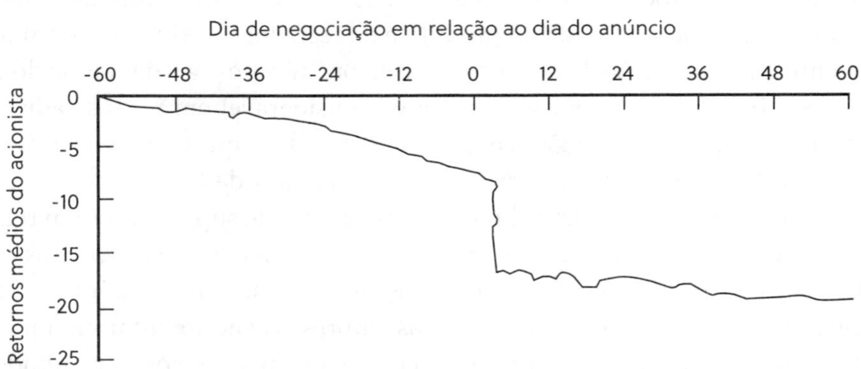

FONTE: SINGHAL, V. R.; HENDRICKS, K. *SUPPLY CHAIN MANAGEMENT REVIEW*, JAN./FEV. 2002.

FIGURA 12.1 O impacto de interrupções na cadeia de suprimentos sobre o valor do acionista

Claramente, há riscos que são *externos* à cadeia de suprimentos, e os que são *internos*. Riscos externos podem surgir em caso de catástrofes naturais, guerras, terrorismo e epidemias, ou de restrições legais impostas pelo governo. Os riscos internos serão descritos em mais detalhes posteriormente neste capítulo, mas eles se referem essencialmente aos riscos que surgem como resultado da forma pela qual a cadeia de suprimentos é estruturada e gerenciada. Embora o risco externo não possa ser influenciado por ações de gestão, o risco interno pode.

Por que as cadeias de suprimentos são mais vulneráveis?

Um estudo realizado pela Universidade de Cranfield[3] para o governo do Reino Unido define a vulnerabilidade da cadeia de suprimentos como:

> [...] uma exposição a graves adversidades, decorrentes de riscos na cadeia de suprimentos, bem como de riscos externos à cadeia de suprimentos.

O mesmo estudo identificou uma série de fatores pelos quais as cadeias de suprimentos modernas tornaram-se mais vulneráveis.

Esses fatores são considerados a seguir mais profundamente.

O foco em eficiência em vez de eficácia

O modelo de empresa vigente nas décadas finais do século XX fundamentou-se muito na busca por maiores níveis de eficiência na cadeia de suprimentos. A experiência destacou que houve oportunidades em muitos setores da indústria para se remover significativamente os custos, focando-se na redução de estoques. As práticas *just-in-time* (JIT) foram amplamente adotadas e as empresas tornaram-se cada vez mais dependentes de fornecedores. Esse modelo, embora seja de grande valia em condições estáveis de mercado, pode se tornar menos viável à medida que a volatilidade da demanda aumenta. O desafio no atual ambiente de negócios é combinar, da melhor forma possível, práticas "enxutas" com uma resposta "ágil".

A globalização das cadeias de suprimentos

Houve um grande deslocamento da fabricação predominantemente "local para local" e da estratégia de marketing do passado. Agora, por meio de terceirização, fabricação e montagem *offshore*, as cadeias de suprimentos estendem-se de um lado para outro do globo. Por exemplo, os componentes podem vir de Taiwan, serem submontados em Cingapura, terem a montagem final nos Estados Unidos e serem colocados à venda nos mercados mundiais.

Geralmente, a redução de custos é a motivação para a terceirização e a fabricação *offshore*. No entanto, essa definição de custo é geralmente limitada ao custo de aquisição ou de fabricação. Raramente os custos totais da cadeia de suprimentos são considerados. O resultado das decisões com base nos custos é, frequentemente, o aumento de risco, como consequência de *lead times* estendidos, maiores estoques de segurança e níveis potencialmente mais elevados de obsolescência, especialmente em mercados de curto ciclo de vida. Um novo impulso à globalização das cadeias de suprimentos veio do aumento de fusões e aquisições transfronteiriças que testemunhamos na última década.

Fábricas focadas e distribuição centralizada

Um dos impactos da implantação do mercado único na União Europeia e da consequente redução das barreiras ao fluxo de produtos, pelas fronteiras, foi a centralização de instalações de produção e distribuição. Economias significativas de escala podem ser conseguidas na fabricação se maiores volumes forem produzidos em menos locais. Conforme destacado no Capítulo 10, algumas empresas optaram por "focar" suas fábricas – em vez de produzir toda a gama de produtos em cada localização, elas produzem menos produtos exclusivamente em um único *local*. Como resultado, os custos de produção podem ser mais baixos, mas o produto tem de percorrer grandes distâncias e muitas vezes passar por muitas fronteiras. Aliás, ao mesmo tempo, a flexibilidade pode ser perdida porque essas fábricas dedicadas tendem a ser projetadas para produzir em lotes muito grandes a fim de alcançar economias de escala máxima.

Simultaneamente a essa mudança para menos locais de produção, existe a tendência de centralização da distribuição. Muitos fabricantes de bens de consumo visam atender a todo o mercado da Europa Ocidental por meio de alguns centros de distribuição, por exemplo, um no noroeste da Europa e outro no sul.

A tendência de terceirização

Uma tendência generalizada, observável ao longo dos anos, é a de terceirizar atividades que antes eram realizadas dentro da empresa. Nenhuma parte da cadeia de valor é imune a esse fenômeno; as empresas terceirizam sistemas de distribuição, fabricação, contabilidade e de informação, por exemplo. Em alguns casos, essas empresas poderão ser descritas como empresas "virtuais".

Há uma forte lógica por trás disso, fundamentada na visão de que as empresas têm mais probabilidade de serem bem-sucedidas se focarem atividades nas quais elas têm uma vantagem diferencial em relação a concorrentes. Isso leva à criação de "organizações de rede", em que as confederações de empresas estão ligadas entre si, geralmente por meio de informações compartilhadas e processos alinhados para alcançar maior competitividade global. No entanto, a terceirização também traz consigo uma série de riscos, sobretudo a perda potencial de controle. Interrupções no fornecimento, muitas vezes, podem ser atribuídas à falha de uma das ligações e dos nós na cadeia. Por definição, quanto mais complexa a rede de abastecimento, mais ligações existem; portanto, maior o risco de fracasso. O caso da Mattel, em destaque a seguir, ilustra como essa perda de controle pode afetar significativamente a posição e o desempenho financeiro de uma empresa.

Riscos da cadeia estendida de suprimentos

A Mattel, maior fabricante mundial de brinquedos, disse ontem que o *recall* de mais de 21 milhões de brinquedos, por causa de falhas de projeto e níveis potencialmente perigosos de tinta com chumbo em produtos fabricados na China, afetou os lucros e as vendas.

A fabricante das bonecas Barbie e de brinquedos Fisher-Price disse que tinha sofrido uma cobrança de cerca de 40 milhões de dólares por causa de crises de produtos da empresa, uma vez que as vendas foram reduzidas em 30 a 50 milhões de dólares por remessas atrasadas de brinquedos e licenças de importação revogadas.[*]

A Mattel, como muitas outras empresas ocidentais, há muito tempo transferiu boa parte de sua produção *offshore*: uma parte significativa foi para a China, a maior exportadora de brinquedos do mundo. A Mattel utiliza diversas empresas de fabricação por contrato para produzir uma grande variedade de brinquedos, incluindo bonecas Barbie e acessórios, brinquedos Fisher-Price, produtos da Vila Sésamo, o Ursinho Pooh e muitos outros. Em 2007, as vendas mundiais da Mattel foram de mais de 5 bilhões de dólares.

Em agosto de 2007, uma seleção aleatória de qualidade do produto revelou que alguns dos seus produtos fabricados na China poderiam conter níveis potencialmente perigosos de tinta com chumbo, enquanto se descobriu que outros produtos continham pequenos ímãs que poderiam ser engolidos acidentalmente por crianças.

Embora nenhum caso concreto de dano às crianças tenha sido notificado, o impacto desses eventos sobre a reputação da Mattel foi significativo. Parte do problema reside na forma como a Mattel lidou com o *recall*. Em primeiro lugar, eles podem ter exagerado em relação à questão da tinta com chumbo fazendo o *recall* de muitos brinquedos que não infringiam os regulamentos dos Estados Unidos sobre o teor de chumbo na tinta. Em segundo lugar, a reação inicial da Mattel foi a de culpar os fabricantes chineses por tais problemas, e somente depois reconhecer que o problema com os ímãs foi causado pelo design da Mattel, não pelo fabricante.

Em uma conferência de imprensa em Pequim, em 21 de setembro de 2007, Thomas Debrowski, um executivo sênior da Mattel, disse: "A Mattel assume total responsabilidade por esses *recalls* e pede desculpas ao povo chinês e a todos os nossos clientes que receberam os brinquedos".[**]

O pedido de desculpas veio tarde demais para Zhang Shuhong, o chefe executivo da Lida Plastic Toys Co. Ltd., em Guangdong, que cometeu suicídio depois de dar férias coletivas para mais de 2.500 funcionários e interromper a produção. A Lida tinha o maior contrato de fabricante com a Mattel e cujas fábricas supostamente foram, inicialmente, a fonte do problema da tinta com chumbo.

O impacto sobre as vendas da Mattel foi sentido mais fortemente em seu maior mercado – os Estados Unidos –, onde as vendas da icônica Barbie caíram 15%. Os *recalls* totais de produto custaram à Mattel cerca de 110 milhões de dólares em 2007;[***] no entanto, o impacto a longo prazo sobre a reputação corporativa da Mattel, ainda que difícil de quantificar, pode ser substancial.

Embora claramente houvesse questões que envolviam o processo de design e controle de qualidade, o caso da Mattel destaca os desafios que qualquer empresa enfrenta quando os principais processos empresariais são terceirizados. Enquanto no passado o risco para a reputação de uma empresa estava principalmente dentro da empresa e, portanto, sob seu controle, agora ele reside em toda a rede de abastecimento estendida. No caso do problema da tinta com chumbo, parece que a origem do problema não foi sequer um fornecedor imediato, mas de segundo nível, ou seja, a empresa que forneceu as tintas para a fabricante de contrato de primeira linha.

FONTES: [*] *FINANCIAL TIMES*, 16 OUT. 2007; [**] *ECONOMIST*, 29 SET. 2007; [***] *FINANCIAL TIMES*, 13 FEV. 2008.

Redução da base de fornecedores

Outra tendência predominante na última década foi uma redução drástica no número de fornecedores, dos quais uma empresa normalmente vai adquirir materiais, componentes, serviços, entre outros. Em alguns casos, isso foi estendido para "*sourcing* único", em que somente um fornecedor é responsável pelo fornecimento exclusivo de um item. Existem vários casos bem documentados de grandes interrupções na cadeia de suprimentos causadas por uma falha em uma única fonte. Embora existam muitos benefícios na redução da base de fornecedores, há que reconhecer que ela traz consigo um risco aumentado.

Às vezes, uma consolidação da base de fornecimento se dá com fusões e aquisições. Como a taxa de fusão e aquisição aumentou drasticamente nos últimos anos, a redução da base de fornecedores será acelerada apenas por essa razão.

Compreendendo o perfil de risco da cadeia de suprimentos

Muitas empresas, hoje, estão abordando questões sobre o que veio a ser chamado "continuidade dos negócios". Na prática, porém, tende a ser um foco limitado em grande parte da gestão de continuidade de negócios. Foca-se muito a TI e a gestão de processos internos, mas muitas vezes a dimensão maior de risco de fornecimento não é considerada. Isso é paradoxal, pois se pode argumentar que o grande risco para a continuidade dos negócios deve estar na rede maior da qual a empresa individual é apenas uma parte.

Para ampliar o foco sobre a vulnerabilidade da cadeia de suprimentos, sugere-se que um perfil de risco de fornecimento seja firmado para a empresa. O objetivo do perfil de risco é estabelecer onde estão as maiores vulnerabilidades e o que é a probabilidade de ruptura. Em certo sentido, essa abordagem considera que:

$$\text{Risco da cadeia de suprimentos} = \text{Probabilidade de ruptura} \times \text{Impacto}$$

Assim, o perfil de risco tenta buscar os "caminhos críticos" por meio de uma rede na qual a atenção da gestão deve estar especialmente focada. Uma desvantagem dessa definição de risco é a sua falha em reconhecer que as cadeias de suprimentos podem estar em seu estado mais vulnerável quando a probabilidade de ocorrência é pequena, pois mesmo neste contexto o potencial de impacto pode ser catastrófico. Por exemplo, o terremoto na Costa do Pacífico no Japão, que ocorreu em 11 de março de 2011, foi o mais poderoso a atingir o país e o tsunami subsequente causou imensas destruições e perdas de vidas. Como resultado direto do tsunami, a usina nuclear de Fukushima foi gravemente danificada, o que levou à liberação de material radioativo. A indústria do Japão foi abalada pelos efeitos indiretos ao redor do mundo, já que as empresas que dependiam de fornecedores japoneses ficaram diante de déficits e *lead times* ampliados. Embora terremotos possam ser relativamente comuns no Japão, a gravidade deste foi excepcional e com efeitos impossíveis de prever.

Para ajudar a identificar o perfil de risco de uma empresa, é preciso realizar uma auditoria das principais fontes de risco em toda a rede. Essa auditoria deve analisar o risco potencial de interrupção dos negócios resultantes de cinco fontes:

1. *Risco de fornecimento*
   Qual é a vulnerabilidade da empresa em relação a interrupções no fornecimento? O risco pode ser mais elevado em virtude do *global sourcing*, da dependência nos principais fornecedores, da fraca gestão de fornecimento, entre outros.

2. *Risco de demanda*
   Quão volátil é a demanda? Será que o efeito "chicote" causa uma amplificação na demanda? Existem interações paralelas em que a demanda por outro produto afeta a demanda pelos nossos?

3. *Risco de processos*
   Até que ponto nossos processos são resilientes? Será que entendemos as fontes de variabilidade, por exemplo, de fabricação nesses processos? Onde estão os gargalos? Se necessário, quanto da capacidade adicional está disponível?

4. *Risco de controle*
   Qual a probabilidade de distúrbios e distorções serem causados por nossos próprios sistemas internos de controle? Temos sistemas de "aviso antecipado" em funcionamento para nos alertar em relação a problemas? Quão atuais são os dados que usamos?

5. *Risco ambiental*
   Onde, por toda a cadeia de suprimentos, somos vulneráveis às forças externas? Embora o tipo e os horários de eventos extremos externos possam não ser previsíveis, o seu impacto precisa ser avaliado.

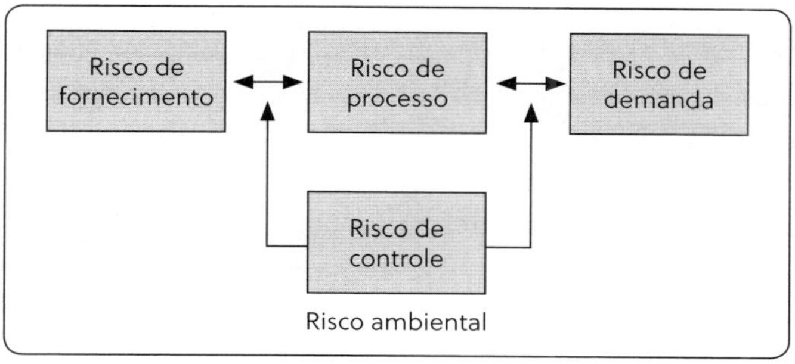

FONTE: ADAPTADA DE MASON-JONES, R.; TOWILL, D. R. SHRINKING THE SUPPLY CHAIN UNCERTAINTY CYCLE. *CONTROL*, P. 17-22, SET. 1998.

FIGURA 12.2 Fontes de risco na cadeia de suprimentos

A Figura 12.2 resume as conexões entre as cinco fontes de risco.

É importante que a gerência sênior entenda que o perfil de risco é direta e indiretamente afetado pelas decisões estratégicas que toma. Portanto, deve-se analisar a decisão, por exemplo, de transferir a produção de uma fábrica na Europa Ocidental para uma na China; como essa decisão pode afetar a vulnerabilidade das cinco fontes de risco descritas antes.

Para empresas de multiproduto e multimercado, a prioridade deve ser identificar os principais fluxos de lucro e se concentrar na obtenção de bons *insights* sobre como o risco da cadeia de suprimentos pode afetar as correntes de lucro.

Mapeando seu perfil de risco

Em vez de catalogar todos os possíveis riscos que uma empresa enfrentaria, a primeira fase na gestão do risco estratégico é entender os processos internos da empresa, a fim de isolar as ameaças mais relevantes e críticas. Quando uma empresa entende suas próprias vulnerabilidades internas, ela monitora o ambiente externo em busca de sinais de perigo pertinentes e começa a desenvolver estratégias de mitigação e de contingência de acordo. Embora as empresas não sejam capazes de prevenir interrupções, elas reduzem o seu impacto compreendendo como suas operações podem ser afetadas e preparando-se para as possibilidades. O objetivo é desenvolver a resiliência operacional, estimular a capacidade de se recuperar rapidamente e traçar caminhos alternativos para solucionar o rompimento.

Embora as corporações globais sejam vulneráveis a muitos riscos, cada empresa tem um perfil de risco único.

Há seis etapas no desenvolvimento desse perfil e das estratégias de gestão apropriadas.

1. Priorizar condutores de ganhos

Identificar e mapear os condutores de ganhos da empresa que oferecem apoio operacional à estratégia empresarial global. Esses são os fatores que teriam o maior impacto sobre os ganhos se fossem interrompidos, e um choque em qualquer um deles poderia pôr em risco o negócio. Por exemplo, em indústrias de processo, a fabricação é a principal força por trás dos ganhos: atacadistas e varejistas devem priorizar as operações de estoque e logística.

2. Identificar infraestrutura crítica

Identificar a infraestrutura, incluindo processos, relacionamentos, pessoas, regras, planos e equipamentos, que apoia a capacidade da empresa de gerar lucros. A reputação da marca, por exemplo, dependeria de processos de controle de qualidade dos produtos, práticas trabalhistas do fornecedor e porta-vozes importantes dentro da empresa. Pesquisa e desenvolvimento poderiam depender de locais específicos de laboratório, pessoal essencial e proteção de patentes. Novamente, cada empresa é única e mesmo empresas do mesmo setor vão priorizar seus condutores de modo diferente. O objetivo é identificar os elementos essenciais necessários para o condutor de ganhos. Uma maneira de fazer isso é perguntar: "Quais são os processos que, se falhassem, afetariam seriamente o meu lucro?". Dito de outra forma, esses são os fatores que acabariam em uma nota de relatório anual explicando a lógica por trás de uma acusação contra lucros.

3. Localizar vulnerabilidades

Quais são os elos mais fracos, os elementos de que todos os outros dependem? Poderia ser um único fornecedor para um componente crítico, uma fronteira pela qual 80% de seus produtos devem atravessar para chegar a seus mercados-chave, um único funcionário que sabe como restaurar os dados se o sistema falhar, ou um regulamento que torna possível você permanecer no negócio. As vulnerabilidades são caracterizadas por:

- Um elemento do qual muitos outros dependem – um gargalo.
- Um elevado grau de concentração – fornecedores, locais de fabricação, fluxos de material ou informações.
- Alternativas limitadas.

- Associação com áreas geográficas, indústrias e produtos de alto risco (tais como áreas de guerra ou inundação, ou setores em dificuldades econômicas, como as companhias aéreas).
- Pontos inseguros de acesso à infraestrutura importante.

Observe que o foco ainda está nos processos internos, em vez de estar em potenciais eventos externos. Em muitos aspectos, o impacto de uma interrupção não depende da maneira exata de como esses elementos falham. Se o seu principal fornecedor falhar em razão de um incêndio em uma fábrica, um terremoto, um ataque terrorista ou uma crise econômica, você pode ter o mesmo plano de resposta.

4. Cenários do modelo

As empresas com práticas melhores avaliam continuamente seus pontos fortes e fracos, criando cenários fundamentados em todo o espectro de crises destacado anteriormente. Em um artigo recente da *Harvard Business Review*,[*] Ian Mitroff discutiu sua proposta de girar uma "roda da crise" para desafiar executivos a pensar criativamente e ao acaso. Utilizar ferramentas de simulação da cadeia de suprimentos para simular o impacto das crises também é útil para aferir os níveis de risco de seus parceiros comerciais.

5. Desenvolver respostas

Depois que os executivos avaliarem o impacto de cenários alternativos de crise na cadeia de suprimentos, eles terão conhecimento detalhado das suas vulnerabilidades operacionais e de como essas marcas maleáveis estão relacionadas com as metas e os resultados de desempenho. Entender esses pontos fracos relacionados à empresa vai esclarecer decisões críticas.

Completar um perfil de risco também vai trazer à luz oportunidades de se reduzir o risco e indicar o valor a ser adquirido. Os planos de mitigação de riscos podem ser colocados em duas grandes categorias: redundância e flexibilidade. As abordagens tradicionais de gestão de risco concentraram-se fortemente em soluções redundantes, como o aumento de estoque, preparação de *backup* de sistemas de TI e de telecomunicações e a promoção de contratos de fornecimento de longo prazo. Embora geralmente eficazes na proteção contra os riscos potenciais, tais abordagens vêm com um custo mais elevado – às vezes explícito, às vezes oculto – que pode potencialmente colocar as organizações em desvantagem competitiva.

Respostas flexíveis, no entanto, utilizam capacidades da cadeia de suprimentos que não só gerenciam riscos, mas, simultaneamente, aumentam a habilidade competitiva de uma organização. Os exemplos incluem:

- Design de produto para a agilidade – componentes comuns e diferenciação deixada para o final do produto.
- Práticas de fabricação comuns, flexíveis e prontamente transferíveis.
- Redução de *lead time* – duração e variabilidade.
- Planejamento dinâmico de estoque.
- Visibilidade da cadeia de suprimentos.
- Formação cruzada de funcionários.

Assim como as ferramentas e as técnicas de modelagem da cadeia de suprimentos podem ajudar a avaliar o impacto dos cenários de crise, elas também podem ser usadas para avaliar os custos e benefícios de respostas alternativas.

6. Monitorar o ambiente de risco

Cada vulnerabilidade vai sugerir uma série de respostas possíveis. O desafio é garantir que a resposta escolhida seja proporcional ao risco, tanto em termos de magnitude quanto de probabilidade. O perfil de risco de uma empresa está constantemente mudando: as condições econômicas e de mercado mudam, os gostos dos consumidores mudam, o ambiente regulador muda, assim como produtos e processos mudarão. É essencial redesenhar o mapa de risco da empresa em conjunto. Parte do processo de mapeamento inclui a identificação dos principais indicadores com base nas principais vulnerabilidades da cadeia de suprimentos. Esse sistema de alerta precoce ajuda a garantir que planos de contingência sejam ativados tão logo quanto possível. Embora uma avaliação detalhada da excelência de uma empresa em gestão de risco seja bastante complicada, uma simples autoavaliação pode identificar rapidamente as maiores lacunas.

Referências

[*] Preparing for evil. *Harvard Business Review*, p. 109-115, abr. 2003.

Gerenciamento de risco na cadeia de suprimentos

A Figura 12.3 a seguir sugere uma abordagem de sete estágios para a gestão do risco da cadeia de suprimentos. Cada um dos sete estágios é descrito em detalhes nas seções seguintes.

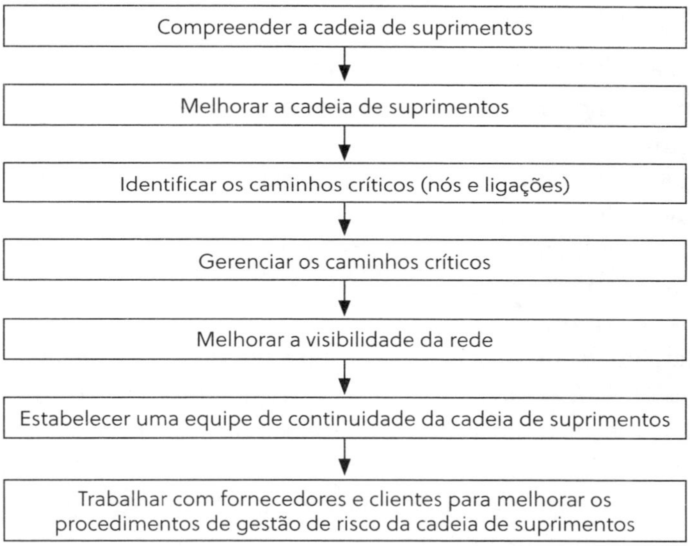

FIGURA 12.3 O processo de gestão de risco da cadeia de suprimentos

1. Compreender a cadeia de suprimentos

Em muitas empresas existe uma surpreendente falta de conhecimento sobre a rede mais ampla de oferta/demanda na qual a empresa está inserida. Enquanto muitas vezes há uma boa compreensão das rotas a jusante para o mercado, o mesmo nem sempre é verdade do que está a montante da primeira camada de fornecedores. Fornecedores de primeiro nível são frequentemente dependentes de fornecedores da segunda ou mesmo da terceira camada para sua continuidade.

Uma empresa que investiu uma quantidade significativa de recursos para melhorar sua compreensão do risco a montante é a John Deere, fabricante de equipamentos agrícolas. A empresa desenvolveu uma ferramenta para monitorar o desempenho dos fornecedores que apresenta revisões regulares de quaisquer possíveis problemas, não só com seus fornecedores imediatos, mas com registros de questões, potenciais ou reais, com fornecedores secundários e terciários.[4]

É esse o nível necessário de compreensão detalhada da cadeia de suprimentos se o risco precisar ser atenuado e gerenciado. Para cadeias de suprimentos complexas ou em que o mapeamento completo de toda a rede não é tão fácil, seria adequado apenas olhar atentamente para os "caminhos críticos" - como eles são identificados será tratado mais tarde.

2. Melhorar a cadeia de suprimentos

"Melhorar" a cadeia de suprimentos significa simplificação, maior confiabilidade do processo, redução da variabilidade e da complexidade do processo. Para grande parte das empresas há muito estabelecidas, é certo dizer que raramente suas cadeias de suprimentos foram previstas ou concebidas de forma holística. Ao contrário, elas se desenvolveram organicamente em resposta às necessidades e oportunidades do momento. Os fornecedores podem ter sido escolhidos por sua capacidade de atender às demandas de menor preço e não pela confiabilidade de suas cadeias de suprimentos, por exemplo.

A *variabilidade do processo* pode contribuir com o risco da cadeia de suprimentos de várias maneiras. Variação implica processos instáveis, com resultados nem sempre previsíveis. A utilização da metodologia Six Sigma pode ser a maneira efetiva de reduzir a variabilidade nos processos da cadeia de suprimentos (veja quadro na próxima página).

3. Identificar os caminhos críticos

As redes de fornecimento são, na verdade, uma complexa teia de "nós" e ligações conectados. Os nós representam as entidades ou equipamentos, como fornecedores, distribuidores, fábricas e armazéns. As ligações são os meios pelos quais os nós são conectados; podem ser fluxos físicos, fluxos de informações ou fluxos financeiros. A vulnerabilidade de uma rede de fornecimento é determinada pelo risco de falhas desses nós e ligações.

Como haverá potencialmente milhares de nós e ligações, o desafio para a gestão de risco da cadeia de suprimentos está em identificar quais deles são críticos à missão. Em outras palavras, quão grave seria o efeito de a falha estar no desempenho da cadeia de suprimentos? As empresas precisam ter a capacidade de identificar os caminhos críticos que devem ser gerenciados e monitorados para garantir a continuidade.

Reduzindo a variabilidade do processo por meio da metodologia Six Sigma

As abordagens convencionais para a gestão de qualidade eram normalmente fundamentadas em "inspeção". Em outras palavras, uma amostra do resultado de um processo era examinada periodicamente e, se fosse detectada uma produção fora do padrão, medidas corretivas seriam tomadas. De modo nada surpreendente, a gestão da qualidade fundamentada em inspeção não se revelou satisfatória. Muitas vezes itens em desacordo "escapariam da rede" e, em qualquer caso, a inspeção é posterior. Hoje, nosso pensamento sobre a gestão da qualidade mudou. Agora, buscamos a consistência na qualidade da produção e a única maneira de consegui-la é garantir que o processo que gera a produção esteja sob controle.

Assim, o controle do processo torna-se o meio pelo qual a variação da produção é identificada. Variação em qualquer processo é o problema. Se tudo na vida ou nos negócios fosse constante, ou mesmo previsível, não haveria muitos problemas. Os desafios surgem por causa das variações. Daí resulta que, se a variação pode ser reduzida, a consistência (e, por definição, a confiabilidade) da produção também pode ser quase garantida.

O jeito Six Sigma

A rota do Six Sigma para o controle de qualidade surgiu na década de 1980, quando a Motorola procurava por uma abordagem quantitativa robusta que conduzisse a variabilidade dos processos de fabricação e, assim, garantisse a confiabilidade de seus produtos. O termo "Six Sigma" é muito simbólico, referindo-se a uma metodologia e a uma cultura de melhoria contínua da qualidade, bem como à meta de estatística, Six Sigma. O termo *sigma* (σ) é usado em estatísticas para medir a variação da média; em um contexto de negócios, quanto mais elevado o valor de *sigma*, mais capaz é o processo de entregar um produto dentro das especificações do cliente.* O diagrama na página a seguir ilustra a diferença entre dois processos: um com baixa capacidade e outro com capacidade Six Sigma.

O objetivo do Six Sigma (que em muitos casos é uma aspiração) é espremer a variabilidade do processo até que gere apenas 3,4 defeitos por milhão de atividades ou "oportunidades"; isso reduz o desperdício e, consequentemente, poupa dinheiro enquanto melhora a satisfação do cliente. Embora o desempenho do Six Sigma possa ser inatingível em muitos casos, ele serve como objetivo.

* Este uso é diferente do uso em estatística em que um valor de seguro menor significa um grau maior de confiabilidade dos dados sob estudo. (N.R.T.)

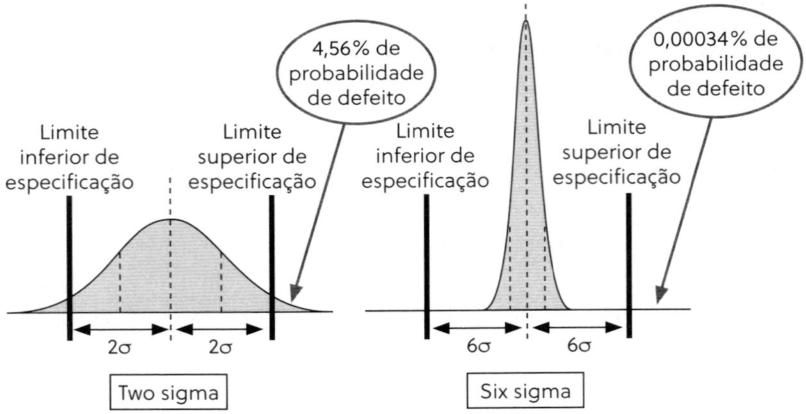

O Six Sigma é uma metodologia de melhoria contínua orientada para dados que busca trazer os processos sob controle e melhorar a capacidade do processo. A própria metodologia segue o ciclo de DMAIC em cinco estágios:

Definição: O que estamos buscando para melhorar?
Medida: Qual é a capacidade atual do processo? Que médias, que variabilidade na produção do processo é evidente?
Análise: Mapear o processo, analisar causa, uso e efeito (Ishikawa), e priorizar ação.
Melhoria: Reengenharia do processo, simplificar.
Controle: Melhorar a visibilidade do processo. Usar o controle de processo estatístico e monitorar o desempenho.

As ferramentas e técnicas Six Sigma permitem a correta execução do ciclo de DMAIC e asseguram decisões fundamentadas em provas quantitativas rígidas.

FONTE: CHRISTOPHER, M.; RUTHERFORD, C. CREATING SUPPLY CHAIN RESILIENCE THROUGH AGILE SIX SIGMA. *CRITICAL EYE*, JUN./AGO. 2004.

Os caminhos críticos são propensos a apresentar uma série de características:

» Longo *lead time*, por exemplo, o tempo necessário para reabastecer componentes do pedido até a entrega.
» Uma única fonte de fornecimento, sem alternativa a curto prazo.
» A dependência de infraestrutura específica, por exemplo, portos, meios de transporte ou de sistemas de informação.
» Um elevado grau de concentração entre fornecedores e clientes.

» Gargalos ou "pontos de passagem" pelos quais o material ou o produto deve fluir.
» Elevados níveis de risco identificável (isto é, oferta, demanda, processo, riscos de controle e ambientais).

Para ajudar a identificar onde deveria ser colocada a prioridade na gestão de risco da cadeia de suprimentos, uma ferramenta útil é o método de falha e análise de efeitos (*failure mode and effect analysis* - FMEA). O objetivo do FMEA é fornecer uma abordagem sistemática e identificar, em um sistema complexo, para onde a atenção deve ser voltada a fim de reduzir o risco de fracasso. É uma ferramenta mais frequentemente associada à gestão da qualidade total (*total quality management* - TQM), mas é especialmente aplicável à gestão de risco da cadeia de suprimentos. O FMEA começa verificando cada nó e cada ligação, fazendo três perguntas:

» O que poderia dar errado?
» Que efeitos esse fracasso teria?
» Quais são as principais causas desse fracasso?

O próximo passo é avaliar qualquer possível oportunidade de falha em relação aos seguintes critérios:

» Qual é a gravidade do efeito da falha?
» Qual a probabilidade de essa falha ocorrer?
» Qual a probabilidade de a falha ser detectada?

Um sistema de classificação, como o mostrado a seguir, é usado para criar uma escala combinada de pontuação multiplicando-se as três notas juntas.

Análise de risco, sistema de pontuação	
S = Severidade	1. Sem efeitos diretos sobre o nível operacional de serviço
	2. Deterioração mínima no nível operacional de serviço
	3. Redução definitiva no serviço operacional
	4. Deterioração grave no nível operacional de serviço
	5. O nível operacional de serviço aproxima-se de zero
O = Probabilidade de ocorrência	1. Probabilidade de uma vez em muitos anos
	2. Probabilidade de uma vez em muitos meses de funcionamento
	3. Probabilidade de uma vez em algumas semanas de funcionamento
	4. Probabilidade de ocorrência semanal
	5. Probabilidade de ocorrência diária

D = Probabilidade de detecção	1. A "detectabilidade" está muito alta
	2. Aviso considerável de falha antes da ocorrência
	3. Alguns avisos de falha antes da ocorrência
	4. Poucos avisos de falha antes da ocorrência
	5. A "detectabilidade" é efetivamente zero

4. Gerenciar os caminhos críticos

Uma vez que as ligações e os nós críticos foram identificados, a primeira pergunta é: Como o risco pode ser reduzido ou removido? Em sua forma mais simples, essa fase deve envolver o desenvolvimento de planos de contingência para ações serem tomadas em caso de falha. No outro extremo, a reengenharia da cadeia de suprimentos pode ser necessária. Sempre que possível, o controle de processos estatísticos deve ser utilizado para acompanhar as fases críticas ao longo da canalização.

A análise de "causa e efeito" é outra ferramenta que pode ser usada para identificar as causas de problemas a fim de eliminá-las ou evitá-las. Ela busca separar sintomas de causas por um processo de questionamento progressivo, também conhecido como "Perguntar *'por que'* – cinco vezes" (veja quadro).

Análise de causa e efeito

A análise de causa e efeito (também conhecida como *root cause analysis*) é usada para se obter uma compreensão das reais causas subjacentes de um problema. Normalmente, é realizada uma pergunta sequencial e um procedimento de resposta em geral chamado "Perguntar 'por que' cinco vezes". A ideia é não aceitar a resposta imediata, mas detalhar tanto quanto possível. Por exemplo, se o problema a ser analisado é falhas no desempenho de tempo de entrega, o questionamento poderia seguir a seguinte linha:

1 **P:** *Por que* esta remessa estava atrasada?
R: Não houve estoque disponível.

2 **P:** *Por que* não havia estoque disponível?
R: Nós não conseguimos atingir o plano de produção.

3 **P:** *Por que* não conseguimos atingir o plano?
R: Houve uma escassez de componentes.

4 **P:** *Por que* houve uma escassez?
R: Há um gargalo na inspeção de entrada.

5 **P:** *Por que* existe um gargalo?
R: Temos apenas instalações limitadas para testes.

Agora o problema real é revelado e as medidas adequadas podem ser tomadas.

Se os gargalos são a causa do problema, então as decisões terão de ser tomadas sobre as opções. Será que os gargalos podem ser removidos? Eles podem ser reduzidos com a adição de capacidade ou a manutenção de estoque? Às vezes, o gargalo pode ser um importante fornecedor que está com limitações de capacidade. Se fontes alternativas não estão disponíveis a curto prazo, então será necessário gerenciar o gargalo com o transporte de estoque estratégico para permitir que o fluxo através de nós a jusante seja mantido.

Enquanto a movimentação pela uniformização e pela padronização de plataformas em um contexto de produção ajuda a reduzir a complexidade, como foi observado anteriormente, também pode contribuir com o risco se o componente ou a plataforma vierem de uma fonte externa. O caso da Toyota, descrito a seguir, destaca o perigo potencial.

Não fique enxuta demais

No final de 2009 e início de 2010, os proprietários de veículos Toyota em todo o mundo ficaram alarmados ao descobrir que milhões de veículos foram convocados para alterações em virtude de problemas com o pedal do acelerador, que estava causando "aceleração involuntária" em alguns casos. A produção dos modelos afetados foi interrompida, enquanto as fontes do problema eram investigadas. As vendas de carros Toyota caíram, levando à perda de sua posição como fabricante de automóveis número um do mundo em volume.

O que surpreendeu muitas pessoas foi isso ter acontecido com a Toyota – uma empresa que durante anos foi considerada um ícone de excelência em fabricação. Alguns comentaristas sugeriram que a Toyota havia se tornado uma vítima de seu próprio sucesso; em outras palavras, como ela cresceu significativamente em tamanho, estava começando a perder o controle de partes vitais de sua cadeia de suprimentos.

A rápida expansão da Toyota na década anterior a esse *recall* levou a uma dependência crescente de fornecedores de primeiro e segundo níveis ao redor do mundo. Em muitos casos, eles eram os únicos fornecedores de peças específicas de subconjuntos em vários modelos diferentes.

Como criadora da fabricação enxuta, não surpreende que a Toyota buscou alcançar economias globais de escala com sua estratégia de *sourcing*. No entanto, embora tivesse estreitas relações de trabalho com seus fornecedores de primeiro nível, houve pouca percepção de que os riscos potenciais estavam no segundo e terceiro níveis da cadeia de suprimentos.

Enquanto existem muitas opiniões diferentes sobre as causas dos problemas de *recall* que impactaram a Toyota, é bem possível que, para alcançar sua meta de se tornar a maior fabricante de automóveis do mundo, ela não tenha conseguido controlar a complexa empresa estendida da qual dependia.

5. Melhorar a visibilidade da rede

Muitas cadeias de suprimentos sofrem de visibilidade limitada. Isso significa que uma entidade particular na rede não tem conhecimento do *status* das operações a montante e a jusante dos níveis e do fluxo de estoque e de como progride ao longo da cadeia.

Em tal situação, muitas vezes, pode-se levar semanas ou meses antes que os problemas se tornem visíveis, e pode ser tarde demais para tomar medidas eficazes. Uma forma de resolver esse problema é estabelecer uma "torre de controle" da cadeia de suprimentos, descrita brevemente no Capítulo 10. A ideia por trás da torre de controle é que cadeias de suprimentos globais complexas precisam ser constantemente monitoradas de modo sistemático e formal, para garantir que os eventos e resultados pretendidos ocorram como planejado. Informações sobre níveis de estoque, *lead times* de entregas, desempenho do fornecedor, e assim por diante, também ficarão disponíveis por meio da torre de controle da cadeia de suprimentos. O propósito da torre de controle é expandir a visibilidade ao longo da cadeia de suprimentos e servir como base para uma tomada de decisões mais eficaz.

Nós nos referimos, no Capítulo 10, ao potencial de gestão da cadeia de suprimentos (*supply chain event management* – SCEM) para permitir melhor identificação da ocorrência de eventos não planejados (ou a não ocorrência de eventos planejados). Ferramentas como essas podem reduzir significativamente a incerteza da cadeia de suprimentos, diminuindo assim a necessidade de *buffers* adicionais de estoque. A *radio frequency identification* (RFID) é outra tecnologia emergente que possibilita melhorias na visibilidade.

Os identificadores RFID permitem que uma capacidade de rastreamento *track and trace* de uma cadeia de suprimentos seja criada. Os identificadores são "ativos" ou "passivos". Os ativos transmitem informações para estações de recepção e os passivos são lidos por escâneres à medida que se movimentam pela cadeia. Como o custo dessas marcas cai, e cada vez mais empresas exigem que seus fornecedores as usem, a adoção dessa tecnologia tende a se acelerar.

Um avanço tecnológico paralelo que vai ajudar bastante a gestão global de ativos na cadeia de suprimentos é o rastreamento via satélite. Contêineres e caminhões podem ser equipados com dispositivos que permitem que a posição geográfica do ativo seja monitorada via satélite, incluindo informações sobre variáveis como a temperatura.

O desafio, como sempre, não é tecnológico, mas gerar maior disposição entre entidades da cadeia de suprimentos a fim de compartilharem informações entre si, mesmo que a informação não seja sempre uma boa notícia.

6. Estabelecer uma equipe de continuidade da cadeia de suprimentos

Todas as fases anteriores do processo de gestão de risco da cadeia de suprimentos necessitam de recursos para se realizarem. Uma maneira de fazer isso é criando uma equipe permanente de continuidade da cadeia de suprimentos.

Muitas empresas já possuem equipes de continuidade de negócios no local, mas, como sugerido anteriormente, muitas vezes seu foco é mais limitado e em grande parte dirigido a TI/SI. Outras empresas avaliam o risco principalmente do ponto de vista financeiro. Todas essas atividades são essenciais, mas o argumento aqui é que tais equipes devam ser ampliadas em seu âmbito para levar em conta o maior risco para a continuidade do negócio que reside na ampla cadeia de suprimentos.

Idealmente, essas equipes serão multifuncionais e terão acesso a todas as habilidades necessárias para realizar a análise e a execução detalhadas envolvidas no processo de gestão de risco da cadeia de suprimentos. Devem manter um "registro de risco", que identifica os possíveis pontos de vulnerabilidade e as ações que deverão ser tomadas para atenuá-la.

Para garantir prioridade à gestão de risco da cadeia de suprimentos, a equipe deve se reportar a um executivo de nível de diretoria – o ideal é o diretor da cadeia de suprimentos ou vice-presidente, se essa pessoa estiver no conselho.

7. Trabalhar com fornecedores e clientes

Dada a complexidade da maioria das redes de fornecimento, como o risco a montante e a jusante da empresa focal pode ser mais bem gerenciado? Idealmente, se cada entidade em uma rede assumisse a responsabilidade pela implantação de procedimentos de gestão de risco do tipo defendido aqui, com seus fornecedores imediatos e clientes de primeiro nível, então uma cadeia de suprimentos muito mais resistente surgiria.

Há alguns bons exemplos de trabalho colaborativo com fornecedores e clientes para desenvolver maior compreensão das vulnerabilidades potenciais em setores específicos. No BAe Systems – empresa líder no setor aeroespacial – existe um processo de gestão estratégica de fornecedores com cerca de 200 fornecedores-chave com base em uma iniciativa da indústria chamada "relacionamentos de cadeia de suprimentos em ação" (*supply chain relationships in action* – SCRIA). O BAe coloca pequenas equipes desses fornecedores-chave para encontrar maneiras de alinhar processos da cadeia de suprimentos e melhorar a visibilidade. Com seus maiores fornecedores, como a Rolls-Royce, há contato permanente até o nível de diretoria.

Essa abordagem é semelhante à ideia de *desenvolvimento de fornecedores,* bastante adotada no setor automotivo. Indo além disso, há uma oportunidade para aproveitar a experiência de empresas que insiste que seus fornecedores cumpram normas rigorosas de qualidade dos produtos que fornecem. A mesma prática poderia ser aplicada na gestão de risco da cadeia de suprimentos exigindo que os fornecedores monitorem e gerenciem suas vulnerabilidades. Dessa forma, um "efeito bola de neve" pode ser alcançado, com cada fornecedor trabalhando com seus fornecedores de primeiro nível para implantar procedimentos de gestão de risco da cadeia de suprimentos.

Target Stores, a varejista norte-americana, exige que seus fornecedores assinem um acordo e cumpram os requisitos de segurança da cadeia de suprimentos e gestão de riscos. A Pfizer, empresa farmacêutica, também estabeleceu claramente para seus fornecedores os padrões de desempenho de gestão de risco da cadeia de suprimentos que são auditados continuamente.

Alcançando a resiliência da cadeia de suprimentos

Mesmo as cadeias de suprimentos gerenciadas da melhor forma sofrerão turbulências inesperadas ou serão afetadas por eventos impossíveis de prever, por isso é fundamental que a *resiliência* seja construída para elas. Resiliência significa a capacidade de um sistema retornar ao seu estado original ou desejado após ter sido perturbado.[5] Processos resilientes são flexíveis, ágeis e capazes de mudar rapidamente. Nesse último aspecto, é importante perceber que apenas velocidade não é suficiente, mas a aceleração ou a capacidade de arrancar ou desacelerar rapidamente é o que importa à resiliência. A resiliência da cadeia de suprimentos também exige "folga" nos pontos críticos que constituem os fatores limitantes a mudanças na taxa de fluxo.

Uma maneira de enxergar a resiliência da cadeia de suprimentos é considerar que ela tem dois componentes-chave: resistência e recuperação. *Resistência* trata da robustez da cadeia de suprimentos, que permite que ela evite os choques que inevitavelmente a impactariam. Pense nela como um recurso parecido com o amortecedor de impactos de um veículo. Podemos atingir um buraco na estrada enquanto dirigimos o carro, mas o efeito sobre o motorista e os passageiros é mitigado pelo amortecedor. *Recuperação* se relaciona com a capacidade da cadeia de suprimentos se reerguer rapidamente depois da ocorrência de um evento perturbador. Assim, por exemplo, se um dos fornecedores principais não puder mais nos atender – por qualquer motivo que seja –, conseguiremos acessar uma fonte alternativa rapidamente?

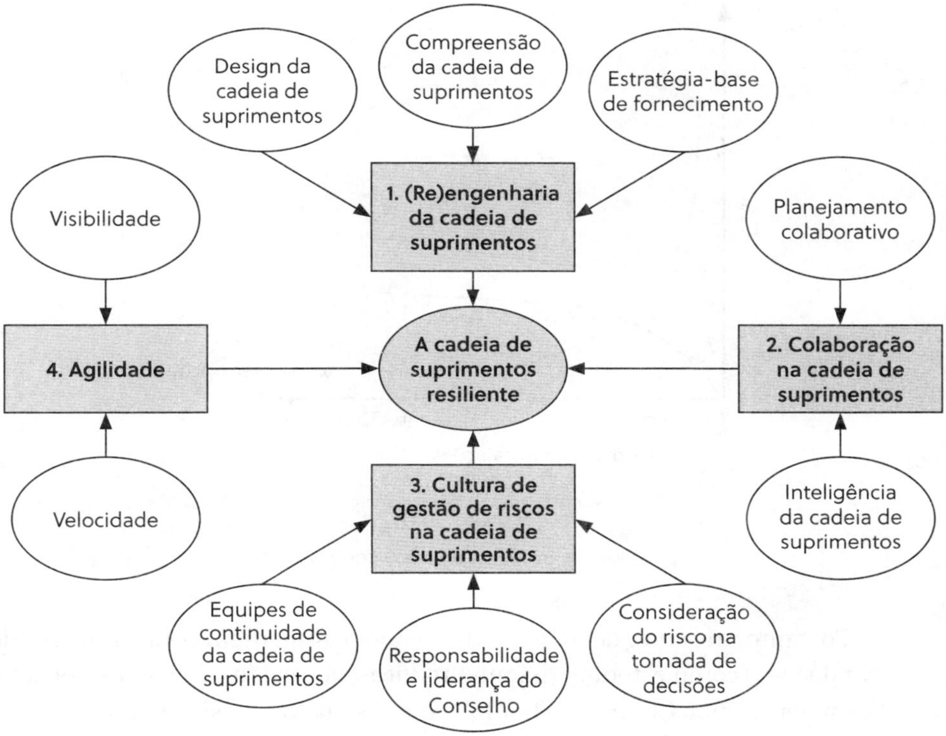

FIGURA 12.4 Criando a cadeia de suprimentos resiliente – abordagens estratégicas

A Figura 12.4 sugere que a resiliência aprimorada da cadeia de suprimentos está baseada em quatro elementos. Vamos falar sobre cada um deles.

1. *(Re)engenharia da cadeia de suprimentos*
   Grande parte do risco na cadeia de suprimentos é sistêmico – o risco está presente por causa do design da cadeia de suprimentos. Muitas decisões foram tomadas no passado para moldar o projeto atual, assim, as decisões de centralizar a produção ou de consolidar armazéns locais em centros de distribuição regionais maiores provavelmente reduzirão o perfil de risco da empresa. Se as cadeias de suprimentos puderem ser projetadas, sempre que possível, para evitar a dependência em apenas uma instalação ou fonte de fornecimento, a resiliência será aprimorada. De certa forma, há um *trade-off* entre as economias de custo decorrentes da consolidação e da centralização e as implicações de risco decorrentes. A Figura 12.5 destaca esse *trade-off*.

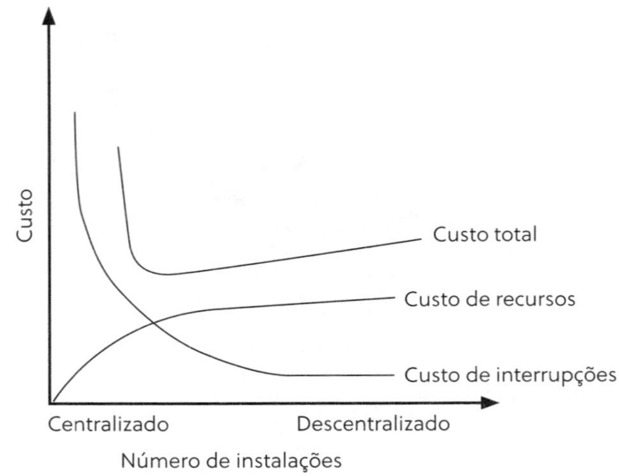

FONTE: BASEADA EM CHOPRA E SODHI, 2014.

FIGURA 12.5 Resiliência *versus* centralização

Portanto, mesmo que os custos do sistema aumentem com o número de instalações (como estoque), há uma redução nos custos do risco associado. Foi sugerido por Chopra e Shodhi[6] que os custos do sistema aumentam com a raiz quadrada do número de polos de recursos, enquanto os custos de interrupções diminuem como o inverso do número de polos. Assim, o princípio de design da cadeia de suprimentos indicado por essa relação é que um nível muito alto de centralização ou consolidação pode, na verdade, ter um custo total mais elevado do que uma solução com um nível um pouco mais baixo. O mesmo princípio se aplica a decisões sobre o número de fornecedores ou o nível de compartilhamento no nível da fatura de materiais de uma família de produtos.

Empresas que tentam criar uma cadeia de suprimentos mais resiliente precisam garantir a compreensão da "arquitetura" de sua rede de oferta/demanda atual. Essa compreensão da cadeia de suprimentos é facilitada por um mapeamento detalhado da rede. Em essência, o propósito do mapa da cadeia de suprimentos é determinar o *status* atual da rede, procurando por gargalos ou pontos de congestionamento específicos e identificando oportunidades de reengenharia do sistema, para remover complexidade desnecessária. É particularmente importante estender o mapa a montante o quanto possível para fornecedores de segundo ou terceiro grau, a fim de enxergar fornecedores críticos que podem estar afasta-

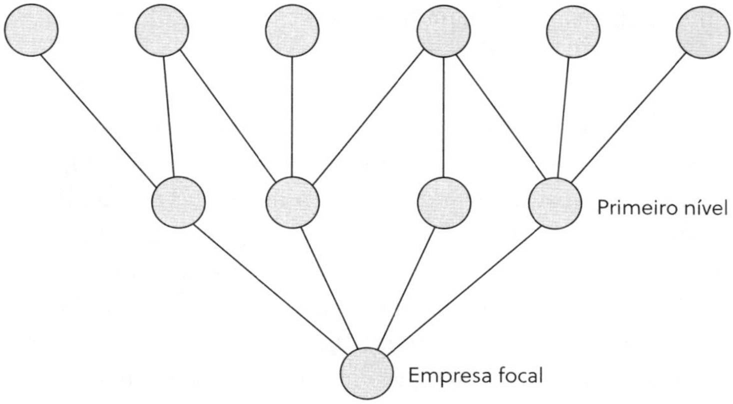

FIGURA 12.6 Mapeamento da cadeia de suprimentos

dos da vista. A Figura 12.6 apresenta um exemplo em que três fornecedores de primeira ordem partilham o mesmo fornecedor de segunda ordem. Se aquele segundo fornecedor falhar, isso pode causar uma grande interrupção na cadeia de suprimentos.

2. *Colaboração na cadeia de suprimentos*
Devido às interdependências que existem em cadeias de suprimentos globais, um dos principais condutores da resiliência é o alto nível de colaboração entre os parceiros. Falaremos mais sobre colaboração em geral no Capítulo 13. No entanto, a criação de um ambiente colaborativo é tão crítica porque visibilidade e informações compartilhadas são fundamentais para o desenvolvimento de uma cadeia de suprimentos resiliente. Já discutimos o papel da gestão de eventos (SCEM) no monitoramento de estágios críticos na cadeia de suprimentos para conferir se há desvios do plano. A gestão de eventos efetiva só será possível se houver uma disposição entre os parceiros da cadeia de suprimento para compartilhar informações. Outro desdobramento benéfico das informações compartilhadas entre diferentes entidades na cadeia de suprimentos é uma provável redução nos "chicotes", em que as perturbações são ampliadas por conta da falta de visibilidade.[7]

A "inteligência" da cadeia de suprimentos também pode ser aprimorada se seus principais participantes estiverem preparados para sentar juntos e reunir seu conhecimento e percepções em relação a possíveis fontes de risco na rede mais ampla de oferta/demanda. Idealmente, a empresa deve estabelecer um "conselho da cadeia de suprimentos" que envolva as principais entidades a montante e a jusante na rede para revisar regularmente os perfis de risco e criar estratégias de mitigação de risco.

3. *Construindo uma cultura de gestão de risco na cadeia de suprimentos*
Graças ao dano potencialmente grande que pode ser causado à empresa por falhas e interrupções nas cadeias de suprimentos, é vital que a alta gestão reconheça a necessidade de fornecer liderança na gestão de risco na cadeia de suprimentos. Relatórios regulares sobre o perfil de risco da empresa e sua rede de oferta/demanda devem ser revistos pelo conselho da companhia. Como já destacamos anteriormente, uma equipe de continuidade da cadeia de suprimentos deve ser estabelecida. Além de criar planos de contingência, ela também terá a responsabilidade de se engajar com todos os níveis da empresa e da rede de oferta/demanda para difundir a mensagem de que a mitigação de riscos na cadeia de suprimentos é responsabilidade de todos.

Esse último ponto é especialmente relevante à luz da crescente preocupação com *cibersegurança*. Como toda cadeia de suprimentos hoje depende de sistemas de informação, e já que a internet e a comunicação móvel impulsionam uma grande quantidade de atividade na cadeia, as oportunidades de ciberataques são muito maiores. Paradoxalmente, embora compartilhar informações para além dos limites da cadeia de suprimentos seja um pré-requisito para uma gestão eficiente, isso também pode gerar mais pontos de entrada para aqueles que pretendem realizar ataques maliciosos.

Por fim, quando uma decisão é tomada – pelo conselho da companhia ou qualquer outra pessoa –, deve haver uma pausa antes de sua implementação para questionar "o quanto essa decisão deve afetar o perfil de risco da empresa?". Assim, decisões para mudar a estratégia de *sourcing* ou de fechar um centro de distribuição, por exemplo, só devem ser tomadas caso o potencial impacto de risco na cadeia de suprimentos tenha sido entendido.

4. *Investindo em agilidade*
Como a ideia de resiliência trata da capacidade de se recuperar rapidamente quando as coisas dão errado, ficará evidente que, quanto mais ágil uma cadeia de suprimentos for, mais rápido ela pode se recuperar. Embora o tópico de agilidade tenha sido abordado em detalhes no Capítulo 6, vale a pena reenfatizar seu papel na melhoria da resiliência.

Vamos relembrar que, embora a agilidade tenha diversos facilitadores, dois dos principais são *visibilidade* e *velocidade*. Uma visibilidade superior permite que a organização veja as coisas antes e a velocidade reduz o tempo para responder ao evento em questão. Essencialmente, devemos identificar o investimento e as mudanças em nossa arquitetura de fornecimento e seus sistemas de apoio que podem melhorar a capacidade de "sentir e responder" a ser desenvolvida. No Capítulo 16, desenvolveremos a ideia de "flexibilidade estrutural" – a capacidade de uma cadeia de suprimentos se adaptar rapidamente a novas condições. No centro desse conceito está o reconhecimento de que muitas cadeias de suprimentos tradicionais são rígidas demais porque decisões anteriores "trancaram" a companhia em estruturas ou acordos que são difíceis de mudar. Pode-se afirmar que, se devemos melhorar a resiliência, toda decisão tomada precisa ser escaneada em termos de quantas *opções* ela remove ou adiciona. A implicação é que as melhores decisões em um mundo incerto são aquelas que mantêm mais opções abertas.

Referências

[1] SINGHAL, V. R.; HENDRICKS, K. How supply chain glitches torpedo shareholder value. *Supply Chain Management Review*, jan./fev. 2002.

[2] MCKINSEY & COMPANY. Understanding supply chain risk. *McKinsey Quarterly*, out. 2006.

[3] CRANFIELD School of Management. *Supply chain vulnerability*. Report on behalf of DTLR, DTI and Home Office, 2002.

[4] SIMHAN, N.; SCHOENHERR, T.; SANDOR, J. Profiles in Supply Management. *Supply Chain Management Review*, jul./ago. 2013, p. 10-13.

[5] CRANFIELD School of Management. *Creating resilient supply chains:* a practical guide. Report on behalf of the Department for Transport, 2003.

[6] CHOPRA, S.; SODHI, M. S. Reducing the risk of supply chain disruptions. *MIT Sloan Management Review*, primavera de 2014, p. 73-80.

[7] CHRISTOPHER, M.; LEE, H. Mitigating supply chain risk through improved confidence. *International Journal of Physical Distribution and Logistics Management*, v. 34, n. 5, 2004.

A era da concorrência entre as redes

13

Ao longo deste livro, a ênfase tem sido a conquista de vantagens competitivas com excelência em logística e na gestão da cadeia de suprimentos.

Pode-se identificar um número crescente de empresas em que a logística e a gestão da cadeia de suprimentos são claramente reconhecidas como principais variáveis estratégicas. Empresas como Xerox, Dell, Nokia, Zara e 3M investem significativamente no desenvolvimento da capacidade de reação logística. Seu sucesso no mercado se deve a muitas coisas, mas não pode haver dúvidas sobre o papel que a logística e a gestão da cadeia de suprimentos desempenham na consecução desse sucesso.

A cada ano, a Gartner – uma empresa especializada em análise e pesquisas de gestão da cadeia de suprimentos – realiza um estudo das principais cadeias de suprimentos e procura compreender o que constitui os fatores-chave da excelência da cadeia de suprimentos. Usando rígidos dados quantitativos e avaliação qualitativa de um painel de especialistas, a Gartner Research produz um *ranking* anual das "25 melhores cadeias de suprimentos".[1] Com base em uma análise das empresas líderes na pesquisa, foram identificadas seis características consistentes exibidas por essas empresas:

» *Foco de fora para dentro*
As principais cadeias de suprimentos são projetadas do cliente para trás e dirigidas pela demanda.

» *Inovação incorporada*
Isso implica uma estreita integração entre design de produto, fabricação e logística para garantir que a cadeia de suprimentos comece na prancheta.

» *Cadeia estendida de suprimentos*
Um reconhecimento de que no mundo de hoje das cadeias globais de suprimentos e *outsourcing* a gestão próxima de relacionamentos de ponta a ponta é essencial.

» *Métrica equilibrada*
A fim de alcançar elevados níveis de agilidade e capacidade de responder, deve existir uma percepção de que haverá *trade-offs* em toda a empresa. Conseguir os melhores resultados globais exige um conjunto de indicadores-chave de desempenho (*key performance indicators* - KPIs) que refletem a necessidade de equilíbrio.

» *Atitude*
Uma cultura que se estende por toda a organização com base no reconhecimento de que os silos internos devem ser removidos e as relações externas precisam ser gerenciadas em um espírito de parceria.

» *Talento de cadeia de suprimentos*
As cadeias de suprimentos se referem tanto a pessoas como a todo o resto. As grandes empresas procuram ativamente desenvolver as habilidades e capacidades que permitirão o sucesso nos cinco elementos anteriores.

O novo paradigma organizacional

Torna-se evidente que alcançar o sucesso em todas essas áreas exige uma mudança significativa dentro da empresa. Isso exige uma transformação que vai além do redesenho do organograma e implica uma mudança cultural que deve ser conduzida desde o início. Na verdade, os princípios básicos que tradicionalmente orientaram a empresa devem ser contestados, pois é necessária uma mudança nos paradigmas básicos que vêm sustentando as organizações industriais por tanto tempo.

A necessidade de novos modelos de empresa

A maioria de nós trabalha em empresas que são definidas hierárquica, vertical e funcionalmente. O organograma da empresa típica se assemelha a uma pirâmide e proporciona uma visão clara de onde cada um se encaixa em relação aos outros, assim como normalmente reflete as relações de subordinação. Em essência, a estrutura convencional da organização pouco mudou desde que os exércitos do Império Romano desenvolveram o precursor da organização da pirâmide.

Embora não possa haver dúvida de que esse modelo organizacional nos atendeu bem no passado, agora existem sérias dúvidas sobre sua adequação às novas condições enfrentadas. Entre as muitas mudanças que ocorreram no ambiente de marketing, talvez a maior delas seja o foco na "velocidade". Por causa do encurtamento dos ciclos de vida do produto, o tempo de colocação no mercado torna-se cada vez mais crítico. Da mesma forma, o drástico crescimento de práticas *just-in-time* (JIT) de fabricação significa que as empresas que pretendam fornecer nesse ambiente precisam desenvolver sistemas capazes de responder de forma rápida e flexível às exigências de entrega dos clientes. De fato, isso é verdade em quase todos os mercados hoje, uma vez que as empresas procuram reduzir seus estoques. Desse modo, uma exigência essencial de um fornecedor é a capacidade de uma resposta rápida.

O desafio de cada empresa é tornar-se uma empresa de resposta rápida em todos os sentidos. A empresa deve responder às mudanças no mercado com produtos e serviços que ofereçam soluções inovadoras aos problemas dos clientes; deve responder à demanda volátil e ser capaz de proporcionar elevados níveis de flexibilidade na entrega.

A maioria de nós trabalha em empresas que são definidas hierárquica, vertical e funcionalmente.

Talvez um dos avanços mais significativos no pensamento gerencial nos últimos anos tenha sido a constatação de que as empresas individuais não mais competem como entidades autônomas, mas como cadeias de suprimentos. Estamos entrando agora na era da "concorrência entre as redes", em que os prêmios vão para aquelas empresas que podem se estruturar, coordenar e gerenciar melhor os relacionamentos com seus parceiros em uma rede comprometida a entregar valor superior ao cliente final.

O surgimento da "organização em rede" é um fenômeno recente que deu origem a muitos comentários e análises. Essas empresas "virtuais" são caracterizadas por uma confederação de competências especializadas e recursos fornecidos pelos membros da rede. Argumenta-se que tais acordos de colaboração fornecem um meio mais eficaz de satisfazer às necessidades dos clientes, com lucro, que uma única empresa o faz empreendendo várias atividades que criam valor. As implicações da organização da rede para a gestão são consideráveis e, em particular, os desafios para a gestão logística são enormes.

Tornar as redes mais eficazes em satisfazer os requisitos do usuário final exige um alto nível de cooperação entre as organizações da rede, assim como o reconhecimento da necessidade de tornar as relações entre empresas mutuamente benéficas. O que dá sustentação à organização de rede bem-sucedida é a troca de valor agregado de informações entre parceiros, o que significa que informações sobre demanda ou uso a jusante tornam-se visíveis para todos os membros a montante da cadeia de suprimentos. A criação de "visibilidade" ao longo da canalização garante que a fabricação e a entrega do produto possam ser impulsionadas pela demanda real em vez de por uma previsão; permite, portanto, que todas as partes da cadeia funcionem de forma mais eficaz.

A gestão da cadeia de suprimentos está preocupada em alcançar uma maior satisfação econômica das necessidades do cliente final pela integração de processos de comprador/fornecedor. Essa integração é tipicamente alcançada com maior transparência dos requisitos do cliente por meio da partilha de informações, assistida pelo estabelecimento de processos "sem emendas" que ligam a identificação de necessidades de reposição física a uma resposta JIT.

No passado, era mais frequente que as empresas fossem estruturadas e gerenciadas com base na otimização de suas próprias operações, sem considerar a maneira pela qual interagiam com os fornecedores ou, de fato, com os clientes. O modelo de empresa foi essencialmente "transacional", significando que os produtos e serviços eram comprados e vendidos em condições de plena concorrência, como também houve pouco entusiasmo pelo conceito de relações mutuamente dependentes de longo prazo. O resultado foi muitas vezes uma solução de alto custo e de baixa qualidade para o cliente final da cadeia.

Esse paradigma competitivo emergente está em forte contraste com o modelo convencional. Ele sugere que, nos desafiadores mercados globais de hoje, o caminho para a vantagem sustentável reside na gestão da complexa teia de relações que ligam prestadores altamente focados em elementos específicos da oferta final a uma cadeia econômica que agrega valor.

A chave para o sucesso nessa nova estrutura competitiva, pode-se argumentar, é a maneira pela qual essa rede de alianças e fornecedores é consolidada em parceria para atingir metas mutuamente benéficas.

Colaboração na cadeia de suprimentos

Ficará claro que um dos principais ingredientes de excelência na gestão da cadeia de suprimentos é um elevado nível de colaboração ao longo da rede.

Os benefícios da colaboração estão bem ilustrados pelo exemplo, frequentemente citado, do "dilema do prisioneiro". O contexto é: você e seu parceiro foram detidos por suspeita de terem roubado um banco. Os dois são colocados em celas separadas e não podem se comunicar um com o outro. O policial diz a vocês dois, de forma individual, que serão tratados com mais brandura se confessarem o crime, mas de modo pior se não o fizerem!

Na verdade, as sanções precisas são dadas a você como se segue:

Opção 1: Você confessa, mas seu parceiro não.
Resultado: Você é condenado a um ano de prisão por colaborar, mas o seu parceiro terá de cumprir cinco anos.
Opção 2: Você não confessa, mas seu parceiro o faz.
Resultado: Você é condenado a cinco anos de prisão e seu parceiro terá de cumprir apenas um ano por colaborar.
Opção 3: Ambos confessam.
Resultado: Cada um de vocês é condenado a dois anos.
Opção 4: Nenhum de vocês confessa.
Resultado: Vocês dois são liberados.

Essas opções e os resultados podem ser resumidos na Figura 13.1.

Qual é o resultado mais provável? Se vocês realmente não confiam um no outro, sobretudo se experiências anteriores lhes ensinaram a ser cautelosos um com o outro, então vocês dois vão confessar. Obviamente, a melhor estratégia é fundamentada na confiança e, consequentemente, que nenhuma das partes confesse!

		Você	
		Confessa	Não confessa
Parceiro	Confessa	2,2	1,5
	Não confessa	5,1	0,0

FIGURA 13.1 O dilema do prisioneiro: opções de pena (anos de prisão)

Esse exemplo simples fornece uma boa analogia com o mundo real. A sabedoria convencional de compra tende à visão de que devem ser preferidas múltiplas fontes de fornecimento para um único item. Em tais situações, não é provável que alguém se torne dependente demais de uma única fonte de fornecimento. Além disso, podemos jogar um fornecedor contra o outro e reduzir o custo de compras. No entanto, essas relações tendem a ser contraditórias e, na verdade, pouco ideais.

Uma das primeiras coisas a serem prejudicadas quando o relacionamento é fundamentado apenas nas negociações sobre o preço é a qualidade. O fornecedor procura reduzir seus custos e fornecer apenas a especificação básica. Em situações como essa, o comprador vai incorrer custos adicionais sobre a inspeção e o retrabalho de entrada. A qualidade dos serviços também é passível de ser prejudicada quando o fornecedor não coloca nenhuma prioridade especial sobre o pedido do cliente.

Em um nível mais tangível, os clientes que passaram agora para a oferta sincronizada com a consequente necessidade de entregas JIT descobriram que é simplesmente impraticável gerenciar transferências de entrada de vários fornecedores. Da mesma forma, a comunicação de pedidos e instruções de reposição é muito mais difícil com vários fornecedores.

Quanto mais estreita a relação entre comprador e fornecedor, mais provável é o fato de que a experiência de ambas as partes possa ser aplicada para benefício mútuo. Por exemplo, muitas empresas descobriram que, por uma estreita cooperação com os fornecedores, podem melhorar o design do produto, os componentes de engenharia de valor e, geralmente, encontrar formas mais eficientes de trabalharem juntas.

Essa é a lógica que destaca o surgimento do conceito de "cofabricação" ou "*sourcing* de parceria". Cofabricação pode ser definida como:

> O desenvolvimento de uma relação de longo prazo com um número limitado de fornecedores com base na confiança mútua.

A filosofia básica da cofabricação é considerar o fornecedor como uma extensão das operações do cliente, com ênfase na continuidade e em uma canalização "sem emenda" e de ponta a ponta. Como a tendência à terceirização continua, assim também deve ser o movimento em direção à cofabricação. A Nissan Motors no Reino Unido é uma das principais defensoras desse conceito. Um elemento-chave de sua abordagem é a utilização de "equipes de desenvolvimento de fornecedores" – pequenos grupos de especialistas da Nissan que vão ajudar os fornecedores a alcançar os requisitos que ela exige deles. O objetivo geral da equipe de desenvolvimento de fornecedores é reduzir os custos e aumentar a eficiência de ambas as partes; em outras palavras, um resultado "ganha-ganha". Uma vez que o custo de materiais em um automóvel pode ser tão alto quanto 85%, qualquer coisa que possa reduzir os custos de artigos adquiridos pode ter um efeito significativo sobre os custos totais.

A Figura 13.2 apresenta uma situação atípica, em que os materiais adquiridos de um fabricante de automóveis perfazem 85% dos custos totais. Quando examinamos esta relação mais profundamente, os custos de material do fornecedor do componente estão mais próximos da média da indústria de 40%. Dos restantes 60% ("valor agregado do fornecedor"), 80% desse valor poderiam ser considerados como custos gerais, dos quais tipicamente 30% seriam custos logísticos do fornecedor (ou seja, estoque, custos de instalação, transporte, armazenagem etc.).

Isso significa que aproximadamente 12% do custo dos materiais para o fabricante de automóveis é considerado custos logísticos do fornecedor (ou seja, 85% × 60% × 80% × 30%). Quando se percebe que uma parte dos custos logísticos do fornecedor é causada pela falta de integração e parceria entre o fabricante de automóveis e o fornecedor, torna-se evidente que existe uma importante oportunidade para a redução de custos.

Sob a tradicional relação conflituosa, o fabricante de veículos procuraria reduzir o custo de material diminuindo a margem de lucro dos fornecedores de componentes. A abordagem de cofabricação é bem diferente – aqui o fabrican-

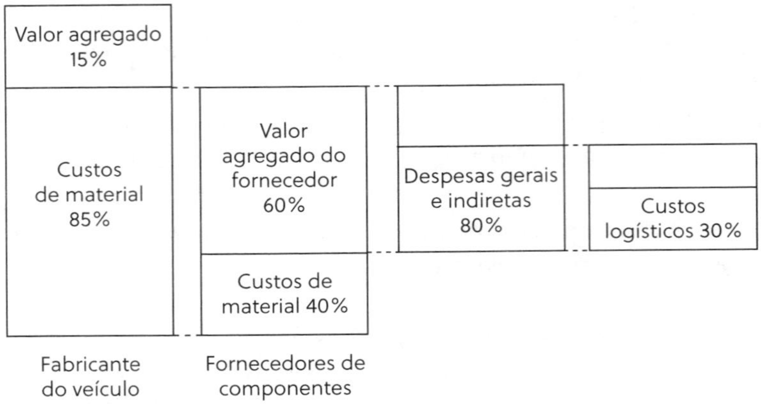

FIGURA 13.2 O impacto dos custos logísticos dos fornecedores sobre os custos de um carro

te de veículos procura reduzir os custos de um fornecedor, não os lucros dele. Pela colaboração e por mecanismos de planejamento logístico estreitamente integrados, as partes procuram alcançar uma situação em que haja benefícios para ambas. Empresas como a Nissan Motors no Reino Unido mostram que isso não é apenas um sonho, pode ser uma realidade. O caso da SKF, fabricante sueca de rolamentos e produtos relacionados, descrito a seguir também mostra os benefícios da adoção de uma filosofia de "cofabricação".

Trabalhando com fornecedores para melhorar a agilidade

SKF, um fabricante global de rolamentos, produtos de movimento linear, eixos e lacres – com sede em Gothenburg, Suécia – teve de responder a várias mudanças significativas no ambiente de negócios. Com maior volatilidade entre seus mercados e diferentes taxas de desenvolvimento geograficamente, a empresa precisou se tornar muito mais ágil e flexível, especialmente em sua cadeia de suprimentos.

A empresa reconheceu que as chaves para a agilidade não são só as operações internas, mas seus fornecedores a montante. SKF adotou uma filosofia de *sourcing* estratégico com o objetivo de trabalhar mais perto dos fornecedores que têm disposição e capacidade para alinhar seus processos com os da SKF. O propósito desse alinhamento é permitir que a SKF se mova em direção a uma capacidade de fornecimento orientada pela demanda – em contraste com a ênfase anterior em redução de custos e utilização de capacidade. Os fornecedores também são vistos como parceiros em inovação em que a intenção é criar resultados "ganha-ganha" em termos de rendimentos melhorados no mercado final.

O princípio da cofabricação pode ser estendido em ambos os sentidos na cadeia de suprimentos – a montante para fornecedores e a jusante para distribuidores, varejistas e até mesmo consumidores finais. Os prêmios a serem ganhos da cofabricação bem-sucedida incluem potencialmente custos mais baixos para todas as partes, por meio de estoques reduzidos, e custos de implantação mais baixos, como resultado de maior integração do cronograma. As implicações para a estratégia competitiva são grandes. O novo paradigma competitivo é a cadeia de suprimentos concorrer com a cadeia de suprimentos, e o sucesso de qualquer empresa dependerá de como ela controla suas relações da cadeia de suprimentos.

Reduzindo custos através do trabalho colaborativo

A maioria das empresas está constantemente tentando reduzir custos, mas, em muitos casos, esses exercícios focam principalmente em obter eficiências internas. No entanto, uma das maiores oportunidades para redução de custos não está dentro da empresa, ela reside nas interfaces com outros parceiros da cadeia de suprimentos. A lógica por trás dessa afirmação é que, durante a maior parte de sua existência, as empresas focaram na busca por melhorias internas de eficiência e fracassaram ao reconhecer a camada significativa de custos que existe nas interfaces da cadeia de suprimentos – um custo que está lá porque essas interfaces não foram bem gerenciadas no passado.

No passado, frequentemente, as relações com fornecedores e até mesmo consumidores eram, na melhor das hipóteses, distantes e, na pior delas, antagônicas. Ainda hoje, algumas empresas vão tentar obter reduções de custos ou melhorias de lucros à custa de seus parceiros da cadeia de suprimentos. Empresas como essas não perceberam que a simples transferência de custos a montante ou a jusante não as tornam mais competitivas. O motivo para isso é que, no fim das contas, todos os custos chegarão ao mercado final para serem refletidos no preço pago pelo usuário final. Empresas inteligentes reconhecem a falácia dessa abordagem convencional e tentam manter as cadeias de suprimentos como um todo mais competitivas através do valor que elas criam e dos custos que elas reduzem em geral.

Onde ficam, precisamente, essas oportunidades de redução de custos e como elas podem ser exploradas?

Existem três grandes impulsionadores de custos, embora relacionados, na maioria das interfaces de cadeias de suprimentos – todos eles podem ser reduzidos ou eliminados pelo trabalho colaborativo. Esses custos são classificados em:

» Custos de transações
» Custos de processos
» Custos de incertezas

Custos de transações

São os custos de receber pedidos, acompanhar progressos, gerar faturas, confirmar acordos de entrega, lidar com dúvidas e todas as inúmeras atividades envolvidas na negociação entre empresas. Muitos desses custos estão escondidos e não são fáceis de quantificar, mas, ainda assim, podem ser significativos. No entanto, em muitos casos, eles podem ser drasticamente reduzidos através da adoção de acordos de trabalho colaborativos sustentados por ferramentas modernas de *e-commerce* B2B. A tecnologia de informações e comunicações de hoje tornou possível conectar cadeias de suprimentos de uma ponta a outra, e a disponibilidade do "software como serviço" (SaaS) na web demonstra que os custos da comunicação ao longo das redes são relativamente baixos.

As barreiras para melhorar a colaboração na cadeia de suprimentos a fim de reduzir os custos de transação na verdade não têm a ver com tecnologia, e sim com "mentalidades". Em outras palavras, ainda há bastante relutância em se trabalhar como parceiros e, portanto, partilhar informações pela rede. Pesquisas destacaram os benefícios significativos de custos de transação reduzidos, ciclos *cash-to-cash* mais curtos e melhores relações com fornecedor/consumidor que podem ser obtidos se as barreiras à colaboração forem removidas.

Custos de processos

Estes custos surgem porque os processos dos fornecedores nem sempre estão alinhados com os de seus clientes. Assim, geralmente existem ineficiências consideráveis no ponto de contato. Em um caso extremo, se diferentes partes usam diferentes códigos de produto ou têm necessidades diferentes de unitização de cargas (por exemplo, diferentes tamanhos de páletes), então, obviamente, haverá custos adicionais. No entanto, a falta de alinhamento de processos em geral significa que existirá descontinuidade e duplicação, como ter de reinserir dados várias vezes à medida que os pedidos e produtos fluem de uma entidade a outra na cadeia de suprimentos. Além do tempo envolvido, as oportunidades de surgimento de erros aumentam, levando a custos adicionais na cadeia de suprimentos.

Um alinhamento de processos mais próximo pode ser obtido através da criação de equipes de processos conjuntas, com membros de ambos os lados da interface consumidor/fornecedor. Como destacamos no Capítulo 5, existem muitos bons exemplos no setor de bens de consumo embalados, em que fabricantes e varejistas criaram equipes para implementar iniciativas de CPFR.

Custos de incertezas

Estes custos surgem porque frequentemente há uma falta de confiança nas previsões e uma falta de conhecimento em relação às necessidades precisas dos consumidores. Assim, como resultado, são criados *buffers* de estoque nas interfaces entre as entidades da cadeia de suprimentos. Estoques de segurança são necessários devido à incerteza e/ou falta de confiança em uma previsão por um lado, e à capacidade do fornecedor por outro.

Como resultado dessa incerteza, é bem comum encontrar um alto grau de duplicação de estoque. Em outras palavras, o fornecedor mantém estoque porque não tem certeza de quando o pedido do consumidor vai chegar ou do tamanho desse pedido. Ao mesmo tempo, o consumidor mantém estoque exatamente do mesmo material/produto porque sabe, a partir de experiências anteriores, que nem sempre pode contar com o fornecedor para entregar o que ele quer, quando quer.

Os custos reais de estoque são muito mais altos do que a maioria dos gestores acredita. Como o estoque é uma parte da base de ativos totais da empresa, ele precisa ser financiado como qualquer outro elemento do capital. Dados os problemas atuais, muitas companhias têm levantado capital – seja por bancos ou investidores; também deve-se reconhecer que o custo de oportunidade de prender capital de giro na forma de estoque lento não faz sentido. Além disso, no mercado turbulento de hoje, com ciclos de vida de produtos cada vez mais curtos, o risco de obsolescência é alto – o que significa que reduções de preço ou até depreciações são mais prováveis. Combine todos esses custos com os custos mais óbvios de armazenamento, manutenção e gestão do estoque e não será incomum ver o custo real da manutenção do estoque perto ou maior do que 25% de seu valor por ano, como discutimos no Capítulo 4. Assim, manter um item de valor moderado em estoque por apenas um mês ou mais pode ser suficiente para anular a margem sobre sua venda.

A chave para reduzir esses *buffers* desnecessários no estoque é certamente uma melhor comunicação entre fornecedor/consumidor. O antigo clichê de "substituir estoque por informações" nunca foi tão adequado para o ambiente de negócios de hoje. Essas companhias criaram uma melhor visibilidade apresentando informações sobre sua taxa de uso/vendas de um produto em tempo real aos fornecedores, permitindo, assim, que o *vendor machine inventory* (VMI) fosse recompensado com uma redução significativa do estoque e, por consequência, do custo.

A Figura 13.3 compara a abordagem tradicional, na qual fornecedores e consumidores não trabalham de forma colaborativa, em vez disso, tentam ganhar uma "fatia maior do bolo". A abordagem colaborativa, por sua vez, vê as duas partes como membros da mesma empresa estendida, trabalhando juntas para aumentar a fatia do bolo.[2]

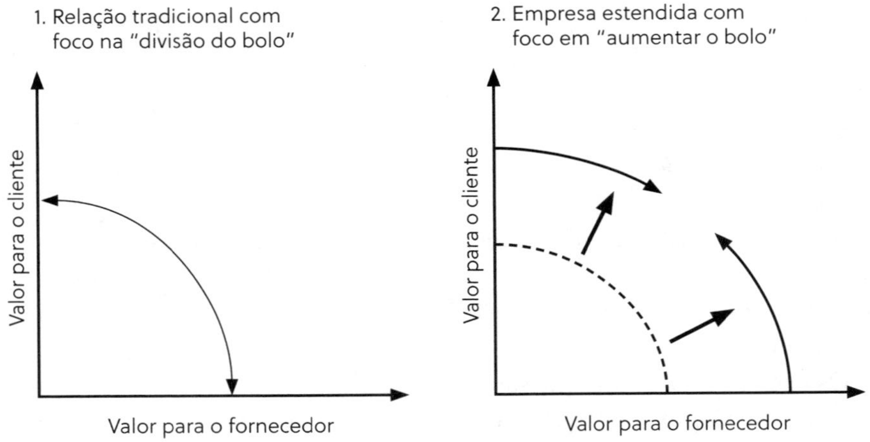

FONTE: DYER, J. H. *COLLABORATIVE ADVANTAGE*. OUP, 2000.

FIGURA 13.3 Cooperação na cadeia de suprimentos

"Coopetição" – cooperando com concorrentes

A maioria dos exemplos de colaboração além dos limites da cadeia de suprimentos tende a ser "vertical", isto é, trabalhar com fornecedores a montante ou consumidores a jusante. Entretanto, há um interesse crescente na exploração de oportunidades para colaboração "horizontal", ou seja, trabalhar com outros do mesmo setor e que também podem ser concorrentes. Essa é a ideia da *coopetição*, como tem sido chamada.[3] A base para o conceito de coopetição é a visão de que as companhias podem se beneficiar do trabalho conjunto nas áreas de suas empresas em que elas não acreditam ter uma vantagem competitiva. Assim, dois concorrentes podem dividir um armazém e/ou transporte em longas distâncias, talvez facilitados por um fornecedor de serviços logísticos terceirizado. O argumento que sustenta essa colaboração é que, se os custos puderem ser reduzidos para ambas as partes e não houver nenhuma desvantagem competitiva, faz sentido colaborar naquela atividade.

Gerenciando a cadeia de suprimentos como uma rede

O novo paradigma competitivo que descrevemos coloca a empresa no centro de uma rede interdependente – uma confederação de competências e capacidades mutuamente complementares – que compete como uma cadeia de suprimentos integrada contra outras cadeias de suprimentos.

Gerenciar em uma estrutura revisada tão radicalmente competitiva exige com certeza diferentes capacidades e prioridades para os empregados no modelo tradicional. Alcançar a liderança de mercado no mundo da concorrência entre as redes requer um foco sobre a gestão de rede, bem como sobre os processos internos. Dos muitos problemas e desafios enfrentados pelas empresas enquanto elas fazem a transição para esse novo ambiente competitivo, os seguintes talvez sejam os mais importantes.

1. Desenvolvimento de estratégias coletivas

Tradicionalmente, os membros de uma cadeia de suprimentos nunca se consideravam parte de uma rede de marketing e, por isso, não compartilhavam seus pensamentos estratégicos uns com os outros. Para que a concorrência entre redes seja verdadeiramente eficaz, é necessário um nível bem mais elevado de desenvolvimento da estratégia conjunta. Isso significa que os membros da rede devem combinar coletivamente objetivos estratégicos para a rede e meios de atingi-los.

2. Pensamento ganha-ganha

Talvez um dos maiores desafios para o sucesso do estabelecimento de redes de marketing seja a necessidade de romper com a natureza muitas vezes contraditória das relações comprador/fornecedor que existiam no passado. Existe hoje uma percepção crescente de que a cooperação entre parceiros da rede com frequência leva a um melhor desempenho geral. A questão torna-se então determinar como os resultados desse desempenho melhorado podem ser compartilhados entre os vários intervenientes. "Ganha-ganha" não precisa ser 50/50, mas no mínimo deve beneficiar todos os parceiros e ser melhor como resultado da cooperação.

Recentemente, o conceito de pensamento "ganha-ganha" no contexto de *outsourcing* foi amadurecido em um conjunto de princípios conhecidos como "*vested outsourcing*".[4] Essa estrutura, baseada em pesquisas conduzidas pela Universidade do Tennessee, reflete o argumento de que os acordos de *outsourcing* mais bem-sucedidos e duradouros das cadeias de suprimentos resultam do fato de a companhia e seu fornecedor de serviços terem um interesse estabelecido no sucesso uns dos outros e trabalharem colaborativamente para alcançar os "resultados desejados" mutuamente criados.

3. Comunicação aberta

Um dos mais poderosos condutores de mudanças nas redes de marketing foi o advento da tecnologia da informação, tornando a troca de informações entre os parceiros da cadeia de suprimentos muito fácil e vantajosa. A internet tem proporcionado uma plataforma universal para permitir que a visibilidade da canalização de ponta a ponta se torne uma realidade. Com todas as partes "cantando a mesma música", uma resposta muito mais rápida a mudanças do mercado é obtida com menos estoque e menor risco de obsolescência. Para que o marketing de rede funcione no máximo de seu potencial, é essencial a visibilidade e a transparência de informações relevantes ao longo da cadeia de suprimentos. A contabilidade de livro aberto é outra manifestação desse movimento rumo à transparência, pelo qual os dados de custo são compartilhados a montante e a jusante e, portanto, o lucro de cada sócio é visível para os outros. A construção dessa abordagem baseada na rede para a vantagem competitiva requer claramente uma série de mudanças significativas na maneira pela qual a empresa é administrada e nas "mentalidades" daqueles que a administram.

Orquestração da cadeia de suprimentos

Com o surgimento da organização virtual e da empresa estendida, surge uma exigência maior com alguma forma de gerenciar a complexidade que inevitavelmente é criada. Considere por um momento a diferença entre a cadeia de suprimentos na Ford durante a época de Henry Ford e a cadeia de suprimentos da Ford hoje. Henry Ford tinha uma cadeia integrada de suprimentos porque, na realidade, ele possuía a maior parte dela. Além de fabricar a maioria de todos os componentes que entravam no veículo, a empresa também possuía usinas siderúrgicas, seringais e florestas de mogno! A Ford de hoje não poderia ser mais diferente. A maior parte do negócio de fabricação de componentes foi legada a uma empresa independente, a Visteon, e as siderúrgicas desapareceram há muito tempo. Em vez disso, a Ford está no centro de uma rede de prestadores de serviços especializados, fornecedores de primeiro nível e alianças de colaboração. A tarefa de gerenciar, coordenar e concentrar essa rede de criação de valor pode ser convenientemente chamada *orquestração da cadeia de suprimentos.*

A ideia de orquestração se deve à existência de uma agenda comum combinada conduzindo à realização dos objetivos da cadeia de suprimentos. Isso por si só implica uma estratégia de cadeia de suprimentos à qual as entidades da cadeia se ligam. Pela própria natureza das coisas, o orquestrador será provavelmente o membro mais poderoso da rede, ou seja, um Walmart ou uma Dell, mas não necessariamente. Organizações inovadoras podem utilizar suas capacidades superiores da cadeia de suprimentos para atuar como orquestradores, segundo o estudo de caso que a Li e Fung mostra a seguir.

Li e Fung: orquestrador da cadeia de suprimentos

Li e Fung (L&F) é uma empresa estabelecida há muito tempo, com base em Hong Kong, orquestrando uma das maiores e mais bem-sucedidas de todas as redes de fabricação terceirizada. Ela fornece roupas, acessórios, equipamentos esportivos, eletrodomésticos e brinquedos para cadeias de varejo localizadas principalmente na América do Norte e na Europa.

A L&F não produz nada internamente, mas controla, como coordenadora de rede, os processos de fabricação e entrega de ponta a ponta. Seu *modus operandi* está, no entanto, em nítido contraste com programas de gestão de fornecedores no estilo da indústria automotiva. A L&F não microgerencia ou monitora cada processo de um punhado de fornecedores de primeiro nível. Nem controla sua rede por meio de contratos formulados de maneira confusa ou de sofisticados recursos de TI. O segredo do sucesso da L&F é que ela aprendeu a gerenciar operações terceirizadas mediante relações sem interferência, com mais de 7.500 empresas de fabricação confiáveis e muito especializadas, que trabalham com até 2.500 a qualquer momento. Os fornecedores da L&F estão localizados em cerca de 40 países, estendendo-se em todo o sudeste asiático, na China, no subcontinente indiano, no Mediterrâneo, na África e nas Américas. Juntos, eles representam um conjunto de recursos altamente flexíveis e qualificados, capazes de satisfazer os requisitos de praticamente qualquer cliente. A L&F garante sua lealdade pré-

-reservando entre 30% e 70% da capacidade dos fornecedores selecionados a cada temporada e recompensando com mais negócios aqueles que têm um desempenho elevado.

Quando um pedido é recebido, a L&F é capaz de recorrer a essa vasta gama de talentos, selecionando fios em um país, a tecelagem e o tingimento em outro, o corte em um terceiro e a montagem em um quarto, antes de ser entregue aos varejistas em outro lugar. Para cada fase de fabricação e distribuição, a empresa escolhe cuidadosamente a empresa que é mais capaz de realizar essa atividade específica de valor agregado, e depois deixa que essa organização determine exatamente como isso deve ser alcançado. Para cada etapa de valor agregado, a L&F vai fornecer especificações para o trabalho – em relação ao que deve ser alcançado, e não como deve ser alcançado – e o prazo em que o fornecedor deve enviar o trabalho para seu próximo destino. Ao fazê-lo, a L&F recebe os benefícios do controle, sem sufocar a inovação. Ela recebe o produto ou o serviço que exige, e deixa que o fornecedor determine a maneira mais eficaz de consegui-lo. Se surge um problema de qualidade ou alguma dificuldade logística, a rede é suficientemente flexível para que a produção seja transferida rapidamente para uma fonte ou instalação alternativa.

A L&F está constantemente à procura de novas empresas para adicionar à rede, bem como de oportunidades de novos produtos. Mais de 100 anos de experiência proporcionaram à empresa um profundo conhecimento do negócio e a capacidade de identificar as organizações que têm a capacidade necessária para melhorar e sustentar o crescimento e a diversidade da rede. Os custos de coordenação são elevados, mas a L&F demonstrou que eles são mais do que compensados pelas vantagens da flexibilidade oferecida por sua rede reunida.

Outro modelo proposto para a coordenação de redes complexas é a ideia de um 4PL™ ou um importante prestador de serviços de logística.

De 3PL para 4PL™

Os prestadores de serviços logísticos de terceiros são empresas que fornecem uma gama de atividades logísticas para seus clientes. Eles podem operar centros de distribuição, gerenciar a entrega do produto com suas frotas de transporte ou realizar serviços com valor acrescentado, como a reembalagem.

A ideia do prestador de serviços logísticos quadripartido foi originada pela empresa de consultoria Accenture. O princípio subjacente é que as capacidades de gestão da rede provavelmente não existem em qualquer organização, porque as modernas redes de fornecimento estão cada vez mais globais e, certamente, mais complexas. Em tais situações, há a necessidade de uma organização – talvez vindo da empresa central por meio de uma *joint venture* (JV) – que pode usar seu conhecimento de cadeias de suprimentos e prestadores de serviços especializados de terceiros para gerenciar e integrar a cadeia de suprimentos completa, de ponta a ponta.

O 4PL™ reuniria uma coalizão de prestadores de serviços consagrados e, utilizando sua própria capacidade de sistemas de informação, garantiria uma solução rentável e sustentável da cadeia de suprimentos. A Figura 13.4 resume o conceito 4PL™.

Nesse modelo específico de empresa, uma JV foi formada entre o cliente e o parceiro. Além de inserir capital, o cliente também vai transferir seus ativos de logística existentes (por exemplo, centros de distribuição) para a JV. Prova-

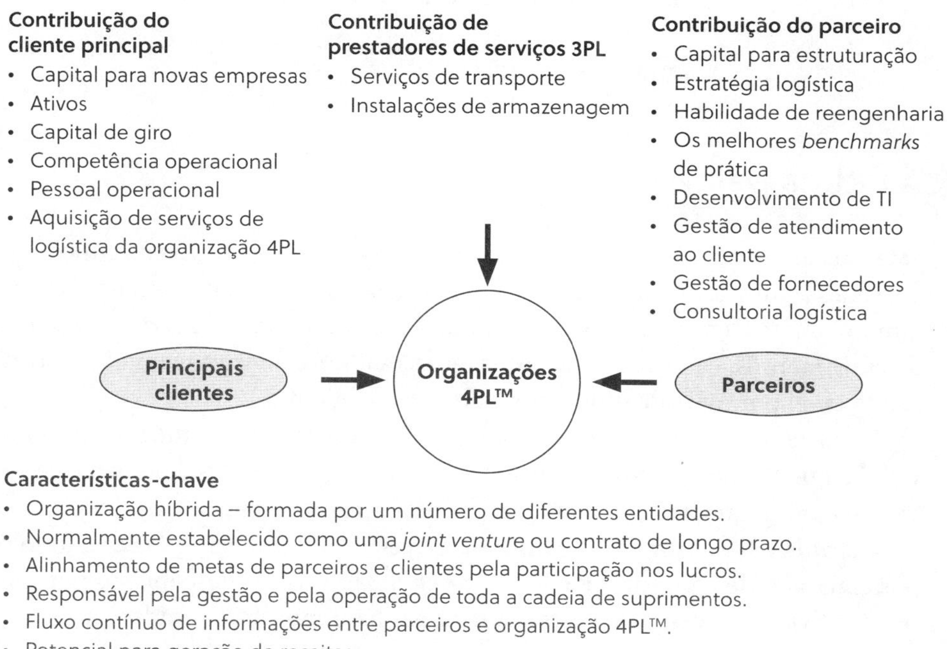

FONTE: ACCENTURE.

FIGURA 13.4 O conceito 4PL™

velmente, também, o pessoal que administra e executa o sistema de logística existente será transferido para essa nova empresa. A contribuição do sócio poderia incluir, além de capital para novas empresas, suas capacidades de sistemas de informação, suas habilidades de desenvolvimento de estratégias e de reengenharia de processos.

A empresa vai, em seguida, identificar quem entre os fornecedores especializados de serviços de logística vai executar as diferentes atividades na cadeia de suprimentos. Usando seus sistemas de informação, a JV agora se torna o orquestrador da cadeia de suprimentos e entrega ao cliente, mediante o serviço acordado e as metas de custo, uma capacidade completa de gestão de rede.

Se o 4PL™ vai ser uma JV ou algum outro modelo, existem quatro componentes fundamentais que precisam funcionar:

» Arquitetura de sistemas e habilidades de integração.
» Uma "sala de controle" de cadeia de suprimentos.
» Capacidade de captar e utilizar informações e conhecimentos por meio da rede.
» Acesso a prestadores consagrados de ativos.

A Figura 13.5 resume esses requisitos essenciais.

A última palavra

Estamos aparentemente entrando em uma era em que as regras da concorrência serão significativamente diferentes daquelas que prevaleceram no passado. Um novo paradigma de concorrência está surgindo, no qual a rede de cadeia de suprimentos, cada vez mais, fornecerá uma fonte de vantagem competitiva sustentável por meio de um maior valor para o cliente.

Se tal vantagem deve ser alcançada, então é fundamental que a empresa reveja de que forma ela atualmente agrega valor a seus clientes e que analise se o tempo reconfigura a cadeia para utilizar os pontos fortes de outros intervenientes na cadeia de suprimentos. Uma coisa é certa, as empresas que acreditam na possibilidade de continuar a conduzir *business as usual* descobrirão que suas perspectivas de sucesso no mercado de amanhã diminuirão rapidamente.

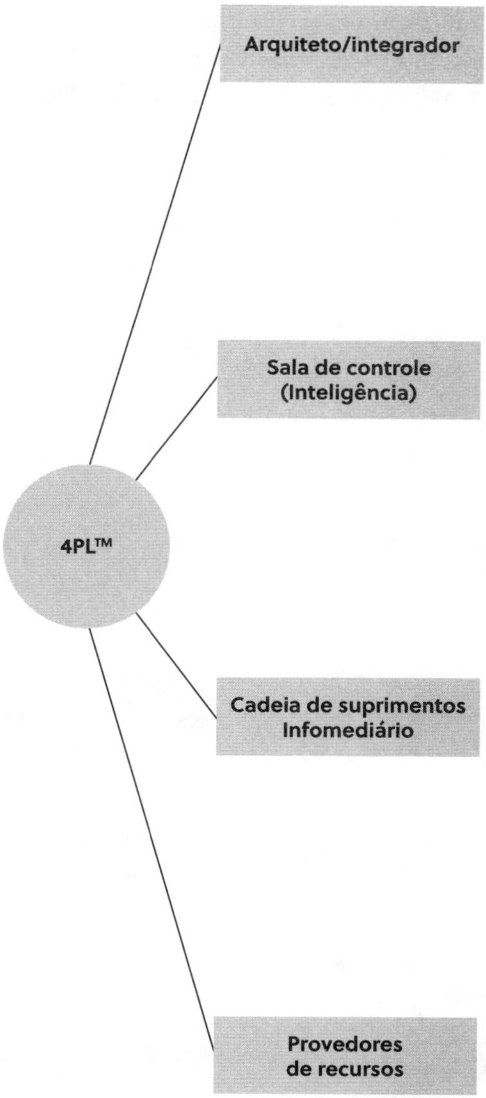

Líder de mudança
- Visionário de cadeia de suprimentos
- Relacionamento de múltiplos clientes
- Moldador de negócios
- Reengenheiros da cadeia de suprimentos
- Gestão de projetos
- Integrador de serviços, sistemas e informações
- Inovação contínua

Tomadores de decisão
- Técnicos logísticos experientes
- Mecanismos de otimização e apoio à decisão
- Posicionamento neutro
- Gerenciamento de múltiplos 3PLs
- Melhoria contínua

Sistema nervoso de informações
- Integração de sistemas de TI
- Provisão de infraestrutura de TI
- Dados em tempo real para informações
- Conversão de dados em informações
- Fornecimento de informação ao ponto de necessidade
- Assistência técnica

Ativos
- Provedor de ativos de transporte
- Armazém, *cross-dock*, instalação de propriedade
- Fabricação – terceirização
- Serviço de aquisições
- Serviço de *co-packing*

FONTE: ACCENTURE.

FIGURA 13.5 Quatro componentes-chave que um 4PL™ deve reunir

Referências

[1] O'MARAH, K.; HOFMAN, D. Top 25 supply chains. *Supply Chain Management Review*, out. 2009.

[2] DYER, J.H. *Collaborative advantage*. Oxford University Press, 2000.

[3] BRANDENBURGER, A. M.; NALEBUFF, B. J. *Co-opetition*. Doubleday, 1996.

[4] VITASEK, K. (com LEDYARD, M. e MANRODT, K.). *Vested outsourcing*. Palgrave Macmillan, 2010.

Superando os obstáculos para a integração da cadeia de suprimentos

14

- Criando a visão logística
- Os problemas com as organizações convencionais
- Desenvolvendo a organização logística
- A logística como veículo para a mudança
- *Benchmarking*

A transição para o século XXI parece ter sido acompanhada por níveis crescentes de mudança no ambiente de negócios. As empresas que eram líderes de mercado há uma década, em muitos casos, encontraram grandes reveses. As fusões e aquisições mudaram a forma de muitos mercados, e o advento da concorrência regional e global mudou para sempre as regras do jogo. Acima de tudo, como vimos, há uma demanda crescente do mercado por níveis cada vez mais elevados de serviço e qualidade. Essas pressões se combinaram para produzir um novo imperativo para a empresa: a necessidade de ser receptivo.

A empresa que responde não só visa colocar o cliente no centro da empresa, mas também projeta todos os seus sistemas e procedimentos com o objetivo principal de melhorar a velocidade e a confiabilidade de resposta. As empresas tradicionais tornaram-se pesadas, com camadas e camadas de gestão e burocracia. Tais empresas têm pouca chance de permanecer competitivas no novo mercado. Nem é suficiente confiar na reestruturação da empresa com a retirada de camadas de gerenciamento, ou seja, "achatando" o organograma da empresa, como muitas estão buscando fazer, se a tal desestratificação não for acompanhada por mudanças equivalentes nas redes e nos sistemas que oferecem serviços ao cliente.

> As empresas tradicionais tornaram-se pesadas, com camadas e camadas de gestão e burocracia.

Criando a visão logística

Fazer o serviço acontecer é o desafio final. Não é nada fácil desenvolver estratégias de melhor desempenho competitivo para o serviço, mas a tarefa mais difícil é colocar essa estratégia em prática. Como desenvolver uma organização capaz de prover serviços de alta qualidade em uma base consistente e contínua?

Atualmente, a maioria das empresas está familiarizada com a ideia de "declarações de missão" como uma articulação da visão da empresa. A missão visa definir a finalidade da empresa, seus limites e suas aspirações. Não é de forma alguma incomum que as organizações tenham tais declarações para toda a empresa e para os componentes constituintes fundamentais. Algumas empresas descobriram que pode haver benefícios significativos para a definição de sua visão de logística.

O objetivo da declaração de visão logística é dar uma clara indicação da base na qual a empresa pretende construir uma posição de vantagem por meio de relações mais próximas com o cliente. Tais declarações nunca são fáceis de construir. Há sempre o perigo de que elas possam se limitar a vagas declarações, que dão a todos uma sensação calorosa, mas não fornecem orientações para a ação.

Idealmente, a visão da logística deveria ser construída em torno da simples questão de "Como pretendemos usar a logística e a gestão da cadeia de suprimentos para criar valor para nossos clientes?". Operacionalizar essa ideia exigirá uma compreensão detalhada de como o valor do cliente é (ou poderia ser) criado e entregue aos mercados em que a empresa compete. A análise da cadeia de valor será um elemento fundamental nessa investigação, assim como a definição das competências essenciais e capacidades da organização. Fazer as perguntas "Em que atividades nós nos destacamos?" e "O que nos diferencia de nossos concorrentes?" é o ponto de partida para se criar a declaração de visão logística.

Os quatro elementos de valor da logística para os clientes, destacados mais à frente neste capítulo, são "melhor, mais rápido, mais barato, mais próximo", e a visão logística deve fornecer o caminho para se alcançar essas quatro metas.

Os problemas com as organizações convencionais

Entre observadores e comentaristas experientes do processo de gestão de logística, há um consenso de que a principal barreira para a implantação do conceito logístico é organizacional. Em outras palavras, um grande obstáculo para a mudança nessa área crucial de gestão é a estrutura organizacional arraigada e rígida com que a maioria das empresas estabelecidas está sobrecarregada.

Há um grande perigo de as empresas que não reconhecem a necessidade de mudanças organizacionais, ou não têm vontade de fazê-las acontecer, nunca conseguirem alcançar melhorias na vantagem competitiva que a gestão de logística integrada pode trazer. O argumento aqui é que as demandas do mercado para a prestação de serviços melhorados, combinadas com uma concorrência drasticamente aumentada, exigem mudança de paradigma na maneira de considerar nossas organizações.

O conceito de gestão integrada da cadeia de suprimentos, pelo qual os fluxos de informação e material entre a fonte e o usuário são coordenados e gerenciados como um sistema, agora é amplamente compreendido, se não for bem aplicado. A lógica de associar cada etapa do processo ao movimento de materiais e produtos em direção ao cliente é fundamentada nos princípios de otimização. Em outras palavras, o objetivo é maximizar o atendimento ao cliente enquanto se reduzem os custos e os ativos trancados na canalização logística.

No entanto, na organização convencional, isso levanta um problema imediato. A maioria das empresas está organizada em uma base funcional. Elas criaram uma divisão de responsabilidades por função; então, seria possível encontrar uma função de compras, uma função de produção, uma função de vendas e assim por diante. Normalmente, o organograma seria parecido com o da Figura 14.1.

Cada uma das funções verticais na organização convencional é normalmente liderada por gerentes seniores que consideram sua área funcional seu "território". Na verdade, em muitas empresas esses núcleos funcionais são constituídos por "barões" que detêm um poder considerável e protegem os territórios do que eles percebem como incursões indevidas de outros barões funcionais.

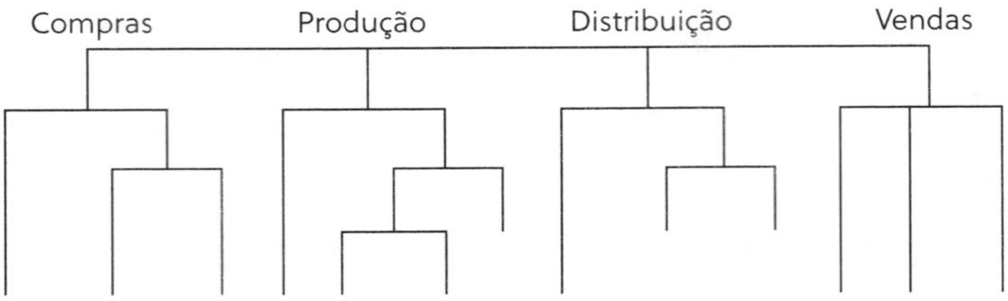

FIGURA 14.1 A organização funcional

Reforçando ainda mais a orientação funcional ou vertical na organização convencional, está o sistema orçamentário. Normalmente, cada função é conduzida por um orçamento que busca controlar os recursos consumidos por essas funções. É quase como se a empresa estivesse trabalhando com a suposição de que o principal objetivo de qualquer atividade é o controle do consumo de recursos. Na verdade, as empresas de ponta há muito tempo já perceberam que o único propósito do negócio é criar saídas lucrativas, e as saídas, não os insumos, deveriam formar a base tanto para a maneira de organização quanto para a forma de planejamento e controle.

Analisaremos em detalhes, posteriormente, os modelos alternativos de organização e de planejamento e controle, mas primeiramente vamos destacar alguns problemas reais que a organização convencional cria, dificultando a implantação bem-sucedida da gestão de logística integrada.

O estoque se acumula nos limites funcionais

Se as funções individuais são encorajadas a "otimizar" seus próprios custos por causa do sistema orçamentário, então ficarão muitas vezes à custa do estoque substancialmente aumentado em todo o sistema. Caso, digamos, a produção vise reduzir os custos unitários mantendo longos períodos de produção com grandes quantidades de lotes, ocorrerá a criação de mais estoque do que normalmente é preciso para satisfazer às necessidades imediatas. Da mesma forma, se a gestão de compras busca material de baixo custo pela aquisição de grandes quantidades, novamente o estoque de matérias-primas à frente da produção será, muitas vezes, excessivo. *Buffers* semelhantes de estoque existirão em toda a cadeia de suprimentos, nas fronteiras entre entidades dentro das empresas e, de fato, nas fronteiras entre as empresas.

Esse estoque aumentado não é apenas um encargo financeiro e uma tensão a mais sobre o capital de giro, ele também obscurece a nossa visibilidade da demanda final. Assim, as atividades a montante não podem ter qualquer visão

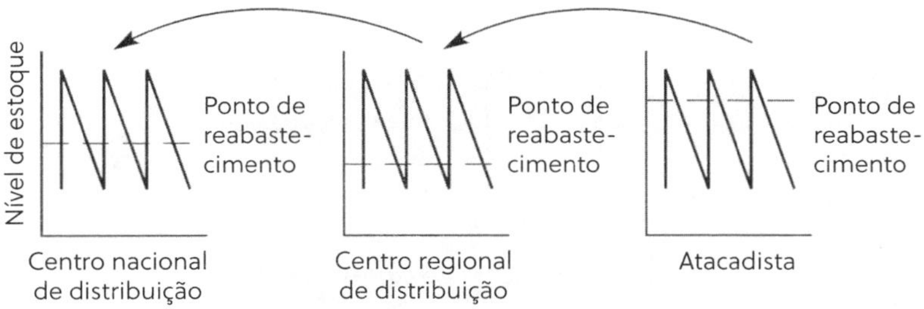

FIGURA 14.2 Estoque esconde demanda

clara do que é a demanda real a jusante, uma vez que tudo o que elas veem é um pedido gerado por um ponto de reabastecimento que as atinge a curto prazo (ou, mais frequentemente, sem prazo algum). A Figura 14.2 ilustra essa questão.

Os custos em toda a cadeia não são transparentes

Intimamente relacionado com a questão anterior está o problema da "transparência" dos custos. Isso significa que os custos relativos aos fluxos de material em áreas funcionais não são fáceis de se mensurar. Assim, os custos reais para se atender a clientes diferentes com diferentes *mixes* de produtos raramente são revelados.

Mais uma vez, o problema é que a organização convencional, em geral, só identificará os custos sobre uma base funcional, e, mesmo assim, a um nível bastante elevado de agregação. Desse modo, podemos conhecer bem os nossos custos de transporte no geral, mas não necessariamente como eles variam de acordo com a categoria do cliente ou as características de entrega; por exemplo, entrega central para um centro regional de distribuição ou entrega local para um supermercado. Assim, quando as tentativas de se estimar os custos de produção são feitas exigem-se, em caso de necessidade, procedimentos brutos de atribuição. Como observamos no Capítulo 4, há recentemente muito interesse em "contabilidade de ganhos" e "custeio fundamentado em atividades", sendo ambos tentativas de delimitar os custos à medida que ocorrem e, portanto, tornar os custos totais da cadeia mais fáceis de identificar. O problema não precisa existir, isso é apenas um problema porque os sistemas de custeio que temos são projetados para monitorar custos funcionais ou de entrada e não os custos de escoamento ou de saída. A Figura 14.3 se refere a isso.

Os limites funcionais impedem a gestão de processos

O processo de satisfazer à demanda do cliente começa com o fornecimento de entrada, segue até as operações de fabricação ou montagem e continua por meio da distribuição para o cliente. Logicamente, a maneira ideal é gerenciar

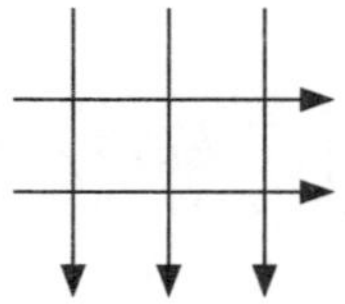

FIGURA 14.3 Conceitos de custos alternativos

esse processo como um sistema completo, não o fragmentando em seções inequívocas. No entanto, é mais ou menos o que ocorre na organização convencional, como vimos. Isso não somente é ineficaz, mas realmente gera uma perda de eficácia na competitividade.

Muitas mudanças do ciclo, do pedido à entrega, são causadas pela variabilidade que inevitavelmente surge nos procedimentos ineficientes que precisam ser criados para gerenciar as interfaces entre as funções. O tempo necessário para o processamento de pedidos, por exemplo, é muitas vezes prolongado apenas por causa da documentação, da verificação e da reverificação que os sistemas convencionais geram. As empresas crescem organicamente e por isso elas tendem a aumentar os processos existentes de uma maneira acidental, em vez de ordenadamente adaptar seus processos ao crescimento. Como resultado, os sistemas em uso devem mais à história que a qualquer conceito de gestão holística. Esse fenômeno é agravado ainda mais pela incapacidade de os gestores se afastarem de seus ambientes familiares e terem uma visão "macro". Em vez disso, há uma tendência natural de se concentrar em fragmentar melhorias dentro de sua própria área funcional restrita.

Para alcançar uma cadeia logística leve e fluente, é preciso que uma orientação facilite a gestão de processos de ponta a ponta. O princípio pode ser comparado à gestão de um processo industrial, digamos, de uma refinaria de petróleo, em que, para garantir que se alcance a máxima eficiência, o processo todo é controlado e gerenciado como um sistema, não como uma série de atividades adjacentes e independentes.

O custo desses processos fragmentados para uma organização, e de fato para toda a economia, só pode ser imaginado, mas ele deve ser enorme.

As organizações convencionais apresentam diversas faces ao cliente

Talvez a crítica mais contundente à organização tradicional é ela não apresentar uma "única cara" para o cliente. Em vez de o cliente ter de fazer negócios com apenas uma organização, na verdade, ele lida com muitas.

Sistema tradicional e sequencial de processamento de pedidos

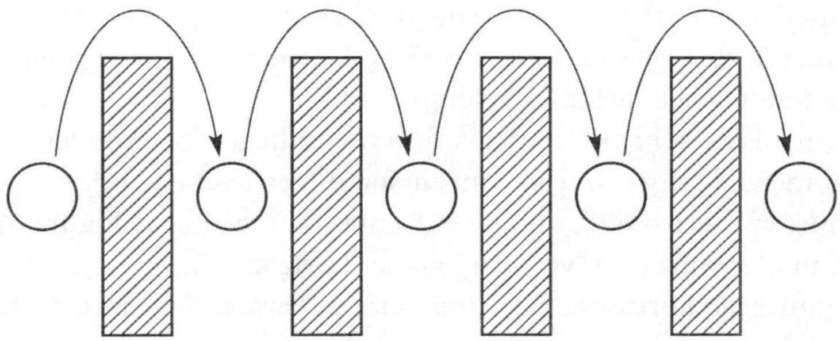

FIGURA 14.4 Gerenciando o pedido

Essa crítica vai além dos problemas óbvios que surgem quando um cliente, buscando, por exemplo, informações sobre um pedido, é passado de um setor da empresa para outro – uma ocorrência bastante comum. O verdadeiro problema é que nenhuma pessoa ou departamento tem autorização de gerenciar um cliente da pesquisa até a entrega do pedido – em outras palavras, atender totalmente o cliente.

Consideremos por um momento como a organização convencional processa pedidos. Normalmente, haverá uma sequência de atividades que começa com a entrada do pedido. O ponto de entrada está ligado à função de vendas ou comercial, mas em seguida vai para o controle de crédito, de onde pode passar para o planejamento de produção ou, em um ambiente *make-to-stock*, para o armazém. Uma vez que o pedido foi fabricado ou montado, passará a ser de responsabilidade do planejamento de distribuição e transporte. Ao mesmo tempo, há um processo separado que envolve a geração de documentos, como conhecimentos de embarque, notas de entrega, faturas e assim por diante. O problema é que essas atividades são sequenciais, executadas em série, em vez de serem executadas em paralelo. Cada função cumpre sua tarefa e depois passa o pedido para a próxima função; a cada passo, é como se o pedido fosse "jogado por cima do muro". A Figura 14.4 ilustra esse processo clássico.

Desenvolvendo a organização logística

Alguns especialistas sugeriram que a solução para os problemas destacados anteriormente reside na criação de um nível mais elevado de autoridade, uma função logística que ligue as tarefas de produção, compras e distribuição.

Atraente como possa parecer à primeira vista, isso não vai resolver conflitos subjacentes que a organização tradicional criou. Simplesmente vai adicionar outra camada de gestão e essa solução provavelmente não ganhará terreno, porque a tendência é "achatar" as empresas.

Em vez disso, soluções radicais devem ser buscadas e podem exigir uma reestruturação da organização convencional "vertical" e conduzir à criação de uma empresa "horizontal", ou que enfrenta o mercado. As Figuras 14.5 e 14.6 comparam a organização "vertical" com a "horizontal".

A organização horizontal tem uma série de características distintivas. Ela é:

- » Organizada em torno de processos.
- » Plana e sem camadas.
- » Construída sobre equipes multifuncionais.
- » Guiada por métricas de desempenho fundamentadas no mercado.

É o foco em processos, em vez de em funções, a chave para a organização horizontal. O preceito básico da gestão de processos é o valor do cliente criado por meio de processos. Daí a lógica de buscar o gerenciamento de processos sobre uma base integrada.

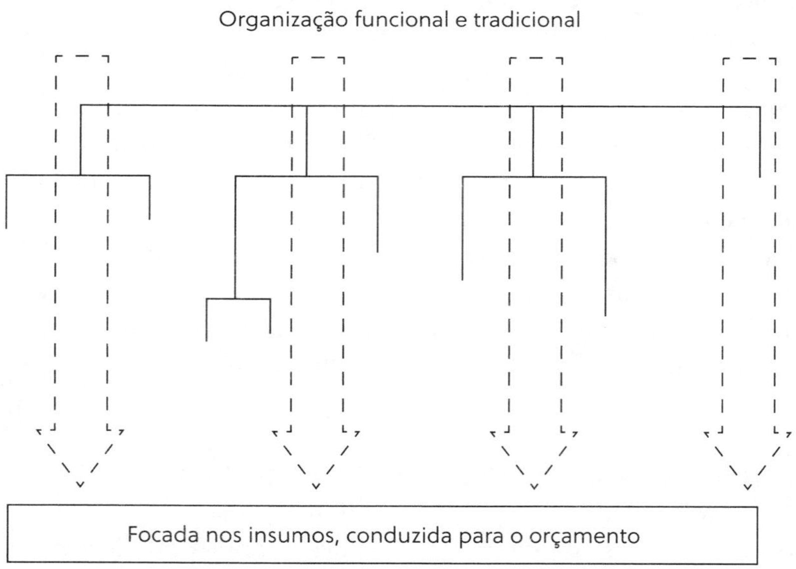

FIGURA 14.5 Foco em organizações verticais

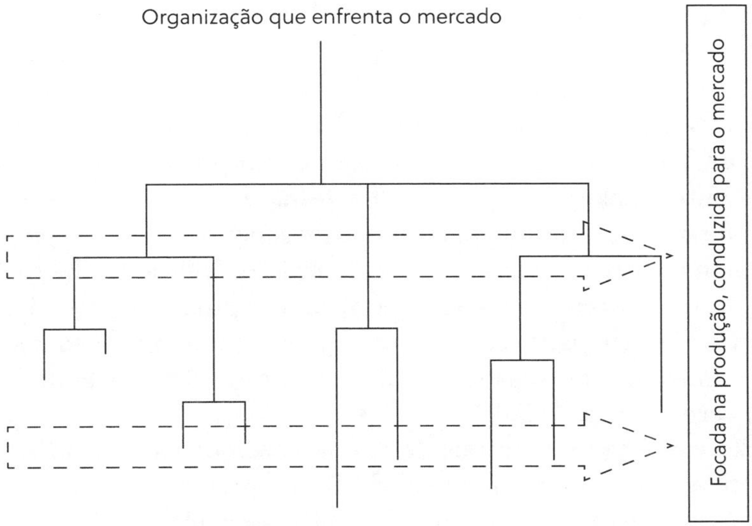

FIGURA 14.6 Foco em organizações horizontais

Na maioria das empresas, haverá apenas um número limitado de processos-chave, os seguintes são suscetíveis de ser centrais para a maioria das empresas:

» Inovação (incluindo desenvolvimento de novos produtos).
» Desenvolvimento do consumidor (principalmente centrado na fidelização dos usuários finais).
» Gestão de clientes (criando relações com intermediários).
» Desenvolvimento de fornecedores (reforço das relações a montante e de aliança).
» Gestão da cadeia de suprimentos (o processo *cash-to-cash*).

Normalmente, as empresas que se concentram na gestão de processos têm reconhecido que são mais bem gerenciadas por equipes interfuncionais. Tais equipes vão abranger especialistas, provenientes das áreas funcionais (que agora se tornaram "centros de excelência"), e serão conduzidas por "integradores", cujo trabalho é focar a equipe do processo na realização dos objetivos de mercado. Nessas organizações, é claramente necessário um tipo diferente de perfil de competências para gerentes em todos os níveis. Da mesma forma, os sistemas de recompensa precisam ser alterados, uma vez que a organização horizontal, por definição, é mais plana e, portanto, as tradicionais oportunidades de promoção ascendente são menores.

Fazer a mudança da "vertical" para a "horizontal" impõe muitos desafios e ainda assim é fundamental para a implantação de uma estratégia de logística conduzida para o mercado.

A concretização dessa transformação poderia começar pelo reconhecimento de que a logística é, essencialmente, uma orientação de planejamento. Em outras palavras, o processo de gestão logística envolve a ligação de planos de produção com planos de necessidades de materiais em uma direção e planos de necessidades de distribuição em outra. O objetivo de qualquer empresa deveria ser o de garantir que a produção se limite ao que o mercado exige, enquanto compra o que precisa para satisfazer às suas necessidades imediatas de abastecimento. Como essa ideia bastante óbvia pode ser convertida em realidade?

A chave está no reconhecimento de que o pedido e os seus fluxos associados de informação deveriam estar no cerne da empresa. Pode ser uma banalidade, mas a única lógica para qualquer organização comercial é gerar pedidos e atendê-los. Tudo o que a empresa faz deveria estar diretamente ligado a facilitar esse processo, que deve se refletir no design organizacional e em seus sistemas de planejamento e controle.

Tudo isso leva à conclusão de que o processo de atendimento de pedidos deveria ser concebido como uma atividade integrada em toda a empresa, com as funções tradicionais apoiando esse processo. Para auxiliar nessa transição, o desenvolvimento de um sistema de gestão de pedidos do cliente é uma condição fundamental.

Um sistema de gestão de pedidos do cliente é uma estrutura de planejamento que liga o sistema de informação ao fluxo físico de materiais necessários para atender à demanda. Alcançar esse objetivo requer a gestão central de previsões, planos de necessidades, controle de materiais e de produção e compras.

No coração do sistema de gestão de pedidos do cliente está um plano de necessidades conduzido pelo mercado. As entradas para esse plano incluem dados e informações relativos a solicitações e pedidos, mudanças de preço, atividade promocional e disponibilidade do produto. Essa informação fornece a base para a previsão que, em seguida, conduz o plano de necessidades. Paralelamente, há um processo para o atendimento dos pedidos atuais. Eles não estão separados, mas estreitamente integrados pelo sistema de informações.

Grupo de atendimento de pedidos

Considerando-se que o processo de gestão de pedidos pode ser refinado, como descrito anteriormente, que espaço existe para melhorar a "arquitetura do processo"?

Várias empresas experimentaram a ideia de uma equipe interfuncional e interdepartamental para assumir a responsabilidade pela gestão de pedidos. Essa equipe pode ser chamada de grupo de atendimento de pedidos. A ideia por trás desse grupo é que, em vez de ter uma estrutura organizacional para a gestão de pedidos em que cada atividade é separada e as responsabilidades, fragmentadas, as atividades devem ser agrupadas tanto organizacional quanto fisicamente. Em outras palavras, em vez de ver cada etapa do processo como uma atividade discreta, agrupamos e reunimos as atividades e também as pessoas envolvidas, de preferência em um único escritório de plano aberto. Assim, o grupo de atendimento de pedidos poderia incluir pessoas do escritório comercial ou de vendas, controle de crédito e contas, o programador de produção e o planejador de transporte – na verdade, qualquer pessoa envolvida no processo fundamental da empresa de *converter um pedido em dinheiro.*

É provável que em uma grande empresa, que atende a muitos clientes diferentes, algumas dessas equipes possam ser necessárias. Entretanto, para as contas maiores e mais importantes, talvez uma única equipe dedicada seja necessária para a gestão do relacionamento.

O efeito que tais grupos podem gerar muitas vezes é drástico. Se todas as pessoas-chave no processo de atendimento de pedidos estão reunidas e ligadas em torno de um interesse comum – o pedido –, elas são mais capazes de resolver problemas e eliminar gargalos. Os tempos do ciclo de pedidos podem ser drasticamente reduzidos, porque o trabalho em equipe prevalece sobre a rivalidade entre departamentos. Surgem novas formas de se lidar com problemas, mais atividades sem valor agregado são eliminadas e as questões de atendimento ao cliente, quando ocorrem, podem ser rapidamente resolvidas, uma vez que todas as pessoas-chave estão em estreita ligação umas com as outras.

Schonberger[1] dá uma série de exemplos de como o conceito de uma "célula" de fabricação, na qual ações ligadas são realizadas em paralelo por equipes multifuncionais, pode funcionar de forma igualmente eficaz no processamento do pedido. Um dos casos que ele cita se refere à Ahlstrom, uma empresa finlandesa, que reduziu os *lead times* de processamento de pedidos de uma semana para um dia, e na qual a variação no *lead time* total caiu de até seis semanas para uma semana. Outro caso foi o da Nashua Corporation, na América do Norte, onde o *lead time* de entrada de pedidos foi reduzido de oito dias para uma hora, com 40% de redução no espaço e uma redução de 70% nas reclamações dos clientes.

Essa abordagem é comparada mais a um jogo de rúgbi do que a uma corrida de revezamento! Isso significa que uma equipe de colegas estreitamente integrados percorre junta o campo, passando a bola enquanto corre. Em uma corrida de revezamento, ninguém pode correr até que receba o bastão da pessoa anterior na cadeia. O resultado é que essa parte vital do processo de atendimento pode ser acelerada e simultaneamente melhorar a qualidade da produção; portanto, uma importante vantagem competitiva é alcançada.

Em um contexto de produção, o sistema de gestão de pedidos do cliente deve estar intimamente ligado ao planejamento da produção e ao plano de necessidades de material. Idealmente, todas as atividades de planejamento e programação na organização, relativas ao pedido e à sua satisfação, devem ser reunidas de maneira organizacional.

> **Na medida em que mercados, tecnologias e forças competitivas mudam a taxas sempre crescentes, a obrigatoriedade de uma mudança organizacional torna-se mais premente.**

A logística como veículo para a mudança

Na medida em que mercados, tecnologias e forças competitivas mudam as taxas sempre crescentes, a obrigatoriedade de uma mudança organizacional torna-se mais premente. O paradoxo é que, como as estruturas organizacionais são rígidas, até mesmo inflexíveis, elas não podem mudar com a mesma velocidade que o ambiente em que elas existem.

A tendência para a globalização da indústria, que envolve a coordenação de complexos fluxos de materiais e informações de uma multiplicidade de fontes e instalações fabris para uma diversidade de mercados, destaca fortemente a inadequação das estruturas existentes. Estamos descobrindo que a força motriz para a mudança organizacional é a logística.

Competir e sobreviver nesses mercados globais exige uma organização orientada para a logística. Não deve haver nada menos que um deslocamento de um enfoque funcional para um enfoque de processo. Tal mudança radical exige um reagrupamento na organização, de forma que as tarefas-chave se tornem a gestão de fluxos interfuncionais de trabalho. A Hewlett Packard é um exemplo de empresa que reestruturou sua organização em torno de processos voltados para o mercado, mais do que para funções. O atendimento de pedidos é reconhecido como um processo central e, portanto, em uma escala global, há uma arquitetura de sistema de gestão de pedidos que liga a entrada de pedidos, o gerenciamento e o processamento de pedidos/embarque da fábrica. Esse processo central é apoiado por um sistema comum de informações que fornece visibilidade "de ponta a ponta" da canalização logística, do pedido até a entrega.

Na verdade, é por meio de tais avanços na tecnologia da informação que o tipo de mudança organizacional que estamos descrevendo é possível. A rede de informações agora define a estrutura da organização. Em outras palavras, a informação, que flui do mercado em uma das extremidades da cadeia para abastecer pontos na outra, cada vez mais moldará a organização, não o contrário.

Essa mudança será acelerada pela tendência, comentada anteriormente neste livro, de as empresas se concentrarem no que poderíamos chamar "competências centrais" e terceirizarem todo o restante. Dito de outra forma, a empresa de amanhã provavelmente realizará apenas as atividades na cadeia de valor onde acreditar que tem uma vantagem diferencial, e todas as outras atividades serão realizadas por parceiros, cocriadores e provedores de serviços logísticos. Em casos como esse, a necessidade de coordenação dos fluxos de informações e materiais entre as entidades da cadeia de suprimentos torna-se grande prioridade, ressaltando ainda mais o papel central da logística como uma tarefa de gestão orientada para o processo.

Nessa breve análise dos desafios enfrentados pela organização em um ambiente alterado, temos enfatizado a necessidade de quebrar os "muros" que tradicionalmente têm fragmentado a organização e impedido que se satisfaçam os requisitos de atendimento ao cliente de forma eficaz. Evidentemente, é preciso uma "quebra de padrões" em grande escala. A única forma de tal mudança significativa ser alcançada é pela liderança a partir do topo da organização. Não é por acaso que o punhado de empresas que alcançaram excelência em logística passou por um processo de mudança conduzido do topo. Empresas como Xerox, Hewlett Packard, SKF e Philips tiveram, e ainda estão experimentando, frequentes mudanças dolorosas durante sua transformação de empresas fundamentadas em funcionalidade para empresas voltadas para o mercado. Enquanto o impulso para a mudança difere de empresa para empresa, o motor da mudança foi o mesmo – a busca por desempenho superior mediante uma gestão logística.

Benchmarking

O nível intenso de atividade competitiva encontrado na maioria dos mercados levou a uma nova ênfase na medição de desempenho, não apenas em termos absolutos, mas relativos à concorrência e, além disso, à "melhor prática".

No passado, mensurar apenas o desempenho interno era, em geral, considerado suficiente. Em outras palavras, o foco estava sobre coisas como a produtividade, a utilização, o custo por atividade, e assim por diante. Embora seja evidentemente importante que essas coisas continuem a ser mensuradas e controladas, também se deve reconhecer que tais medidas só têm significado quando comparadas a uma "métrica" ou *benchmark*. Qual deve ser a métrica usada para avaliar o desempenho da logística e da cadeia de suprimentos?

Existem, na verdade, várias dimensões para o problema da medição. O primeiro ponto-chave é que a régua de medição final é o cliente; portanto, as percepções de desempenho do cliente devem ser primordiais. Em segundo lugar, não basta apenas comparar o desempenho com o dos concorrentes imediatos. Também devemos nos comparar com os "melhores da classe". Em terceiro lugar, não é apenas a produção que deve ser mensurada e comparada, mas também os processos que geram essa produção. Essas três ideias estão no cerne do que é hoje chamado *benchmarking* competitivo.

O *benchmarking* competitivo pode simplesmente ser definido como a medição contínua dos produtos, serviços, processos e práticas da empresa em relação aos padrões dos melhores concorrentes e outras empresas reconhecidas como líderes. As medidas escolhidas para a comparação devem, direta ou indiretamente, impactar na avaliação dos clientes sobre o desempenho da empresa.

Uma das primeiras empresas a adotar o *benchmarking* foi a Xerox Corporation, que o usou como importante ferramenta na obtenção de vantagem competitiva. A Xerox começou o *benchmarking* na atividade fabril, com foco em melhorias na qualidade e nas características do produto. Depois do sucesso na área de fabricação, a alta administração da Xerox determinou que o *benchmarking* fosse realizado por todos os centros de custos e unidades de negócio da empresa.

Inicialmente, houve certa dificuldade na realização do *benchmarking* em departamentos como assistência técnica, atendimento, manutenção, faturamento e cobrança e distribuição, até que foi reconhecido que o "produto" era, de fato, um processo. Foi esse processo que precisou ser articulado e comparado ao se utilizar em outras empresas. Ao olhar para os processos "passo a passo" e "operação por operação" dos clientes, a Xerox conseguiu identificar os melhores métodos e práticas em uso pelos concorrentes.

Inicialmente, as atividades de *benchmarking* foram concentradas exclusivamente nos concorrentes até que se tornou claro que o objetivo da Xerox de alcançar um desempenho superior em cada função da empresa não seria obtido olhando apenas para as práticas dos concorrentes.

O objetivo de criar vantagem competitiva envolvia mais a superação de desempenho que a harmonização dos esforços das concorrentes. Isso, mais as dificuldades óbvias em obter todas as informações necessárias sobre as concorrentes e os seus sistemas e processos internos, levou-a a adotar uma perspectiva mais abrangente da avaliação comparativa. Assim, o *benchmarking* foi ampliado de um foco apenas concorrentes para um foco maior, porém seletivo, sobre os processos de empresas de sucesso, independentemente do seu setor industrial.

A Xerox utiliza com êxito essa perspectiva mais ampla do *benchmarking* como elemento importante no aumento da qualidade e da produtividade. A cooperação entre empresas em indústrias não concorrentes oferece oportunidades significativas a esse respeito. Por exemplo, na logística e na unidade de distribuição da Xerox, a produtividade anual duplicou como resultado de benefícios obtidos com o *benchmarking* colaborativo, não competitivo.

Camp[2] identificou uma série de benefícios que uma empresa obtém com o *benchmarking*. Eles incluem:

» Permitir que as melhores práticas de qualquer indústria sejam incorporadas de forma criativa aos processos da função aferida.
» Fornecer estímulo e motivação aos profissionais cuja criatividade é necessária para executar e implantar resultados de *benchmark*.
» O *benchmarking* quebra a relutância enraizada em relação às mudanças em operações. Foi constatado que as pessoas estão mais receptivas a novas ideias e sua adoção criativa quando essas ideias não necessariamente se originam em sua própria indústria.
» O *benchmarking* pode também identificar um avanço tecnológico que não teria sido reconhecido e, portanto, não aplicado na própria indústria de alguém durante algum tempo.

O modelo SCOR

Uma estrutura útil para o *benchmarking* é a concebida por uma associação interprofissional - The Supply Chain Council.[3] Seu modelo, conhecido como *supply chain operations reference* (SCOR), é construído em torno de seis processos de negócios: planejar, abastecer, produzir, entregar, retornar e facilitar.

» *Planejar*
As atividades empregadas para antecipar e atender a demanda dos consumidores, por exemplo, previsões, planejamento de recursos, programação etc.

» *Abastecer*
Os procedimentos utilizados para emitir pedidos de compra, receber mercadorias, autorização de pagamentos etc.

» *Produzir*
Os meios pelos quais materiais, componentes etc. são convertidos em produtos ou a forma com que os serviços são criados.

» *Entregar*
O processo que recebe os pedidos dos clientes, monta itens e os transporta aos consumidores.

» *Retornar*
Como os produtos são trazidos de volta ao sistema talvez no fim da vida para reciclagem ou durante a vida em *recalls*.

» *Facilitar*
Descreve as atividades necessárias para controlar e administrar a cadeia de suprimentos, incluindo sistemas de informação e medição de desempenho.

O objetivo do modelo SCOR é fornecer uma forma padrão de medir o desempenho da cadeia de suprimentos e usar métricas comuns para comparar com outras empresas. As companhias que assinam o modelo completam um questionário detalhado que, em seguida, é enviado anonimamente para análise e cujos resultados são comparados com os de outras companhias do setor participantes.

O modelo SCOR tende a focar em eficiência transacional e atinge principalmente processos de negócios internos. É mais uma ferramenta de comparação para avaliar o desempenho logístico e ignora profundamente os meios com que as relações ao longo da cadeia de suprimentos são gerenciadas.

Uma ferramenta mais estratégica para avaliar a gestão de relacionamentos ao longo da cadeia de suprimentos é fornecida pela estrutura do Global Supply Chain Forum (GSCF), desenvolvida pelo professor Douglas Lamber e seus colegas.[4] Essa estrutura permite que as companhias avaliem a capacidade de uma empresa para desenvolver parcerias de sucesso ao longo das interfaces da cadeia de suprimentos.

A identificação de indicadores de desempenho logístico

Um dos benefícios de uma abordagem rigorosa da logística e do *benchmarking* da cadeia de suprimentos é logo se tornar evidente que há uma série de medidas críticas de desempenho que precisam ser monitoradas constantemente. A ideia de "indicadores-chave de desempenho" (*key performance indicators* – KPIs) é simples. Ela sugere que, embora haja muitas medidas de desempenho que podem ser implantadas em uma empresa, há um número relativamente pequeno de dimensões críticas que contribuem mais que proporcionalmente para o sucesso ou o insucesso no mercado.

Nos últimos anos, vem ganhado cada vez mais interesse o conceito de *Balanced Scorecard* (BSC), cuja tradução literal é "Indicadores Balanceados".[5] A ideia por trás do *balanced scorecard* é que há uma série de indicadores-chave de desempenho – a maioria deles, provavelmente, medidas não financeiras – que fornece uma gestão com melhores meios de se atender a objetivos estratégicos do que as medidas mais tradicionais de orientação financeira. Esses KPI derivam das próprias metas estratégicas. Assim, a intenção é que o *balanced scorecard* dê orientação permanente sobre as áreas críticas em que a ação pode ser necessária para assegurar que se alcancem esses objetivos.

Tais ideias se transferem facilmente para a gestão de logística e para a estratégia da cadeia de suprimentos. Se as medidas adequadas de desempenho podem ser identificadas e se relacionam com a realização desses objetivos estratégicos, elas podem servir de base para uma pontuação mais apropriada do que tradicionalmente seria.

Um processo lógico de quatro etapas é sugerido para a construção de tal *scorecard*.

Passo 1: Articular a logística e a estratégia da cadeia de suprimentos

Como verificamos que nossa logística e nossa estratégia da cadeia de suprimentos contribuem para o cumprimento global das metas corporativas e de marketing?

Passo 2: Quais são os resultados mensuráveis do sucesso?

Normalmente, eles podem ser resumidos como "melhor, mais rápido, mais barato, mais próximo". Em outras palavras, como qualidade superior de atendimento, conseguida em prazos mais curtos a custos reduzidos para toda a cadeia de suprimentos, construída sobre fortes relações com parceiros dessa cadeia.

Passo 3: Quais são os processos que afetam esses resultados?
No caso de "melhor, mais rápido, mais barato, mais próximo", os processos que levam a "conseguir o pedido perfeito", tempos mais curtos dentro da cadeia, custo reduzido de atendimento e relações mais fortes, precisam ser identificados.

Passo 4: Quais são os condutores de desempenho desses processos?
Essas atividades são a base para a derivação de indicadores-chave de desempenho. A análise de causa e efeito pode auxiliar em sua identificação.

Em tal estrutura, sugere-se que os quatro principais resultados de sucesso sejam: melhor, mais rápido, mais barato, mais próximo. Esse quarteto de objetivos interligados é quase universal em sua aspiração. Eles são importantes porque combinam medidas com base no cliente em relação ao desempenho da qualidade total, e medidas internas de recursos e utilização de ativos.

A ideia por trás do *scorecard* logístico é produzir uma série de medidas contra cada um dos quatro amplos objetivos. Não deveria haver mais de 20 medidas no total, uma vez que o objetivo é focar os principais fatores de excelência em cada área. Como qualquer painel ou *cockpit*, há uma necessidade de simplicidade e de se concentrar nas medidas de "missão crítica". A Figura 14.7 resume essa ideia.

Como o velho clichê nos lembra: "O que é mensurado é gerenciado". Portanto, é importante garantir que o *scorecard* logístico seja designado a incentivar as ações e os comportamentos que vão conduzir ao cumprimento da visão logística que anteriormente descrevemos. De fato, pode-se argumentar que, se a mudança organizacional é necessária, a maneira de se iniciar esse processo é

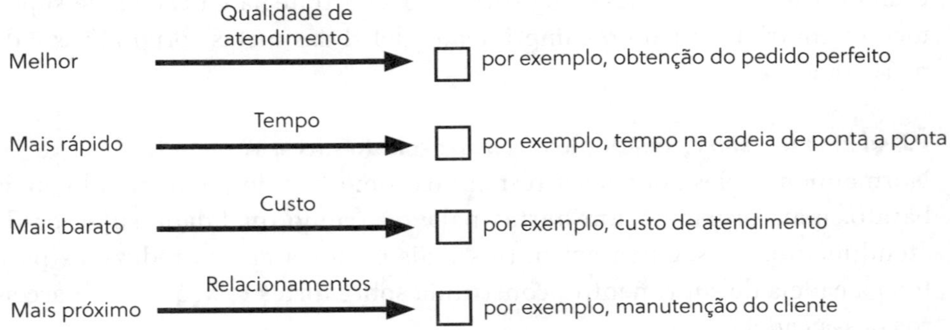

FIGURA 14.7 Criando o *scorecard* logístico

com uma revisão das medidas de desempenho que estão atualmente em uso. Muitas empresas buscam ser receptivas e voltadas para o mercado; no entanto, ainda usam métricas de desempenho relacionadas à eficiência interna. Consequentemente, é improvável que essas empresas mudem.

Referências

[1] SCHONBERGER, R. J. *Building a chain of customers*. The Free Press, 1990.

[2] CAMP, R. *Benchmarking*: the search for industry best practices that lead to superior performance. ASQC Quality Press, 1989.

[3] Para mais detalhes do modelo SCOR, visite <http: www.supply chain.org>.

[4] LAMBERT, D. M. (Ed.) *Supply chain management:* processes, partnerships, performance. 4. ed. Supply Chain Management Institute, 2014.

[5] KAPLAN, R. S.; NORTON, D. P. *The balanced scorecard.* Harvard Business School Press, 1996.

Criando uma cadeia de suprimentos sustentável

15

- O *triple bottom line**
- Gases de efeito estufa e a cadeia de suprimentos
- Reduzindo a intensidade do transporte das cadeias de suprimentos
- Além da pegada de carbono
- Reduzir, reutilizar, reciclar
- O impacto do congestionamento

Talvez uma das maiores questões a ganharem destaques em todos os aspectos dos negócios e da sociedade nos primeiros anos do século XXI seja a "sustentabilidade". A crescente preocupação com o meio ambiente, em especial a possibilidade de alterações climáticas causadas pelo aquecimento global, dirige o foco para o modo como as atividades humana e econômica têm potencial de afetar negativamente a sustentabilidade do planeta a longo prazo.

A definição de sustentabilidade mais amplamente utilizada é originária da Comissão Brundtland das Nações Unidas, que a apresentou em 1987. Sustentabilidade, como a Comissão sugeriu, era

> [...] atender às necessidades do presente sem comprometer a capacidade de gerações futuras para satisfazer às suas próprias necessidades.[1]

* Este termo em inglês pode ser entendido como um lucro líquido que considera os custos ambientais de um negócio, projeto ou cadeia de suprimentos. (N.R.T.)

O *triple bottom line*

Esta definição pode ser reforçada pela adoção da ideia paralela do *triple bottom line*.[2] O conceito de *triple bottom line* enfatiza a importância de se analisar o impacto das decisões de negócios sobre três áreas-chave:

Meio ambiente (por exemplo, poluição, mudanças climáticas, o esgotamento de recursos escassos etc.)
Economia (por exemplo, efeitos sobre a vida das pessoas e segurança financeira, rentabilidade da empresa etc.).
Sociedade (por exemplo, redução da pobreza, melhoria das condições de vida e de trabalho etc.)

Esses três elementos - os 3Ps de pessoas, lucros e planeta (em inglês, *people*, *profit* e *planet*, respectivamente) - estão inevitavelmente interligados e servem para nos lembrar que, para uma empresa ser sustentável, ela deve levar em consideração o impacto mais amplo das atividades desenvolvidas, se pretende permanecer viável e rentável (Figura 15.1).

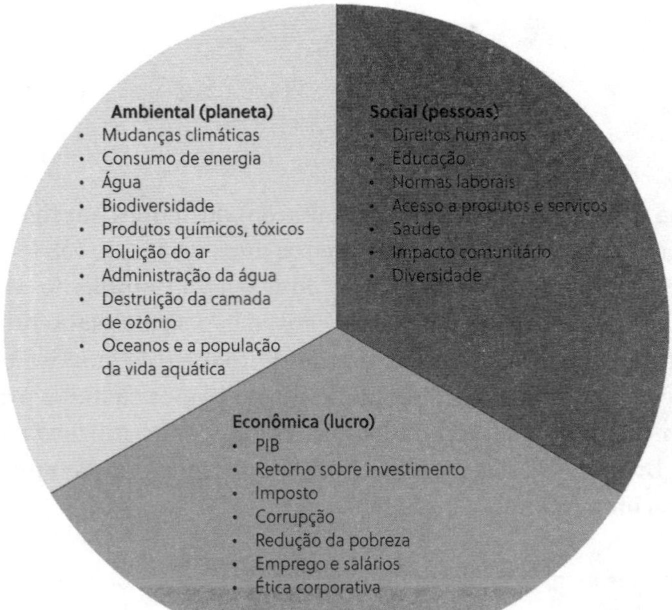

FONTE: BUSH, C. *SUSTAINABLE SOURCING*: A NEW APPROACH TO HIGH PERFORMANCE IN SUPPLY CHAIN MANAGEMENT. ACCENTURE, 2010.

FIGURA 15.1 O *triple bottom line*: planeta, pessoas, lucro

No contexto das cadeias de suprimentos, podemos desenvolver a filosofia do *triple bottom line* para abranger a ideia mais ampla de que a sustentabilidade está preocupada em garantir a longo prazo a viabilidade e a continuidade da empresa, bem como em contribuir para o futuro bem-estar da sociedade. De fato, pode-se argumentar que esses dois objetivos se apoiam mutuamente, ou seja, estratégias de cadeia de suprimentos que beneficiam o meio ambiente em geral também são suscetíveis de envolver a empresa em menos custos a longo prazo, como resultado da melhor utilização dos recursos. Por exemplo, um elemento "verde" em uma cadeia de abastecimento poderia envolver a utilização da capacidade de transporte de forma mais eficiente por meio de um melhor encaminhamento e programação. Ao fazer isso, não apenas o impacto ambiental dos transportes é reduzido, como também o custo para a empresa.

Como a cadeia de suprimentos sustenta a gestão eficaz e eficiente da empresa, ela pode fornecer uma estrutura útil para explorar oportunidades de melhoria da sustentabilidade. Se adotarmos a filosofia defendida no Capítulo 9 de que a cadeia de suprimentos "começa na prancheta", ou seja, que as decisões de design de produto causam impacto sobre os custos subsequentes da cadeia de suprimentos, faz sentido considerar a sustentabilidade em todo o ciclo de vida do produto. Em outras palavras, precisamos entender que tudo o que fazemos, desde a concepção do produto até a distribuição final, causa impacto sobre a sustentabilidade.

Gases de efeito estufa e a cadeia de suprimentos

Nos últimos anos, temos visto um crescimento considerável de consciência do potencial dano ao meio ambiente que pode ser causado pelos chamados "gases de efeito estufa". Estes gases incluem dióxido de carbono, metano, óxido nitroso e vários fluorcarbonetos. Genericamente, tais emissões, na medida em que se relacionam com uma atividade, são muitas vezes chamadas de "pegada de carbono". Como resultado do aumento da atividade econômica em todo o mundo, o nível desses gases de efeito estufa aumentou significativamente nos últimos anos. Estima-se que os níveis atuais estão em torno de 430 partes por milhão em relação a 280 partes por milhão antes da Revolução Industrial.

Uma visão defendida por muitos, ainda que não todos, é a de que o aumento nos níveis de gases de efeito estufa é uma das principais causas da mudança climática. Uma série de relatórios influentes, por exemplo, o produzido por Sir Nicholas Stern no Reino Unido[3] e o trabalho de Al Gore nos Estados Unidos,[4] chamou a atenção dos governos, da indústria e do público em geral em escala global para essas questões. Embora haja provas do quão difícil é chegar a um acordo universal sobre a melhor forma de se reduzir as emissões de gases de efeito estufa, há um reconhecimento generalizado de que a ação é necessária.

Para os gestores da cadeia de suprimentos, essa é uma chamada específica para a ação, uma vez que algumas das principais causas de gases do efeito estufa provêm de atividades industriais como fabricação, produção de energia e transporte. No caso específico do transporte de mercadorias, reconhece-se que, como resultado da globalização das cadeias de suprimentos, estamos agora transportando produtos por distâncias maiores, com o consequente impacto sobre a pegada de carbono. O exemplo do *laptop* usado por Thomas Friedman, o autor de *O mundo é plano* (*The world is flat*),[5] é um caso a se considerar. Ele calculou que cerca de 400 componentes diferentes em seu computador Dell haviam percorrido milhares de quilômetros de todas as suas diferentes origens, passando pelo processo de montagem e distribuição, para chegar até ele.

Nos últimos anos, há uma crescente consciência entre os consumidores sobre a questão das *food miles*, a distância que o alimento percorre de sua origem até o ponto de consumo final, e o impacto que isso pode causar sobre as emissões de carbono. O item destacado no quadro a seguir é indicativo dessa preocupação.

É difícil evitar o acúmulo de *food miles*

No Reino Unido, assim como em muitos países, a demanda por alimentos orgânicos tem crescido regularmente nas últimas décadas. Alimentos orgânicos são produzidos sem o uso de pesticidas ou fertilizantes artificiais e também são associados com *sourcing* local e cadeias de suprimentos ecologicamente corretas. Paradoxalmente, embora a demanda por esse tipo de produto tenha aumentado no Reino Unido, os últimos anos viram um declínio na produção local.

Como resultado, grande parte dos vegetais orgânicos das prateleiras de supermercados britânicos vêm do exterior. Assim, o comprador de orgânicos provavelmente está adquirindo alface dos Estados Unidos, cenouras de Israel, cebolas do Chile e tomates do Senegal.*

A ironia é que os preocupados compradores de vegetais orgânicos podem, acidentalmente, estar acrescentando *food miles* em seus pratos!

Referência

* WEBSTER, B. Organic food flown in as British farmers bail out. *The Times*, 29 jun. 2015.

Enquanto no momento os custos ambientais decorrentes da atividade comercial em geral não são de responsabilidade das empresas que os geram, isso quase certamente terá como resultado impostos sobre uso de carbono, regimes de comércio de emissões e mudanças de regulamentação. Por isso a necessidade de os gestores da cadeia de abastecimento pensarem seriamente em estratégias alternativas.

Carbono e a cadeia de suprimentos

O volume de comércio global mais que dobrou na década passada, chegando a seis vezes a taxa de crescimento do produto interno bruto mundial (PIB) durante o mesmo período. Esse fenômeno é facilitado pela energia relativamente barata, com pouca atenção dada ao impacto das alterações climáticas. Considere que a frota global de navios de alto-mar seja responsável por mais emissões de CO_2 que aproximadamente seis países. Entretanto, esse impacto ambiental não se reflete nos preços do transporte marítimo.

Com uma estimativa de prejuízo econômico de cerca de 85 dólares para cada tonelada de dióxido de carbono, nivelar as emissões de gás de efeito estufa (GEE) e colocar um preço sobre elas torna-se inevitável. Com efeito, sob o Esquema de Comércio de Emissões da União Europeia (em inglês, EU ETS), tal configuração já está em vigor para determinadas indústrias. Esquemas semelhantes surgem em todos os Estados Unidos, em grupos distintos de estados e em outras grandes economias industriais do mundo.

Daqui para a frente, as empresas devem esperar ser cobradas por suas emissões de CO_2. E, muito certamente, essa cobrança vai forçar uma mudança na forma como as empresas administram suas cadeias de suprimentos. Práticas comuns do século passado – como o frete aéreo de longa distância, lote de pequeno porte, conceitos *just-in-time* e produção intensiva de energia em países com baixos padrões ambientais – provavelmente vão desaparecer por razões econômicas e políticas. Reduzir a pegada de carbono da cadeia de suprimentos se tornará uma obrigação da qual não se pode fugir.

A escolha será tanto para adiar, ou adotar, o desafio climático como uma oportunidade de reestruturar a cadeia de suprimentos pelo bem econômico e ambiental. As empresas que atuam agora podem colher vantagens negadas àquelas que esperam a regulamentação. Esses benefícios incluem a fixação do crescimento dos mercados de consumo ético; a atração e a retenção de talentos; e um crescimento global mais sustentável.

FONTE: BUTNER, K.; GEUDER, D.; HITTNER, J. *MASTERING CARBON MANAGEMENT*: BALANCING TRADE-OFFS TO OPTIMISE SUPPLY CHAIN EFFICIENCIES. IBM GLOBAL SERVICES, 2008. (CORTESIA DE REIMPRESSÃO DA INTERNATIONAL BUSINESS MACHINES CORPORATION © 2008 INTERNATIONAL BUSINESS MACHINES CORPORATION).

Reduzindo a intensidade do transporte das cadeias de suprimentos

Como o crescimento econômico global continua, também continuam o comércio internacional e, portanto, o transporte. A ascendente tendência do *global sourcing* inevitavelmente levou os produtos a percorrer distâncias maiores. O resultado final é um aumento que poderia ser denominado *intensidade de transporte* da cadeia de suprimentos. A intensidade de transporte pode ser mensurada de várias maneiras, mas na sua forma mais simples é um reflexo das milhas/quilômetros percorridos por unidade de produto transportado. Uma vez que se calcula que o transporte de matérias-primas e produtos acabados no âmbito global consuma 15 milhões de barris de petróleo por dia – quase um quinto da produção diária mundial[6] –, há claramente uma correlação entre a intensidade de transporte e uma pegada de carbono da cadeia de suprimentos. Não só existe um benefício econômico a ser obtido ao se melhorar a intensidade dos transportes, mas também um potencial impacto ambiental positivo – esse é o conceito de *ecoeficiência*,[7] que agora rapidamente se torna uma questão importante no comércio global.

Que medidas práticas as empresas podem tomar para melhorar a intensidade do transporte de suas cadeias de suprimentos?

» *Análise da concepção de produtos e lista de materiais*
O design de produto pode ter um impacto na intensidade de transporte por meio das características físicas do produto, de sua densidade, da escolha dos materiais (incluindo os materiais de embalagem), da facilidade de reutilização, de reciclagem e de disposição final.

» *Revisão da estratégia de* sourcing
Como já mencionado anteriormente, muitas decisões de terceirização conduzem à migração para locais de baixo custo. Isso muitas vezes leva os produtos a percorrerem distâncias maiores. As decisões sobre *global sourcing* deverão considerar, cada vez mais, o fator de pegada de carbono no custo total de propriedade.

» *Revisão das opções de transporte*
Modos diferentes de transporte claramente têm vários impactos sobre o carbono e outras emissões. O design de veículos e embarcações também é cada vez mais influenciado pela necessidade de melhorar a eficiência de

combustível. Há também argumentos que defendem o aumento do tamanho do veículo ou da embarcação para conseguir reduzir a intensidade de transporte por unidade. Por exemplo, a nova geração de navios de contêiner, como a classe de navios "Triple E" da Maersk Lines.

» *Melhoria na utilização dos transportes*
Uma pesquisa revelou que a capacidade do veículo é muitas vezes mal utilizada por causa da falta de cargas de retorno. Isso significa que até um terço dos caminhões nas estradas da Europa estão viajando vazios! Usar mais a distribuição compartilhada, uma roteirização e uma programação de veículos mais eficazes e carga mais adequada também pode melhorar drasticamente a intensidade de transportes.

» *Utilização de estratégias de adiamento*
Se produtos padronizados e genéricos podem ser expedidos a granel de seu ponto de origem e, em seguida, ser montados, personalizados ou configurados para os requisitos locais mais próximos do ponto de uso, pode ser uma oportunidade para reduzir a intensidade global de transportes.

Outra iniciativa para reduzir a intensidade dos transportes surge da pressão contínua e ascendente dos custos de combustíveis à base de petróleo que só vão se intensificar à medida que as reservas de petróleo se esgotam.

Cadeias de suprimentos e petróleo bruto

Uma das questões prioritárias para gestores de cadeias de suprimentos há muito tempo é o impacto dos custos de combustíveis sobre suas operações atuais e futuras. Em especial porque quase todas as formas de transporte – terrestre, aquática ou aérea – dependem em grande parte de combustíveis à base de hidrocarbonetos, há uma preocupação sobre o futuro do abastecimento de petróleo bruto. Durante alguns anos, até a crise financeira global de 2008 e a recessão subsequente, a demanda por produtos à base de petróleo continuava crescendo em uma velocidade maior do que a oferta. Como resultado, o preço do petróleo chegou a níveis recorde. Desde a crise, o preço do petróleo caiu, mas houve tanta volatilidade na oferta e na demanda que seria imprudente prever a tendência a médio e longo prazo.

Na expectativa de que fontes alternativas de combustível sejam desenvolvidas, as cadeias de suprimentos serão diretamente impactadas pelo preço do petróleo.

Portanto, devido à incerteza dos preços futuros, é importante que o planejamento da cadeia de suprimentos reflita isso. Se o preço do petróleo for aumentar significativamente nos anos posteriores, os arranjos atuais da cadeia podem se mostrar muito caros. Certamente é preciso que os estrategistas da cadeia de suprimentos revisem as configurações de rede e questionem "e se" com base nos piores cenários dos custos de transportes.

Além da pegada de carbono

Embora exista uma preocupação compreensível de que a pegada de carbono da cadeia de suprimentos deva ser reduzida, também se deve reconhecer que as decisões da cadeia de suprimentos têm um maior impacto sobre os recursos em geral. Em vez de limitar o foco de atenção para a redução das emissões de gases com efeito estufa, é importante reconhecer o efeito da atividade econômica sobre a utilização de recursos escassos ao longo de toda a cadeia de valor. Decisões tomadas em cada fase da cadeia de valor da empresa podem ter implicações significativas para as necessidades de recursos e para o meio ambiente. A Figura 15.2 mostra alguns dos potenciais vínculos.

Design	Fonte	Fazer	Entregar	Retorno
• A escolha dos materiais, tanto para produtos quanto para embalagem • As características físicas dos produtos • Foco em oportunidades para reutilização e reciclagem	• A localização dos fornecedores pode impactar diferentemente o consumo de recursos • Implicações ambientais da fonte de suprimentos, por exemplo, "milhas alimentares" • Questões de sociedade e éticas	• Melhorar o rendimento da energia • Reduzir o desperdício e o retrabalho • Redução/eliminação da poluição e das emissões	• Otimizar a configuração da rede • Reduzir a intensidade do transporte • Reconsiderar modos de transporte	• Desenvolver as capacidades de "logística reversa" • Gerenciar o ciclo final de vida do produto • Criar cadeias de suprimentos do tipo "círculo fechado"

FIGURA 15.2 Decisões da cadeia de suprimentos impactam o consumo de recursos

Se tantos recursos naturais estão sendo exauridos a uma taxa crescente, é importante que as empresas entendam essas ligações. Alguns exemplos das implicações dos recursos nas decisões na cadeia de suprimentos são descritos a seguir.

Design

Já argumentamos anteriormente que a cadeia de suprimentos "começa na prancheta de desenho", o que significa que as decisões tomadas em relação ao design do produto podem ter um impacto significativo na cadeia de suprimentos. Isso é particularmente verdadeiro quando se considera a "pegada de recursos" da cadeia de suprimentos. Mais e mais empresas estão procurando ativamente reduzir a quantidade usada de material de embalagem, por exemplo, mas pode haver outras maneiras menos óbvias de melhorar a sustentabilidade dos recursos. Se os gestores responsáveis pelo desenvolvimento de novos produtos não estão cientes das implicações dos recursos em suas decisões de design, isso pode levar ao lançamento de produtos com uma pegada de recursos maior que a desejável. Por exemplo, a funcionalidade de muitos produtos de alta tecnologia está atrelada a materiais escassos, como os chamados "metais raros da terra" (por exemplo, disprósio e neodímio), cuja disponibilidade futura pode ser cada vez mais limitada.

Fonte

O "*sourcing* sustentável" está surgindo como um elemento fundamental na obtenção de melhores práticas. Uma razão para isso é que, para um fabricante, se calcula que algo entre 40% e 60% de suas emissões de carbono estão a montante do total de suas operações, enquanto para os varejistas isso pode ser tão alto quanto 80%.[8] Dependendo de onde e como os materiais e produtos a montante são fabricados, não pode haver grandes diferenças no consumo de recursos. Por exemplo, SAB Miller, um dos maiores produtores mundiais de cerveja, comparou sua "pegada de água" em dois diferentes países – África do Sul e República Tcheca.[9] Constatou que a água utilizada na produção agrícola foi responsável por grande parte da pegada total de água, e a pegada sul-africana foi maior que a pegada tcheca em virtude de uma maior dependência em relação à irrigação e de níveis mais elevados de evaporação necessários para o crescimento das safras na África do Sul. Precisa-se efetivamente de 155 litros de água para produzir um litro de cerveja na África do Sul, em relação a 45 litros de água necessários para produzir a mesma cerveja na República Tcheca.

Fazer

Os processos de fabricação afetam o consumo de recursos, principalmente por meio do uso de energia, sua eficiência relativa e a criação e a eliminação de resíduos e materiais/efluentes tóxicos. Nesta era de terceirização e produção *offshore*, o impacto que as decisões estratégicas de produção podem ter sobre a sustentabilidade da cadeia de suprimentos nem sempre é visível para o cliente. No entanto, é evidente que existem grandes diferenças na eficiência energética de fábricas distintas e também nos resíduos que geram e no modo de eliminá-los. Mesmo a fonte de energia tem implicações de sustentabilidade. Por exemplo, um estudo realizado pela britânica Carbon Trust[10] observou as diferentes pegadas criadas por um jornal diário nacional do Reino Unido quando ele usou papel-jornal produzido na Suécia, em comparação ao papel-jornal feito no Reino Unido. Uma vez que a produção de papel-jornal é um processo de fabricação altamente intensivo em relação ao uso de energia e a maioria da eletricidade gerada na Suécia é proveniente de fontes renováveis – ao contrário do Reino Unido, onde a maioria da eletricidade é gerada a partir de carvão ou gás –, a fonte de produção mais sustentável foi a Suécia, e não o Reino Unido!

Entregar

É evidente que as decisões sobre o modo de transporte vão afetar a pegada de carbono de uma cadeia de suprimentos, bem como a extensão em que a capacidade de transporte é utilizada eficientemente. Contudo, a natureza da rede de entregas (ou seja, o número, a localização e o design de centros de distribuição, o uso de *hubs* e de *spoke arrangements*, a extensão do *cross-docking* etc.) pode ter um impacto mais amplo sobre a sustentabilidade da cadeia de suprimentos.

Muitas empresas utilizam modelos de otimização de rede para ajudar a determinar a forma dos acordos de distribuição. No entanto, esses modelos tendem a se otimizar sobre uma definição limitada de custo em vez de levar em conta a pegada mais ampla de recursos criada pela rede. Uma nova geração de ferramentas de otimização de rede está agora surgindo, e leva em consideração as emissões de carbono, bem como os custos mais convencionais.

Retorno

"Logística reversa" é o termo em geral usado para descrever o processo de trazer de volta os produtos, normalmente no fim da vida destes, mas também para *recall* e reparos. No passado, pouca atenção foi dada ao desafio da logística reversa, muitas vezes resultando em custos extremamente elevados. Agora, em parte impulsionada por regulamentações cada vez mais rigorosas – principalmente sobre a eliminação de produtos e a necessidade de reutilização/reciclagem –, a questão está muito mais em destaque na agenda.

Essencialmente, o desafio hoje é criar cadeias de suprimentos do tipo "círculo fechado" que permitirão um nível muito mais elevado de reutilização e reciclagem. É evidente que os produtos devem ser concebidos com o fim de sua vida em mente, mas também a rede logística empregada deve reduzir o uso dos recursos. A logística reversa é uma grande oportunidade para as empresas reduzirem impacto, tanto sobre os seus custos quanto sobre sua pegada de carbono, assim deveria ser encarada como uma oportunidade e não como uma ameaça. A Xerox é um bom exemplo de uma empresa que busca ativamente projetar produtos e processos da cadeia de suprimentos e permitir que um programa de recuperação sustentável seja realizado.[11]

Reduzir, reutilizar, reciclar

Os 3Rs da gestão sustentável da cadeia de suprimentos – reduzir, reutilizar e reciclar – estão agora começando a receber muito mais atenção na maioria das empresas. Cresce a compreensão de que ela não é só uma estratégia focada na diminuição do impacto ambiental da atividade econômica para todos os que vivem neste planeta, mas também deve ser uma estratégia para a melhora da rentabilidade global da empresa porque tais estratégias consomem menos recursos.

Água: O próximo petróleo?

Como a população mundial continua a aumentar e as alterações climáticas causam impacto na pluviosidade, há uma crescente incompatibilidade entre a oferta e a demanda de água. As cadeias de suprimentos são grandes consumidoras de água, quando toda a produção e os processos de fabricação diferentes envolvidos do início ao fim são considerados. Já muitas organizações mensuram ativamente sua "pegada de água" em toda a cadeia de suprimentos e buscam soluções alternativas para permitir uma redução na quantidade de água necessária para levar produtos ao mercado. A água pode tornar-se verdadeiramente o "próximo petróleo" à medida que a escassez começar a causar impacto em uma área muito maior.

Alguns exemplos da pegada hídrica de diferentes produtos e mercadorias são mostrados a seguir.

Qual a quantidade de água necessária...
para fazer uma xícara de café? 140 litros.
para fazer um litro de leite? 1.000 litros.
para fazer um hambúrguer? 2.400 litros.
para fazer uma camiseta? 2.500 litros.
para fazer calças jeans? 10.850 litros.
para produzir um quilo de carne bovina? 16.000 litros.

Muitas empresas buscam agora ativamente criar estratégias de marketing que enfatizem o "verde" de suas cadeias de suprimentos. Embora os observadores mais céticos possam repudiar esses movimentos considerando-os oportunistas – o que alguns chamaram de *greenwash* –, não pode haver dúvida de que clientes e consumidores em mercados ao redor do mundo estão começando a exigir que os fornecedores reduzam suas diversas pegadas.

Surgiram fortes evidências de que os consumidores baseiam cada vez mais seus comportamentos de compra em critérios éticos e ambientais.

Em alguns casos, grandes varejistas como Walmart e Tesco procuram melhorar suas pegadas da cadeia de suprimentos e exigem ações de seus fornecedores para melhorar o desempenho no princípio dos 3Rs, ou seja, para demonstrar como eles estão reduzindo o uso de materiais como embalagens e concebendo produtos que podem ser reutilizados ou reciclados. Tanto o Walmart quanto a Tesco (e outros varejistas também) pretendem fornecer informações nos rótulos dos produtos que eles vendem detalhando o impacto ambiental global desses itens. Para isso, eles trabalham em estreita colaboração com seus fornecedores para garantir que seus acordos da cadeia de suprimentos sejam sustentáveis, e continuam a procurar maneiras inovadoras de melhorar a pegada ambiental de ponta a ponta.

Por exemplo, a Tesco reconheceu que garrafas de vidro, por causa de seu peso, aumentam significativamente a intensidade de transporte e a emissão global de carbono. Ao trabalhar com fornecedores para criar garrafas de vinho mais leves, a Tesco reduziu seu consumo anual de vidro de um único fornecedor em 2.600 toneladas – uma economia de 15%. Outras economias foram conseguidas pela importação de vinhos para o Reino Unido vindos da Austrália a granel e depois engarrafados em vidro leve no Reino Unido.[12]

Novas pressões sobre as empresas para reduzir suas pegadas ambientais são provenientes de regras do governo, muitas vezes sob a forma de Esquemas de Comércio de Emissões (ETS), ou a chamada legislação "Cap and Trade".

"Plano A" na Marks and Spencer

Marks and Spencer (M&S) é um dos maiores e mais antigos varejistas do Reino Unido, com foco em vestimentas, alimentos e utensílios domésticos. Em 2007, o então CEO Stuart Rose anunciou uma estratégia arrojada para construir uma empresa mais sustentável ambiental e socialmente. Ela foi chamada de "Plano A" porque, conforme declarou Stuart Rose, não havia Plano B.

O Plano A enfatizava o corte de desperdícios, *sourcing* ético, economia de energia e o desenvolvimento de um etos de responsabilidade social em toda a companhia. O impacto do Plano A foi sentido em toda a cadeia de suprimentos da companhia, desde a estratégia de *sourcing* até o design de lojas de varejo. O Plano A está constantemente em revisão à medida que novas metas de sustentabilidade são definidas.

Embora uma iniciativa como essa não seja barata, a companhia acredita que, como resultado, ela trouxe uma economia de dinheiro. Em 2012, a M&S estabeleceu que haviam economizado £135m como resultado das ações do Plano A, de £105m no ano anterior. Essas economias vieram da instalação de iluminação com baixo consumo energético e refrigeradores mais eficientes, redução de resíduos em aterro a zero, diminuição do uso de água e outras fontes. Maior do que o custo das economias foi o impacto sobre as impressões dos acionistas da companhia. O CEO Marc Bollard, quando entrevistado sobre o impacto do Plano A, ressaltou que "investidores de longo prazo estão interessados em uma empresa sustentável abastecida pelos valores por trás do Plano A. Os compradores, atacados pelas manchetes sobre as fontes de seus produtos nos últimos meses, gostam da ideia de não precisar se preocupar se eles são adquiridos de forma ética ou se os trabalhadores são tratados bem nas fábricas que abastecem a M&S".*

Referência

* BUTLER, S. Plan A integral to the rebirth of Marks and Spencer, says CEO. *The Guardian*, 7 jul. 2013.

Por exemplo, o Esquema de Comércio de Emissões da União Europeia foi recentemente ampliado para abranger uma maior gama de indústrias e é fundamentado no princípio de que as empresas possuem um subsídio básico para as emissões de carbono – se elas excederem esse nível, têm de obter subsídios adicionais de outras empresas que não aproveitam plenamente seu próprio subsídio. Esquemas similares são atualmente contemplados por governos ao redor do mundo e no tempo oportuno seu impacto provavelmente será significativo.

Uma vez que, como vimos, a maior parte da típica pegada ambiental total de uma empresa reside em sua cadeia mais ampla de suprimentos, particularmente a montante de suas próprias operações, a necessidade que têm os gestores da cadeia de suprimentos de se tornarem mais envolvidos na gestão dessa pegada se torna aparente. A não ser que fornecedores a montante sejam capazes de reduzir sua pegada própria, os custos adicionais que vão incorrer acabarão inevitavelmente no seu custo de mercadorias vendidas e, em última análise, no preço dos produtos no mercado final.

O impacto do congestionamento

Uma das questões fundamentais quando se consideram soluções de cadeia sustentável de suprimentos é a congestão do tráfego e as questões de infraestruturas relacionadas. Provavelmente na maioria dos países, desenvolvidos e em desenvolvimento, a criação de infraestrutura logística não manteve o ritmo com o nível de atividade econômica. Isso se aplica a todos os tipos de infraestrutura, incluindo estradas, portos e ferrovias. Congestionamentos em autoestradas, navios porta-contêineres à espera de descarregar nos portos, e gargalos nos transportes ferroviários são ocorrências comuns em muitos países e favorecem emissões de carbono, bem como igualmente acrescentam custos a fornecedores e clientes.

Há inúmeras causas desse problema, incluindo o aumento do comércio global, a falta de investimento em capacidade e a adoção difundida de práticas *just-in-time*:

» *Aumento do comércio global*
Com o crescimento da produção *offshore* e o surgimento de novos mercados, com a remoção de barreiras comerciais, o fluxo de produtos pelas fronteiras aumentou drasticamente. Ao mesmo tempo, o tamanho de vários navios porta-contêineres também aumentou – a nova geração desse tipo de navio pode transportar mais de 10 mil TEU (o equivalente a 20 pés). Se eles fossem colocados de ponta a ponta se estenderiam por 100 quilômetros ou 60 milhas! Quando descarregados, os contêineres precisam ser amontoados no cais antes de serem carregados para trens ou caminhões, aumentando ainda mais o congestionamento. Além disso, nos

últimos anos o aumento dos requisitos de segurança de contêineres levou a mais atrasos nos pontos de origem e de destino.

» *Falta de capacidade*
Paradoxalmente, em alguns países desenvolvidos, as preocupações ambientais levaram à falta de interesse em construir mais infraestrutura como novas autoestradas ou ampliações do porto. Além disso, em países como o Reino Unido, há resistência para introduzir caminhões maiores, o que poderia efetivamente reduzir o congestionamento, pois seria preciso um número menor de veículos. Da mesma forma, nos países em desenvolvimento, a escala dos investimentos necessários para atender à demanda é assustadora. A Índia é um bom exemplo, onde, em virtude da falta de investimento anterior, há uma carência enorme de capacidade nas estradas, ferrovias e portos, particularmente em face da crescente demanda.

» *Práticas just-in-time*
Como já observamos anteriormente neste livro, ao longo dos últimos 50 anos houve uma absorção significativa, em todos os setores e cadeias de suprimentos, da filosofia e da prática do *just-in-time* (JIT). Essencialmente, isso ocasionou movimentos menores, porém frequentes, de produtos e materiais. Embora muitos dos que adotaram o JIT tenham tentado atenuar os seus efeitos por meio da combinação e da integração, não pode haver dúvida de que isso contribui para um aumento nos embarques e movimentos. No passado, era possível alegar que a economia nos custos de manutenção de estoque cobria com vantagem os custos adicionais de transporte. No entanto, agora que a preocupação com questões ambientais se torna muito prevalente, o JIT em sua forma mais incipiente será bastante questionado. O desafio para os gestores da cadeia de suprimentos é encontrar uma solução que permita obter os benefícios do JIT sem sofrer as potenciais desvantagens ambientais.

Embora o congestionamento provavelmente continue a afetar a gestão de logística por muitos anos, especialmente à medida que o crescimento e o desenvolvimento econômico perdure, é provável que haja algum alívio como resultado da aplicação do que se poderia chamar "logística inteligente" e "transporte inteligente". A ideia aqui é combinar as oportunidades que existem para uma maior parceria e colaboração, tanto vertical quanto horizontalmente, na cadeia de suprimentos com informações avançadas e tecnologias de comunicação.

O impacto do congestionamento nas estradas

Em muitos países ao redor do mundo, o congestionamento de tráfego continua a aumentar e a impor um custo crescente tanto para indivíduos quanto para economias. Um estudo do Centre for Economics and Business Research estimou que o custo total para a economia do Reino Unido nos 16 anos cobertos por ele (2014--2030) será de £300 bilhões.* O custo do tempo gasto no transito para a família britânica média será de £2.000 por ano em 2030, sugere o mesmo relatório. Em Londres, uma das cidades mais congestionadas do mundo ocidental, a estimativa é que, se a tendência atual continuar, os motoristas ficarão presos no trânsito por um período equivalente a 40 dias de trabalho por ano!

Além disso, o trânsito lento emite maiores quantidades de CO_2 e outros poluentes. O setor de transportes contribui aproximadamente com um quarto das emissões de CO_2 do Reino Unido, sendo 93% desse valor proveniente do transporte rodoviário.

Referência

* CENTRE FOR ECONOMIC AND BUSINESS RESEARCH. 50% Rise in Gridlock Costs by 2030. Disponível em: <http://www.cebr.com>. Acesso em: 2014.

A logística inteligente funciona por meio da reunião e da combinação de carregamentos individuais em cargas consolidadas para a entrega final. O *cross-docking* é um exemplo dessa ideia, pela qual diferentes fornecedores embarcam cargas completas de caminhão para um centro de distribuição, normalmente com cada pálete contendo um código de barras ou etiquetas RFID (*radio frequency identification*) que apresentam detalhes do produto e do destino para reclassificação ou combinação com outros embarques de igual destino. O mesmo princípio pode ser utilizado com "plataformas logísticas" nos arredores de grandes cidades ou aglomerados urbanos para reduzir entregas individuais em locais congestionados.

Quando avançadas soluções de TI, tais como roteamento e programação dinâmica de veículos e modelagem de agentes inteligentes, são utilizadas em conjunto com essas estratégias de colaboração, muitas coisas se tornam possíveis, especialmente permitindo uma melhor gestão das limitações de capacidade em um cenário de demanda incerta. O desenvolvimento de veículos "autônomos" também vai permitir uma melhor utilização da infraestrutura de transportes já existente.

Referências

[1] WORLD COMMISSION ON ENVIRONMENT AND DEVELOPMENT. *Our common future*. Oxford University Press, 1987.

[2] ELKINGTON, J. *Cannibals with forks*: the triple bottom line for 21st century business. Oxford: Capstone Publishing, 1997.

[3] STERN, N. *Stern review on the economics of climate change*. London: HM Treasury, 2000.

[4] GORE, A. *An inconvenient truth*. London: Bloomsbury, 2006.

[5] FRIEDMAN, T. *The world is flat*. UK: Allen Lane, 2005.

[6] BOTTE, H.; MEYER, T.; STUCHTEY, M. An energy efficiency resolution in supply chains. *McKinsey Quarterly*, ago. 2009.

[7] HOLLIDAY, C. O.; SCHMIDHEING, S.; WATTS, P. *Walking the talk*: the business case for sustainable development. San Francisco: Bennett-Koehler Publishers Inc., 2000.

[8] BRICKMANN, C.; UNGERMAN, D. Climate change and supply chain management. *McKinsey Quarterly*, jul. 2008.

[9] SAB MILLER; WORLD WILDLIFE FUND. *Water footprinting*: identifying and addressing water risks in the value chain. London: SAB Miller, 2009.

[10] CARBON TRUST. *Carbon footprints in the supply chain*. London: Carbon Trust, 2006.

[11] MASLENNIKOVA, I.; FOLEY, D. Xerox's approach to sustainability. *Interfaces*, v. 30, n. 3, 2000.

[12] BUTNER, K.; GEUDER, D.; HITTNER, J. *Mastering carbon management*: balancing trade-offs to optimise supply chain efficiencies. IBM Global Services, 2008.

A cadeia de suprimentos do futuro

16

- Megatendências emergentes
- Deslocando centros de gravidade
- Governança e conformidade da cadeia de suprimentos
- A necessidade de adaptação
- Buscando flexibilidade estrutural
- Visão 2020
- Desperdício nas cadeias de suprimentos
- A Nova Revolução Industrial
- Sete grandes transformações corporativas
- As implicações para os gestores de logística de amanhã

No tempo relativamente curto em que as empresas focam a gestão de cadeias de suprimentos, o mundo mudou drasticamente. Nas últimas três décadas, ou desde que a expressão "gestão da cadeia de suprimentos" foi criada,[1] assistimos a uma grande tendência das cadeias globais de suprimentos, cujas atividades que antes eram realizadas internamente hoje são terceirizadas, acompanhadas por um aumento significativo na volatilidade da criação do ambiente de negócios, gerando níveis cada vez mais elevados de incerteza na demanda e na oferta.

Não há dúvida de que essas mudanças são apenas as precursoras de outras ainda mais sísmicas que potencialmente se encontrem adiante. Uma vez que o desenvolvimento da estratégia da cadeia de suprimentos deve ser subordinado a condições prevalecentes no ambiente de negócios mais amplo, é muito importante que os gestores da cadeia de suprimentos entendam como o futuro cenário pode se apresentar. Muitas vezes, no passado, as empresas tomaram decisões em suas redes de cadeia de suprimentos com base no que o mundo era.

Algumas dessas decisões ocasionavam uma perda de flexibilidade que inibia a capacidade da empresa de mudar rapidamente sua resposta a transformações no ambiente de negócios.

Embora não possamos dizer com certeza que mudanças os próximos anos vão trazer, existem claras tendências subjacentes que podem fornecer alguma indicação sobre o cenário futuro da cadeia de suprimentos.

Megatendências emergentes

Das muitas tendências emergentes que vão afetar a forma das cadeias de suprimentos no futuro, talvez as mais críticas sejam aquelas relacionadas a fatores demográficos e mudanças nos padrões de gastos globais.

Algumas dessas mudanças demográficas e de redistribuição de riqueza incluem:

» Uma previsão de aumento da população mundial de cerca de 7 bilhões hoje para mais de 9 bilhões até 2050. Ao mesmo tempo, perfis etários mudam de forma diferencial entre países e regiões, e isso combinado com a migração transfronteiriça significa que as populações de alguns países vão crescer enquanto outras vão diminuir. Como resultado, padrões de gastos estão propensos a mudar, fazendo alguns mercados se expandirem e outros caírem.

» As Nações Unidas relatam que já metade da população mundial vive atualmente em áreas urbanas e em 2050 cerca de 70% residirão na cidade. O crescimento no número de megacidades, definidas como tendo uma população de mais de 10 milhões de pessoas, vai continuar atrelado ao movimento acelerado dos deslocamentos das zonas rurais para as zonas urbanas. O desafio de atender a esses enormes aglomerados urbanos exigirá um foco maior em "logística da cidade", com soluções específicas de cadeia de suprimentos para esses locais.

» A tendência de uma redistribuição da riqueza do mundo ocidental para as economias emergentes vai continuar. Por exemplo, estima-se que nos próximos vinte anos parte da riqueza dos Estados Unidos espalhada pelo mundo vai cair de 28% para 24%; e, no mesmo período, a participação da Ásia no mercado global quase duplicará, o que significa que ela será responsável por mais de 50% da economia global em 2030. A classe média nas economias emergentes está propensa a aumentar de 400 milhões em 2010 para mais de 1 bilhão em 2030.

O impacto combinado dessas mudanças demográficas e de distribuição da riqueza pode muito bem deixar acordos existentes da cadeia de suprimentos abaixo do ideal. As empresas que tenham estabelecido acordos de fornecimento e produção projetados para atender aos padrões de demanda ocidentais, que prevaleceram no passado, podem precisar substancialmente reconfigurar suas redes de cadeia de suprimentos para aproveitar os mercados de rápido desenvolvimento de mercados da África e da Índia, por exemplo.

Para ilustrar as mudanças drásticas que já são aparentes no poder aquisitivo global, estima-se que a Ásia corresponda a mais de um terço das vendas mundiais de varejo e que, em 2025, os mercados emergentes e em desenvolvimento de hoje corresponderão a um valor US$ 30 trilhões em vendas de quase metade do consumo global total.[2] Companhias como P&G e Unilever identificaram as oportunidades apresentadas pela chegada de "1 bilhão de novos consumidores" nas últimas décadas e já estão desenvolvendo produtos e cadeias de suprimentos para os novos mercados.

O desafio para essas empresas que buscam satisfazer a crescente demanda desses mercados "inexplorados" é criar as soluções de cadeia de suprimentos adequadas. Como já sugerimos, a maior parte das ideias das cadeias de suprimentos ainda é baseada nas experiências obtidas ao atender mercados no mundo desenvolvido. Como muitos desses mercados em desenvolvimento não têm infraestrutura e instituições adequadas, é preciso um gerenciamento de cadeia de suprimentos radicalmente diferente e inovador.[3]

Um dos maiores desafios resultantes dessas mudanças demográficas é o da cadeia de suprimentos de alimentos, destacado no quadro a seguir:

Mudanças demográficas e cadeias de suprimentos de alimentos

À medida que a população mundial continua aumentando – a uma população estimada de 9 bilhões em 2050 –, a demanda por alimentos vai crescer significativamente. Ao mesmo tempo, devido ao aumento da renda disponível no mundo desenvolvido, as dietas irão mudar – algo que se manifesta especialmente no consumo mais elevado de carne e laticínios. Isso, por sua vez, vai gerar mais pressão sobre os recursos necessários para atender esse nível mais alto de demanda, especialmente a demanda por água. Para dar uma ideia da escala do problema, a Food and Agricultural Organisation (FAO) avalia que, para produzir 1 quilograma de arroz, são necessários entre 1.000 e 3.000 litros de água. Em contraste, para produzir 1 quilograma de carne bovina, são necessários entre 13.000 e 15.000 litros de água.

Para além do desafio de produzir esse enorme aumento de alimentos está a questão de como movê-lo de onde ele é produzido até o local onde os consumidores estão. O problema, frequentemente chamado de "última milha" (embora a distância real seja significantemente maior), é que grande parte do custo e da ineficiência dos mercados emergentes deriva da falta de recursos locais de cadeia de suprimentos. Por exemplo, estima-se que na Índia, devido à falta de armazenamento frio e redes de transporte eficientes, mais de um terço do fornecimento de frutas e vegetais apodrece antes de chegar aos consumidores.*

Referência

* *The Times*, 15 set. 2012.

Deslocando centros de gravidade

Todas as cadeias de suprimentos têm um "centro de gravidade", determinado pela força dos fatores de demanda e oferta. Os custos e a disponibilidade de materiais e os custos de transferi-los para o ponto de demanda final determinará quais devem ser os locais ideais para instalar fábricas, centros de distribuição e realizar outras atividades que agregam valor.

Em razão das incertezas que cercam os padrões futuros de demanda e oferta e as possíveis mudanças nos custos dos insumos, como energia e outros produtos básicos, torna-se imperativo que quaisquer decisões para redesenhar as cadeias de suprimentos reflitam a necessidade de se maximizar a flexibilidade. Idealmente, a cadeia de suprimentos do futuro será capaz de se adaptar rapidamente a quaisquer mudanças que possam ocorrer tanto no lado da procura quanto no da oferta da empresa.

Se as condições atuais de turbulência e volatilidade continuarem, talvez as soluções de cadeia de suprimentos que nos serviram bem no passado não possam mais ser adequadas. Como já destacado anteriormente, existem evidências de que, por causa de grandes mudanças demográficas e de redistribuição de riqueza em todo o mundo, o "centro de gravidade" em muitos mercados se deslocará, causando um repensar sobre as estruturas existentes da cadeia de suprimentos.

Os centros de gravidade que se deslocam e a crescente urbanização da sociedade são tendências já certas, e os planejadores da cadeia de suprimentos com visão de futuro estarão faturando em sua estratégia. O surgimento de megacidades apresenta um desafio especial de logística. Tais cidades são maiores em população do que muitos países inteiros, e são geralmente caracterizadas por infraestrutura inadequada. Em economias em desenvolvimento como a Índia, o desafio de se atender a mercados maciços, com uma gama mais vasta de produtos, para satisfazer um cliente com maior poder de despesas discricionárias exigirá soluções logísticas inovadoras.

O uso de "plataformas" de logística localizadas no entorno de grandes cidades está propenso a aumentar para permitir a consolidação de embarques para entrega nesses locais. Essa ação será acompanhada por um número cada vez maior de acordos de colaboração entre as empresas que vão compartilhar ativos de logística, como centros de transporte e distribuição.

Embora a produção centralizada e a *offshore sourcing* ainda façam sentido para algumas categorias de produtos, haverá a necessidade de se trazer o abastecimento para mais perto da demanda.

Essa mudança de pensamento será guiada em parte pela crescente preocupação ambiental em relação às pegadas de carbono, mas também pela necessidade de um nível mais alto de responsividade nesses mercados de crescimento rápido. Ao mesmo tempo, esse crescimento na demanda global vai exigir que recursos e matérias-primas sejam movidos por distâncias maiores, desde suas fontes até as instalações de conversão de produção localizadas.

Governança e conformidade da cadeia de suprimentos

Ao lado dessas mudanças sísmicas alterando o panorama global das cadeias de suprimentos está uma crescente preocupação social com o que pode ser chamado de "governança e conformidade". Hoje há uma pressão muito maior dos consumidores, que querem ter certeza de que os produtos que eles compram têm origem ética ou de que a proveniência dos materiais que estão dentro deles possa ser garantida. Essas demandas do mercado também estão, em muitos casos, sendo reforçadas pela legislação governamental.

Eventos como o desabamento de uma fábrica de roupas no Rana Plaza, em Dhaka, Bangladesh, em 2013, que levou à morte de mais de 1.000 pessoas, gerou uma maior ênfase na governança das cadeias de suprimentos, isto é, a necessidade de garantir que haja transparência ao longo da rede de fornecimento e que sejam mantidos padrões éticos.

Escândalos como a descoberta de carne de cavalo em várias lojas europeias de hambúrguer de carne bovina em 2012-2013 revelaram que cadeias de suprimentos estendidas a montante geralmente estão fora da vista. Em outras palavras, os usuários finais podem ter pouco conhecimento a respeito de onde as matérias-primas ou ingredientes vieram ou das condições em que eles foram produzidos. Hoje há uma crescente pressão sobre os fornecedores para que eles consigam demonstrar o nível mais alto de conformidade, em termos de condições trabalhistas, trabalho infantil, segurança dos alimentos etc.

Os últimos anos viram um aumento na legislação governamental em vários países, projetada para aumentar a governança e conformidade da cadeia de suprimentos e isso só tende a aumentar. Por exemplo, hoje a legislação em vigor no Reino Unido evidencia o que passou a ser chamado de "escravidão moderna".

Desde outubro de 2015, todas as companhias do Reino Unido com rotatividade de £36 milhões ou mais devem publicar uma declaração anual sobre "escravidão e tráfico humano". O objetivo da declaração é garantir que ninguém de suas cadeias de suprimentos recorre a trabalho escravo ou traficado. Em um filão similar, seguindo os passos do Dodd-Frank Act de 2010 nos Estados Unidos, os parlamentos europeu e do Reino Unido aprovaram uma legislação relacionada ao uso de "minerais de conflito". As empresas que usam qualquer um dos minerais em questão – estanho, tântalo, tungstênio e ouro –, mesmo que em proporções minúsculas, em seus produtos devem conseguir demonstrar que esses minerais não foram extraídos de diversos países especificados em que grupos armados são financiados com os lucros dessa atividade.

Em outros setores industriais, as empresas cada vez mais precisam demonstrar que os materiais utilizados são provenientes de recursos sustentáveis e renováveis, por exemplo, madeira, óleo de palma e atum. Embora algumas dessas auditorias sejam voluntárias, a probabilidade é que logo elas se tornem obrigatórias.

No fim das contas, a única maneira que uma companhia terá para demonstrar sua obediência a essas exigências vai ser por meio de um mapeamento detalhado de sua cadeia de suprimentos a montante e uma preocupação muito mais proativa com a governança da cadeia de suprimentos.

A necessidade de adaptação

É evidente que os mercados e as cadeias de suprimentos estão sempre em estado de constante mudança e adaptação. No entanto, há provas de que a proporção de mudança aumentou até o ponto em que os modelos de empresas que nos atenderam bem no passado podem não funcionar mais amanhã.

A Figura 16.1 destaca esse desafio. Passamos de um ambiente de negócios em que o fornecedor tinha o poder – muitas vezes mediante seu domínio de

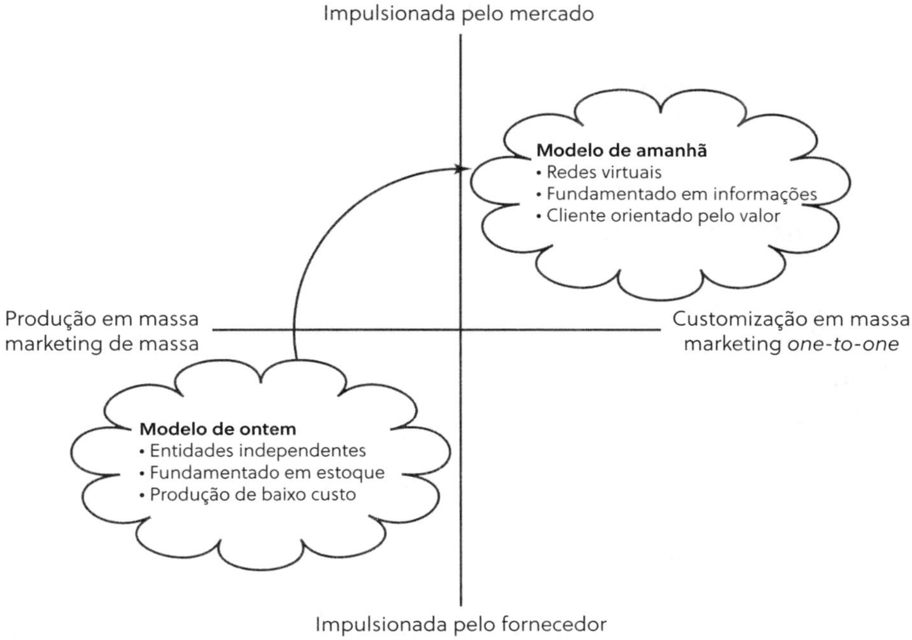

FIGURA 16.1 A cadeia de suprimentos do futuro

recursos, tecnologia e marcas –, para uma situação em que o cliente, ou o consumidor, está agora no lugar do condutor. O que antes era um "mercado de vendedores", hoje é um "mercado de compradores". Ao mesmo tempo, a filosofia de marketing predominante mudou da ideia de mercados de massa atendidos pela produção em massa para a ideia de "mercados de um" atendidos por customização em massa.

Ainda que essa mudança fundamental tenha sido observada por algum tempo, nem sempre se refletiu em uma mudança similar no pensamento sobre o design da cadeia de suprimentos.

O tradicional modelo de empresa de cadeia de suprimentos foi fundamentado na maximização da eficiência, sobretudo pela exploração das "economias de escala". Portanto, nossas fábricas foram projetadas para produzir em grande quantidade e aumentar a utilização da capacidade. Esse modelo de empresa funcionou muito bem nas condições para as quais foi projetado, por exemplo, a produção de produtos padronizados para mercados de massa.

O problema agora é que o contexto mudou. Temos visto um movimento do quadrante inferior esquerdo na Figura 16.1 para o quadrante superior direito, e muitas empresas ainda não reconheceram as implicações dessa mudança para o design da cadeia de suprimentos. O que é necessário agora são cadeias de suprimentos que sejam muito mais ágeis e capazes de lidar com mudanças rápidas e níveis elevados de variedade e mesmo de personalização.

Buscando flexibilidade estrutural

Reconhece-se que a flexibilidade nas operações e na gestão da cadeia de suprimentos é um atributo desejável. Geralmente a flexibilidade, nesse contexto, é definida pela capacidade de responder rapidamente às mudanças de demanda no volume ou no *mix* de produtos existentes. Essa capacidade poderia ser definida como *flexibilidade dinâmica* e está ligada a ideias como redução do tempo de instalação e uso de sistemas flexíveis de fabricação (*flexible manufacturing systems* – FMS). No entanto, no mundo que descrevemos anteriormente neste capítulo, caracterizado pela mudança que é descontínua e não incremental, é preciso um tipo diferente de flexibilidade.

Com efeito, é necessário algo que poderíamos chamar *flexibilidade estrutural*. A flexibilidade estrutural reflete a capacidade que a cadeia de suprimentos tem de adaptar ou reconfigurar sua arquitetura em resposta a mudanças significativas no lado da demanda ou no lado da oferta. Cadeias de suprimentos com elevados níveis de flexibilidade estrutural são capazes de lidar bem com os níveis de volatilidade, uma característica do ambiente de negócios do século XXI.

Igualmente, quando mudanças fundamentais no centro de gravidade da cadeia de suprimentos ocorrem, elas conseguem se adaptar rapidamente para atender às novas condições.

Quais são os principais fatores da flexibilidade estrutural?

Talvez o fator mais crítico, mas o mais difícil de conseguir, seja o de uma cultura e uma "mentalidade" corporativas que estejam abertas à mudança e se sintam confortáveis com frequentes mudanças de processos e práticas de trabalho. Além disso, uma vez que alguns dos facilitadores da flexibilidade estrutural, discutidos a seguir, envolvem níveis muito mais elevados de trabalho colaborativo por meio de fronteiras organizacionais, é preciso haver uma disposição para se criar ativamente parcerias do tipo "ganha-ganha" ao longo de toda a cadeia de suprimentos.

Considerando-se que essa abordagem cooperativa para trabalhar com toda a empresa possa ser alcançada, os principais elementos que sustentam a flexibilidade estrutural incluem:

» *Visibilidade e compartilhamento de informações*
A capacidade de enxergar de uma ponta da canalização até a outra é essencial. É importante conseguir ver as mudanças que estão no horizonte, a montante e a jusante. O compartilhamento de informações fornece uma plataforma poderosa para a construção colaborativa de relações de trabalho em toda a cadeia de suprimentos.

» *Acesso à capacidade*
Um fator importante de gestão adaptativa da cadeia de suprimentos é a facilidade de acesso a capacidades adicionais, quando necessário. Capacidade aqui não se refere apenas à fabricação, mas também a transporte e armazenagem. Além disso, essa capacidade pode não ser de propriedade da empresa em questão; ela poderia vir de parceiros em toda a rede, provedores terceirizados ou mesmo concorrentes.

» *O acesso ao conhecimento e ao talento*
Dado o rápido ritmo de mudanças em ambos os mercados e tecnologias, um grande desafio para as organizações hoje é garantir que tenham acesso ao conhecimento do potencial do produto e da inovação do processo. Igualmente crítico é o acesso a pessoas que são capazes de explorar esse conhecimento. A "inovação aberta" e os acordos de compartilhamento de tecnologia são ideias que rapidamente ganham terreno. Mais uma vez, as empresas recorrem mais a fontes externas de conhecimento e talento para fornecer capacidades adaptativas.

» *Interoperabilidade de processos e sistemas de informação*
Em um mundo ideal, as empresas seriam capazes de alterar a arquitetura de suas cadeias físicas de suprimentos em curtos espaços de tempo com custo mínimo ou perturbação envolvida. Do mesmo modo, como vimos anteriormente no Capítulo 2, essas mesmas empresas precisam da capacidade de gerenciar múltiplas cadeias de suprimentos que atendam a segmentos específicos de mercado. Para habilitar essa reconfiguração, seria muito importante se os nós e elos da cadeia de suprimentos fossem "interoperáveis". Em outras palavras, eles poderiam ser ligados de várias maneiras para permitir que soluções específicas de cadeia de suprimentos fossem facilmente construídas. Processos padronizados e sistemas de informação ajudam muito na criação de interoperacionalidade.

» *Orquestração de rede*
Uma vez que o alcance de níveis mais elevados de adaptabilidade geral exige insumos de uma variedade de outras entidades na rede mais ampla de oferta/demanda, surge a necessidade de coordenação em toda a rede. Como as cadeias de suprimentos se tornam mais "virtuais" que "verticais", há uma exigência crescente por harmonia. Se a tarefa de harmonização é realizada pela própria empresa ou por um prestador externo de serviços especializados de logística ou "4PL", a capacidade de estruturar redes apropriadas e sincronizar atividades por todos os nós e ligações dessas redes é fundamental.

Uma forma de melhorar a flexibilidade estrutural é adotar uma abordagem de "opções reais" ao tomar decisões que podem impactar o escopo das ações no futuro. O quadro abaixo descreve brevemente o pensamento por trás dessa filosofia.

Opções reais e estratégia da cadeia de suprimentos

Algumas vezes foi sugerido que "as melhores decisões são aquelas que mantêm mais opções abertas" e isso é cada vez mais correto à medida que o futuro se torna mais turbulento e incerto. Um tema constante ao longo deste livro foi a necessidade de construir flexibilidade em nossa arquitetura da cadeia de suprimentos para lidar com eventos inesperados – sejam eles demanda maior do que o previsto, interrupções no fluxo de materiais ou mudanças nos custos de transporte. O problema para os gestores é que não é fácil justificar o custo de tornar as cadeias de suprimentos mais flexíveis quando os possíveis benefícios dessa flexibilidade são difíceis de avaliar por meios convencionais.

Um caminho a seguir é emprestar uma ideia das finanças corporativas conhecida como "análise de opções reais". Em finanças, uma opção fornece o direito, mas não a obrigação, de comprar ou vender um ativo em algum ponto futuro do tempo. Nas cadeias de suprimentos, também existem opções que podem ser adquiridas para gerar flexibilidade futura. A ideia é que, se opções reais podem ser criadas a um custo menor do que os benefícios a serem gerados por ela, a exposição ao risco "negativo" diminui, embora a oportunidade de explorar o risco "positivo" aumenta. Por exemplo, se eu puder tomar decisões sobre quando ou onde comprar componentes ou materiais, quando ou onde configurar ou embalar e quando ou onde enviar os produtos, a empresa será mais capaz de lidar com as incertezas. Esse é o princípio do "adiamento", que pode ser uma forma poderosa de criar opções para gerar flexibilidade no futuro.

Um dos pioneiros na aplicação da ideia do adiamento foi a Hewlett Packard (HP), que produzia uma impressora DeskJet "genérica" em uma única fábrica nos Estados Unidos, mas fazia a localização e a embalagem final em quatro centros de distribuição regionais. Com essa atitude, ela era capaz de responder melhor à demanda incerta em mercados locais, com significativamente menos estoque.*

Outras formas para criar opções reais no projeto de uma cadeia de suprimentos incluem acordos para acessar capacidade adicional, se necessário, através de provedores terceirizados de serviços logísticos ou fabricantes contratados, ou negociar acordos de fornecimento mais flexíveis com os vendedores. Essas opções têm um preço, mas os benefícios podem ser consideráveis.

Referência

* BILLINGTON, C. et al. A real options perspective on supply chain management in high technology. *Journal of Applied Corporate Finance*, v. 15, n. 2, p. 32-43, 2003.

Visão 2020

Nessa era de incertezas, qualquer tentativa de desenvolver um cenário do futuro é repleta de dificuldades. No entanto, se já existem alguns indicadores e tendências observáveis, é possível fazer um retrato dos desafios futuros para a gestão da cadeia de suprimentos e também sugerir algumas possíveis maneiras de responder a esses desafios.

"Fazer mais com menos" se tornará cada vez mais o mantra de organizações que buscam sobreviver em um mundo com restrições de recursos. As considerações de ecoeficiência, como destacamos no Capítulo 15, vão orientar muitas decisões da cadeia de suprimentos, uma vez que as empresas procuram reduzir tanto o uso de recursos escassos quanto seus custos. Tais pressões vão acelerar o afastamento da clássica larga escala, da produção centralizada e de estruturas de distribuição, que tendia a caracterizar a arquitetura da cadeia de suprimentos do passado. Ao contrário, o foco vai mudar para o que poderia ser chamado cadeias de suprimentos de "pegada pequena", as quais consomem menos recursos e ainda assim são mais flexíveis e com melhores condições de atender os mercados locais.

Já um novo pensamento e as novas tecnologias estão revolucionando a produção em muitas indústrias. Um bom exemplo é fornecido pela indústria siderúrgica, que de certa forma foi um estereótipo do modelo de produção do passado. Impulsionada por um processo inflexível de produção e uma busca por economias de escala, as siderúrgicas maciças integradas foram construídas com base em altos-fornos tradicionais. Essas instalações foram capazes de produzir aço em um processo contínuo, a um custo relativamente baixo, mas tinham pouca flexibilidade. Hoje, a tecnologia de produção de aço está cada vez mais fundamentada em torno da ideia de minifábricas, menores e mais flexíveis, usando fornos a arco elétrico e sucata de ferro como matéria-prima. Por conseguinte, essas novas usinas podem produzir aço de forma mais ecoeficiente e podem oferecer maior flexibilidade.

Desperdício nas cadeias de suprimentos

Embora já tenhamos discutido a demanda crescente por recursos escassos e seu potencial impacto sobre a estratégia da cadeia de suprimentos, existem sinais de que a indústria está começando a adotar medidas para mitigar esses efeitos. Especificamente, há uma percepção cada vez maior de que existe uma quantidade significativa de "desperdício" em quase todas as cadeias de suprimentos.

O desperdício pode ocorrer em muitas formas: uso ineficiente de energia, excesso de embalagens, recursos que não são totalmente utilizados, abate no fim de vida – a lista é infinita. Todos esses desperdícios resultam em "vazamento de valor", isto é, um potencial escoamento financeiro, além do impacto negativo sobre o *triple bottom line.*

Internamente nas empresas, existem muitas oportunidades para a redução de desperdício. Na verdade, como observamos no Capítulo 6, as origens da revolução "enxuta" foram essencialmente baseadas na filosofia japonesa de tentar reduzir ou eliminar *muda* (desperdício), especialmente nas fábricas. Como resultado, muitas empresas fizeram grandes progressos na redução do desperdício dentro dos limites de suas próprias empresas. No entanto, ainda existem oportunidades significativas de melhoria na ampla cadeia de suprimentos. Pesquisas da Universidade Cranfield destacaram que uma das principais causas de desperdício é que ainda há uma comunicação limitada entre as fronteiras da cadeia de suprimentos.[4] Assim, os fornecedores a montante fazem previsões da demanda sem acessar informações de seus consumidores. Como resultado, *buffers* de estoque surgem nos dois lados dessas interfaces da cadeia de suprimentos. Embora esse estudo em particular tenha focado em cadeias de suprimentos de alimentos, não há dúvidas de que os mesmos problemas existem na maioria dos setores.

Potencialmente existem enormes ganhos ao focar na redução de desperdício na cadeia de suprimentos, especialmente através do trabalho colaborativo e do compartilhamento de informações.

A Nova Revolução Industrial

Passamos por muitas revoluções industriais nos últimos 250 anos. O desenvolvimento da máquina de fiar com bobinas de Hargreaves, da máquina de fiar hidráulica de Arkwright e da máquina de fiar automática de Crompton no fim do século XVIII não só transformou a indústria têxtil como levou à adoção disseminada de princípios de mecanização e produção fabril. A máquina a vapor de James Watt, também uma invenção do fim do século XVIII, permitiu ainda mais inovações - especialmente o advento do transporte a vapor com a primeira locomotiva de Stephenson, o Rocket.

Outras mudanças revolucionárias ocorreram ao longo dos cem anos seguintes, novas fontes de energia na forma de eletricidade, o advento da fabricação por linha de montagem - disseminada por Henry Ford I - e, posteriormente, o alvorecer da era do computador.

Todas essas mudanças tiveram um grande impacto sobre o modo com que os bens são produzidos e como são comercializados. Hoje, no entanto, pode-se argumentar que estamos prestes a testemunhar outra revolução, que vai mudar fundamentalmente a forma como pensamos nas cadeias de suprimentos.

Essa Nova Revolução Industrial é trazida pelo surgimento simultâneo de várias tecnologias, entre as quais três têm poder para reconfigurar o panorama das cadeias de suprimentos:

1. Fabricação rápida
2. Robótica avançada
3. Digitalização da cadeia de suprimentos

Fabricação rápida

Uma das tecnologias de rápido desenvolvimento que têm potencial para transformar as cadeias de suprimentos é a "fabricação rápida" (*rapid manufacturing* - RM), por vezes também chamada "fabricação digital" ou "fabricação aditiva".

O fundamento dessa tecnologia são produtos construídos camada por camada, usando pó de metal fundido a laser de polímeros. Assim, em vez de fundição ou usinagem de um item de metal ou modelagem por injeção de um produto plástico, esse item é criado por uma série de camadas muito finas de material.

Embora essa tecnologia fosse usada há alguns anos para permitir a produção de protótipos, só recentemente essas ideias e ferramentas foram aplicadas à manufatura ou à fabricação de produtos de uso final. A Boeing, por exemplo, usa a tecnologia RM na fabricação de peças para o F18 e outros aviões militares.

As implicações da RM para a logística e para a gestão da cadeia de suprimentos são consideráveis: em primeiro lugar, a tecnologia RM pode permitir que a fabricação "local para local" seja alcançada de forma mais rentável; em segundo, um nível muito mais elevado de customização do produto será possível; em terceiro, não é necessário manter um estoque de produto acabado; e, em quarto lugar, o uso de energia e o desperdício de material são suscetíveis de ser minimizados.

Não é exagero imaginar um mundo em que um maior valor do cliente é criado pela customização de fase final enquanto a utilização de energia e de recursos é, simultaneamente, reduzida.

Robótica avançada

Embora a robótica seja amplamente utilizada na fabricação há algum tempo, hoje começamos a presenciar a chegada de uma nova geração de máquinas inteligentes. A automação de armazéns acontece rapidamente em grande parte pela disponibilidade de robôs com custo relativamente baixo e flexível. A Amazon, varejista on-line, investiu significativamente no uso de robôs em seus armazéns e, em 2012, adquiriu o Kiva Systems, um fabricante especializado em equipamentos robóticos.

O uso da robótica avançada vai acelerar o movimento em direção a uma fabricação mais localizada e de menor escala. Ele também vai proporcionar uma maior flexibilidade a empresas que buscam lidar com mudanças inesperadas na demanda. Fábricas e armazéns robotizados podem operar 24 horas todos os dias da semana e reduzir a necessidade de trabalho manual.

À medida que a "internet das coisas" se torna uma realidade, as possiblidades para a utilização da robótica avançada na cadeia de suprimentos vão aumentar. Usando sensores, conectividade *wireless* e inteligência artificial, os robôs serão capazes de realizar muitas tarefas e atividades ao longo da cadeia de suprimentos de forma mais eficiente e efetiva – de veículos autônomos fazendo entregas usando roteiros e programação em tempo real até a montagem de produtos customizados em mercados locais.

Digitalização da cadeia de suprimentos

É óbvio que as cadeias de suprimentos de hoje não conseguem operar sem o suporte da TI de uma forma ou outra. No entanto, a digitalização das cadeias de suprimentos vai muito além da transferência de informações pela rede. Cada vez mais os produtos são digitalizados – ou pelo menos o estoque é. Assim, um livro comprado na Amazon e baixado em um Kindle é um produto digital do começo ao fim. Uma peça sobressalente impressa em uma impressora 3D começa a vida como um projeto eletrônico e só se torna um produto físico no fim da cadeia de suprimentos.

A cadeia de suprimentos digital permite que haja compartilhamento de conhecimento e criação de inteligência através da análise de enormes quantidades de dados que são gerados a respeito de tendências de demanda, características do consumidor e mudanças no ambiente competitivo. Este é o mundo de "*big data*" e analítica. Um mundo que torna possível a ligação entre inteligência de mercado e resposta da cadeia de suprimentos. Um mundo no qual essa inteligência pode ser facilmente compartilhada pela rede de oferta/demanda, utilizando acesso compartilhado e plataformas "na nuvem".

A nuvem não é só um meio de armazenamento e compartilhamento de informações ao longo da rede, ela também remove a necessidade de a empresa investir na compatibilidade de seu próprio sistema de informação, já que ela pode acessar esse recurso através de fornecedores de SaaS.

Embora as cadeias de suprimento fossem originalmente físicas, hoje elas são predominantemente digitais. Na verdade, talvez seja a hora de chamá-las de *redes digitais de suprimento*, um termo que descreve sua forma mais precisamente.

À medida que a "Nova Revolução Industrial" ganha ritmo, é instintivo refletir sobre o que isso vai significar para as pessoas que terão de trabalhar nesse novo mundo, em especial aquelas que precisam gerenciar o fornecimento do futuro.

Sete grandes transformações corporativas

1. De centrada no fornecedor para centrada no cliente

Tradicionalmente, as cadeias de suprimento foram projetadas "da fábrica para fora", em vez de serem "do consumidor para dentro". A ênfase no passado era como garantir que um processo de produção orientado por lotes pudesse distribuir seus produtos eficientemente. Assim, o objetivo do projeto da cadeia de suprimentos em geral era a minimização de custos. No mercado altamente competitivo de hoje, o objetivo deve mudar para a obtenção de níveis mais altos de responsividade do cliente. Consequentemente, a agilidade se torna o condutor em vez do custo.

2. De empurrar a puxar

Fortemente ligada à primeira transformação está a ideia de mudar de uma mentalidade de "empurrar a produção", que busca otimizar as operações através de cronogramas de nível e horizontes de planejamento longos, para uma filosofia de "puxar a demanda", na qual, idealmente, nada é produzido, adquirido ou movimentado até que haja demanda por ele. Esse é, em essência, o princípio japonês "Kanban", com a diferença de que as quantidades despertadas pela Kanban devem ser variáveis dependendo da demanda. É claro que o sucesso desse tipo de sistema requer o nível mais alto de flexibilidade de todos os recursos da cadeia de suprimentos, incluindo as pessoas.

3. Do estoque à informação

A logística e o gerenciamento da cadeia de suprimentos têm sido convencionalmente orientados por previsões, e não pela demanda. Em outras palavras, o foco é olhar adiante em um horizonte de planejamento e prever a demanda naquele momento para, assim, construir seu estoque com base naquela previsão. Como os mercados se tornaram mais voláteis e turbulentos, também ficaram mais difíceis de se prever. O risco de ter excesso ou falta de estoque aumentou. O desafio hoje é permitir que as cadeias de suprimentos se tornem orientadas pela demanda como resultado de uma melhor visibilidade da demanda real. A demanda real ocorre no fim da cadeia de suprimentos e essa informação pode ser obtida e compartilhada a montante para que a dependência do estoque diminua.

4. De transações a relações

Há um reconhecimento crescente de que o caminho para manter a rentabilidade é a construção de relações de longo prazo com clientes selecionados. O foco no passado era no volume e participação de mercado, e a companhia tinha orientação transacional. Hoje, a retenção dos clientes é uma medida-chave do sucesso no mundo do marketing de relacionamento. Um dos condutores de uma melhor retenção do consumidor é a entrega de um suporte ao cliente superior. Portanto, há uma conexão muito clara entre logística e retenção do cliente. Gerenciar relações com os consumidores se tornou um processo de negócios crucial, já que as organizações buscam melhorar a qualidade de seus ganhos.

5. Da gestão de canalizações de "caminhões e galpões" a uma abordagem "de ponta a ponta"

Durante as últimas duas décadas houve uma ampliação drástica do escopo da logística e da cadeia de suprimentos em muitas empresas. Antes, a logística – ou, mais precisamente, gestão da distribuição – era vista principalmente como uma preocupação com transporte e armazenamento. Como tal, o foco dos esforços gerenciais tendia a ser a minimização dos custos e a "otimização" de redes e recursos. Embora a necessidade de uma distribuição eficiente ainda seja tão grande como no passado, há uma visão disseminada de que a verdadeira tarefa da gestão da cadeia de suprimentos é coordenar a canalização mais ampla de ponta a ponta. Sob esse paradigma, a logística de entrada é tão importante quanto a distribuição do produto final e a ênfase agora está na compressão de tempo de uma ponta da cadeia de suprimentos até a outra.

6. De funções a processos

Só recentemente as empresas passaram a desafiar a supremacia das funções na estrutura organizacional. Tradicionalmente, as empresas se organizavam em torno de funções e essas funções geravam um mecanismo conveniente para a alocação de recursos e para a promoção do pessoal. A organização empresarial clássica poderia ser descrita como "vertical", com uma estrutura de tomada de decisões hierárquica e com camadas múltiplas. No entanto, no turbulento ambiente de negócios atual, cada vez mais questiona-se a capacidade dessas organizações responderem rapidamente às necessidades variáveis do mercado. Hoje sugere-se que a ênfase das empresas deveria estar nos principais processos empresariais que criam valor para os consumidores. Esses processos, por definição, são multifuncionais e enfrentam o mercado. Eles são, mais do que provavelmente, baseados em equipes e extraem seus membros de funções cujos papeis são hoje transformados em "centros de excelência".

7. Da concorrência independente à rivalidade em rede

O modelo de negócios convencional sempre considerou se as empresas tiveram sucesso ou fracassaram com base em seus próprios recursos e competências. No entanto, como a tendência à terceirização aumentou, chegou-se à conclusão de que o veículo competitivo não é mais a empresa individual, e sim a cadeia de suprimentos da qual aquela empresa é membro. Enquanto antes uma única empresa poderia englobar quase toda a cadeia de suprimentos, hoje esse não é mais o caso. Em vez disso, atualmente a companhia é membro de uma "empresa estendida". Essa empresa estendida é, na verdade, uma rede complexa de provedores especialistas de recursos e competências. As companhias que terão mais sucesso nessa era de concorrência em rede são aquelas que conseguem utilizar melhor os recursos e competências dos outros parceiros ao longo da rede.

As implicações para os gestores de logística de amanhã

As transformações descritas anteriormente têm implicações significativas no tipo de perfil de competências que caracterizará a logística e os gestores da cadeia de suprimentos de sucesso.

A Tabela 16.1 sugere alguns elementos do necessário perfil de competências que deriva das sete transformações de negócios.

TABELA 16.1 As principais transformações empresariais e suas implicações para as competências de gestão

Transformação empresarial	Levando a	Competências necessárias
De centrada no fornecedor para centrada no cliente	Design de cadeias de suprimentos orientadas pelo cliente	Compreensão de mercado; visão do cliente
De empurrar a puxar	Altos níveis de agilidade e flexibilidade	Gestão de complexidade e de mudança
Do estoque à informação	Captar e compartilhar informações sobre a demanda real	Sistemas de informação e *expertise* de TI
De transações a relações	Foco no atendimento e na responsividade como base para retenção do cliente	Capacidade para definir, mensurar e gerenciar os requerimentos de serviço por segmento de mercado
Da gestão de canalizações de "caminhões e galpões" a uma abordagem "de ponta a ponta"	Uma definição mais ampla dos custos da cadeia de suprimentos	Entender o "custo para atender" e os indicadores de desempenho baseados em tempo
De funções a processos	Criação de equipes multifuncionais focadas na criação de valor	Excelência funcional específica com compreensão interfuncional; recursos para o trabalho em equipe
Da concorrência independente à rivalidade em rede	Trabalho mais colaborativo com parceiros da cadeia de suprimentos	Gestão de relacionamento e orientação "ganha-ganha"

Ela é apenas indicativa, mas sugere que há uma necessidade real de educação formal e formação em áreas tão diversas como os sistemas de informação e gestão da mudança. As habilidades indicadas não podem ser adquiridas unicamente por osmose e experiência; a base para o domínio dessas competências deve ser adquirida por meio de programas educativos adequados de gestão.

A seguinte citação, de um artigo da *Harvard Business Review*, resume perfeitamente a questão:[5]

> Apesar de anos de progresso e soluções tecnológicas elegantes, uma cadeia de suprimentos ágil e adaptativa continua a ser uma meta ilusória. Talvez as pessoas estejam ficando no caminho [...] As cadeias de suprimentos parecem se tratar realmente de talento, não de tecnologia, especialmente porque o mercado cresce cada vez mais complexo.

O desafio é criar o chamado *perfil de competências em forma de T*. Os gerentes em forma de T são chamados assim em virtude da natureza híbrida de suas habilidades. Embora tenham se especializado em uma determinada área – provavelmente por meio de treinamento prévio –, eles têm conhecimentos e competências mais abrangentes. Assim, um gerente pode ser qualificado para administrar a fabricação e ter um conhecimento profundo da área (a barra inferior do T), mas ele também pode ter uma compreensão significativa dos processos mais amplos da cadeia de suprimentos (a "cruz" do T). Essa amplitude de compreensão é fundamental para o gestor da cadeia de suprimentos do futuro, dada a necessidade de pensar e gerenciar "horizontalmente", ou seja, ao longo de funções e entre empresas. A Figura 16.2 ilustra a natureza do perfil em forma de T.

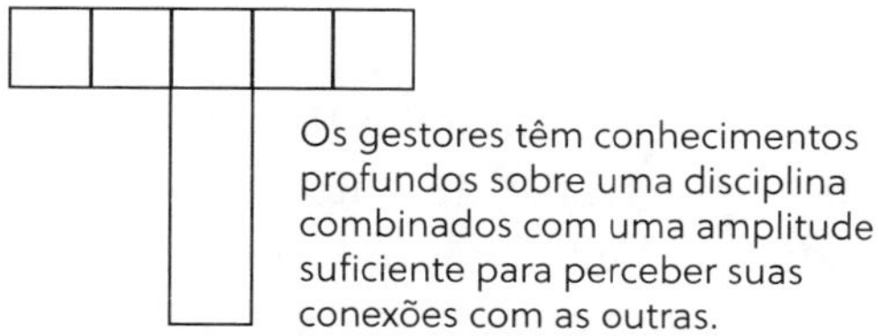

FIGURA 16.2 Criando um perfil de competências em forma de T

Como já observamos, as habilidades necessárias para se tornar um gerente em forma de T não podem ser adquiridas somente por osmose e experiência; a base para dominar essas competências deve ser criada através de programas de educação gerencial apropriados. Como Leonard-Barton observou:[6]

A maioria das iniciativas de empresas formais encoraja competências em forma de I – a experiência funcional profunda representada pela haste do T. Como resultado, o indivíduo é levado ainda mais fundo em sua experiência, extraída e recompensada continuamente pela empresa. Ao mesmo tempo, a empresa não fornece um caminho claro para a carreira daqueles que desejam cobrir a haste com uma maior variedade de aplicações – ou seja, a barra "cruzada" do T.

Habilidades do hemisfério esquerdo e do hemisfério direito do cérebro

Há muito se sabe que o cérebro humano tem dois lados distintos: os hemisférios esquerdo e direito. O hemisfério esquerdo do cérebro proporciona a capacidade de analisar fatos e tomar decisões racionais e lógicas, utilizando informações e dados. O hemisfério direito é muito mais focado em sentir e interpretar contextos. O lado direito geralmente é associado com a capacidade de ter uma visão holística de situações e enxergar as conexões entre partes diferentes que compõem o todo. Aqueles que utilizam mais o lado direito tendem a ser intuitivos, enquanto os que utilizam o lado esquerdo apresentam uma abordagem dedutiva.

Em relação aos tipos de competências necessários para gerenciar sistemas complexos, como cadeias de suprimentos globais, pode-se afirmar que tanto os atributos do hemisfério esquerdo quanto os do hemisfério direito são cruciais. No entanto, grande parte da escolaridade e treinamento que a maioria dos gestores recebe tende a enfatizar predominantemente o lado esquerdo. Evidências para sustentar esse ponto de vista podem ser encontradas na maioria dos textos clássicos sobre gestão de operações e logística, que se preocupam principalmente com fórmulas e ferramentas como métodos de otimização, por exemplo, gestão de estoque, roteiros e programação de veículos e modelos de localização de centros de distribuição. Embora essas ferramentas e metodologias sejam essenciais para a gestão eficiente das operações da cadeia de suprimentos, podemos afirmar que elas precisam ser complementadas por um currículo muito mais amplo, com um foco no que pode ser chamado de *habilidades interpessoais*.

No centro dessas habilidades interpessoais deve haver uma preocupação com a gestão de relacionamentos. O motivo para sugerir isso é que, por definição, o gerenciamento de uma cadeia de suprimentos trata da gestão das relações dentro da empresa e ao longo de redes complexas de companhias que, embora legalmente independentes, são, na verdade, interdependentes. Cadeias de suprimentos bem-sucedidas são aquelas governadas por uma busca constante por soluções "ganha-ganha", baseadas em mutualidade e confiança. Ser capaz de estabelecer a base para essas soluções e fazer que os outros membros do quadro trabalhem para fazê-las acontecer é a habilidade máxima da gestão da cadeia de suprimentos. É claro que a capacidade de influenciar os outros e gerenciar mudanças também faz parte do conjunto de competências.

O caminho a seguir

Idealmente, o objetivo das organizações deve ser combinar o perfil mais amplo em forma de T com a mentalidade correta. Essa combinação de atributos vai permitir que os gestores enxerguem e administrem o todo e suas partes.

Existem, é claro, muitas implicações profundas sobre o treinamento e o desenvolvimento se esse modelo híbrido de competências desejáveis da cadeia de suprimentos se tornar uma realidade. Na verdade, podemos afirmar que o gestor da cadeia de suprimentos do futuro vai precisar ter conhecimentos e percepções sobre pelo menos cinco grandes áreas:

» As ferramentas e técnicas clássicas necessárias para gerenciar operações logísticas diárias.
» Uma compreensão dos princípios da teoria dos sistemas complexos e da ideia de *soft systems*.
» Gestão de processos em uma estrutura organizacional horizontal.
» As bases de uma liderança de equipes efetiva.
» Gestão de mudanças e habilidades influenciadoras.

A maioria dos programas de treinamento logístico convencional, incluindo mestrados, é forte na primeira das cinco áreas – as ferramentas e técnicas clássicas (os elementos "concretos") –, mas não tão forte nas outras quatro (os elementos "leves").

Programas de treinamento formais para futuros gestores de logística e cadeia de suprimentos – especialmente em nível de mestrado – deveriam, idealmente, tentar oferecer pelo menos uma proporção de 50/50 dos elementos difíceis e leves. Assim, a implicação é que as ferramentas e técnicas clássicas ainda corresponderiam a pelo menos metade das horas de estudo. No entanto, a outra metade seria ocupada por uma exploração a respeito de como a gestão da complexidade e das mudanças é vital para o sucesso competitivo nos turbulentos mercados do século XXI.

Embora isso possa parecer um objetivo ambicioso, todo o esforço vale a pena em um mundo em que os louros irão cada vez mais para as organizações capazes de adaptar seu modo de trabalhar a um ambiente que provavelmente será caracterizado pelo futuro próximo incerto e, portanto, imprevisível.

Referências

[1] OLIVER, R. K.; WEBBER, M. D. Supply chain management: logistics catches up with strategy. *Outlook*, Booz, Allen & Hamilton, Inc, 1982. In: CHRISTOPHER, M. *Logistics:* the strategic issues. Chapman & Hall, 1992.

[2] MCKINSEY. *Winning the $30 trillion decathlon: going for gold in emerging markets,* agosto de 2012.

[3] www.tranformationallogistics.com

[4] MENA, C. *et al. Evidence on the role of supplier-retailer trading relationships and practices in waste generation in the food chain,* Cranfield University, IGD, julho de 2009.

[5] KIRBY, J. Supply chain challenges: building relationships. *Harvard Business Review,* v. 81, n. 7, p. 65-73, 2003.

[6] LEONARD-BARTON, D. *Wellsprings of knowledge: building and sustaining the sources of innovation.* Boston: Harvard Business School Press, 1995.

Índice remissivo

Impressão e Acabamento
Bartira
Gráfica
(011) 4393-2911